# 冶金报国十策

## 重组五周年中冶集团打造冶金建设国家队的经验与启示

《冶金报国十策》编委会 ◎ 编著

新华出版社

## 图书在版编目（CIP）数据

冶金报国十策：重组五周年中冶集团打造冶金建设国家队的经验与启示 /《冶金报国十策》编委会编著. ——北京：新华出版社, 2021.5
ISBN 978-7-5166-5888-8

Ⅰ.①冶⋯ Ⅱ.①冶⋯ Ⅲ.①冶金工业－工业企业管理－经验－北京 Ⅳ.①F426.3

中国版本图书馆CIP数据核字（2021）第096101号

冶金报国十策：重组五周年中冶集团打造冶金建设国家队的经验与启示

编　著：《冶金报国十策》编委会

责任编辑：赵怀志　徐文贤　　　　封面设计：刘宝龙

出版发行：新华出版社
地　　址：北京石景山区京原路8号　　邮　编：100040
网　　址：http://www.xinhuapub.com
经　　销：新华书店、新华出版社天猫旗舰店、京东旗舰店及各大网店
购书热线：010-63077122　　中国新闻书店购书热线：010-63072012

照　排：六合方圆
印　刷：三河市君旺印务有限公司
成品尺寸：170mm×240mm
印　张：36.5　　　　　　　　字　数：400千字
版　次：2021年6月第一版　　印　次：2021年6月第一次印刷
书　号：ISBN 978-7-5166-5888-8
定　价：128.00元

版权专有，侵权必究。如有质量问题，请与出版社联系调换：010-63077124

# 《冶金报国十策》编委会

## 总策划

潘海平　梁相斌

## 编辑委员会

主　任　忽培元

副主任　黄春峰　于　博

成　员　赵怀志　仲　珺　吴　倩

　　　　徐文贤

## 编写组

主　编　忽培元

副主编　于　博　郭德冰

成　员　仲　珺　张　璐　毛　伟

　　　　安　子　王声啸

# 中冶集团冶金报国战略引领图 2012—2021年

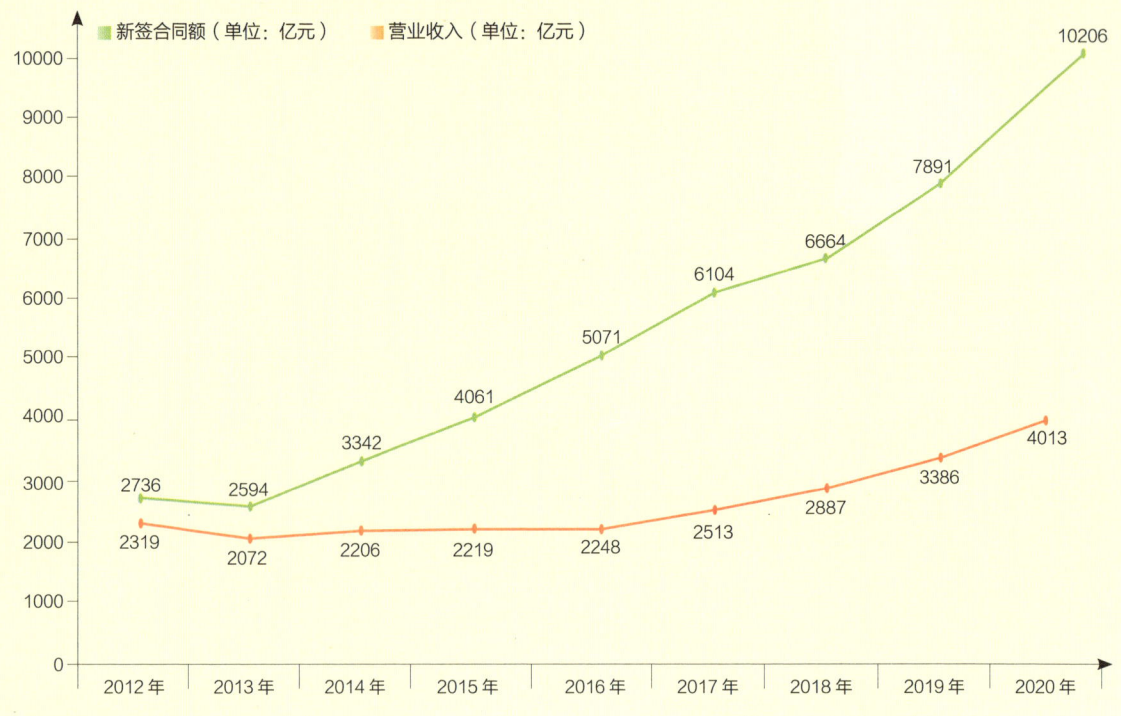

新签合同额（单位：亿元）：2012年 2736；2013年 2594；2014年 3342；2015年 4061；2016年 5071；2017年 6104；2018年 6664；2019年 7891；2020年 10206

营业收入（单位：亿元）：2012年 2319；2013年 2072；2014年 2206；2015年 2219；2016年 2248；2017年 2513；2018年 2887；2019年 3386；2020年 4013

## 2012年
关键词：回归主业

正当企业处于生死边缘的紧要关头，中冶集团新任掌门人国文清在2012年"9·5"工作会议上提出"以正确的战略统领全局，以创新的思路破解难题"，"既不能让危险和风险集中爆发，把中冶击垮；也不能让问题久拖不决，把中冶拖垮"，做出了"回归主业"转型重生的抉择，开启了攻坚克难、奋力自救的改革大幕。

## 2013年
关键词：聚焦中冶主业，建设美好中冶

当"三座大山"及重难点问题的处理取得突破性进展，历史包袱逐渐卸掉，进入良性发展轨道后，国文清董事长把实践的感悟和松散的认识汇集一起，集集体智慧，概括提炼出"聚焦中冶主业，建设美好中冶"的战略愿景，明确了"一年迈一步，三年跨大步"的阶段性目标。

## 2014年
关键词：承担引领中国冶金向更高水平发展的国家责任

面临科研设计类企业陷入房地产困境，冶金工程技术缺乏创新性突破，国文清董事长要求科研设计类企业一律退出房地产业务，并提出了"站在国际水平的高端和整个冶金行业发展的高度，用独占鳌头的核心技术、持续不断的创新能力、无可替代的冶金全产业链整合优势，承担起引领中国冶金向更高水平发展的国家责任"的新的目标。

## 2015年
关键词：打造"四梁八柱"业务体系升级版，再造建设"美好中冶"新优势

面对速度变化、结构优化、动力转换的经济新常态，国文清董事长明确提出"打造'四梁八柱'业务体系升级版，再造建设'美好中冶'新优势，争做全球最强最优最大冶金建设运营服务'国家队'"目标，作为"聚焦中冶主业，建设美好中冶"宏伟房屋的有力支撑。同时按照钢铁冶金的八大部位、十九个业务单元，明确了设计类子企业第一、第二梯队以及与之相匹配的施工类子企业，形成了冶金建设国家队的基本阵形与核心团队。

## 2016年
关键词：做冶金建设国家队、基本建设主力军、新兴产业领跑者

面对战略重组后的更大发展空间，国文清董事长明确"做冶金建设国家队、基本建设主力军、新兴产业领跑者，长期坚持走高技术建设之路"的战略定位，明确提出："打造国家队的目标不是中冶、不是中国，而是世界；打造国家队的眼光不是过去、不是现在，而是未来。"

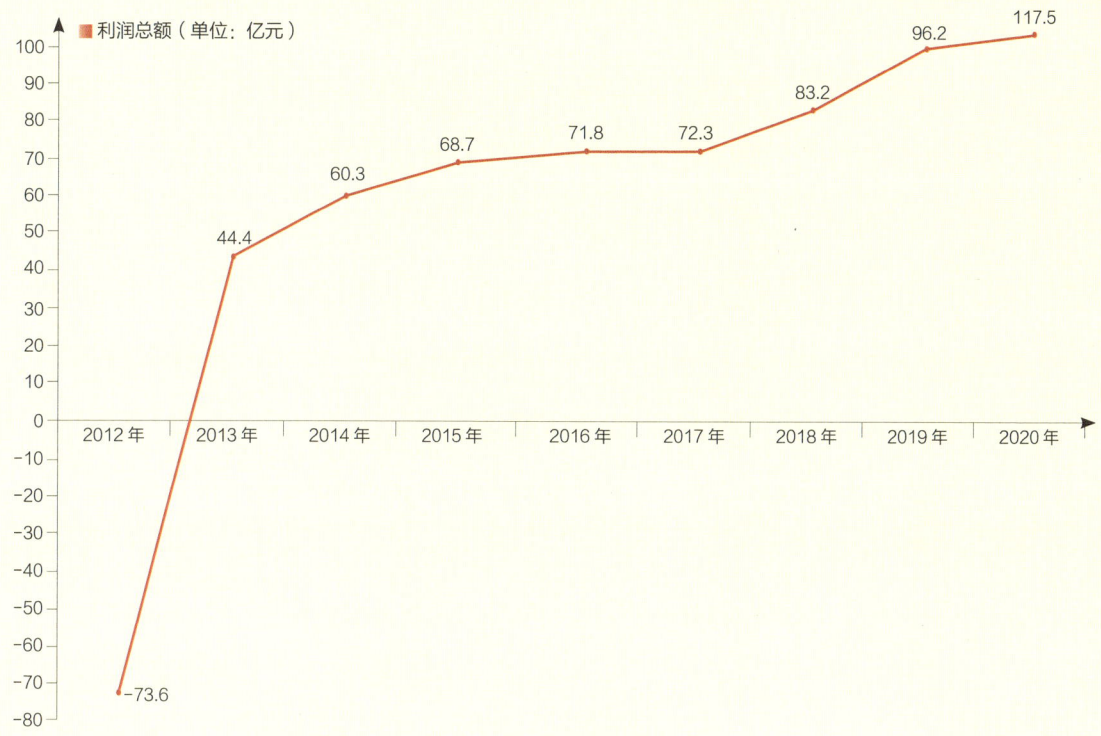

## 2017 年
关键词：冶金建设国家队再拔尖、再拔高、再创业；领导力建设

面对以绿色化、智能化和服务化为特征的全球钢铁产业结构转型升级需求，国文清董事长准确判断钢铁产业由"破"到"破立并举"再到"立"的螺旋式上升过程，进行二次聚焦冶金建设主业，专题研究部署推动冶金建设国家队再拔尖、再拔高、再创业。同时，国文清首次提出加强领导力建设，打造中冶特色领导力品牌。

## 2018 年
关键词：加速打造世界第一冶金建设国家队

面对新要求、新课题、新机遇，国文清董事长明确提出要始终站在国际水平的高端和整个冶金行业发展的高度，集中冶金八大部位、十九个业务单元的精兵强将，以核心技术的迭代升级再拔尖，始终保持独占鳌头；以全产业链集成整合优势再拔高，始终保持无可替代；以持续不断的革新创新能力实现市场的内拓外展再创业。加速培育形成世界第一冶金建设运营服务"国家队"，承担起引领中国冶金走向更高水平、走向世界的国家责任。

## 2019 年
关键词：加速推进冶金建设国家队再拔尖、再拔高、再创业

面对战略机遇期新内涵，国文清董事长提出要把钢铁冶金建设作为矢志不渝长期坚持的核心主业，精准把握世界钢铁工业发展大势，加速推进冶金建设国家队再拔尖再拔高再创业，牢牢占据技术创新尖端、大步迈向产业链价值高端，确保中冶集团始终处于"世界第一"领跑者的地位。

## 2020 年
关键词：中冶集团高质量发展进入新阶段

面对钢铁行业高质量发展的持续迭代升级，国文清董事长明确提出打造冶金建设国家队升级版，不仅要矢志不渝承担起引领中国冶金走向更高水平、走向世界舞台中央的国家责任，更要承担起带动和引领中国乃至世界钢铁产业高质量发展的国家使命。同时作出"中冶集团高质量发展进入新阶段"的重要论断，提出推动高质量发展的系统性方案。

## 2021 年
关键词：引领中国冶金产业智能化、绿色化、低碳化、高效化

面对新发展阶段、新发展理念、新发展格局，国文清董事长提出冶金建设国家队新定位，即要始终站在国际水平的高端和整个冶金行业领先的高度，用独占鳌头的国际一流核心技术、持续不断的创新研发自主可控能力、无可替代的冶金全产业链整合集成优势，承担起引领中国冶金实现智能化、绿色化、低碳化、高效化发展的"钢铁强国"责任。

# 序

忽培元

这是一本既有较强实践指导意义又有理论价值的书。

当前,我国正处于"两个一百年"奋斗目标的历史交汇点上,在以习近平同志为核心的党中央坚强领导下,全面建成小康社会,实现第一个百年奋斗目标。这一伟大成就的取得与国有企业的强大支撑是分不开的,正如习近平总书记所说:"我国国有企业为我国经济社会发展、科技进步、国防建设、民生改善做出了历史性贡献,功勋卓著,功不可没。"

与此同时,我国开启全面建设社会主义现代化国家的新征程,在当前及今后一个时期,我国仍然处于重要战略机遇期,但我国的发展环境面临着深刻而复杂的变化。要抓住这一战略机遇期,应对国内国际的新挑战,统筹好中华民族伟大复兴战略全局和世界百年未有之大变局,同样离不开国有企业的有力支撑。作为中国特色社会主义的重要物质基础和政治基础,国有企业的这一特殊地位和作用决定了国有企业有义务也有能力担负起时代赋予的职责使命。

中冶集团作为大型国有企业、中央企业,在党的十八大以来,特别是与中国五矿重组五年来,深入学习践行习近平总书记关于国有企业改革发展重要论述，落实"冶金报国"职责使命，打造冶金建设国家队，发展质量和效益稳步提升，连年迈上新的台阶。中冶集团为中国五矿打造矿业航母起到重要支撑作用，为我国经济社会发展做出了重要贡献，是学习贯彻习近平总书记关于国有企业改革发展重要论述的生动样本和成功范例，充分体现了新时代国有企业的职责与担当，生动诠释了中国特色社会主义制度的优势。

《冶金报国十策》一方面对习近平总书记关于国有企业改革发展的重要论述进行总结，从理论和实践相结合的角度展现中冶集团把自身发展与习近平总书记重要思想新探索及其普遍意义；另一方面，通过对中冶集团近年发展成就的展示，进一步加深公众对中冶集团的认识和了解，在此基础上从理论的高度对中冶集团的发展经验加以概括总结，以期为中冶集团未来发展提供理论指导，并为国有企业改革发展提供参考借鉴。可以说，这一调研成果并不是单纯地对中冶集团的实践成就加以展示，而是将理论与实际紧密结合起来加以阐述，从而使本书具有了较强的理论价值和实践指导意义。

第一，本书对习近平总书记关于国有企业改革发展的重要论述进行了梳理和归纳。党的十八大以来，习近平总书记高瞻远瞩，擘画新时代发展蓝图，为我国特别是国有企业健康发展明确了奋斗目标和前行方向。习近平总书记高度重视国有企业的发展，他多次亲临国有企业一线考察调研、多次发表重要讲话，站在坚持和发展中国特色社会主义、巩固党的执政基础的全局，站在体现公有制主体地位、发挥国有经济主导作用和国有企业支柱作用的高度，面对国际国内两个大局，创造性提出推进国有企业改革发展的一系列新思想、新观点、新论断和新举措。习近平总书记的重要论述深刻回答了新时代国有企业面临的战略性、制度性、现实性和前瞻性问题，指明了国有企业举什么旗、走什么路、朝着什么方向前进,为国有企业开创改革发展提供了根本遵循和行动指南。这本调研成果,不仅集中展现了习近平总书记关于国企改革发展的重要论述,为国有企业更好地学习贯彻习近平新时代中国特色社会主义思想提供帮助,更是对实践经验的理论升华,值得细品精读。

第二,本书将中冶集团如何将习近平总书记关于国有企业改革发展的重要论述与自身实际紧密结合起来,引领企业步入高质量发展新阶段进行了深入阐释。理论引领、思想的力量是最深刻最持久的伟力之源,中冶集团一招不落、步步紧跟,全面深入贯彻落实习近平总书记一系列重要指示要求,创造性地把习近平总书记的重要论述与自身的具体实际结合起来,提出符合自身特点的发展方略和治企理念,为集团发展校准了航向,展现了思想的强大引领力。书中这方面的提炼很值得进一步精研深究。

第三,对中冶集团打造冶金建设国家队的生动实践和取得的巨大成就进行了详细介绍。2012年"9·5"会议以来,特别是重组五年来,在冶金报国战略引领下,中冶集团矢志不渝承担起引领中国冶金走向更高水平、走向世界舞台中央的国家责任,承担起带动和引领中国乃至世界钢铁产业高质量发展的国家使命,取得了世人瞩目的新成就,涌现出了一个又一个典型案例和模范人物,对国有企业改革发展具有良好的示范作用。

最后,也最难能可贵的是本书对中冶集团打造冶金建设国家队的经验与启示进行个案分析,进一步拓展和提升了对中冶集团冶金报国实践的理解和认识。实践是理论之源,又反过来为推动实践服务。这一分析能够将中冶集团的实践与成就进一步理论化,使中冶集团实践与成就的普遍意义凸显出来,不仅能够为未来中冶集团的发展提供更为有力指导，而且有助于为国有企业改革发展提供示范启迪，进而为国家整体的社会经济发展提供宝贵的决策参考。

按照这一逻辑思路，《冶金报国十策》分别从职责使命篇、战略重组篇、主责主业篇、产业链重塑篇、供给侧改革篇、高质量发展篇、科技创新篇、国际战略篇、强根固魂篇、领导力提升篇等十个方面进行了系统研究和论述，涵盖了国有企业改革发展的主要内容。各章之间虽各有侧重，但相互之间有着密切有机联系，做好每一方面的工作，都离不开在其他方面的努力与支持。只有在对各个方面深入理解的基础上，加以融会贯通，从整体上推进国有企业的改革发展，才能更好地推动国有企业做强做优做大。

总结过去，经验宝贵。展望未来，信心满怀。虽然"我们已经走过千山万水，但仍需跋山涉水"。今年是中国共产党成立的一百周年，全面建设社会主义现代化国家的伟大征程已经开启，在正在进行的新时代的伟大长征中，跃上新高度、占据新高地的中冶集团，将以更加积极稳健的姿态，坚定不移以习近平新时代中国特色社会主义思想为指导，继续大力弘扬"一天也不耽误，一天也不懈怠"的只争朝夕的企业精神，奋力推动集团高质量发展，以冶金建设国家队，为应对百年未有之大变局，实现中华民族伟大复兴，做出新的更大的贡献。

时代呼唤金牌国企，时代造就未来更加精彩的中冶！

2021 年 5 月

（作者系国务院参事）

# 目 录
CONTENTS

## 第一章 职责使命篇 ··············· 1
- ◎ 新时代国有企业职责使命 ··············· 3
- ◎ 中冶集团肩负国家重要职责使命 ··············· 14
- ◎ 中冶集团履行职责使命的新成就 ··············· 26
- ◎ 中冶集团履行好职责使命的经验 ··············· 39

## 第二章 战略重组篇 ··············· 53
- ◎ 新时代国企战略性重组 ··············· 55
- ◎ 新中国五矿是互补式重组的成功典范 ··············· 61
- ◎ 互补式重组以来新中国五矿的十大举措与成就 ··············· 83
- ◎ 中冶与五矿互补式重组的五条经验 ··············· 100

## 第三章 主责主业篇 ··············· 109
- ◎ 新时代国企主责主业 ··············· 111
- ◎ 中冶集团坚持聚焦主责主业引领企业发展 ··············· 117
- ◎ 中冶集团聚焦主责主业的实践成就 ··············· 126

◎ 聚焦主责主业的经验和启示 ·············································· 154

## 第四章 产业链重塑篇·············································· 161
◎ 新时代的产业链重塑 ·············································· 163
◎ 中冶集团对产业链重塑的认识 ······································ 169
◎ 中冶集团产业链重塑的实践与成就 ·································· 180
◎ 中冶集团产业链重塑的经验与启示 ·································· 212

## 第五章 供给侧改革篇·············································· 221
◎ 供给侧改革的现实意义 ············································ 223
◎ 中冶集团以国企改革引领供给侧改革 ································ 230
◎ 中冶集团供给侧结构性改革的实践与成效 ···························· 243
◎ 中冶集团供给侧结构性改革的经验与启示 ···························· 278

## 第六章 高质量发展篇·············································· 287
◎ 高质量发展的内涵 ················································ 289
◎ 中冶集团坚持走高质量发展之路 ···································· 297
◎ 中冶集团高质量发展取得显著成就 ·································· 312
◎ 中冶集团推动高质量发展的经验与启示 ······························ 328

## 第七章 科技创新篇·················································· 341
◎ 新时代科技创新 ·················································· 343
◎ 中冶集团对科技创新的认识 ········································ 351
◎ 中冶集团在科技创新上的成就 ······································ 362
◎ 中冶集团推动科技创新的经验与启示 ································ 385

## 第八章　国际战略篇 ··· 395

- ◎ "一带一路"与"双循环" ··· 397
- ◎ 中冶集团"走出去"的重要意义 ··· 403
- ◎ 中冶集团"走出去"的实践成效 ··· 412
- ◎ 中冶集团"走出去"的经验与启示 ··· 426

## 第九章　强根固魂篇 ··· 435

- ◎ 国有企业的"根"与"魂" ··· 437
- ◎ 中冶集团以"两个忠诚"推进强根固魂 ··· 443
- ◎ 中冶集团强根固魂实践的具体举措 ··· 449
- ◎ 中冶集团以党建促发展勇担社会责任 ··· 459

## 第十章　领导力提升篇 ··· 487

- ◎ 新时代国有企业领导力 ··· 489
- ◎ 中冶集团打造特色领导力品牌的实践 ··· 498
- ◎ 中冶集团领导力提升的经验与启示 ··· 510

## 附　录　"冶金建设国家队"创造的行业之最 ··· 527

第一章

# 职责使命篇

放眼世界，我们面对的是百年未有之大变局，立足国内，我们正在迈向全面建设社会主义现代化国家新征程。面对当今纷繁复杂的国际国内形势，要做到应对自如，离不开强大综合国力的支撑。国有企业作为党执政兴国的重要支柱和依靠力量，作为中国特色社会主义经济的"顶梁柱"，是提高生产力和综合国力的战略支撑，是应对世界百年未有之大变局，推进国家现代化的重要力量，职责重大，使命光荣。国有企业必须勇担职责使命，以自身的发展壮大服务于全面建设社会主义现代化国家，服务于"两个一百年"的奋斗目标。中冶集团作为大型央企，更要承担好党和国家赋予的职责使命，特别是要担起引领钢铁工业向更高水平发展的重任。为此，在国文清董事长带领的领导班子的引领下，中冶集团坚持以习近平总书记关于国有企业职责使命的重要论述为指导，结合自身70余年服务党和国家发展大局的历程，结合重组后中国五矿的发展战略，找准自己在党和国家发展全局坐标系中的方位。通过奋力实践，中冶集团在打造世界第一冶金建设运营国家队，引领中国乃至世界钢铁工业发展，助力新中国五矿打造矿业航母等方面取得显著成就，充分彰显了中冶集团的政治担当和价值所在。在这些成就的背后，我们总结出具有中冶特色的"一个引领五个引擎"的重要经验，这一经验对其他国有企业履行好自身职责使命具有重要借鉴意义。

## ◎ 新时代国有企业职责使命

党的十八大以来，以习近平同志为核心的党中央高度重视国有企业、寄厚望于国有企业。习近平总书记站在党和国家事业发展全局的高度，多次发表重要讲话、作出重要指示批示，深刻回答了新时代国有企业改革发展的重大理论和实践问题，涵盖了国有企业地位作用、国有企业改革发展、国有资产监管和国有企业党的建设等方面，形成了一个相互贯通、有机联系、全面系统的科学理论体系。其中，习近平总书记关于国有企业地位作用的论述是这个科学理论体系的核心和关键。可以说，正是由于国有企业在党和国家发展大局中的特殊重要性，才会要求国有企业必须切实承担起自身的职责使命，做党和国家最可信赖的依靠力量。当前，面对复杂外部环境和我国发展的新阶段，国有企业更要勇于承担职责使命，做好党执政兴国的重要支柱和依靠力量，发挥好中国特色社会主义经济的"顶梁柱"作用。

### 1. 国企要在大变局与新征程中勇担职责使命

在 2020 年 10 月召开的党的十九届五中全会上，习近平总书记明确指出，"当今世界正经历百年未有之大变局，我国发展的外部环境日趋复杂"，"全面建成小康社会后，我们将开启全面建设社会主义现代化国家新征程"。面对世界百年未有之大变局与我国即将开启的全面建设社会主义现代化国家新征程，国有企业要不忘初心，牢记使命，真正担当起党和国家赋予的职责和使命。

当今世界正经历百年未有之大变局，是习近平总书记站在人类历史进程的高度，以大国领袖的担当，对世界发展大势作出的重大战略判断，具有举旗定向的重要意义。党的十九大以来，习近平总书记多次指出当今世界正经历百年未有之大变局，进入 2020 年，面对新冠肺炎疫情的全球流行，习近平总书记进一步在多个场合强调要深刻认识世界进入动荡变革期的重要特征及其影响。党的十九届五中全会公报指出："当今世界正经历百年未有之大变局，新一轮科技革命和产业变革深入发展，国际力量对比深刻调整，和平与发展仍然是时代主题，人类命运共同体理念深入人心，同时国际环境日趋复杂，不稳定性、不确定性明显增加，新冠肺炎疫情影响广泛深远，经济全球化遭遇逆流，世界进入动荡变革期，单边主义、保护主义、霸权主义对世界和平与发展构成威胁。"这一百年未有之大变局，一方面给我国发展带来了新的机遇，另一方面也带来了不同以往的新的巨大挑战。

从国内来看，"十四五"时期已经到来，我国在全面建成小康社会、实现第一个百年奋斗目标之后，开启全面建设社会主义现代化国家的新征程。一方面要看到，我国决胜全面建成小康社会取得的决定性成就，我国已经转向高质量发展阶段，我国的经济实力、科技实力、综合国力跃上新的大台阶，党和国家的各项事业取得新突破。另一方面，我国发展不平衡不充分问题仍然突出，经济社会发展中的矛盾错综复杂，要立足社会主义初级阶段的基本国情，保持战略定力，办好自己的事，全面协调推动各领域工作和社会主义现代化建设。

一言以蔽之，虽然我国发展环境的变化深刻而复杂，但无论从世界范围还是从国内来看，我国的发展仍然处于重要的战略机遇期。我们比历史上任何时期都更有能力应对发展环境的变化，比历史上任何时期都更有能力统筹好国内国际两个大局。正如习近平总书记在十九届五中全会上指出的，"防范化解各类风险隐患，积极应对外部环境变化带来的冲击挑战，关键在于办好自己的事，提高发展质量，提高国际竞争力，增强国家综合实力和抵御风险能力，有效维护国家安全，实现经济行稳致远、社会和谐安定"，我们要努力办好自己的事，抓住新的发展机遇，积极应对国内国外的各种风险和挑战。

对于国有企业来讲，无论是提高发展质量，提高国际竞争力，还是增强国家综合实力和抵御风险能力，有效维护国家安全，都离不开国有企业的强大支撑，这也是国有企业必须承担的职责使命。

特别在当前我国发展环境面临深刻复杂变化的情况下，国有企业唯有从国家发展的战略高度精准把握自身职责使命，才能不负习近平总书记提出的"成为党和国家最可信赖的依靠力量"的殷殷嘱托。国有企业，特别是中央企业，大多处于关系国家安全、关系国计民生的实体经济领域，是中国特色社会主义的重要物质基础和政治基础，是中国特色社会主义经济的"顶梁柱"，无论是从宏观的制度层面，中观的市场层面还是微观的技术层面，国有企业都既有能力，也有义务担起这一重任。

从宏观的制度层面看，国有企业是社会主义市场经济的第一主体。社会主义市场经济是社会主义制度与市场经济的结合，公有制是社会主义基本经济制度的主要特征，而国有企业又在公有制经济中起着主导作用，是公有制经济的主要构成内容和表现形式。我们可以说国有企业是中国特色社会主义市场经济最大的制度性特征，坚持走社会主义市场经济，就必须发展壮大国有企业。同时，从历史的经验和现实的实践来看，国有企业在相当大的程度上担负着作为政府政策工具的职能，它从来不是简单地以追求自身利益为主要目标的企业。西方各国国有企业的目标至少有25种，其中"抵抗跨国公司"和"保证国家安全"赫然在列。作为中国特色社会主义市场经济的支柱，国有企业在维护国家的经济安全，保证社会主义市场经济平稳运行，国民经济健康发展上具有义不容辞的责任。

从中观的市场层面看，在现有的市场格局下，国有企业占据了关乎国家安全和国民经济命脉的重要行业和关键领域。对于这些行业，私人资本无法进入或只能有限进入，而这些行业在可以预见的将来也不会向私人资本完全开放。而既然国有企业占据了这些关乎国家安全和国民经济命脉的重要行业和关键领域，那么自然要对国家经济安全负责，其本身就是国家经济安全的自然承担者。

从微观的技术层面看，国有企业具有诸多民营企业所无法比拟的优势。现代经济规模大、科技含量高，大规模生产又需要巨额的资本投入，特别在关乎国家经济安全的高新技术领域，不仅需要大量的开发研究投入，而且基础建设、基础研究同样投资巨大。这些巨大的资本投入，往往不是民营经济体所能承担的，也不是光靠市场机制就能实现的。技术创新与技术安全是近年来官学两界共同关注的热点与焦点问题，而技术能力是一个国家产业提升及企业做强做优做大赖以存在的根基。这种事关国家经济安全、需要巨额资本投入、短期难以看到经济效益的高新技术就需要国有企业来承担，因为国企相对更具有这样大规模融资以及可以集中社会相应资源的能力。

## 2. 国企是党执政兴国的重要支柱和依靠力量

国有企业是我们党的执政之基，是党中央、国务院决策部署的坚决拥护者和忠实履行者，是保障国家政策贯彻落实的主要阵地。2016年10月，全国国有企业党的建设工作会议在北京召开，习近平总书记出席会议并发表重要讲话，他强调，"国有企业是中国特色社会主义的重要物质基础和政治基础，是我们党执政兴国的重要支柱和依靠力量"。这一论断从国民经济发展、共产党执政和社会主义国家政权的经济基础相统一的高度，全面准确地定位了我国国有企业的地位和作用。这一论断不同于以往侧重于从经济视角界定国有企业的地位作用，而是从国有企业在我们党执政和我国社会主义国家政权的角度，说明了国有企业的政治属性。

正因为如此，习近平总书记强调要通过加强和完善党对国有企业的领导、加强和改进国有企业党的建设，使国有企业成为党和国家最可信赖的依靠力量,成为坚决贯彻执行党中央决策部署的重要力量,成为贯彻新发展理念、全面深化改革的重要力量,成为实施"走出去"战略、"一带一路"建设等重大战略的重要力量,成为壮大综合国力、促进经济社会发展、保障和改善民生的重要力量,成为我们党赢得具有许多新的历史特点的伟大斗争胜利的重要力量。

习近平总书记从"六个力量"的高度阐释定位国有企业应当承担的职责使命。其中,"最可信赖的依靠力量"是与国有企业的"支柱"作用分不开的,将党和国家的政治命运和经济命运系于国企一身,一个"最"字体现了国有企业的责任如天与无可替代。从贯彻执行党中央决策部署、贯彻新发展理念和全面深化改革、实施"走出去"和"一带一路"建设,到壮大国力、促进经济社会发展和改善民生,要赢得具有许多新的历史特点的伟大斗争胜利,国有企业必须在这些方面成为"重要力量",这是国有企业作为"依靠力量"的具体展开,反映了在新时代新形势下"天降大任于国企"的重大战略使命要求。

习近平总书记用"六个力量"对国有企业作出了新的历史定位。"让国有企业成为党和国家最可信赖的依靠力量",需要国有企业把加强党的领导与完善公司治理统一起来,提高国有经济竞争力。"让国有企业成为坚决贯彻执行党中央决策部署的重要力量",需要充分发挥国有企业党组织领导核心和政治核心作用,把党中央每一项决策部署落到实处。"让国有企业成为贯彻新发展理念、全面深化改革的重要力量",需要引导国有企业党员干部职工敢于担当,敢于创新,把党建工作成效转化为企业发展优势。"让国有企业成为实施'走出去'战略、'一带一路'建设等重大战略的重要力量",需要培训国有企业党员干部职工树立世界的眼光、开阔的视野、超前的思维。"让国有企业成为壮大综合国力、促进经济社会发展、保障和改善民生的重要力量",

需要发挥为国家为人民真诚奉献的精神，在改革发展稳定大局中迎难而进、奋力拼搏。"让国有企业成为我们党赢得具有许多新的历史特点的伟大斗争胜利的重要力量"，需要国有企业领导干部按照"对党忠诚、勇于创新、治企有方、兴企有为、清正廉洁"的二十字要求，放开手脚干事、甩开膀子创业，带领广大干部职工开创国有企业发展新局面。一心一意实现总书记要求的"做落实新发展理念的排头兵、做创新驱动发展的排头兵、做实施国家重大战略的排头兵"。

习近平总书记这些重要论述，对国有企业成就贡献的充分肯定前所未有，对国有企业寄予的深切厚望前所未有，把我们党对国有企业地位作用的认识提升到了新的历史高度。国有企业要进一步增强责任感和使命感，更加坚定地走中国特色国有企业改革发展道路，坚定发展壮大国有经济的信心和决心，承担起党和国家赋予的职责使命。

**3. 国企是中国特色社会主义经济的"顶梁柱"**

国有企业是国民经济的主导力量，是社会主义经济的重要支柱。坚持和完善基本经济制度，发展壮大国有经济，是中央一贯方针，是国家的坚强意志，必须坚决贯彻，不能有丝毫含糊和动摇。无论是中央企业还是地方国有企业，在国民经济和地方经济中都占有绝对优势，国有企业是维护和巩固社会主义公有制性质、引领国家经济发展的主导力量。国有企业不但提供了煤炭、石油、电力、钢铁等基础能源，承担着生产公共产品、建设重大工程项目、推动国家技术创新等职责，而且还肩负着优化产业结构、引领经济发展、带动其他所有制经济健康发展的重任，是推动经济发展当之无愧的主力军、排头兵和突击队。

2014年8月，习近平总书记主持召开中央全面深化改革领导小组第四次会议时强调指出，国有企业，特别是中央管理企业，在关系国

冶金报国十策 ▶ 重组五周年中冶集团打造冶金建设国家队的经验与启示

2021年1月18日下午,习近平总书记考察北京冬奥会、冬残奥会筹办工作,视察调研中冶集团上海宝冶建设的冬奥雪车雪橇中心项目,看望慰问冬奥场馆建设团队、管理团队、运动员教练员团队,并在该项目2号收车平台上发表重要讲话。

家安全和国民经济命脉的主要行业和关键领域占据支配地位，是国民经济的重要支柱，必须搞好。2017年12月，习近平总书记在徐工集团重型机械有限公司考察时强调，国有企业是中国特色社会主义经济的"顶梁柱"，要按照党的十九大部署推动国有企业深化改革、提高经营管理水平，使国有企业成为贯彻新发展理念、全面深化改革的骨干力量。2020年4月，面对疫情给我国经济带来的不利影响，习近平总书记指出："制造业是我们经济的命脉所系，我们国有企业是生力军、主力军，在复工复产方面要起到这个作用。"这些都体现出国有企业在中国特色社会主义经济中的重要地位和作用。

2020年11月，习近平总书记主持召开了中央全面深化改革委员会第十六次会议，会议指出，要"更好把国有企业做强做优做大，坚决防止国有资产流失，不断增强国有经济竞争力、创新力、控制力、影响力、抗风险能力"。要达到这一要求，国有企业必须承担起振兴实体经济的重任，习近平总书记强调国有企业的重要性，同样是与国家实体经济的重要性联系在一起的，没有强大的国企，就没有强大的国家实体经济。

可以说，振兴实体经济事关我国经济社会发展全局，而国有企业是我国实体经济最重要的载体，只有把国企搞好，才能把实体经济抓上去。近年来，习近平总书记在多个重要场合反复强调，我国是个大国，必须发展实体经济，不断推进工业现代化、提高制造业水平，不能"脱实向虚"。早在2013年7月，习近平总书记在武汉调研时就强调，"国家强大要靠实体经济，不能泡沫化"。同年8月在辽宁考察老工业基地时，习近平总书记再次强调，"实体经济是国家的本钱"。应该说，我们是靠实体经济发展起来的，还要依靠实体经济走向未来。任何时候，实体经济都是我国发展的根基；没有这个根基，我国经济非但走不远，而且难以在国际竞争中取胜。为此，建设现代化经济体系，必须把实体经济放到更加突出的位置抓实、抓好。正如习近平总书记指出的，"国有企业是国民经济发展的中坚力量"，"我们要向全社会发出明确信息：搞好经济、搞好企业、搞好国有企业，把实体经济抓上去"，国有企业承担着振兴实体经济的重要任务。

更进一步来看，振兴实体经济的主战场在制造业，国有企业是制造业产业链中的关键环节，要对行业的转型升级起到核心的引领作用。习近平总书记多次指出，制造业是实体经济的基础，实体经济是我国发展的本钱，是构筑未来发展战略优势的重要支撑。在新一轮科技革命和产业变革浪潮之下，数字经济、共享经济、产业协作正在重塑传统实体经济形态，全球制造业都处于转换发展理念、调整失衡结构、重构竞争优势的关键节点，我国制造业提质升级的任务十分紧迫。综合来看，我国的高铁、核电、信息通信、冶金建设等领域已经具备了全球竞争力，但其他多数领域在技术创新、质量品牌、环境友好等方面落后于发达国家，离制造强国的建设目标还有差距。

因此，国有企业在制造业发展上也要发挥好"顶梁柱"作用，坚持推动传统产业改造升级、培育和发展战略性新兴产业、加强创新能力建设和创新成果运用，不断提高发展质量和效益，进一步增强核心竞争力，促进我国经济结构优化和产业升级。同时，积极落实国家产业政策和重点产业布局总体要求，加快推进联合重组，优化资源配置，不断延伸和完善产业链和价值链，在经济转型升级中充分发挥了国家队、排头兵的关键引领作用。

面向未来，国有企业面临着日益激烈的国际竞争和转型升级的巨大挑战。在推动我国经济保持中高速增长和迈向中高端水平、完善和发展中国特色社会主义制度、实现中华民族伟大复兴中国梦的进程中，国有企业肩负着重大历史使命和责任。国有企业要进一步认真贯彻落实党中央、国务院战略决策，按照"四个全面"战略布局的要求，以经济建设为中心，坚持问题导向，继续推进国有企业改革，切实破除体制机制障碍，坚定不移做强做优做大国有企业。

## ◎ 中冶集团肩负国家重要职责使命

### 1. 始终以钢铁强国为己任，忠实服务国家战略

中冶集团因钢铁而生，是中国钢铁工业的开拓者和主力军，自诞生之日起，就以钢铁强国为己任，忠实服务于国家战略，在整个中国钢铁工业发展进程中发挥了无可替代的作用。伴随着新中国从建立独立完整的冶金工业体系，到实现冶金工业现代化，再到迈入世界一流钢铁工业强国行列，钢铁成为我国重工业中最具国际竞争力的行业之一。可以看这样一组数据：1949年，我国钢铁产量仅15.8万吨，占全球钢产量的比重不到0.1%；1996年，我国钢铁产量突破1亿吨，跃居世界第一位；2010年，我国钢铁产量突破6亿吨，占全球钢铁产量的近一半。2019年中国的粗钢产量达到9.963亿吨。可以说，新中国成立70多年来，中国已经从一个钢铁缺乏国发展成了钢铁强国，而这背后"钢筋铁骨"的奠基者非中冶莫属。回望中冶从无到有、从小到大、从弱到强、从中国走向世界的历史，中冶人可以自豪地说："我们不仅知道钢铁是怎样炼成的，更知道钢厂是怎样建成的！"

1948年的鞍钢修复，是中冶人光荣之路的起点。当时新中国一穷二白、百业待兴，中国钢铁产品远远满足不了国民经济发展的需要。面对百废待兴的钢铁事业和必须完成的任务，打破不可能是中冶人的有力回应。中国冶建人积极响应党中央号召，以一年多的时间，完成

了鞍钢三大工程建设,创造了新中国建设史上的奇迹;以平均每年竣工一座高炉、一座选矿、一座烧结厂、两座轧钢厂、两座焦炉、三座平炉的速度,建成了大型钢铁联合企业鞍钢,奠定了中国钢铁工业的基础。此后,从1955年"新中国第一座大型钢铁基地"武钢1号高炉建设,再到1957年"草原钢城"包钢1号高炉建设,中冶人用自己的钢筋铁骨打造了鞍钢、武钢、包钢三大钢铁基地"三足鼎立"之势,勾勒出"三皇五帝十八罗汉"新中国钢铁工业布局,为我国社会主义工业化的持续推进奠定了坚实的物质基础,同时,也为世界其他国家的经济建设发展起到了良好的示范作用。

20世纪60年代,面对国际封锁,中冶人以"三高、三清、三过硬、一包到底"的管理方式自行组织施工的被誉为"江南一枝花"的马鞍山车轮轮箍项目,填补了我国冶金工业的一项空白,结束了我国火车车轮轮箍长期依赖进口的历史。1964年,毛主席和党中央决策进行一项以战备为中心的经济建设战略——三线建设。在国家迫切需求面前,中冶人以"使命必达"的决心相继建设完成了"新中国工业建设的明珠"成都无缝钢管厂、"象牙微雕"攀枝花钢铁基地、"我国首座特大型硫化铜镍矿"金川镍矿等一系列重大工程,初步改变了中国东西部经济发展不平衡的格局。在此后长达15年、横贯"三五""四五""五五"3个五年计划的时间里,成千上万的中国冶金建设者,在"备战备荒为人民""好人好马上三线"和"支边光荣"的时代感召下,打起背包,告别亲人,远涉千里,从繁华的大城市来到荒凉贫瘠的大西南、大西北的深山峡谷、大漠荒野,用自己的青春、汗水乃至生命,建起了中国可靠的西部后方科技工业基地。

1978年12月,党的十一届三中全会吹响了改革开放的号角,开启了中国踏上辽阔壮美新征程的历史新纪元。沐浴着改革开放的浩荡春

◀ 2013年10月27日，国文清赴斯国出席科伦坡国际机场高速路通车仪式，与斯里兰卡总统马欣达·拉贾帕克萨交换礼物

▶ 2019年4月25日，国文清出席智利总统塞巴斯蒂安·皮涅拉会见中国企业家午餐会，双方互赠纪念品

◀ 2019年10月25日，国文清在北京拜会来华访问的巴西总统雅伊尔·博索纳罗

风,中冶集团始终与共和国发展同步。从 1978 年 12 月打下"宝钢第一桩"拉开中国钢铁工业崛起的大幕,到 1981 年 10 月建设深圳国际商业大厦并在过程中创造"五天一层楼"的深圳速度;从 1981 年 12 月巧立"亚洲桅杆"建设龟山电视塔,到 1982 年初拼接起国内首例预制梁工程广珠公路;从实行百元产值包干打破建设业"大锅饭"第一锤,到 1987 年"鲁布革"革命开启中国建筑业管理新模式,中冶人始终高擎改革创新的大旗,以更宽广的视野、更高的目标要求、更有力的举措激发第一动力,创造了一个又一个工程建设奇迹,为共和国改革开放添上了浓墨重彩的一笔。此后,通过一系列的改革,搞活了各冶建企业的经营管理体制,强化了市场竞争实力,产业的多元化也得到了健康发展。到 20 世纪末,中冶集团规范运营后,发展成为较为成熟的工程总承包、资源开发、装备制造、房地产开发四大主业。

21 世纪前 10 年,中国钢铁工业进入新一轮高速增长期,全国钢铁产量几乎每年都以 5000 万吨的递增速度在上升。中冶人先后完成了宝钢三期、武钢、太钢、首钢京唐、鞍钢鲅鱼圈、邯钢新区、马钢新区等大规模钢铁体系建设。宝钢、武钢、鞍钢等热、冷轧体系的建设,实现了汽车板、高档家电板、管线钢的国产化,推动了我国在汽车、家电、石油等行业的大发展;太钢不锈钢生产线的建设,实现了我国不锈钢产品的升级换代;攀钢、武钢等重轨钢生产线的建设,实现了我国高速重载长尺钢轨的从无到有,为我国铁路的大发展、大提速,尤其是高铁的发展创造了条件。同时,在海外市场为全球知名的钢铁企业提供咨询和总体设计。在此过程中,中冶人积累了丰富的冶金设计和建设经验,学习掌握了世界先进的冶金工程技术和项目管理方法,成为全球最大的冶金建设承包商。中国钢产量不仅满足了国民经济的发展需要,而且在世界上牢固树立起了中国钢铁大国的地位。"世界钢铁看中国，中国钢铁看中冶"，生动体现了中冶集团在钢铁领域举足轻重的地位。

在这个发展历程中，中冶集团涌现出了一大批以劳动模范马万水和"好书记"齐锐新为代表的典型英雄人物。马万水"站在排头不让、把住红旗不放"的奋勇争先精神和"好书记"齐锐新身上闪烁着的共产党人坚定、质朴、清廉的光辉，无论在过去、现在和将来，都有着不朽的价值和永恒的生命力，时刻激励着全体中冶人不忘初心、牢记使命，以"骨子里的信念忠诚和激情澎湃的热血忠诚"干事担当，切实推动冶金建设国家队再上新高度、再迈新台阶。

## 2. 肩负引领钢铁工业向更高水平发展的重任

冶金建设在推动中国钢铁工业跻身世界前列、服务世界钢铁产业转型升级中发挥着无可替代的作用，是挺起钢铁脊梁的"国之重器"。中冶集团以冶金建设为立足之本、根基之源，肩负着引领钢铁工业走向更高水平的重任。作为中央企业，作为全球最大最强的冶金建设承包商和冶金企业运营服务商，中冶集团必须持续提升冶金建设这一传统核心竞争力，使主业更突出、优势更彰显、力量更强大，才能更好地承担起冶金报国的职责使命。

2008年金融危机后，中国钢铁产能严重过剩、市场严重萎缩，对于困境重重的中冶集团更是致命打击。作为一家完全依附于钢铁的传统冶金老企业，在冶金市场的大幅萎缩和效益下滑的影响下，长期积累的深层次矛盾和重大问题集中爆发。在当时，中冶纸业、中冶恒通与中冶葫芦岛有色三家兼并重组而来的企业亏损状况最为严重，被中冶人形象地称为"三座大山"。2012年，中冶集团亏损高达73.6亿元，在中央企业亏损排名第三，企业震荡、人心混乱，出资人、资本市场和新闻媒体高度关注，企业发展步履维艰。

2012年"9·5"会议是彪炳中冶史册的重要转折点，以此为标志，开启了构建"回归主业"的发展模式，决心专注于有能力做、擅长做和最熟悉、最拿手的业务，坚定走"聚焦中冶主业，建设美好中冶"的发展之路。中冶集团新任掌门人国文清在会上指出，冶金工程主业是中冶人的"看家本领"，企业不应该也不可能舍弃主业，否则中冶不能称之为中冶，中冶的优势和特色将不复存在。必须扬长避短，注重突出比较优势。在转型发展上，要以冶金建设为"圆心"，产业链延伸和多元化发展要有合理的"企业边界"和"作战半径"，一定要依托传统冶金工程比较优势向外适度延伸，转型的出发点和落脚点根本上是提升核心能力、提升优良品质、再造发展新优势。这在关键时期廓清了困扰和束缚企业发展的思想迷雾，科学回答了中冶集团举什么旗、走什么路、朝着什么方向前进的重大问题。

在这一战略引领下，按照"聚焦主业、做强做优、适度多元、稳健发展"的总思路，中冶集团剥离重组了影响企业发展前途和命运的"三座大山"等非主业、非优势业务，使资源更加集中于核心主业。面对中国钢铁产能严重过剩，转型升级的大调整、大变革，第一次从国家责任的高度明确提出"要站在国际水平的高端和整个冶金行业的高度，以独占鳌头的核心技术、持续不断的革新创新能力、无可替代的冶金全产业链整合优势，承担起引领中国冶金建设走向更高水平、走向世界舞台中央的国家责任"的更高奋斗目标，果断实施了既瘦身更健体的供给侧结构性改革，按照"世界第一"标准保留和匹配高精尖资源，确保了中冶在冶金市场的绝对引领地位。

与此同时，中冶集团充分挖掘冶金领域的先天优势基因和资源禀赋，把在冶金工业领域"水电气"等技术优势以及规划、设计、建设等全产业链系统集成优势,在合理作战半径内,移植、转化到市场前景更广阔的基本建设和新兴产业领域,在地下综合管廊、大型体育场馆建设以及污水处理、垃圾焚烧、钢渣处理、钢结构等领域大展身手,创造了新的增量发展空间,既丰富了钢铁冶金的内涵,又扩大了外延,快速推动企业从相对单一的冶金业务转变为"一业为主、多元支撑"大冶金发展格局,有效抵御了经济波动带来的伤害和冲击,实现了企业的转型换挡和持续稳定增长。

习近平总书记在党的十九大报告中明确指出,我国经济已由高速增长阶段转向高质量发展阶段,正处在转变发展方式、优化经济结构、转换增长动力的攻关期。中冶集团前瞻性精准洞悉钢铁产业"先破后立"的必然发展趋势,于2017年明确提出了二次聚焦主业,冶金建设国家队再拔尖再拔高再创业的要求。具体来讲就是要以核心技术的迭代升级再拔尖,重点解决原始创新和"卡脖子"技术创新;以全产业链集成整合优势再拔高,将设计施工等传统优势链条做得更优,把核心技术装备化的薄弱链条补强,把运营服务的缺失链条补全,提升在钢铁生态圈中的系统控制力;以持续不断的革新创新能力再创业,向世界市场内展外拓。这在企业发展的关键时期,确定了企业高技术高质量发展的纲领,推动企业加速迈向内涵式发展进程。

2020年,面对钢铁行业高质量发展的持续迭代升级,中冶集团再次明确提出,打造冶金建设国家队升级版,不仅要矢志不渝承担起引领中国冶金走向更高水平、走向世界舞台中央的国家责任,更要承担起带动和引领中国乃至世界钢铁产业高质量发展的国家使命。在新时代新阶段新形势下,要以"国家队"的自信、"国家队"的底气,矢志不渝推动冶金建设主责主业高质量发展。要以"引领和带动中国乃至世界钢铁工业发展"为使命担当,以科技创新引领为战略基点、以提升产业链控制力为关键,进一步加快补短板、锻长板,重塑新型高端供给体系,实现产业链基础能力和产业链现代化水平持续迭代升级,牢牢占据世界第一冶金建设国家队的地位,真正成为支撑中国钢铁强国的"国之重器"。

2021年1月,站在"十四五"开局的新起点,在中冶集团暨中国中冶年度工作会议上,国文清指出,中冶要从回顾历史中汲取前进的智慧与力量,从研判形势中廓清前路的迷雾与方向,从锚定目标中找准发展的新定位与新使命。

回顾历史,自2012年"9·5"会议形成了冶金建设国家队战略思想的雏形以来,中冶集团就开始了不遗余力、心无旁骛地打造世界第一冶金建设国家队的征程,经过不懈努力,冶金建设已经成为中冶最具竞争优势的产业。面向未来,新冠疫情加速改变了世界钢铁格局,一场新的大变革正加速到来,冶金建设国家队将迎来全面升级再创新高度的关键时期。中冶集团把国家确定的战略方向作为冶金建设国家队的发展方向,对钢铁行业发展形势进行了全面研判。

中冶集团认识到,未来钢铁行业对创新的需求极为迫切,国家产能管控政策将更趋严苛,行业兼并重组进程进一步加快,绿色化升级改造深入推进,智能制造更加普及,钢铁企业"走出去"步伐将在后疫情时期加快。面对这一形势,中冶集团深刻认识自身存在的短板和差距,辩证认识当前的竞争格局,提出了冶金建设国家队的战略新定位:要始终站在国际水平的高端和整个冶金行业领先的高度,用独占鳌头的国际一流核心技术、持续不断的创新研发自主可控能力、无可替代的冶金全产业链整合集成优势,承担起引领中国冶金实现智能化、绿色化、低碳化、高效化发展的"钢铁强国"责任。

**3. 加快海外战略布局，维护金属矿产资源安全**

今天，矿产资源安全的重要性显而易见，特别是在国际政治经济局势发生变化，出现不稳定不确定现象的情况下，矿产资源安全的重要性更为突显了。可以说，现代社会中没有哪一个部门不与矿产资源原料及其产品的消费发生关系。从人类发展的历史来看，技术、经济和人口的不断增长，所依靠的就是不断扩大对各种金属矿产资源及矿物燃料资源的开发和利用。而随着人类社会的发展，不可再生的金属矿产资源也越来越少，金属矿产资源也日益成为关系人类生存发展、影响国家安全的重要战略因素。矿产资源的可耗竭性和稀缺性导致金属矿产资源从一种普通的商品演变成一种特殊的政治产品，并最终成为国际关系和地缘政治博弈的重要砝码，对国家战略安全的意义和价值尤为值得关注。例如，欧盟于2020年9月3日公布了最新修订的关键矿产资源清单，共有30种对欧盟而言具有重大经济和战略价值的矿产被列入该清单。欧盟对这些矿产的重大经济价值和供给风险进行了分析，并提出了维护矿产资源安全的相关建议。

金属矿产资源是国家经济建设和国防建设的重要支撑，是社会工业化和现代化的强大推力，是一国可持续发展的重要物质基础，影响到一个国家的政治、经济、国防、社会的方方面面，对国家安全具有重要战略地位。金属矿产资源对国家安全的影响首先表现在经济领域。矿产资源供给形势的紧张会直接导致其本身及相关产品价格的上涨，而部分重要矿产资源供给的短缺，则会严重威胁相关产业的存续与发展，造成社会工业化、现代化进程的中断，进而影响国家经济的稳定发展。随着人口的增长、社会经济的发展和全球化程度的加深，矿产资源的供给形势将会越发紧张与严峻，矿产资源安全与经济安全的联系也会越发密切。确保矿产资源持续、及时、足量、优质的供给与稳定、合理的价格对一国经济的发展有着至关重要的作用。应当说，至少在21世纪上半叶，金属矿产资源仍将是各国经济发展的重要支撑和现代化的动力基础，确保金属矿产资源供应的安全也将是各国维护国家安全的重要政治与外交政策目标。

对于一个国家来讲，拥有金属矿产资源量的多少，尤其是人均金属矿产资源消费量是衡量一个国家综合实力的重要指标之一，反映了一个国家或地区的经济和社会发展水平。从我国来看，据统计，95%以上的能源和80%以上的工业原料来源于矿产资源，没有足够的金属矿产资源就不能支撑我国国民经济的正常运转。但矿产资源不足、对外依存度高的问题，一直是我国工业生产和经济发展中不可回避的问题。据统计，目前我国约2/3的战略性矿产需要进口，其中铁矿石、铬铁矿、铜、铝、镍、钴、锆等对外依存度已经超过70%。同时，在百年未有之大变局之下，世界政治经济形势变幻莫测，新冠疫情的全球暴发都给我国带来了不确定性的影响，金属矿产资源安全也因此受到不同程度的影响，成为我们要重点关注和需要加以解决的重要问题。

面对国内外的复杂形势，中国五矿作为国家获取金属矿产资源的战略主体，以全球配置矿产资源能力和产供贸一体化能力，扛起金属矿业护国报国、保障国家资源供给与安全的大担当，将保障国家金属矿产资源供给与安全作为企业最重要的使命。未来，中国五矿保障国家金属矿产资源供给和安全的责任更加重大，要在落实国家"一带一路"倡议和"走出去"战略中发挥更为核心的平台作用。与此同时，中冶集团同样肩负着履行好维护国家金属矿产资源的供给与安全的职责使命。一方面，中冶集团具有冶金建设、基本建设、新兴产业建设等方面的多重优势，有助于其履行好维护国家金属矿产资源供给与安全的职责使命。另一方面，这一职责使命由于中冶集团与原中国五矿的重

宝钢湛江钢铁基地

组而得到强化，中冶集团要站在中国五矿打造世界一流金属矿产企业的高度，为引领中国金属矿产行业走向更高水平，保障国家金属矿产资源供给与安全做出更大贡献。

## ◎ 中冶集团履行职责使命的新成就

中冶集团始终不忘初心、牢记使命，以习近平总书记关于国有企业职责使命的重要论述为指导，深入贯彻落实党中央各项决策部署，坚持冶金报国，以冶金建设国家队引领新时代钢铁工业向更高水平发展，为金属矿产资源供给与安全提供了有效支撑，为新中国五矿打造矿业航母做出了重要贡献。

### 1. 以冶金建设国家队引领新时代钢铁工业发展

时间是最伟大的书写者，总会忠实地记录下历史的足迹。作为共和国长子，中冶从诞生之日起，就以钢铁强国、国家富强、民族振兴为己任，忠实服务于国家战略，保障国家经济建设，在整个中国钢铁工业发展进程中发挥了无可替代的作用，为我国经济社会发展、科技进步、民生改善和国有经济发展壮大做出了应有贡献。2016年，中冶与五矿进行战略重组，整体并入中国五矿集团公司，但中冶引领钢铁工业发展的职责使命并没有改变。面对新时代新形势，中冶集团肩负起新的历史使命和重大责任，把做好中国经济升级版的"国家队"、提质增效的"排头兵"作为必须坚持的目标导向，将企业自身做强做优做大，在实现"两个一百年"目标、实现中华民族伟大复兴中国梦的新征程中，发挥示范带领作用和骨干支撑作用。

近年来，中冶集团承担了一系列重大项目，切实担负起引领钢铁工业走向更高水平的使命。例如，在湛江钢铁项目中，中冶集团作为项目最主要的规划设计者和建设者，承担了项目的前期规划、总体设计以及主体单元和主要公辅单元的施工建设任务，举全集团之力——14家子企业、两万中冶大军以国际一流冶金建设"国家队"的卓越实力，倾力打造这一先进制造业的创新基地。2015年9月，湛江钢铁基地一号高炉顺利点火，2016年7月，湛江钢铁基地二号高炉顺利点火，2019年3月，湛江钢铁三号高炉系统项目开工，于2021年年中点火投产。该项目是按照国家钢铁产业发展政策要求，结合宝钢重组广钢、韶钢的国家重大建设项目；是广东省淘汰1700万吨落后钢铁产能，实行广钢环保搬迁，在湛江新建的1000万吨级钢铁基地；是引领中国钢铁工业未来发展的国家重点工程，寄托了中国钢铁强国的梦想和期望。中冶集团在独占鳌头的核心工程技术基础上，整合最具性价比的工程设计、施工和设备资源，形成中冶优势企业专业化协同发展、一体化协同运营的资源互补和系统性优势，为湛江钢铁提供了最优最快最全的全产业链一体化服务。该项目体现了中冶咨询、勘察、设计、建设、设备、服务、管理的最高水平，为宝钢湛江钢铁项目设计、建设提供了强大的技术支持和优质的施工服务。该项目被国家工信部评为"中国现代工业的示范项目"，是中国乃至世界钢铁工业的标杆，体现了中冶集团冶金建设国家队的实力，是中冶履行引领中国钢铁走向更高水平职责使命的生动展现。

在越南，全球另一座当时最大的在建千万吨级钢铁基地——台塑越南河静钢铁基地，更是记录了中冶集团打造全球最大最强最优冶金建设运营服务"国家队"的崭新篇章。该项目于2012年12月正式动工修建，中冶集团下属十余家勘察、设计、施工、检修单位的上万名员工集结于此，为台塑河静钢厂提供一体化全过程运营服务，以冶金

台塑越南河静钢铁基地

建设"国家队"的军容集体亮剑。2015年11月，台塑越南河静钢铁新建炼焦项目1号焦炉顺利出焦投产；2017年5月，1号高炉成功点火，标志着国外首个特大型高炉总承包工程顺利投产；2018年5月，2号高炉成功点火投产。该项目的意义不仅在于为越南奉献了一座最大型的现代化钢厂，更在于中国最高水平的钢铁自有技术和优质国产化设备在全球钢铁行业的注目下得以展示。

在马来西亚，马中关丹产业园年产350万吨钢铁项目，是中国与马来西亚在共建21世纪海上丝绸之路中产能合作的创新和探索，对落实"一带一路"建设来说具有广泛示范效应。该项目于2016年11月正式开工，2019年6月全面竣工投产，创造了海外绿地全流程钢铁联合企业建设速度最快的纪录。该项目不仅填补了整个东盟地区的空白，还致力于打造东南亚最具竞争力的钢铁企业之一，市场辐射东南亚及周边地区，能带动上万人就业，对于推动中马双边经济贸易具有显著的示范效应，成为"一带一路"最具竞争力的钢铁厂，彰显了中冶集团作为冶金建设"国家队"的水平和实力。

在印度，中冶赛迪独立获得世界最大新建高炉——印度TATA钢铁KPO钢厂5870立方米高炉的设计和技术服务合同，打破了发达国家工程公司在印度大型高炉领域的垄断局面。这标志着中冶集团在印度钢铁市场开拓中再次取得重大突破，同时也奠定了中冶高炉技术世界第一的地位。2016年3月30日，中冶焦耐以EPS（设计+设备供货+技术服务）方式实施的印度TATA钢铁KPO项目1号焦炉顺利出焦，标志着KPO项目一期工程四座焦炉已全部投产。正是中冶人与世界级钢铁企业TATA、JSW等印度顶级钢企的成功合作，改变了印度人对"中国制造"的旧有看法。中冶集团以敏锐的市场嗅觉、独占鳌头的技术和精益求精的服务独步印度钢铁市场，中冶人在印度钢铁市场的积极作为成为"一带一路"不可或缺的独特风景。

在印尼，中冶南方总体规划、总承包，十九冶、二十二冶、三冶参建了德信钢铁年产350万吨钢铁项目，该项目1号产线已经于2020年3月31日全线投产。在该项目中，中冶集团用独占鳌头的核心技术、持续不断的革新创新能力、无可替代的冶金全产业链整合优势，为印尼德信350万吨钢铁项目提供全方位服务，而印尼德信钢铁项目也是迄今为止，由单一工程公司在海外整体承接、实施并一次建成的规模最大、工艺流程最完整的系统性工程总承包项目，也是中国冶金建设"国家队"在"一带一路"上打造绿色环保、高效节能的现代化钢铁生产基地的成功实践。在该项目建设的两年多时间里，带动了中国国内相关成套设备出口额高达60亿元人民币；项目投产后，每年将拉动中国国内相关设备、零配件出口达6亿元人民币，每年可生产钢铁350万吨，预计可实现产值140亿元人民币，可实现利税17亿元人民币，还将带动4000多名印尼籍员工到钢厂就业，并为上、中、下游产业提供上万个就业岗位。

**2. 为金属矿产资源供给与安全提供有效支撑**

面对我国战略性资源对外依存度依然居高不下的局面，中国五矿坚持以矿业为立企之本、以资源为发展之基，按照"战略上有竞争优势、管理上有成本优势"的基本原则，不断加强全球资源配置和产工贸一体化能力，大力获取国内外优质资源，有效维护了国家资源安全和经济利益。目前，五矿集团正加快国家紧缺资源国内外矿山基地建设，获取和拓宽资源供应渠道，提升对国家紧缺型和战略性矿产资源的保障能力，发挥资源获取的主力军作用，具体来看主要从四个方面着力：

一是充分发挥在国家紧缺金属矿产资源"走出去"中的领军作用,加快境外铜、锌等国内紧缺资源供应基地建设,提升境外资源开发项目建设与服务能力;二是充分发挥在工程勘察、设计、建设、运营、工艺技术、高端装备、信息化等领域的龙头作用,通过全产业链系统整合与集成服务提升金属矿产行业创新驱动能力,打造世界第一冶金建设运营服务国家队;三是充分发挥在优势资源行业转型升级中的带动作用,积极推动优势资源整合与保护性开发,致力于突破下游材料领域核心关键技术与共性基础性技术;四是充分发挥在以金属矿产为代表的大宗商品供应链管理和服务中的示范作用,发展现代物流、电子商务、金融服务等生产性服务业,强化全球资源配置与市场运作能力。

中冶集团凭借其冶金建设、矿山设计与开发、基本建设等领域的优势为金属矿产资源供给与安全提供有效支撑。例如,中国恩菲全力打造有色矿冶国家队,在矿山设计、建设、咨询等方面发挥了重要作用。该企业拥有有色行业唯一的全行业工程设计综合甲级资质,拥有地质、采矿、选矿、冶炼、建筑、结构、电气、热工等工艺及相关公辅配套共计40多个专业的设计力量。近年来,中国恩菲中标诸多与矿山相关的建设、环评、技术咨询项目,同时立足自身工程经验和技术优势,推出了数字矿山、数字工厂"一体化"解决方案,为引领有色行业的数字化、智慧化转型发挥了重要推动作用。

又如,中冶赛迪目前是一家集应用基础研究和应用技术研发、整体解决方案、咨询、工程设计、工程总承包、全过程工程咨询、核心装备制造、运营服务于一体的国际化大型工程技术企业集团,形成了"以高端咨询为引领,以钢铁工程技术、智能化信息化、城市建设、节能环保为四大板块"的业务体系。近年来,在诸多项目的设计咨询承包建设中为金属矿产资源供给与安全提供有效支撑。例如，曹妃甸国际矿石交易中心项目，是中国五矿集团重点推进的项目之一，该项目一期工程由中冶赛迪总承包建设，对进一步推动钢铁产业供给侧结构性改革，优化铁矿石贸易方式，推动钢铁企业高质量发展，提升中国在国际铁矿石市场话语权，保障国家铁矿石资源安全发挥重要作用。2020年7月，中冶赛迪与五矿曹妃甸公司共建的原料与炼铁冶金性能实验室完工投用暨烧结杯实验点火仪式举行，实验顺利进行并取得成功，标志着该冶金实验室正式投入使用。中冶赛迪作为合作单位，将承担实验室的技术运营、重大实验策划、技术升级等工作，发挥在铁前领域的技术优势和研发能力，为中国五矿打造最具竞争力的混矿产品提供技术保障。

在国外市场方面，中冶集团积极推广海外业务，在保障国家金属矿产资源供给与安全方面发挥了重要作用。例如，在中巴两国政府的大力支持下，中冶集团于1990—1995年完成了该项目交钥匙总承包形式的建设任务，成为山达克铜金项目的奠基者。2002年10月中冶集团资源开发有限公司通过国际招标进驻山达克，拉开了波澜壮阔的发展历程。以惊人的毅力和付出在十个月里创造了行业里认为需要三年才能恢复生产的"中冶速度奇迹"，此后进入了增产增收的时代，矿性特征充分掌握，生产工艺不断涌现，年平均产铜1.8万吨，公司实现了由量到质的提升。鉴于第一租赁期的突出表现，巴基斯坦政府与中冶资源公司顺利续约合同五年至2017年。2017年南矿体已到开采的尾期，为了中巴友谊和当地民生，资源公司续约北矿体开发，开启了2017年续约至2022年的第三租赁期阶段。山达克铜金矿项目促进了巴基斯坦有色工业的发展，为巴培养了大量有色工业人才，奠定了巴基斯坦有色工业发展的基础，推动了俾路支省经济发展，为稳定巴基斯坦边疆，提升俾路支省当地民生水平发挥了巨大作用。而对我国来讲，山达克铜金矿的连续运营为国家金属矿产资源提供了有效支撑和保障，不仅为国家稳定提供粗铜，还以山达克为基地，为获取周边丰富的矿产资源提供了动力，并将有望在未来为获取世界级的铜矿资源提供基地和保障。

2014年7月，通过国际招标程序，中国华冶正式接管杜达铅锌矿项目，并组建新的项目运营公司——中国华冶杜达矿业有限公司，全面接手杜达铅锌矿的运营，启动了对矿山全面恢复建设与生产的工作。公司在严格的质量管控和技术支撑下，克服了杜达矿井下高温、高硫、涌水、矿岩不稳固等多个不利因素的考验，分别于2015年底恢复了200米中段的采矿，2018年启动了100米中段采矿，2019年实现矿山达产。公司秉承安全环保的理念，井下施工用水排出地表后进入选矿厂循环利用，井下废石不出坑用于空区充填，采用尾砂充填工艺，应用先进的压滤排泥工艺替代传统的泥浆外排，节省了地表排废用地，减少了污染。杜达铅锌矿项目建设以来，经济社会效益显著。几年来，杜达铅锌矿项目共采出铅锌原矿120余万吨，销售铅锌精矿20余万吨，产品全部销往中国，为保障国家金属资源供应稳定的目标做出了重要贡献；缴纳各项税费及完成企业社会责任共计2000余万美元，实现经济效益7500余万美元，为当地提供直接就业机会超过1000人，间接就业机会超过3000人；带动了当地建材、交通运输及生活物资等多个行业的发展，成为促进区域经济社会发展的引擎；项目积极推动周边社区建设，开展了修路、助学、送水、义诊等社区工作，建设矿区发展命运共同体，推进中巴文化交流，彰显了中国央企的社会责任和担当。2020年9月24日，杜达公司荣获第八届巴基斯坦工商业"杰出成就奖"。

此外，中冶集团将进一步依托五矿集团拥有的大量矿产资源，为金属矿产资源供给与安全做出更大贡献。目前，五矿集团拥有铁资源量43亿吨、铜资源量3040万吨、锌资源量1280万吨、镍资源量130万吨，铜、锌、镍等基本金属资源量位列全球第一梯队、产量排名全球前十，钨、锑、铋等中国优势金属资源量和产量全球第一，锂、石墨、稀土等战略新兴矿种位居国内第一梯队。旗下控股矿山共计41座，其中国内矿山26座，境外矿山15座，其中有7座世界级优质矿山。五矿集团通过在海外资源富集地以多种方式合理获取铜、镍、铬等对外依存度较高的战略性资源，通过在国内大力整合钨、锑、稀土等中国优势金属，形成了从矿山到深加工的完整产业链。中冶集团将凭借其在矿业产业链中的独特优势，为金属矿产资源供给与安全提供有力支撑，切实担当起保障国家矿产资源供应的职责使命。

### 3. 为新中国五矿打造矿业航母做出重要贡献

在中国五矿"矿业报国"伟大责任与使命的指引下，全体中冶人立足新起点，整装再出发。中冶集团全面优化"国家队"队形建设，牢牢占据技术尖端、产业链高端，加速推进核心技术产品化、产业化，推进体制机制改革，在国家队打造、市场开拓、精细管理、风险防控、资产管控、科技创新、队伍建设和品牌建设上取得突出成就，各种业务创新、模式创新如雨后春笋，新动能、新动力不断成长，为新中国五矿打造矿业航母做出重要贡献。其中，中冶集团并入中国五矿，最直接最明显的表现就是体量上的增长，新中国五矿在体量上超过了必和必拓、力拓、淡水河谷三大矿业巨头。同时，更为重要的是中冶有效支撑了新中国五矿盈利能力的提升，支撑了新中国五矿全球价值链的提升，增强了新中国五矿的竞争力和抗风险能力。

第一，中冶有效支撑中国五矿盈利能力提升。

从重组后新五矿的发展来看，新五矿经营业绩有了巨大提升。2016年新五矿从历史谷底奋力崛起，在2018年就实现了经营业绩从亏损180余亿元扭转为盈利220余亿元，中央企业负责人经营业绩考核成果从D级跃升至A级，世界五百强排名从198位上升到109位。2020年，中国五矿深入贯彻落实党中央、国务院决策部署，坚持"三步走、两翻番"不动摇，坚持高质量发展不动摇，经营业绩再创新高，经营质量稳步提升。全年营业收入达7016亿元、同比增长15%，净利润同比增长36%，经营性现金净流入423亿元，经营效益创历史最好水平。当前，重组后的新中国五矿着力构建以"四梁八柱"为根基的高质量业务体系，突出做好金属矿业和冶金建设主责主业，几乎包揽了国内钢铁产业转型升级的战略性冶金工程项目，以中国标准和中国方案在国际产能合作中彰显中国力量，牢牢占据国内90%、全球60%的冶金建设市场份额，成为傲立于世界舞台中央的"国家队"。

这一经营业绩的取得与中冶集团的有力支撑是分不开的。一方面，中冶集团有效提高中国五矿的竞争力，从而为提升中国五矿盈利能力提供了有力支撑。虽然中冶集团在矿产资源方面相对薄弱，但在冶金建设方向的高水平，能够为矿山建设与矿产开发提供良好支撑，为金属矿产企业提供系统性解决方案和全生命周期综合服务，有助于弥补中国五矿在金属矿业产业链上的不足。中冶集团帮助中国五矿在国际上率先打通了金属矿业领域从资源获取到地质勘查、设计建设、开发运营、贸易物流、精深加工的全产业链通道，使中国五矿拥有了其他国际工程公司、国际矿业巨头所不具有的最独特的优势和核心竞争力，对提升盈利能力有很强的支撑作用。此外，中冶集团的冶金服务能力还与原中国五矿的原料贸易、物流资源、金融能力相互组合促进了新服务能力的形成，促进了中国五矿"四梁八柱"业务体系的发展壮大，推动了中国五矿盈利能力的提升。

另一方面，中冶集团保持自身较强的盈利能力就是对新中国五矿的直接支撑。2019年中冶集团全面实现了"美好中冶"保持10万人左右的队伍、3300亿元左右的营业收入、100亿元左右的利润的所有指标，释放出重组后的最大红利和最强正能量。2020年，中冶集团经营业绩实现逆势高速增长，新签合同额、营业收入、利润总额、净利润等指标均创历史新高，资产质量类指标持续优化，企业继续保持持续稳定增长的良好态势。全年新签合同额突破万亿大关，全面进入高质量发展新阶段。其中，"高新综大"项目既是中冶盈利的主要来源，也是体现中冶品牌和实力的关键所在。中冶集团高质量高起点选准项目、谋划项目，紧盯"高新综大"标志性项目，优先选择客户信誉佳、商务条件好、效益高、资金有保障的项目，重点策划运作市场容量大、增长快的城市成片开发、轨道交通、市政、环保等领域大项目，不断提升中冶品牌竞争力和影响力。

第二，中冶是提升五矿全球价值链地位的关键。

首先，中冶集团专注于冶金行业技术革新，以关键核心技术抢占全球制高点，占据价值链高端地位，对提升中国五矿在全球价值链的地位具有关键作用。在今天全球价值链地位的争夺中，一个核心问题就是有没有硬实力，有没有硬科技，是不是掌握关键核心技术。冶金建设是中冶集团目前竞争优势最为突出、当之无愧世界一流的产业。近年来，中冶集团坚持创新驱动发展战略，聚焦高端技术研发，集中攻克"卡脖子"技术难题，着力构建以新旧动能转换为特征的高质量动力系统。重组以来，中冶集团共获得国家科技奖16项，其中，荣获国家科技进步一等奖3项，国家科技进步二等奖11项，国家技术发明二等奖 2 项，中冶集团获奖数量及等级均位居央企前列。其中，2018 年，由中冶焦耐牵头完成的"清洁高效炼焦技术与装备的开发及应用"项目荣获国家科技进步一等奖，是中冶集团首次作为第一完成单位荣获该项殊荣，取得历史性突破。重组以来，集团专利申请数、授权数和累计有效专利数均保持持续稳定增长，有效专利保有量在央企仍然保持比较优势。截至 2020 年底，集团累计有效专利超过 33000 件；2015—2017 年，集团连续三年荣获中国专利金奖，成为国内唯一获此殊荣的企业。重组以来，中冶集团共有 7 个企业技术中心被国家发改委认定为国家企业技术中心，获批 2 个国家技术标准创新基地。至此，中冶集团拥有的国家级重点实验室和国家级科技创新平台总数跃升至 26 个，继续位居中央企业前列。正是在关键核心技术方面的突出成就，更好地支撑起了世界第一冶金建设运营服务国家队的建设。

其次，中冶集团还持续紧跟钢铁企业布局调整和产业升级的步伐，抢抓冶金建设节能环保、绿色制造、智慧制造带来的市场机遇，推进与重点钢铁企业的深度合作，确保中冶在重大钢铁建设项目的控制力和绝对主导地位不动摇，不断迈向冶金价值链高端。特别是对于相关重点项目，中冶集团通过提前精准谋划、全面梳理、列出清单，明确项目推进责任单位和责任人，制定好每个重点项目开发策略，确保大中型冶金工程"一个都不丢"。2020 年，中冶集团陆续签订中天钢铁、中新钢铁、广西防城港钢铁、山东日照钢铁、山东临沂钢铁特钢等重大钢铁工程承包合同 20 余个。从国际市场来看，作为占据全球 60% 的冶金建设市场份额的大型企业集团，中冶也在不断迈向价值链高端，这对于提升五矿在全球价值链的地位同样十分关键。

当前，中冶集团在落实习近平总书记提出的"逐步形成以国内大循环为主体、国内国际双循环相互促进的新发展格局"实践中勇当主力军,努力统筹好速度规模稳健与质量效益提升的关系,统筹好国内产业链稳定和全球竞争力提升关系,主动参与全球产业链重构升级,不断加快提高产业链现代化水平和在全球价值链中的地位。中冶集团将继续以习近平新时代中国特色社会主义思想为指引,不忘初心、牢记使命,加速推进"冶金建设国家队"再拔尖、再拔高、再创业,"基本建设主力军"再定位、再培育、再升级,"新兴产业领跑者"再提速、再扩容、再创新,不断为新中国五矿打造"中国第一、世界一流"金属矿产企业集团贡献中冶智慧与中冶力量。

## ◎ 中冶集团履行好职责使命的经验

中冶集团作为大型国有企业,始终不渝地坚持党的领导,细致入微地抓好企业党建工作,充分发挥党的领导的优势,为实现"美好中冶"、世界一流企业和世界第一冶金建设国家队的目标不懈奋斗。中冶集团带着这种初心与使命,锐意进取、精益求精,不仅在业绩上取得重大突破,在党建工作方面还创造性地讲述了国企改革的"中冶故事",积累了全面从严治党新常态下"一个引领五个引擎"鲜活的中冶经验,铸就了国有企业改革的标杆和样板。中冶集团始终坚持党的领导不动摇,以"聚焦中冶主业,建设美好中冶"发展愿景和"一天也不耽误,一天也不懈怠"朴实厚重中冶精神为支撑,渡过一个个难关,实现了跨越式的发展,铸就了国有企业改革的标杆和样板,用行动证明了中冶集团是党和人民最值得信任和依赖的中坚力量,为国有企业党建工作增添了新思路。"一个引领五个引擎"带动了中冶集团凤凰涅槃、改革脱困,促进了全体干部职工奋力拼搏、砥砺前行,指引着中冶集团昂首阔步迈入新时代，成为党和国家最可信赖的依靠力量，为"打造世界第一冶金建设国家队"贡献了磅礴力量。

### 1. "一个引领"为中冶履行职责使命筑牢根魂

"一个引领"即坚持党的领导不动摇，始终毫不动摇地坚决维护习近平总书记在党中央和全党的核心地位，始终毫不动摇地坚决维护党中央权威和集中统一领导，步步紧跟习近平总书记重要指示批示和党中央决策部署，一招不落抓好工作落实，按照党指引的方向奋勇前进。

中冶集团发展到现在，最大的特点便是始终把对党忠诚放在首位，始终在思想上、政治上、行动上与以习近平同志为核心的党中央保持高度一致，坚持党的领导不动摇。任何时候都坚持改革到哪里、项目发展到哪里，企业党建工作就延伸到哪里，形成全覆盖、无死角。党的建设像一棵大树，扎根在中冶集团改革与发展的深厚土壤里，枝繁叶茂。

在企业改革发展的每个阶段，中冶集团以服务党和国家发展大局为己任，始终牢记"国企姓党"，始终践行为党分忧、为国尽责的政治担当，切实把增强"四个意识"、坚定"四个自信"落实到企业改革发展的每一个细节中，将党的领导和党建工作融入企业改革、发展的各个环节，不折不扣地拥护党在中冶集团的领导核心地位，为促进国有经济稳健发展做出了应有贡献。各级党组织和党员领导干部始终保持全面从严治党的使命感和紧迫感，以习近平总书记对国企党建提出的"四个坚持"重要要求为总遵循、总指引，切实发挥企业党组织的领导核心和政治核心作用，保证党和国家方针政策、重大部署在企业贯彻执行，坚持服务生产经营不偏移，把提高企业效益、增强企业竞争实力、实现国有资产保值增值作为企业党组织工作的出发点和落脚点，为推进公司快速稳定发展提供了坚强的组织保证。

特别是 2020 年以来，中冶集团全面进入到高质量发展新阶段，正大踏步向"美好中冶"新征程全力迈进。中冶集团突出以信念铸魂、能力强基、创新驱动、服务增效为重点，抓强党建工作全方位、全领域和全过程，促进基层建设全面提升、全面过硬，以高质量党建引领高质量发展。企业新签合同额、营业收入、利润总额、净利润等指标均创历史新高，资产质量类指标持续优化，企业继续保持持续稳定的良好态势。

### 2. 优良的政治作风是企业持续快速发展的关键引擎

作为大型中央国有企业，中冶集团始终把培育优良的政治作风放在关键位置，依靠优良政治作风开创各项工作新局面，实现了企业持续健康快速发展。中冶集团提出了"一天也不耽误，一天也不懈怠"的中冶精神，全面推进领导力建设，积极响应中央深化改革决策部署，把思想和行动统一到党中央国务院决策部署上来，从思想深处拧紧螺丝，展现了一种优良的政治作风。政治作风内涵丰富，包括多个维度。中冶集团在选拔人才方面始终把政治作风放在关键位置，将那些讲政治、抓业务、能干肯干的人才发掘出来，重视实干、实绩。通过业绩考核和个人绩效考核，将作风正派、有创造活力、有强烈事业追求的优秀干部选拔出来干事、创业。

打造风清气正的干部团队，突出强化抓班子带队伍能力。领导干部是否讲正气、讲团结、讲责任、讲奉献，决定着企业是否能够实现化危为机、奋力前进，是否能够确保各项工作取得新成就、新突破，政治作风问题是关键问题，更是核心问题。只有建设一支信念坚定、热情服务、勤勉务实、清正廉洁的领导干部队伍，才能为企业发展提供坚强有力的保障。在党的坚强领导下，中冶集团锻造了这一支高素养的领导干部队伍。

中冶集团采取了全方位、多样化的举措培育企业优良政治作风。通过深入开展党的群众路线教育实践活动，全面加强干部队伍作风建设。中冶集团始终坚持以自上而下、以上率下的方式改进作风，充分发挥示范引领作用，始终保持"为民务实清廉"的高度自觉。企业领导人员发挥了典型示范作用，经常"照镜子""正衣冠"，定期"洗洗澡"和"治治病"，持之以恒贯彻落实中央八项规定精神，带头开展批评与自我批评工作，不断提升自身素质，加强作风建设。以高度的责任感和使命感做好各项工作，以务实和高效提振企业信心，以强烈的危机感和紧迫感干事、创业，一以贯之抓作风建设，发扬创先争优、扎实苦干的精神，让中冶集团焕发了崭新的生机和活力。

中国五矿总经理、党组副书记、中冶集团董事长国文清曾经在《大力提升质量效益，全力推进改革创新，奋力踏上"聚焦中冶主业，建设'美好中冶'"新征程——在中冶集团暨中国中冶2013年工作会议上的讲话》中提出，要大力弘扬"五种作风"，着力提升"五种能力"。五种作风分别是指公道正派作风、科学民主作风、求真务实作风、艰苦奋斗作风和放胆争先作风。公道正派作风是指中冶集团领导干部决策要公正，处事要公道，为人要正派。科学民主作风是指中冶集团领导干部越是居于高位，越要对群众的意见爱听、善听、会听；越是急于干事、急于把事情干漂亮，越要把工作热情和科学态度结合得更好；越是认识上不一致，越要注意加强正面引导、广开言路、集思广益。求真务实作风是指中冶集团广大干部职工要立足实际、脚踏实地、真抓实干，体现决策唯实、执行务实、总结真实。艰苦奋斗作风是指中冶集团广大干部职工要时刻保持艰苦创业的激情和心态，按照中央关于改进工作作风的要求，坚决反对铺张浪费、贪图享乐。放胆争先作风是指中冶集团干部职工要敢于不断解放思想，推动工作思路、工作方法的大解放；要学习马万水"站在排头不让、把住红旗不放"的奋勇争先精神，学习"好书记"齐锐新身上闪烁着的共产党人坚定、质朴、清廉的光辉，为实现"美好中冶"放胆争先工作。

**3. 正确的战略是企业谋篇布局再造发展优势的关键引擎**

"正确的战略统领全局，创新的思路破解难题"，中冶集团以对经济规律的深刻洞察，对国企地位的深刻理解，自觉肩负起引领中国冶金向更高水平发展的国家责任。通过制定发展战略，优化顶层设计，把握方向，统揽全局，引领企业攻坚克难、砥砺奋进，以坚定的战略方向踏出稳健发展的坚实步伐。

近年来，中冶集团精准把握企业发展的大局大势，根据企业不同发展阶段的现实状况，抓住主要矛盾，解决关键问题，优化顶层设计，把好企业科学发展的方向盘，解决了一系列关键难题，顶层设计愈趋科学、合理、优化。

"9·5"会议以来，集团分四个阶段进行战略布局：第一个阶段是基于企业自救、解决30万员工生存问题而进行的战略思考。2012年，在企业生死边缘的紧要关头，"既不能让危险和风险集中爆发，把中冶击垮；也不能让问题久拖不决，把中冶拖垮"，中冶集团做出了"回归主业"转型重生的抉择，开启了攻坚克难、奋力自救的改革大幕。

第二个阶段是基于企业步入良性发展轨道的战略思考。2013年到2014年，中冶集团提出"聚焦中冶主业，建设美好中冶"的发展愿景，扎扎实实打基础巩固基础,"一年迈一步,三年跨大步"。经过浴血奋战,企业实现冲出低谷、涅槃重生、经营业绩逆势攀升和持续向好的"华丽转身"。

第三个阶段是新常态下打造"国家队"的战略思考。在企业回归正常发展水平之后,没有止步不前,而是有更高的目标和追求,明确提出"打造'四梁八柱'业务体系升级版,再造建设'美好中冶'新优势,争做全球最大最强最优冶金建设运营服务'国家队'"的战略新定位,把企业发展的责任使命上升到肩负起"引领中国冶金向更高水平发展的国家责任"的高度,战略思路愈加清晰,战略引领作用更为凸显。

第四个阶段是新发展阶段下打造"国家队"的思考。进入高质量发展新阶段,中冶集团结合对国家战略方向、行业发展大势的研判及自身独特优势的认识,对冶金建设国家队新时期承担的历史使命进行了再定位:要始终站在国际水平的高端和整个冶金行业领先的高度,用独占鳌头的国际一流核心技术、持续不断的创新研发自主可控能力、无可替代的冶金全产业链整合集成优势,承担起引领中国冶金实现智能化、绿色化、低碳化、高效化发展的"钢铁强国"责任。

与中国五矿战略重组后,中冶集团充分认识到战略重组的深远意义,充分发挥协同优势拓展发展空间,紧紧围绕战略新定位谋篇布局,持续推动转型升级创新发展,不断把"聚焦中冶主业,建设美好中冶"推向历史发展的更高水平。特别是党的十九大以来,中冶集团认真贯彻落实十九大提出的新发展理念,进一步明确"做冶金建设国家队、基本建设主力军、新兴产业领跑者,长期坚持走高技术高质量发展之路"企业战略新定位,全力以赴打造"世界第一冶金建设国家队",不断凝聚起企业发展的磅礴之力,以新气象、新举措迎接新时代,用正确

中冶大厦

明晰的战略描绘了中冶集团发展改革的崭新图景。

中冶集团把制定正确的战略放在关键位置,在改革发展中始终坚持科学谋划,强化顶层设计,围绕企业战略定位,为实现"三步走、两翻番"目标紧锣密鼓地干事创业,为脱贫攻坚、乡村振兴和生态环境保护等贡献中冶力量,竭尽全力为党的"两个一百年"目标服务,取得了重大的阶段性成果。

### 4. 制度建设是企业构建现代化管理体系的关键引擎

中冶集团充分发挥制度优势,勇于担当政治责任,始终坚定地与党中央保持高度一致,把党的领导与公司治理紧紧衔接起来。通过国有企业制度的自我完善,进一步完善公司治理,严格履行决策程序,规范经营决策与管理,形成了既协调运转又有效制衡的现代化企业管理体系,以制度推动企业发展。

党的十一届三中全会以来,党在经济领域进行了重大制度创新,逐步确立了公有制为主体、多种所有制经济共同发展的基本经济制度。中冶集团作为大型国有企业,是国家公有制经济的组成部分,发挥了十分重要的作用。在新形势下,中冶集团继续当好公有制经济的排头兵,同时不断发挥制度优势,不断提高企业现代化的治理效能,促进制度优势与治理效能的协同提升。强化制度优势是提升企业治理效能的前提,而提升治理效能又为强化制度优势打下了坚实的基础。其中,全面深化企业改革是促进企业制度优势与治理效能协同提升的关键。中冶集团在党的领导下,做细做实企业党建工作,不断促进企业制度优势与治理效能的协同提升,促进企业在"百年未有之大变局"中稳健发展,切实承担好维护国家经济安全、促进共同富裕和在经济社会发展中承担重大特殊任务的责任。

中冶集团各级党组织作为执政党的基层组织，有严明的组织纪律和优良作风，有先进的理论指导和价值追求，有健全的组织体系和工作机制。在具有巨大优势的制度推动下，中冶集团打造了自身的核心竞争力，实现了企业快速发展，朝着制定的企业战略目标和愿景稳步前进。中冶集团充分发挥好国有企业党组织的作用，自身的政治优势融入企业核心竞争力之中，与企业经营管理高度结合起来，取得了显著成效。

中冶集团在打造核心竞争力的同时，实现了"六个转化"。将党的理想信念通过企业价值理念建设转化为企业的凝聚力，把党的路线方针政策通过企业战略规划及实施转化为企业的发展力，把党组织政治核心作用通过企业党建工作创新转化为企业的领导力，把党的作风建设通过企业规章制度和行为规范转化为企业的执行力，把党员的先进性标准通过企业先进典型及形象塑造转化为企业的带动力，把党的执政为民理念通过强化企业员工主人翁地位转化为企业的创造力。中冶集团在建立现代企业制度过程中，进一步加强和改进国有企业党建工作，充分发挥党在国有企业中的政治优势和制度优势。

### 5. 破解改革难题是引领企业实现质的飞跃的关键引擎

针对严重影响和制约企业发展的突出问题，中冶集团以自我革命的勇气和决心，披荆斩棘、栉风沐雨，在改革最艰难的破产重整一环突破，为"僵尸企业"找到合适的"墓穴"，在经济新常态下触底反弹，冲出困境，实现"脱胎换骨"的巨变，出现凤凰涅槃盛景，走上健康发展之路，实现了质的飞跃。

国文清在《用正确的战略统领全局，用创新的思路破解难题，努力实现中冶集团攻坚克难奋力自救稳健发展——在中冶集团暨中国中冶企业负责人会议上的讲话》中提出，中冶集团要牢牢把握"树立正气、破解难题、提升管理、稳健发展"的工作总基调。破解难题作为工作总基调之一，是中冶集团上下齐心、奋力自救遵循的工作指南，集中智慧和精力解决了中冶恒通、葫芦岛有色、纸业集团、西澳工程建设和海外矿产资源等一系列重大问题。

正是由于中冶集团坚持把破解改革难题放在关键位置，不断改革创新，才推动企业实现了从活下来到立起来、富起来的质的飞跃。这一质的飞跃以铁一般的事实证明，在向"强起来"迈进、推进企业腾笼换鸟的新征程上，破解发展难题、化解风险挑战，实现企业"任凭风浪打、稳坐钓鱼台"，除了继续深化改革创新，别无他途。面对一系列改革难题，中冶集团总是对症下药、因地制宜，采取措施全方位、多层次地解决问题、破解难题。

针对海外业务发展困境，中冶集团从集团层面强化战略部署，进一步坚定"走出去"的信心、增强"走进去"的能力、提升"走上去"的水平，并通过用好、用活、用足国内外资源，"借船出海"、实现互利共赢。经过不懈努力，中冶集团在2020年ENR全球承包商250强排名中位居第8位。

中冶集团在党的领导下，以高度统一的思想、正确的战略统领全局，以创新的思路破解难题，集中力量加速创造条件"卸包袱""啃骨头"，止血扭亏控风险。中冶集团广大干部职工用强烈的问题意识、发现问题的眼力和解决问题的能力，不断有效破解前进中的障碍，为新的发展打开新的局面、新的空间。中冶集团坚信，唯有以创新思维破解发展难题、化解风险挑战，才能实现企业"任凭风浪打、稳坐钓鱼台"，才能继续深化改革创新，实现中冶集团的美好愿景。

**6. 文化建设是丰富企业内涵树立良好形象的关键引擎**

习近平总书记高度重视文化自信，提出了新的时代课题。在哲学社会科学工作座谈会上的讲话中，习近平总书记提出："文化自信是更基本、更深沉、更持久的力量。历史和现实都表明，一个抛弃了或者背叛了自己历史文化的民族，不仅不可能发展起来，而且很可能上演一场历史悲剧。"习近平总书记关于文化的重要论述是中冶集团建设具有深厚内涵和独特标识的中冶精神的根本指南。

中冶集团在改革发展的每一个阶段，始终把文化建设放在关键位置，大力弘扬以水口山精神、马万水精神和齐锐新精神为代表的企业的红色精神。在既面临严峻形势又迎接发展机遇的新形势下，中冶集团年年奋勇争先、年年刷新历史纪录，创造了不菲的业绩。

在新时代，中冶集团坚持不怕困难、迎难而上，今天把今天的事做好，不要放在明天；每时每刻都全身心地投入工作，天天好好干，进一步凝练出了"一天也不耽误、一天也不懈怠"朴实厚重的中冶精神，朴实诚实、担当负责、风清气正、奋勇争先成为中冶的精神支柱、企业之魂。同时，中冶集团还确立了"勇于拼搏、开拓创新、严谨精明、忠党报国"的中冶国有企业家精神。二者共同构成了中冶人在国企改革中迎难而上、开拓进取、勇往直前的动力源泉，体现了新时代中冶集团的企业内涵。

在新时代，中冶集团不断推进文化建设，创造出诸多反映企业各项活动的优秀文化产品。仅从 2020 年来看，为凝心聚力，打赢疫情攻坚战，中冶集团党委宣传部就编著了七部近 260 万字的中冶宣传文化系列产品。策划编辑生动讲述中冶人防疫抗疫一线感人事迹的《一天也不耽误、一天也不懈怠——中冶人战"疫"故事集》，收录 70 篇抗击疫情与复工复产战"疫"故事；策划编辑的《党旗飘扬　党徽闪光——

冶金建设国家队党员与基层党组织使命担当故事集》，收录"冶金建设国家队"全部阵容子企业50篇优秀党员、基层党组织使命担当故事；策划编辑的《中冶助力脱贫攻坚故事集》，从扶贫干部、扶贫产业、扶贫工程与扶贫捐赠四个方面收录78篇中冶助力脱贫攻坚感人故事；策划编辑《做新时代实干家——中冶子企业主要领导谈怎么看怎么干》文集，收录中冶集团42家子企业主要领导73篇关于学习贯彻"习近平总书记企业家座谈会"讲话精神理解体会与落实举措署名文章；策划编辑《中冶集团践行"两山论"案例集》，从环境技术、环境工程、产业升级、绿色施工等四个方面收录100余篇中冶集团践行"两山论"经典案例；策划编辑《中冶集团海内外重大冶金建设故事集》，专门回顾与国内外极具代表性的15家特大钢铁基地合作历程，汇聚跨度71年336篇冶金建设全产业链服务事迹，纪念新中国成立以来中冶集团建设国内外重大钢铁基地光辉历史，总字数达111万多字，进一步培塑信仰的力量、厚植自信的力量。

几年来，中冶集团良好的品牌形象深受中央主流媒体关注，年年亮相央视（CCTV-1）《新闻联播》，获得央视"一带一路"宣传报道排名第二位。2019年中冶集团在央视各大频道及其网端播出中冶专题素材1000余分钟；在省级卫视播出专题素材更是高达百余次；平均每年在央视及省级卫视累计28余亿人次收看。人民日报、新华社、中新社、经济日报、光明日报、工人日报、国资报告等在内的50余家中央及省部主流媒体、100余家地方主流媒体，不断宣传扩大中冶集团品牌影响力与美誉度，2020年宣传报道20000余篇，引起了社会以及行业的广泛关注和高度评价。

央视财经频道（CCTV-2）2017年给予中冶交通贵州公路项目国庆直播、中冶马来西亚W酒店项目元旦跨年夜直播，2018年国庆给予上海宝冶黔东南州村村通项目竣工贯通直播以及中国十九冶印尼塔岛铁矿项目转播；2019年元旦播出中国十七冶科威特大学城项目以及中国一冶与中国五冶的共和国同龄老人新年祝福；2020年元旦特别节目《新年新世界》与《天下财经》再次播出中国二冶新疆准东生态园林项目、中国十九冶阿富汗喀布尔大学项目、中国二十冶珠海横琴口岸大厦项目、上海宝冶马来西亚新山体育场项目等团队故事以及世界技能大赛冠军中冶曾正超技能展示。纪念改革开放专题纪录片《思想解放天地宽》、纪念新中国成立七十周年纪录片《老"三线" 新征程》分别播出中国一冶创造"深圳速度"、中国十九冶建设大攀钢事迹；《匠心英雄》栏目播出中冶集团多个一线技术能手；《中国品牌在海外》栏目播出中冶越南台塑项目、印尼喀钢项目；《厉害了，我的国》专题展播期间连续播出中冶湛江钢铁项目、西安地下综合管廊项目、越南河静钢铁项目多个纪实短片，获得《厉害了，我的国》入选单位排名第三名；《对话》栏目播出中冶焦耐国家科技进步一等奖访谈与中冶新能源项目投产；"大三线"纪录片《大山里的共和国建设者》播出中冶设计承建的攀枝花钢铁基地项目。

央视国际频道（CCTV-4）《远方的家》连续播出中冶新加坡环球影城项目、斯里兰卡科伦坡高速公路项目、马来西亚吉隆坡W酒店项目、俄罗斯马林斯基庄园别墅项目和叶赛宁小镇保障性住房项目、乌克兰黑海海滨综合体项目等多个海外项目专题片；国际频道《走遍中国》栏目拍摄播出新中国冶金建设事业70余年来首个系统介绍和展示冶金建设国家队成长历程和光辉成果的中冶集团四集专题纪录片《熔铸九州》，全面梳理中国冶金建设成长之路、精细化之路、高端定制之路、绿色环保之路。

央视科教频道（CCTV-10）《中国建设者》栏目组播出中冶珠海

横琴地下综合管廊项目以及冬奥会雪车雪橇馆项目，收视率获全国纪录片第一位；《创新进行时》栏目播出中冶环保专题《土壤医生》《海绵城市》《垃圾再生》等系列纪录片，以及陆续播出甘肃兰州跨黄河大桥项目、天津茱莉亚音乐学院项目、淮安西游记影城项目、宁夏灵武湿地项目、包头直饮水项目、首钢修复项目、马鞍山人体博物馆项目以及恭王府、避暑山庄、平遥古城、飞月楼检测项目等数十集系列纪录片。国内多家省级卫视对中冶各子企业进行专题访谈。

# 第二章 战略重组篇

国有企业战略性重组是应对经济发展新常态的必要举措，是国有经济高质量发展的内在要求，是做强做优做大国有企业的助推器，对整个国民经济高质量发展具有重要意义。中冶集团与中国五矿都有着不平凡的发展历史，其战略性重组是由两家企业在新形势下主动推进的互补式重组，在国有企业重组中具有典范意义。与以往的国企重组相比，两家企业的重组是围绕产业链展开的纵向重组，是去产能背景下的战略重组，是全球背景下的供给端重组，具有明显的新特征。同时，两家企业在重组中特别注意抓住关键点进行重点推进，注重以明确的发展战略引领战略性重组，注重管理体系的有效对接与改革，注重人力资源的重新整合与高效利用，注重企业文化理念的建设与融合，有力推动了重组的顺利高效进行。重组之后的新中国五矿积极应对各种挑战，抓住新发展机遇，重点推进"十大举措"，取得了巨大成就。从中冶与五矿互补式重组的成功实践中，我们总结出五条重要经验，即要始终坚持政治站位，坚决做到"两个维护"；要始终坚持"大发展观"，开辟高质量发展道路；要始终坚持互补式重组，塑造全产业链集成优势；要始终坚持改革创新，激发企业内生活力动力；要始终扭住作风建设，凝聚最广泛的发展力量。

## ◎ 新时代国企战略性重组

### 1. 战略性重组是应对经济发展新常态的必要举措

习近平总书记指出："要把适应新常态、把握新常态、引领新常态作为贯穿发展全局和全过程的大逻辑。"推动国企战略性重组，培育具有全球竞争力的世界一流企业，正是在经济新常态这一大逻辑下提出并实施的，是应对经济新常态的必要举措。

当前，我国经济发展呈现增长速度换挡期、结构调整阵痛期、前期刺激政策消化期"三期叠加"状态，世界政治经济形势的风云变幻，都给我国经济安全与发展带来了新的挑战和诸多不确定性。未来一个时期，要进一步促进经济高质量发展，推动工业化、信息化、智能化融合发展，以更好应对国内国际新形势新问题，增强我国经济抵御国际市场风险的能力，迫切需要培育形成一批具有产业带动力、市场影响力和国际竞争力的大型企业集团。

国有企业作为我国先进生产力、国家综合实力和国际竞争力的代表，具有较强的行业产业影响力，在适应把握引领经济发展新常态，应对国内国际新形势新问题中应该而且能够发挥引领作用。正是基于这一点，支持国有企业战略性重组就成为我们的必然选择。

国有企业战略性重组是推动国有经济发展壮大的重要方式，涉及对国企资产、负债、人才、技术、管理等诸多方面的重新配置。可以说，在一定时期内，重组将成为国企改革发展的中心枢纽，强强联合、拆分重组、混合参股、关停并转、内部重组等多种方式的重组整合案例将持续涌现，并将对引领经济新常态发挥重要作用。

首先，国有企业的特殊地位决定了国企战略性重组的重要性。国有企业是党执政兴国的重要支柱和依靠力量，是中国特色社会主义经济的"顶梁柱"，通过战略性重组发展壮大国有企业，是毫不动摇巩固和发展公有制经济的必然要求，对推动我国经济体制改革，促进社会主义市场经济体制不断完善，加快我国经济结构调整和发展方式转变具有重要影响。

其次，国有企业战略性重组对重塑产业新格局，推动实体经济发展有重要意义。习近平总书记指出的，"在产能过剩的条件下，产业结构必须优化升级，企业兼并重组、生产相对集中不可避免"，重组是优化产业组织结构,引领经济新常态的有效手段,特别是有行业地位和影响力的国有企业重组,对优化产业结构以及化解产能过剩的意义更为重大。

最后,从企业自身发展来看,国企战略性重组一是有助于从整体上和战略上改善国有企业经营管理,完善公司治理结构;二是有助于企业战略定位更加精准,促进企业规模化、集约化经营,提高产业集中度,提高市场竞争力;三是有助于国有企业在相关行业和领域向价值链高端迈进,在国内以至国际市场竞争中占据有利位置,扩大企业的全球话语权和影响力。

### 2. 战略性重组是国有经济高质量发展的内在要求

在党的十九大报告中,习近平总书记对国有经济发展提出了明确要求,要"加快国有经济布局优化、结构调整、战略性重组,促进国有资产保值增值,推动国有资本做强做优做大,有效防止国有资产流失。深化国有企业改革,发展混合所有制经济,培育具有全球竞争力的世界一流企业"。

国有企业作为国有经济的重要组成部分,其战略性重组是国有经济战略性重组的应有之义,也是深化国有企业改革的重要途径和基本内容,对国有经济高质量发展具有重要推动作用。要以习近平同志系列重要讲话精神和治国理政新理念新思想新战略为指引,始终坚持科学决策和顶层设计,明确战略目标和战术路径,牢牢把握国有企业发展中存在的主要矛盾,进一步推进国有企业改革,加快推进国企战略性重组,推动国有经济高质量发展。

实际上,企业重组是市场经济发展的必然趋势,一些国家的企业在重组中进一步发展壮大,为该国经济发展和综合国力提高发挥了重要作用。从历史发展来看，世界范围内的企业重组已经历了五次浪潮，第一次重组浪潮出现在19世纪末20世纪初，其特点是横向并购，即同一个行业内的不同企业彼此并购。典型的案例是美国J.P.摩根创建的美国钢铁公司，该公司收购了数百家竞争对手，大大提高了资本集中度，牢牢控制了美国的钢铁生产。

第二次企业重组浪潮主要出现在一战结束到1929年世界经济危机，其特点是纵向重组，即同一产业内的上下游企业之间的重组。比如，美国福特汽车公司通过大规模纵向重组，并购了为数众多的各类企业，不仅形成了一个有关汽车制造的无所不包的生产统一体，而且形成了具有完整的运输体系和全国销售网的庞大联合体。

二战后，世界经济发展有一个较长时间的黄金时期，新科技革命迅速发展，为企业重组提供了新的动力，到20世纪60年代，出现了第三次重组浪潮，其特点主要是混合并购。而经过70年代的滞胀，80年代又出现了第四次重组浪潮，这些企业更多倾向于资本运作、资产重组，力求剥离资本回报率低的业务，发展高回报率的业务。进入90年代，随着全球化和信息技术的发展，出现了第五次重组浪潮。工业时代形成的巨头通过重组布局新兴产业，互联网时代涌现的新贵也通过重组快速成长。

今天，人类已经步入21世纪20年代，随着世界经济危机的不断发展，以及科技领域人工智能、物联网、生命科学等的发展，更多企业也开始加强重组，改造旧产业部门，布局新兴产业，这也必然对世界经济产生新的深远影响。对我国来讲，面对经济新常态和激烈的国际竞争，必须进一步推动国有企业战略性重组，发展壮大国有经济，更好地服务于我国经济的高质量发展。

当前，从国家战略层面来看，国有资本将更多地向关系国家安全、国民经济命脉和国计民生的重要行业和关键领域、重点基础设施集中，向前瞻性战略性产业集中，向具有核心竞争力的优势企业集中。这种集中必然要求同业或产业链上下游国有企业的重组整合，要求以龙头企业为依托开展行业板块专业化重组，通过股权合作、资产置换、无偿划转等方式，进一步强化同质化业务整合和细分行业整合。

可以说，推动国有企业战略性重组是国有经济高质量发展的内在要求，是落实党中央、国务院关于深化国有企业改革，打造具有国际竞争力世界一流企业重要要求，是推进国有经济布局结构调整，不断增强国有经济竞争力、创新力、控制力、影响力、抗风险能力采取的战略举措，对国有资本保值增值，提高国有经济竞争力，放大国有资本功能都具有重要作用。

### 3. 战略性重组是做强做优做大国有企业的助推器

习近平总书记强调："国有企业是壮大国家综合实力、保障人民共同利益的重要力量，必须理直气壮做强做优做大。"加快国有企业战略性重组，是做强做优做大国企的重要手段。从目前来看，国有企业兼并重组大致可以分为四种情况：一是强强联合式重组，比如原中国南车和中国北车重组形成的中国中车，原中国远洋和中国海运重组形成的中国远洋海运，原宝钢、武钢重组形成的宝武集团。二是优势互补式重组，比如原中电投集团和国家核电重组形成的国家电投。三是吸收合并式重组，比如招商局集团和中国外运长航的重组。四是共建共享式重组，比如三家通信企业共同出资成立了铁塔公司，节约了大量的土地资源和投资。

近年来，放眼神州大地，围绕国企改革的战略性重组大潮正在涌起。从央企战略性重组来看，在国务院国资委统一部署下，按照"成熟一户、推进一户"的原则,围绕做强做优做大目标,国有企业深度调整重组步伐日益加快。一方面推进中央企业集团层面重组,稳妥推进煤电、重型装备制造、钢铁等领域重组,探索海外资产整合。另一方面,推动中央企业以优势龙头企业和上市公司为平台,加强企业间相同业务板块的资源整合,支持中央企业之间通过资产重组、股权合作、资产置换、无偿划转、战略联盟、联合开发等方式,将资源向优势企业和企业主业集中。这些调整对做强做优做大国有企业起到重要推动作用,产生了积极的示范效应。2020年1月,国务院国资委秘书长彭华岗表示,十八大以来央企已经先后完成了22组41家企业的重组。据了解,2020年上半年央企战略性重组也取得重要进展,其中,化工、能源、汽车等多个行业的央企专业化整合正在逐步推进,央企煤电资源区域整合试点第一批资产划转已经完成;兵装集团、一汽、长安汽车、东风汽车以及南京江宁经开科技发展有限公司共同出资的中汽创智科技有限公司已经成立,公司注册资本达160亿元,是央企战略性重组的重要项目。

同时,不仅是央企之间,而且地方国企之间、央企与地方国企之间也进行了大量的战略性重组,进一步推动了国有企业做强做优做大。从地方国企之间的并购来看,各省国资委正在进行大量的国企重组工作,例如,2020年7月,山东能源集团与兖矿集团、山东高速集团与齐鲁交通集团这两对联合重组已经开启,涉及多家上市公司。重组后的山东能源集团定位为山东省能源产业的国有资本投资公司,将在巩固发展煤炭、煤电、煤化工三大传统产业的同时,大力发展高端装备制造、新能源新材料、现代物流贸易三大新兴产业,积极打造全球清洁能源供应商和世界一流能源企业。从央地重组来看,继2019年无偿受让马钢集团51%股权后,中国宝武集团在2020年8月又与山西省国有资本运营有限公司签署协议，后者将向前者无偿划转其持有的太钢集团 51% 股权。划转完成后，中国宝武将间接控制太钢集团旗下 A 股上市公司太钢不锈 62.70% 的股份。而中国宝武与太钢集团的联合重组，将实现"亿吨宝武"的规划目标，同时增强中国宝武在不锈钢领域的综合竞争力。可以说，央地并购重组、央地混改不是个例，而是密集落地，已经出现示范效应、规模效应。

此外，按照"深化国有企业改革，发展混合所有制经济，培育具有全球竞争力的世界一流企业"的要求，为进一步落实国有企业改革三年行动，中央还提出国企民企要相互配合，推进兼并重组和战略性组合。这一要求从以往的国有企业之间的重组，拓展到了国有企业与民企之间的合作重组，为国企的战略性重组和布局结构的优化拓展了思路。

## ◎ 新中国五矿是互补式重组的成功典范

重组五年来的现实情况表明，中冶集团与中国五矿开历史先河的强强联手的互补式重组不辱使命，成为国有企业战略性重组的成功典范，为探索我国国有企业的重组规律以及在全球战略层面布局国有企业提供了范本。

### 1. 五矿与中冶主动推进互补式战略性重组

五矿与中冶都是具有辉煌历史的企业，也都遇到过发展的瓶颈甚至低谷。中冶集团是我国最早的钢铁建设力量，是我国钢铁工业的缔造者和生力军，中国所有著名的大型钢铁企业，例如鞍钢、武钢、宝钢等，都是由中冶设计和建造的。目前，中冶集团牢牢占据了国内冶金建设市场 90%、全球冶金建设市场 60% 的份额，是全球最强最优最大的冶金建设运营服务"国家队"。

1948年12月，从修复鞍钢开始，中冶正式起航。当时生产的钢铁对有力支援全国解放战争发挥了重要作用。之后建设武钢时，毛主席亲临现场，见证了武钢第一座高炉建成出铁。经过几十年的积累，中冶最突出、最核心的竞争优势就是拥有国际领先的全流程系统集成能力，这是中冶集团能够与国际一流同行同台竞争、相媲美的独具特色、独一无二的比较优势。

进入21世纪，中冶集团经过10年高速发展，在金融危机后受整个钢铁行业低迷影响，企业经营遭遇了巨大挑战，连续三年被国务院国资委列为债务风险特别监管企业，连续两年考核为D级企业。2012年，中冶集团业绩跌到谷底，亏损73.6亿，成为中央企业中的"亏损大王"；带息负债高达1700多亿元，应收账款和存货高达2100多亿元，许多银行停止授信，资金链濒临断裂边缘。作为上市不久的中国中冶A+H股资本市场负面报道不断。跌入包袱沉重、管理下滑、信心缺乏的低谷，中冶生存岌岌可危，直接关系着几十万干部员工的生产生活。

新一任领导班子肩负巨大压力。2012年7月，国文清"临危受命"，出任中冶集团总经理（法定代表人），之后迅速组织召开对中冶集团发展具有转折点和里程碑意义的"9·5"会议，掀开了攻坚克难的改革大幕。几年时间，削平了中冶恒通、葫芦岛有色和纸业集团"三座大山"。与之同时，南京、珠海横琴、秦皇岛、石家庄等重大项目化被动为主动，风险得到有效控制。这样一个当时最困难的传统冶金老企业，既没有让危险和风险集中爆发被压垮，也没有让问题久拖不决被拖垮，而是凤凰涅槃、浴火重生，走上了"聚焦中冶主业，建设美好中冶"的长富久安之路。

2013年中冶集团扭亏增利逾百亿元，效益增幅居央企第一，国资委经营业绩考核由 D 级跃升至 B 级，一举摘掉了国务院国资委特别监管企业的帽子；2014 年实现利润增幅约 40%，走出了中央企业 7+2 改革脱困企业名单；2015 年实现利润继续稳步增长，被国务院国资委评为 A 级企业，上市公司中国中冶获得了中国证券金紫荆"最佳公司治理上市公司"奖。

中国五矿是国家最早设立的专业外贸企业之一，前身是 1950 年成立的中国矿产公司和 1952 年成立的中国五金电工进口公司，为中国特色社会主义建设做出了历史性贡献，有着十分辉煌的历史。五矿曾为我国第一座长江大桥、第一个油田、第一颗原子弹的设计建造提供了必要的钢材资源，年进口额曾经一度占到全国年进口额的 40%。

改革开放以后，尤其是在近十几年的发展过程中，中国五矿主动向上游资源发力，从贸易型企业向实体企业不断转型，通过并购重组的方式先后获取了包括世界排名第 6 位的邦巴斯铜矿、前 10 位的杜加尔河锌矿以及刚果（金）铜矿、南非铬矿在内的大量矿产资源，已经成为以金属矿产为核心的多元化产业集团，不仅拥有包括银行、期货、保险、信托、租赁在内的金融业务全牌照，还拥有一家在香港上市的地产类企业，是国务院国资委首批确定的 16 家以房地产为主业的央企之一。

但是，由于前几年金属矿产行业进入历史低谷期，2015 年原中国五矿亏损额达 182 亿元，在国务院国资委考核中被评为 D 级，同时戴上债务风险监管的帽子，企业上下人心惶惶。如果用两个字可以表达当时的五矿，那就是"低迷"，一是市场低迷，金属矿产行业继续深度调整，商品价格不断创出新低，行业步入寒冬期。二是人心低迷，信心动摇，出现了前所未有的严重亏损，集团央企业绩考核落入 D 级，来自各方的质疑不断，干部员工士气信心跌入了谷底。正是在这一时刻，

2015年5月8日,国务委员王勇对中冶改革发展取得的成效给予充分肯定,他表示中冶的发展定位提得好,发展思路正确,符合中央精神,我为你们鼓掌。

中冶集团与中国五矿走上了重组之路，开启了两大企业发展的新篇章。

作为我国公有制经济主体的主要代表，做强做优做大国有企业，是关系社会主义制度命运的重大问题。然而，一个时期内，对于国有企业的发展壮大，社会上不同程度地存在着一些认识上的偏差、误区，出现了一些舆论纷争。国内外不断有人"唱小唱没唱衰"国有企业，国有企业一时间只敢提"做强做优"，失去了"做大"的勇气和动力。

在国有企业发展畏首畏尾、自我束缚之时，习近平总书记旗帜鲜明地指出，"要坚持国有企业在国家发展中的重要地位不动摇，坚持把国有企业搞好、把国有企业做大做强做优不动摇"。这一要求为国有企业发展扫清障碍、正音定调，一举统一了思想，使国有企业发展走出原有误区，迅速校正到做强做优与做大相容相促、不可分割的正确轨道上；一举指明了道路，"小舢板搭不成航空母舰"，壮大国有经济不是靠小企业，而是要集中打造一批具有强大实力和竞争力的大型骨干企业；一举坚定了方向，国有企业改革不是改小了、改弱了、改没了，而是必须做强做优做大。

中国五矿和中冶集团紧跟习近平总书记讲话精神，积极践行"做强做优做大"国有企业的指示要求，主动谋划、率先推进，2015年12月8日，经国务院正式批准，中国五矿和中冶集团两家世界500强企业战略重组形成新中国五矿。2016年6月2日，中国五矿与中冶集团战略重组大会在京举行，两大国有企业正式合并。这是继中国南北车、中电投与国家核电合并之后，央企整合重组的重大动作。

中国五矿和中冶集团的战略性重组，是两大国有企业主动落实中央要求，满足国家战略需求的具体行动，是基于战略共识和共同追求打造金属与矿业领域国有资本投资公司目标基础上进行的，对增强国有企业的经济竞争力、创新力、控制力、影响力、抗风险能力，做强做优做大国有资本有重要推动作用。中国五矿和中冶集团的战略性重组,是两大国有企业肩负历史使命,聚焦建立规范完善的现代企业制度的一次重大改革,是两大国有企业面对国内国际经济形势,努力成为国企改革主力军、"做强做优做大"的先行者、世界一流企业的领跑者的一次重大实践。

中国五矿总经理、党组副书记、中冶集团董事长国文清在重组大会上表示,各级领导干部要迅速把思想和行动都统一到新中国五矿的重大决策部署上来,心往一处想,劲往一处拧,一个调子齐合唱,一门心思干事业,使重组红利得到全面释放。要统筹做好顶层设计,坚持战略先行,按照打造世界一流金属矿产企业集团的战略定位,引领业务发展;要加快管理有序对接,统筹设计优化集团公司的运营管理模式和管控架构,确保重组后的新中国五矿科学规范高效运行;要稳妥推进整合融合。要本着先易后难、审慎果断的原则,优化业务布局,在重点领域推进业务协同与整合。

在共同目标的引领下,两家企业形成了新蓝图,制定了明确的时间表和路线图,把攻坚任务划分为三步走,一场硬仗接着一场硬仗打,一个山头接着一个山头攻,蹄疾步稳地推进改革,战略上勇于进取,战术上稳扎稳打,确保了重组的顺利完成。从资产、人员及管理关系的划转与对接,明确新的管理架构与决策流程开始,到完成重组整合框架方案,再到根据情况,实事求是采取各项具体措施,高速有效,切实落地。纵观重组五年的历程,无论是互补式重组的产业链融合,还是处僵治困,面临的形势之复杂,工作的难度、深度、广度对两个企业来说都是前所未有的。

重组后的新中国五矿不仅能够在体量上占据优势,更能够在产业链上形成优势。从体量上看,重组后新中国五矿管理资产规模超过2.2

万亿元，资产总额近9500亿元，营业收入达到5700亿元，员工人数达到24万人，体量超过必和必拓、力拓、淡水河谷三大矿业巨头，成为中国最大、国际化程度最高的金属矿产企业集团，成为国务院批准的中国金属矿产领域首家国有资本投资公司。从产业链来看，中国五矿与中冶集团属于不同产业环节的互补式重组，重组后新中国五矿将在全球金属矿产领域打通从资源获取、地质勘查、设计建设、开发运营、贸易物流到精深加工的全产业链通道，并形成了融科技研发、金融服务、基础设施建设协同联动的多产业集群，这是新中国五矿区别于其他国际矿业巨头的独特竞争优势，将大大提升中国在国际金属矿业领域的话语权，改变国际金属矿业领域的格局。

### 2. 五矿与中冶互补式战略性重组的新特征

回顾以往国有企业重组整合的案例可以发现，其中不乏以大并小、平台化整合、强强联手等多种途径的重组整合。但中冶集团与中国五矿实施战略重组，不是简单的"连线"合并同类项、单纯地追求体量上的"巨无霸"，而是双方优势互补、强强联合、协同发展、做强做优做大、提高国际竞争力的联姻。这种互补式重组有利于发挥协同效应，实现优势互补，同时可以大大降低重组的操作难度，探索出一条中国特色现代国有企业重组的新模式新路子。

第一，从形式上看，五矿与中冶的重组是围绕产业链展开的纵向重组。

最初，曾有声音认为五矿集团和中冶两大集团业务重合度低，怎么能走到一起呢？这是因为他们没有认识到，五矿集团和中冶集团都在冶金及冶金相关行业，二者分别占据了冶金行业原材料和设计建设运营这两端，虽然它们的业务重合度低，但却构成了业务强大的互补性。

五矿集团和中冶集团不存在激烈竞争，业务范围在国外部分矿业及地产上虽存在重叠，但问题不大，通过合并进行资源整合，能够更好地发挥各自优势。以往的央企重组基本上是同行业的"强吃弱"或者强强联合，呈现一种横向重组思路，而五矿集团和中冶集团则是沿产业链展开的纵向重组。二者重组具有强大的协同效应，构建起了全球冶金行业全产业链、一条龙式的服务能力，通过相互借力借势，有力地帮助了中国冶金行业产业升级，提升了全球行业控制力。

五矿集团曾长期发挥中国金属矿产品进出口主渠道的作用，确立了"中国最具优势的有色金属资源商、中国最大的铁矿资源供应商、中国最大的钢铁产品流通服务商"的地位。2014年，五矿集团实现营业收入3227.57亿元，位列世界500强第198位，其中在金属类企业中排名第4位。中冶集团则是全球最大最强的冶金建设承包商和冶金企业运营服务商，也是国家确定的重点资源类企业之一。2015年公司在"世界500强企业"排名中位居第326位，在ENR发布的"全球承包商250强"排名中位居第10位。

一个是冶金行业原材料，一个是设计建设运营，这两端基本上涵盖了冶金辅业的全部业务。正因为五矿集团业务更偏重于流通端，中冶则偏重于生产端，所以二者的资产中重合的部分相对较少，是一次产业延伸式的合并重组，呈现纵向重组特征。除了铁矿石资源外，五矿有稀土，中冶涉铜镍锌，两家都拥有资源领域，也都有房地产板块。所以，整合做长产业链是这两家企业战略重组后所形成的直接效果。

五矿集团合并中冶集团，是围绕钢企进行的业务整合。五矿集团和中冶集团在业务对象上存在交叉覆盖面，如业务均围绕钢厂展开，同时双方业务还存在上下游关系——五矿集团可向中冶集团提供钢结构的原材料。此外，五矿作为钢贸商亦向海外出口钢材，拥有海外相关渠道，双方未来可在钢铁产能输出上进行合作。五矿集团继续向黑金、有色流通平台迈进。中冶集团以冶金承包建设及运营起家，后来逐步转型为矿产资源类综合性企业，在海外收购多处铁矿及有色金属矿产，如希拉格兰德铁矿、兰伯特角铁矿、瑞木镍钴矿、杜达铅锌矿、艾娜克铜矿等。五矿集团本身在海外也有多处铁矿及有色矿产资源，此次合并中冶集团，可继续在现有平台上整合双方铁矿等黑金及有色矿产资源，借助现有物流资源，完善金属矿产流通业务链。

第二，从性质上看，五矿与中冶的重组是去产能背景下的战略重组。

从长远来看，摆在两家企业面前的不只是简单叠加，而是如何解决可持续发展的长远问题。由于国际大宗商品市场的价格剧烈波动和国内冶金市场产能过剩的情况，两家企业在当时都面临外部环境的极大挑战。

2015年，五矿集团旗下的两家上市公司五矿发展与五矿稀土的三季报均出现亏损。其中，由于汇兑损失和五矿营钢经营遇难，五矿发展前三季度实现营业收入约531.65亿元，同比下降51.54%；归属于母公司净利润-9.21亿元，同比下降621.16%；由于稀土价格快速下滑，五矿稀土在前三季度公司净利亏损7223万。

从中冶集团来说，中冶主要侧重冶金工程，集矿业工程、设计、施工于一身，重点在钢铁等冶炼的整个生产线经营。众所周知，这一行业属于过剩行业，加上环境问题，全国钢铁在整合，中冶的业务也被压缩。加之对"一带一路"的海外项目开展不旺盛，去产能则首当其冲。

中冶集团与五矿合并后在世界则是新生产能，"一带一路"新兴国家正处在大规模建设时期，有庞大的需求。去产能也可以是"立"，中冶集团并入五矿集团，便是"立"的成功例证。

去产能和解决僵尸企业的问题，有五大路径：一是从解决僵尸企业入手，关停并转，用产权转让、关闭破产方式加快清理退出；二是剥离出来，重组合并，重新配置资源；三是用"腾笼换鸟"的思路去换产品、换技术，换新的运营方式，提供有效供给；四是扩大出口，开辟新的市场，从需求端加快去产能；五是加快产能输出，在供给端消化产能。而五矿和中冶重组，正是产能输出，在供给端消化产能的典型案例，是具有战略意义的创新。

经过60多年的耕耘，五矿集团建立了庞大的海外网络，有一批国际化的人才和广泛的海外关系网络，这本身既是独家优势也是稳固的竞争壁垒。中冶集团也不是一家简单的基础建设公司，而是一家有着技术血统的研究设计企业。如果简单地被列入去产能，则是倒脏水把孩子也倒掉了。

从世界范围看，"一带一路"有着巨大的需求，五矿核心竞争力和先进技术正是提供供给的机缘，正是大展宏图的场所。同时，五矿的海外优势高于中冶，借助五矿集团的海外优势和成熟的金融运作能力，作为"一带一路"建设主力军之一的中冶集团在利用传统优势开拓海外市场时有望获得长足的动力。这将是21世纪世界上最强大的一支钢铁工业建设力量，新的产能将在"一带一路"上展示磅礴的生命力。

第三，从逻辑上看，五矿与中冶的重组是全球背景下的供给端重组。

按照通常央企重组的思维定式，五矿和中冶这两家世界500强企业合并后中国有望新增一家排名前100名以内的世界级企业，成为世界冶金辅业领域的巨头。从国家战略看，中国经济是巨大的原料需求端，世界市场是巨大的原料供给端。从近期看，五矿和中冶的重组，是全球背景下的需求端重组，是双方资源的深度整合下有效开拓世界需求市场；从远期看，五矿和中冶的重组，是全球背景下的供给端重组，是双方资源的深度整合下为中国将来提供有效供给，具有极大的战略意义。

从行业发展周期来说，金属和矿产资源对于经济和社会发展的支撑作用没有改变。中国五矿目前40%的资产都配置在海外，最重要的使命是保障国家金属矿产资源的安全，从中国未来发展看，几十年内这些金属矿产品的对外依存度还是很高，并不安全。长期来看，矿产资源安全，以及金属产品供应的保证，是必须要解决的问题。

从国家战略看，作为GDP突破100万亿级的经济体，中国经济的长远发展对资产性产品仍有源源不断的庞大需求。中国对主要大宗商品消费的全球占比在40%—50%左右，对主要大宗商品的依赖度基本在60%左右，比如铜、镍对外进口的依赖度很高。因此，从国家战略层面考虑，保障战略性资源的供给安全最为重要，目前金属价格因素则在其次。以长期之需作为发力之点，资源性行业在远期仍有勃勃生机。中国经济是巨大的需求端，世界市场是巨大的供给端。

"新五矿"战略定位——打造世界一流金属与矿产企业集团。一是保障国家战略性资源的供给安全；二是组建具有国际竞争力的金属与矿产龙头，为中国矿业、冶金行业走出去参与国际竞争打造旗舰。"新五矿"将以国家资源安全的保障者、产业升级的创新者、流通转型的驱动者为战略定位，是中央企业做优做强做大的需要，将大幅增强企业的抗风险能力和国际影响力、控制力。这正是国企改革的目的所在。

央企未来的责任和使命应该是参与全球竞争。显然，在战略重组后，中国五矿集团最重要的任务是走出去，展现重组意义的是在国际市场上有所作为。中国五矿在海外要大规模有所投资，建设矿山，投资各种矿业，提供各种装备；中冶集团设计、施工、制造能力很强，与中国五矿的战略重组是将海外矿业的投资运营与海外装备工程能力相结合。

### 3. 中冶与五矿互补式战略性重组的关键点

中国五矿和中冶集团的互补式重组，牢牢把握服务于国家战略需求这一重组的基本原则，"不断瞄准产业链各个环节的互联互通持续发力，创新千亿内部市场，有序推动多领域协同协作和深层次整合融合，从产业整合、管理整合，到人员交流、文化融合，探索出独具特色的互补式重组发展模式"。

第一，以明确的发展战略引领战略性重组。

战略引领未来发展，思想决定事业格局。习近平总书记强调"不谋全局者，不足谋一域"。推动国有企业战略性重组要放眼全局谋一域，把握形势谋大事，从整体上把握事物发展趋势和方向，明确企业的战略定位，确保制订科学可行的战略方案。重组后的新中国五矿，为自己制定了"成为世界一流的金属矿产企业集团"的战略愿景。这一战略愿景是中国五矿贯彻落实党中央对国有企业提出的"培育具有全球竞争力的世界一流企业"战略要求的重要体现，具体要通过打造一流的高质量发展能力、一流的管理协调能力、一流的科研创新能力、一流的国际竞争能力、一流的文化塑造能力，推动中国五矿向世界一流金属矿产企业集团目标加快迈进。

为实现这一战略愿景，新中国五矿明确了"资源保障主力军、冶金建设国家队、产业综合服务商"的战略定位。资源保障主力军，是指在金属矿产领域，加快国家紧缺资源国内外矿山基地建设，获取和拓宽资源供应渠道，提升对国家紧缺型和战略性矿产资源的保障能力，发挥资源获取的主力军作用；冶金建设国家队，是指在冶金工程领域，以独占鳌头的核心技术、持续不断的革新创新能力、无可替代的冶金全产业链整合优势，承担起引领中国冶金走向更高水平、走向世界舞台中央的国家责任；产业综合服务商，是指在大宗产业服务领域，充分发挥中国五矿金属矿产全产业链一体化优势，为金属矿产企业提供系统性解决方案和全生命周期综合服务。

在国文清提出的这一战略愿景与战略定位的引领下，新中国五矿坚持企业实际与行业规律相结合，坚持主要矛盾与阶段性特征相贯通，从最初的"两年止血、三年造血"的阶段性要求，到"三步走、两翻番"的发展目标，再到"四梁八柱"业务体系的有力支撑，环环相扣、紧密衔接、梯次推进。可以说，重组后的中国五矿拥有了更加突出的行业地位、更加合理的业务组合、更加突出的发展优势，对内产生了巨大的协同效应，对外展示了强大的综合实力。实践证明，重组以后新五矿的发展方向是明确的、目标是明确的、导向是明确的。

在新的发展战略引领下，中冶集团和原中国五矿在各自领域的优势和地位，不仅得以保留，还获得了更大的发展空间。从优势的保留来看，原中国五矿依托自身在金属矿产领域的优势，成为具备国际竞争力的大型金属矿业企业，有力地保障了国家金属矿产资源的供应与安全。而中冶集团依托冶金建设的优势，以"做冶金建设国家队、基本建设主力军、新兴产业领跑者，长期坚持走高技术高质量发展之路"为战略定位，这一定位既与新五矿的发展战略相适应又有自身的特点，肩负起了引领中国冶金向更高水平发展的国家责任。

与此同时，通过产业链互联互通，创新千亿内部市场，多领域协同协作，深层次整合融合，中冶集团和原中国五矿也获得了更大的发展空间。例如，在国家加强供给侧改革，"一带一路"建设、"走出去"战略，"去产能、去库存、去杠杆、降成本、补短板"的政策导向下，双方产业环节互补就带来了服务拓展的巨大空间。特别是在海外市场上，原中国五矿覆盖全球的流通网络与遍布澳大利亚、南美、非洲的资源基地，能够很好地与中冶集团在海外，特别是"一带一路"沿线国家区域的大型建设项目形成良好协同，区域优势互补带来的区域发展空间巨大。而从资本角度来看，新五矿形成了更强的资本实力，在资本运作、提升效率上进行了更多整合，更多运用资本运作去推动实现战略意图，优化资产配置，促进了新中国五矿的发展。

第二，注重管理体系的有效对接与改革。

从企业管理来讲，重组并不是简单的"媒体公布"，也不是简单的集团名称变更，而是两个"巨无霸"集团的"血肉融合"，最终成为"你中有我""我中有你"的健康肌体，这是一个重大的聚变。因此，加快管理层面的对接与改革就成为企业重组要重点关注的问题。

重组后，新中国五矿在3个月内就完成了职能部门的初步对接，保证了上传下达和日常工作的正常运行。此后，新五矿以打造金属矿产领域国有资本投资公司为抓手，先后在2016年和2018年进行两轮改革，不断优化管理体系，为集团"国际化"布局提供强劲活力。按照现代企业制度要求，新中国五矿调整了总部职能与机构设置，规范理顺了中国五矿决策机制与流程，对各二级企业建立以资本为纽带的母子公司管理体制，持续推进授权体系和二级企业董事会建设，合理制定权责界面，明确授权清单，使二级企业的市场主体作用得到切实发挥。

从管理体系的顶层设计方面来看，新五矿及时调整总部职能与机构设置，集中打造权威、高效、精简总部。重组之初，就将一级职能管理部门数量由17个压缩到11个，部门数量减少35%，总部人员从

342人缩编至239人，降幅达30%。集团总部新设资本运营、采购管理、国际事业管理、信息化管理四个部门，机构设置更合理，部门职责更明晰；彻底理清了党组会、董事会和总经理办公会的权责边界，从工作流程到责任主体，再到审批权限，一系列的管控、决策体系更加缜密、科学、稳妥、周全。改革涉及约500项决策事项以及对直管企业约300项的核心管控事务，不仅面广，而且"刀刀见骨"。与此同时，作为国有资本投资公司试点，中国五矿着力规范总部决策事项和流程，重塑管理体系，将"权、责、利"进一步制度化、清单化。通过这些改革，集团总部职能与机构设置得到优化，健全了集团层面法人治理机制，对于全面建设权威、高效、服务型总部意义重大。

从管理体系的层级分布来看，重组之初，中国五矿管理层级一度达到15级，体制机制过于庞大臃肿，企业无法有效发力，中国五矿也因此成为国务院国资委定的5家"压减"管理层级的试点单位之一。同时，重组后的新中国五矿体量大，点多线长面广，大事多、要事多，管理的要求高、难度大，对工作效率提出了极高要求。因此，重组后的新五矿特别需要瘦身健体，优化层级管理。2016年6月下旬，新五矿正式启动"压减"工作，明确任务、套牢责任，倒排时间、动真碰硬，抓住主要矛盾和关键环节开展"压减"。从集团总部开始，调整直管企业布局，逐层压减层级，力求打造权威、高效、精干的指挥中枢。到2018年5月全面实现管理层级4级、法人层级10级、法人户数减少比例超过20%，如期完成国务院国资委"压减"工作考核任务。

与此同时，新中国五矿还通过精细化管理与契约化管理不断推动管理模式变革。管理抓得越细，越能发现问题，才能有效解决问题。新中国五矿牢固树立"省一分钱容易，挣一分钱太难"的思想，加强全生命周期精细化管理，向管理要效率，向管理要利润，通过对标先进企业，加大降本力度，用成本管控倒逼管理提升，通过精细化管理降低成本，提高竞争力。一场精细化管理的革命，大大夯实了五矿的根基，促进了整个集团的蓄力启航。新中国五矿还积极建立以契约化管理为核心的市场化经营管理机制。契约化管理是指契约双方以战略规划为基础，以市场化为导向，以任职合同、经营业绩任务书为载体，约定经营管理者目标、考核指标和奖惩措施，以及在完成上述任务过程中契约双方的权利、责任和义务，共谋科学发展的一种管理方式。通过把外部竞争压力充分引入内部，营造内外互通的竞争环境，做到"一切行为方式和规则都围绕市场化要求，一切产出结果和指标都围绕竞争力提升"，大大提高了集团活力和竞争力。

为进一步激发中冶集团及所属子企业积极性、主动性、创造性，打造行业标杆，不断扩大政治、社会、经济影响力，新中国五矿将中冶集团40家子企业列为一类重要骨干子企业，12家子企业列为二类重要骨干子企业，中冶集团综合实力和企业形象得到有效提升和彰显。具体名单如下：

集团公司重要骨干子企业及分类名单

| 序号 | 所属单位 | 企业名称 |
| --- | --- | --- |
| 1 | 中冶集团 | 中冶建筑研究总院有限公司 |
| 2 | 中冶集团 | 北京中冶设备研究设计总院有限公司 |
| 3 | 中冶集团 | 中国有色工程有限公司/中国恩菲工程技术有限公司 |
| 4 | 中冶集团 | 中冶京诚工程技术有限公司 |
| 5 | 中冶集团 | 中冶赛迪集团有限公司 |
| 6 | 中冶集团 | 中冶南方工程技术有限公司 |
| 7 | 中冶集团 | 中冶华天工程技术有限公司 |

续表

| 序号 | 所属单位 | 企业名称 |
|---|---|---|
| 8 | 中冶集团 | 中冶焦耐工程技术有限公司 |
| 9 | 中冶集团 | 中冶长天国际工程有限责任公司 |
| 10 | 中冶集团 | 中冶北方工程技术有限公司 |
| 11 | 中冶集团 | 中冶沈勘工程技术有限公司 |
| 12 | 中冶集团 | 中冶集团武汉勘察研究院有限公司 |
| 13 | 中冶集团 | 中国一冶集团有限公司 |
| 14 | 中冶集团 | 中国二冶集团有限公司 |
| 15 | 中冶集团 | 中国三冶集团有限公司 |
| 16 | 中冶集团 | 中国五冶集团有限公司 |
| 17 | 中冶集团 | 中冶天工集团有限公司 |
| 18 | 中冶集团 | 中国十七冶集团有限公司 |
| 19 | 中冶集团 | 中冶建工集团有限公司 |
| 20 | 中冶集团 | 中国十九冶集团有限公司 |
| 21 | 中冶集团 | 中国二十冶集团有限公司 |
| 22 | 中冶集团 | 中国二十二冶集团有限公司 |
| 23 | 中冶集团 | 上海宝冶集团有限公司 |
| 24 | 中冶集团 | 中国华冶科工集团有限公司 |
| 25 | 中冶集团 | 中冶宝钢技术服务有限公司 |
| 26 | 中冶集团 | 中冶交通建设集团有限公司 / 中冶轨道交通有限公司 |
| 27 | 中冶集团 | 中冶置业集团有限公司 |
| 28 | 中冶集团 | 中冶集团铜锌有限公司 |
| 29 | 中冶集团 | 中冶金吉矿业开发有限公司 / 瑞木镍钴管理（中冶）有限公司 |
| 30 | 中冶集团 | 中冶瑞木新能源科技有限公司 |
| 31 | 中冶集团 | 中冶国际工程集团有限公司 |
| 32 | 中冶集团 | 中冶海外工程有限公司 |
| 33 | 中冶集团 | 中冶内蒙古建设投资有限公司 |

续表

| 序号 | 所属单位 | 企业名称 |
| --- | --- | --- |
| 34 | 中冶集团 | 中冶华南建设投资有限公司 |
| 35 | 中冶集团 | 中冶（贵州）建设投资发展有限公司 |
| 36 | 中冶集团 | 中冶南亚投资发展有限公司 |
| 37 | 中冶集团 | 中冶中原建设投资有限公司 |
| 38 | 中冶集团 | 中冶集团财务有限公司 |
| 39 | 创投公司 | 中冶建信投资基金管理（北京）有限公司 |
| 40 | 中冶集团 | 中冶西澳矿业有限公司/中冶澳大利亚控股有限公司 |
| 41 | 中冶集团 | 中冶融资租赁有限公司 |
| 42 | 中冶集团 | 中冶福建投资发展有限公司 |
| 43 | 中冶集团 | 中冶综合管廊科技发展有限公司 |
| 44 | 中冶集团 | 中冶城市投资控股有限公司 |
| 45 | 中冶集团 | 中冶上海钢结构暨装配式建筑科技发展有限公司 |
| 46 | 中冶集团 | 中国中冶中东分公司 |
| 47 | 中冶集团 | 中国中冶非洲分公司 |
| 48 | 中冶集团 | 中国中冶东南亚分公司 |
| 49 | 中冶集团 | 中国中冶南亚分公司 |

注：以上排名不分先后。

第三，注重人力资源的重新整合与高效利用。

蓝图绘就以后，人的因素，至关重要。路线明确以后，企业干部职工的状态至关重要。对于刚刚进行重组，正处于转型升级、逆势突围特殊历史时期的新中国五矿来说，一支高素质人才队伍更是开创发展新局面的关键所在。对此，中国五矿党组以全面深化改革目标为指引，以大力加强党的领导和党的建设，开展人力资源管理系统化、体系化变革为主线，立足战略发展，聚焦管理提升，着力建设忠诚干净担当的高素质专业化企业领导人员队伍，着力集聚致力于建设世界一流企业的各方面优秀人才，努力为推动中国五矿成为"中国第一、世界一流"的金属矿产领域的国有资本投资公司提供专业高效的人力资源解决方案和高素质的人力资源队伍。

在推动人力资源队伍整合的过程中，新五矿全力构建中国五矿系统全面、兼容并包的"四维"人力资源基础管理体系。"四维"是指"员工层级、职位序列、员工职级、员工薪级"四个维度。

四维度体系通过纵向分层，解决干部人才管理、履职待遇等问题；横向分类，解决岗位管理、分类等问题；细化岗位人才体系，解决岗位标准职级确定、人岗匹配、干部职级确定、多体系职级套接问题；完善管理链条，解决薪酬落地、多体系薪酬套接问题。

四维度体系调整了干部序列，制定和修订干部管理重要制度；明确了职位序列，修订职位体系相关管理办法；系统梳理职级，形成《集团党组管理干部职级调整方案》；优化总部薪酬体系，推进中国五矿薪酬分配机制变革。

"四维"人力资源基础管理体系进一步统一了管理规范，促进了各业态干部员工队伍打破身份界限、优化配置、充分交流，有助于实现员工在层级、序列、职级、薪级四个维度上的有序成长，有助于持续激发人才活力，促进深度融合，为集团战略目标实现提供充足的人才支持。

同时，新五矿还采取诸多举措推动人力资源整合利用，提升干部员工的积极性，使他们的才能得到有效发挥。例如，新五矿不断加强人力资源信息系统建设，适时推进人力资源共享中心建设工作。根据中国五矿打造国有资本投资公司管控模式的需要，聚焦利用信息技术和信息管理系统提升人事管理效率、促进管控模式转型。逐步将集团人事薪酬系统推广至五矿下属企业，实现一套标准，一个系统，做到"人员信息及时更新、全员薪酬线上核算、系统使用随时跟踪"，为人力资源管控提供有效决策依据，奠定人力共享中心建设基础。在人员和薪酬上线基础上，继续构建业务共享平台，由人力资源事务信息化进一步提升至流程信息化，通过构建标准化、集约化的业务办理平台，进一步夯实人力资源运营基础，大幅提升运营水平。

又如，在员工激励方面，推动全员考核与薪酬机制变革，使员工薪酬体现出行业对标差异、岗位价值差异、业绩表现差异。努力构建中长期激励机制，制定中国五矿中长期激励制度体系，用好员工持股、上市公司持股计划、科技型企业股权分红权等中长期激励措施，将员工与企业的利益长期绑定。指导集团各级企业根据自身特点和实际需要开展中长期激励实践，强化对集团优秀核心人才的吸引、激励与保留效果，以市场化的激励手段促进员工长期价值贡献，对员工积极性的提高起到了极大的促进作用。

此外，为规范直管单位董事会建设，满足现代企业公司治理要求，新五矿还进一步加强职业经理人制度建设和试点，推进各企业董事会规范和专职董事、监事选派工作，完善科学考核体系，为加快完成中国五矿向国有资本投资公司的转型，提供干部人事制度体制机制改革支持。

第四，注重企业文化理念的建设与融合。

在中国五矿和中国中冶融合的过程中，文化融合是最本质的要求，也是最难实现的目标。在企业文化上，新五矿坚持包容的原则，弘扬包容文化，新五矿就像浩瀚的大海，用开放的心态、宽广的胸怀去感染和接纳每个愿意加入五矿大家庭的企业，把每个企业当作尊贵的客人一样，高看一眼、厚爱一分。这既是五矿人的品质和胸怀，也是国有资本投资公司承担的使命和担当。正是因为包容，中国五矿成为一个坚实的整体，所有企业都是新中国五矿的企业，所有人都是新中国五矿的成员。正是因为新五矿各个企业相互借鉴、相互尊重，取最大公约数，画最大同心圆，才最终融汇形成了统一的新中国五矿文化。具体来看，新中国五矿文化可以分为核心文化和专项文化两个层面。

从核心文化来看，集团逐步建立起一套核心文化理念体系，并形成了多重维度的子企业文化。其中，核心文化理念体系涉及四个层面，分别是核心价值观、企业精神、战略愿景和战略定位。几年前，正是凭借着"一天也不耽误，一天也不懈怠"朴实厚重的中冶精神，中冶人以"赳赳老秦、共赴国难"的坚强决心，与时间赛跑解决企业重难点问题，与困难赛跑迅速扭转被动局面，顺利实现了"一年迈一步，三年跨大步"的目标，全面展示出当前国企改革的巨大成就和国企发展的坚实步伐。如今，"一天也不耽误，一天也不懈怠"埋头苦干精神已成为全体新中国五矿人凝心聚力、攻坚克难、基业长青的强大精神力量和制胜"法宝"。"一天也不耽误"，就是今天把今天的工作干好，不要放到明天；"一天也不懈怠"，就是今天好好干、明天好好干、天天好好干。这一企业精神折射出全体五矿人追求效率、实干苦干、勇攀高峰的卓越品质，要夙夜在公、心无旁骛、时不我待、久久为功地为中国五矿事业拼搏奋斗。全体五矿人在这种精神的指引下，紧紧盯住"三步走、两翻番"目标，深入推进高质量发展，把互补式重组的独特优势固化到五矿特色的国有资本投资公司治理体系中，企业生产经营连续五年稳步增长，发展质量持续提升，实现稳健可持续发展。最后，集团以成为世界一流的金属矿产企业集团为战略愿景，以资源保障主力军、冶金建设国家队、产业综合服务商为战略定位，指明了新中国五矿的发展方向，全体五矿人以此为共同理想团结起来不断奋斗。

与此同时，各子企业结合自身历史发展的特点和成就，从不同维度建立起自身的企业文化精神。这些维度主要涉及忠党报国、务实担当、追求卓越等三个不同层面。例如，湖南有色坚持忠党报国，以"艰苦奋斗、变革图强"传承弘扬工人运动精神。艰苦奋斗是水口山工人运动的精神底色，1922年水口山工人通过卓绝努力，迫使反动矿局接受工人俱乐部提出的18项条件，取得大罢工的胜利；变革图强是水口山工人运动的精神内核，水口山工人以自我革新的意识、敢为人先的气魄，冲破桎梏，开辟新局面，实现新跨越。

中冶集团则是涌现出了一大批以劳动模范马万水和"好书记"齐锐新为代表的典型英雄人物，马万水"站在排头不让、把住红旗不放"的奋勇争先精神和"好书记"齐锐新身上闪烁着的共产党人坚定、质朴、清廉的光辉，无论在过去、现在和将来，都有着不朽的价值和永恒的生命力。

再如，中钨高新坚持追求卓越，以"追求过硬、进取无限"的钻石精神作为企业文化精神。追求过硬，是一种永无止境的追求态势，具体包括：思想过硬、质量过硬、技术过硬、服务过硬、管理过硬；进取无限，源自硬质合金的进取特质和广泛用途，是一种无限延续的进取态势。其背后的渊源在于，1958年株硬公司生产出我国第一块合格硬质合金刀片，填补了中国工业硬质合金领域的空白，结束了我国仅能生产钨砂的落后局面。株硬公司根据创业者身上犹如"钻石"般的坚韧品质，结合其产品高硬度、高强度、高耐磨性的特点总结形成了钻石精神体系。

与核心文化不同，新五矿还在专项文化层面建立起十个方面的专项文化，成为新五矿所有企业所有人员共同的文化精神。这十个方面分别是崇廉尚洁、恪守底线的廉洁文化；生命至上、安全第一的安全文化；绿色发展、和谐共生的环保文化；以人为本、德才兼备的人才文化；创新驱动、引领未来的创新文化；统筹兼顾、效益最优的效益文化；匠心品质、精益求精的质量文化；诚信为本、合作共赢的营销文化；专业严谨、防微杜渐的风控文化；依法治企、合规经营的法治文化。其中每项文化都有其丰富内涵，并分别从企业和个人层面提出了具体的实践要求，特别是提出了专门的行为禁忌，从而使各专项文化能够入脑入心，落实到企业和员工具体实践中。

## ◎ 互补式重组以来新中国五矿的十大举措与成就

重组之后的新中国五矿坚定推进整合融合，以明确的发展战略引领企业实现跨越式发展，进一步聚焦主责主业提升核心竞争力，抢抓机遇不断拓展"四梁八柱"的增长空间，以培育千亿内部市场打造"互补式重组"样本，积极探索国有资本投资公司的运营模式，不断推动供给侧结构性改革，切实扛起三大攻坚战决战决胜的责任担当，书写出疫情防控总体战的优异答卷，加强党的建设筑牢国有企业"根"和"魂"，以风清气正干部队伍引领"万马奔腾"新局面，呈现出良好的发展态势，取得了世人瞩目的成就。

### 1. 明确发展战略引领企业实现跨越式发展

中国五矿胸怀大局，深刻洞察行业发展、国家发展、全球发展大势，在大局大势中锚定企业的发展方位和使命担当，始终坚持"世界一流金属矿产企业集团"战略愿景和"资源保障主力军、冶金建设国家队、产业综合服务商"战略定位不动摇。2016年迅速完善"十三五"规划，

五矿曹妃甸国际矿石交易中心项目

提出"两年止血、三年造血"的总要求；2017年将"总要求"上升到"总战略"，鲜明提出"三步走、两翻番"目标；2018年提出构建"四梁八柱"产业体系，有力强化业务支撑；2019年进一步提出实施"竞争力提升行动"，打造"八个一流"，培育一批产业龙头、利润大户；2020年明确提出"三步走、两翻番"全面收官，"竞争力提升"加力推向深入；2021年高质量迈好重塑"十四五"新发展格局第一步，展现建设世界一流金属矿产企业集团新形象。

在"三步走、两翻番"战略目标引领下，中国五矿完成了前所未有的大发展。2016年实现利润总额40亿元，2017年实现利润总额121亿元，2018年在消化大量历史遗留问题83亿元的情况下实现利润总额141亿元，国务院国资委央企负责人经营业绩考核从2015年度D级跃至2017、2018年度A级，2016—2018年任期A级，"三步走、两翻番"前两步超额超预期完成，2019—2020年营收和效益双双再创历史新高。全体干部员工精神面貌焕然一新，企业驶入做强做优做大的发展快车道。国务院国资委领导调研时给予高度评价，认为重组后的新中国五矿的发展成就超出了预期。

2020年，新中国五矿以"提质增效、固本强基"为行动方针，全面加强党的领导，继续深化改革，建立健全现代企业制度，精心调整业务结构，有序布局新业务，着力控风险、补短板，运营质量效率持续改善。虽然受到疫情和金属矿产品价格大幅波动带来的多重不利影响，但中国五矿全年营业收入却实现了逆势大幅增长，达到7016亿元，同比增长15%，高于全国国有企业平均增幅。其中，金属矿产主业收入2782亿元，同比增长14%，工程业务收入3651亿元，同比增长20%。中国五矿的经营效益也达到历史最好水平，利润总额206亿元，同比增长29%，净利润141亿元，同比增长36%，经济增加值84亿元，创历史最高水平。

在这个过程中,作为中国五矿的"压舱石"与"顶梁柱",中冶集团贡献了一半以上的新签合同额、营业收入与利润指标。2016年中冶集团为中国五矿贡献5071亿元新签合同额、2248亿元营业收入、71.8亿元利润总额;2017年贡献6104亿元新签合同额、2513亿元营业收入、72.3亿元利润总额;2018年贡献6664亿元新签合同额、2887亿元营业收入、83.2亿元利润;2019年贡献7891亿元新签合同额、3386亿元营业收入、96.2亿元利润总额;2020年,在疫情极为不利的情况下,中冶集团贡献了10206亿元新签合同额、4013亿元营业收入、117.5亿元利润总额,为中国五矿全面完成年度既定目标任务、夺取疫情防控与生产经营"双胜利"起到强有力的支撑作用。

### 2. 聚焦主责主业实现核心竞争力持续提升

金属矿产行业关系国家安全和经济命脉,是大国崛起之根本、繁荣之基石。中国五矿作为党和国家依赖依靠的国之重器、镇国之宝,始终坚守立企之本,持续优化"四梁八柱"结构布局,矢志不渝做强做优做大主责主业。国文清在中国五矿2021年一季度经济运行分析会上形象地作出比喻,金属资源保障主力军、冶金建设运营国家队如同两翼,只有这两翼强壮有力、厚实丰满,集团公司才能像大鹏展翅腾飞,"扶摇直上九万里"。

五年来,以"三步走、两翻番"为核心的战略布局环环相扣、递进展开,发展方向正确、目标导向明确、思路判断准确,中国五矿保持定力、坚定信心、坚定前行,使中国五矿这艘航船在大雾迷茫之时找到"航标",提振了士气,在目标步步实现之中锚定"航线",凝聚了共识;使企业自身的战略目标、战略路径与引领行业发展、服务国家战略高度统一，站稳了"中国第一、世界一流"中央企业的立场和脚跟。

金属矿业坚持中国"缺的"与中国"优的"并重，"两种资源"与"两个市场"并重，优化存量与拓展增量并重，矿山运营与资源贸易并重，切实承担起矿业护国报国的光荣使命。中国五矿大力获取外依存度较高的战略性资源，秘鲁邦巴斯铜矿、澳大利亚杜加尔河锌矿、巴新瑞木镍钴矿等产量进入世界前十的一流矿山，年均产铜50万吨、镍3.5万吨，分别相当于国内产量的25%和30%以上，大幅缓解了国内供应紧缺局面；大力整合钨、锑、稀土等中国具有优势的金属资源，拥有从矿山到深加工的完整产业链，不断向高价值环节延伸攀升，钨资源储量154万吨，占中国储量的20%以上，钨冶炼能力20000吨/年，占中国产能的10%，硬质合金产量全球第一，充分实现了资源价值最大化；大力优化在手项目运营，坚持"一底线、两空间、三对标"原则加强成本管理，将大股东意志深度嵌入海外矿山管理，显著增强了矿产品成本竞争力；大力重塑全球化贸易体系，按照"两头在外，两头上锁，大进大出，封闭循环"方针开展大宗商品资源贸易，成功建成曹妃甸亿吨级国际矿石交易中心、东莞（麻涌）物流园、上海（罗泾）物流园、无锡物流园等一批实体贸易项目，铜精矿经营量增长87%，锌精矿经营量增长18倍，稀土经营额增长10倍，牢牢站稳金属矿业流通领域龙头地位，有效提升了在全球金属矿业市场话语权影响力。

冶金建设站在国际水平的高端和整个冶金行业的高度，用独占鳌头的核心技术、持续不断的革新创新能力、无可替代的冶金全产业链整合优势，从顶层设计到行动手册进行全链条部署，按照钢铁8大部位、19个业务单元组建了世界第一冶金建设国家队基本阵形，成为最具优势、在央企最叫得响、真正堪称世界第一的核心主业。中冶集团以核心技术的迭代升级再拔尖、以全产业链集成整合优势再拔高、以持续不断的革新创新能力再创业，成功承担了宝钢湛江钢铁项目、越南河静台塑钢厂、马来西亚关丹联合钢铁项目、印度 TATA 钢铁等全球几乎所有大中型绿地钢铁设计建设项目，基本包揽国内大中型钢厂环保搬迁、节能减排等战略性项目，牢牢占据国内 90%、全球 60% 的冶金建设市场份额，在引领中国钢铁产业转型升级上形成了绝对的控制力影响力，为推动中国从钢铁大国走向钢铁强国发挥无可替代作用。

### 3. 抢抓机遇不断拓展"四梁八柱"增长空间

新中国五矿身处完全竞争性行业，市场是第一生命线，经济性是重要检验。中国五矿坚持国文清提出的"到有鱼的地方去撒网，到有草的地方去放羊"的市场开发原则，聚焦核心区域、核心市场、核心客户、核心产品发展多元主业，"四梁八柱"业务结构进一步完善，发展韧性进一步增强，回旋空间进一步扩大，经营效益稳定互补。

基本建设和新兴产业充分利用冶金领域技术优势和资源力量，大举向城市综合体、超高层建筑、大跨度钢结构、交通市政、海绵城市、智慧城市、美丽乡村、环境与新能源等领域发力，全力抢抓新兴产业市场机遇，抢占战略制高点。近年来，中冶集团在地下管廊、交通市政、主题公园、环境工程等细分市场形成一批"单项冠军"，先后建设了国家雪车雪橇中心项目、北京通州环球影城、上海迪士尼、雄安新区垃圾综合处理设施一期工程项目等一批"高新综大"标志性项目，成为中国领先的新型城市化生力军。

金融地产业务稳健发展。金融业务充分发挥背靠产业母体和全牌照优势，不断加强产融协同，综合实力位居央企金控公司前列，成为国内产业金融服务的创新引领者。目前，新中国五矿管理金融资产超过 1 万亿元，五矿资本已成功上市，成为业内具有影响力的央企上市金控公司。地产业务充分依托五矿地产和中冶置业两大国务院国资委认可的地产品牌优势，实施差异化定位、开发特色化产品，打造了特色小镇、产业地产等一批精品项目，从开发商迈向城市运营商，市场知名度不断提高。

新中国五矿还主动对接国家海外重大投资建设规划，坚定不移实施"走出去"战略，瞄准"一带一路"等热点市场，建设了斯里兰卡机场高速公路、科威特大学城等一批具有国际影响力的大型海外项目，成为践行"一带一路"倡议的先锋队。

### 4. 培育千亿内部市场打造"互补式重组"样本

战略重组不是简单地"连线"合并同类项，而是扬长避短、优势互补。重组后的中国五矿率先在全球金属矿产领域打通了从资源获取、地质勘查、设计建设、开发运营、贸易物流到精深加工的全产业链通道，形成区别于其他矿业巨头的独特竞争优势。新中国五矿瞄准产业链各环节间缝隙处发力，中国五矿总经理、党组副书记、中冶集团董事长国文清创造性提出打造"千亿内部市场"，拆掉内部的围墙、畅通割裂的链条、联结孤立的单元、发挥互补的优势。五年来，千亿内部市场规模不断扩大，合作层次不断提升，从项目间的"单对单"分散协同升级为企业间的"总对总"集中配供协同；协同创新不断拓展，从无到有建成中冶新能源等一批新型重量级项目。按照"先协同共享、再整合融合"的原则稳步推进，以"千亿内部市场"为牵引，顺"市"而为带动了业务、管理、制度、人员、文化等深层次全面整合融合，走出了金属矿产全产业链重组重构与整合升级的"互补式重组"实践道路。

可以说，打造千亿内部市场，不仅带来实实在在的利益，还以市场促协同,以协同促整合,有效促进新五矿各子企业相互增进业务了解,加强了文化理解和融合,为全面推进业务协同和整合融合打下坚实基础,成为推进企业内部供给侧结构性改革、重塑新五矿的竞争优势的重要安排,成为新中国五矿实施业务模式变革创新的长远性、结构性、战略性安排。

新五矿内部市场从无到有、从小到大,需要培育,需要维护,更需要拓展。这对参与到内部市场的"运动员"和"裁判员"都提出了新的要求。对此,新五矿首先聚焦业务供需培育形成内部市场,主动寻找市场,"到有鱼的地方去撒网,到有草的地方去放羊",内部各企业"近水楼台先得月"。同时各个企业积极提供市场,快速对接市场,不断提高服务内部市场的能力水平。中国五矿"搭台",各子企业"唱戏",通过各子企业提供质量更高的产品和服务,提供更有竞争力的价格,将新中国五矿打造成中国第一、世界一流的金属矿产企业集团。

可以说,打造千亿内部市场是新五矿对中央企业重组新范式、新模式、新道路的有益探索,是内部价值链要素优化组合的有效方式,是全产业链、全业务、全方位协同整合的重要抓手,能够充分发挥互补式重组的独特优势,有效降低交易成本、提高经营效率,形成集成合力,推进企业内部供给侧结构性改革,对新五矿的整合融合和发展壮大发挥了重要推动作用。

## 5. 国有资本投资公司的"五矿模式"正在形成

国企改革处于经济体制改革的中心地位,国有资本投资运营公司试点改革又是重中之重,中国五矿牢牢抓住先行先试的契机,积极进行改革探索:中国五矿以"总部管资本"为核心加快授权经营体制改革,实施总部"去机关化"改革,着重发挥战略管控+财务效益管控+关

五矿—里坪盐湖项目

键运营管控的作用，对管控事项清单化、流程化、信息化，对子企业分类授权、动态管理、放管结合，管控体系进一步优化；以"契约化管理"为抓手完善市场化经营机制，"先确权、后赋责、再定利"，规划、预算、考核、薪酬四大体系有机衔接、紧密联动，从总部到企业再到投资项目，权责利真正统一起来，契约化精神深入人心，契约化制度树立权威，国有企业新型管理机制初步形成思想基础、制度基础、实践基础；以"培育独立市场主体"为基础增强微观主体活力，持续优化直管企业、重要骨干子企业布局，进一步理顺管理权和股权关系，打破"包揽包办"旧机制，推动企业成长为"五自"市场主体，实施全生命周期管理，促进企业优胜劣汰。五年来，改革工作方案顶层设计再升级再完善，"双百企业"综合性改革、混合所有制改革、科技型企业创新改革基层试点全面铺开，国有资本投资公司试点从"大写意"向"工笔画"转变，"五矿模式"正式形成。

### 6. 以供给侧结构性改革实现结构优化升级

中国五矿主动适应经济发展新常态，牢牢把握供给侧结构性改革主线，以"破除无效、低效供给，增加有效、高效供给"为方向，坚持"两手抓"，推动企业转型升级。

一手抓改革脱困、破除低端。中国五矿以"一战到底"的气魄处僵治困、止血控亏，以"不消灭亏损就消灭亏损企业"倒逼"僵尸"特困和亏损企业治理。全集团"僵尸"特困企业较2015年末累计减亏增利100多亿元，亏损户数、亏损额、亏损面较2016年分别下降71%、33%、20个百分点。与此同时，抓住窗口期加紧加力剥离企业办社会职能和解决历史遗留问题，"三供一业"分离移交基本完成，厂办大集体企业在职职工人员安置率超过80%。经过体系重塑，中国五矿管理层级压缩至4级、法人户数累计减少325户,改革取得显著成效。

一手抓创新引领、扩大高端。中国五矿坚持立破并举,在裂变与聚变、修剪与生成中螺旋式上升发展,该拆分的拆分,该整合的整合,子企业各归各位、压实责任,中钨高新、五矿稀土、长远锂科等一批企业逐步迈向行业高端。近年来,中国五矿依托41个国家级科研平台以及超过3万件有效专利的雄厚科技力量,在合理半径之内聚焦解决关键核心和"卡脖子"技术难题,着力推动科技成果市场化产品化产业化,大力发展战略性新兴产业。例如,通过五矿盐湖碳酸锂、中冶瑞木三元前驱体、长远锂科锂电池正极材料、黑龙江石墨等一系列项目向新能源电池材料产业链延伸、向价值链高端攀升,目前中国五矿已经形成了正负极材料闭合循环产业生态系统,锂、石墨等战略新兴矿种位居国内第一梯队,新能源电池材料产量和市场份额全国领先。

### 7. 切实扛起三大攻坚战决战决胜责任担当

能否打赢三大攻坚战关系到全面小康社会的"成色",中国五矿把三大攻坚战放在"首要之战、决胜之战、生存之战"的高度:防范化解重大风险方面突出底线思维,"宁可少做一个项目,绝不多捅一个窟窿",进行全员全流程全系统防控,盯住金融、资金、投资、经营等重点领域,持续提升风险识别能力、紧急处置能力、实战应变能力,风险事项数量及金额逐年下降,不仅确保自身稳健,而且有效防范风险外溢,为国民经济平稳运行贡献了五矿力量;精准脱贫方面突出"特色、精准、长效",积极探索消费扶贫、产业扶贫、金融扶贫新模式,不断加大投入力度,全面超额完成各项指标,入选国务院扶贫办"中国企业精准扶贫案例",获得国务院国资委扶贫考核最高评级"好";污染防治方面深入贯彻习近平生态文明思想,突出全生产流程、全生命周期、全产业链的"三全"绿色发展,从严落实生态环保主体责任,立行立改、举一反三、认真整改,坚决打好中央企业生态环保督察首战。中国五矿与各方共享重组发展成果,多年荣获"金蜜蜂优秀企业社会责任报告奖",进入长青奖行列。

以助力脱贫攻坚为例,中冶集团坚决贯彻执行党中央、国务院、国务院国资委以及中国五矿定点扶贫工作的统一部署,举全局之力,集全局之智,精准发力、砥砺前行,为打赢脱贫攻坚战、谱写时代新篇章贡献智慧与力量。自承担新一轮定点扶贫阶段任务以来,中冶先后派出三批六名挂职干部与两名驻村"第一书记",充分发挥央企精准观察、解决社会问题的能力,通过自上而下开展调查研究制定扶贫方案,加大干部扶贫、产业扶贫、工程扶贫、捐赠扶贫等工作投入力度,运用企业管理的辐射和带动作用,举全局之力,集全局之智,精准发力、砥砺前行,切实将"扶贫与扶志、扶智相结合",努力解决贫困地区长远发展问题。经过不懈努力,2019年底贵州省德江县已率先宣布摘帽出列,2020年11月贵州省沿河县也顺利脱贫摘帽。

### 8. 书写疫情防控总体战大战大考优异答卷

2020年初新冠肺炎疫情来袭,这是新中国成立以来在我国发生的传播速度最快、感染范围最广、防控难度最大的一次重大突发公共卫生事件,是对我国经济一次"极限压力测试",也是对中国五矿经营发展的一次特殊考验。面对极为复杂严峻的形势,中国五矿敏锐判断、果断决策、迅速行动,1月23日(腊月二十九),中国五矿总经理、党组副书记、中冶集团董事长国文清第一时间发出紧急"动员令",要求各单位高度重视疫情防控工作,密切关注疫情进展,切实把职工群众生命健康安全放在第一位,健全应急组织机构,制定周密方案,完善沟通机制，采取有力措施，全力支持配合所在地方政府坚决遏制疫情蔓延势头，切实担负起央企政治责任和社会责任，为维护社会稳定发挥应有的积极作用。中国五矿迅速建立起强有力的"战时指挥部"，自上而下防控体系运转高效、贯通顺畅，非常时期领导干部和共产党员要始终站在前头，伸出肩膀去扛起担当，举起双臂去托起担当。疫情防控坚持"生命至上、人民至上"，落实常态化举措，做到人员跟踪、消杀隔离、物资保障"三个到位"，紧盯境外疫情，努力实现"两稳两争两保"；生产经营注重超前部署、统筹调度，力保民生领域重大项目，严查资金等各类风险，整体复工复产水平走在央企前列，实现两手抓、两不误、双胜利。

以中冶集团为例，在这次抗击疫情阻击战中，中冶集团共有50余家子企业广大干部职工积极投身疫情防控工作，其中7家子企业4600余名干部职工第一时间紧急驰援24家用于疫情防控医院的有关设计建设及改造任务；分布在60个国家158个驻外机构1万余名海外员工积极拓展海外医疗物资供货渠道，完成近74万件防护用品采购；6家转制医院2000余名医护人员逆行而上，用自己的血肉之躯筑起一道阻止病魔的坚固防线，在建项目正全力以赴有序推动复工复产，全面彰显了中央企业"顶梁柱"关键时刻"顶得住"的责任与担当。此外，中冶集团还全力驰援湖北抗疫一线的医疗救治和医院建设，紧急物资支援全球20多个国家和地区，于非常之时尽央企非常之责。

## 9. 加强党的建设筑牢国有企业"根"和"魂"

中国五矿全面落实新时代党的建设总要求，坚持强"根"固"魂"，以政治建设为统领为灵魂，旗帜鲜明讲政治，以思想建设为基础，坚定理想信念，不忘初心使命；坚持"两个一以贯之"，在全国国企党建工作会议后第一时间推进党建工作总体要求进章程，全面修订"三会"规则、落实"前置程序"、完善"双向进入、交叉任职"领导体制，在融入上下功夫、在结合上下力气，实现党组织发挥作用组织化、制度化、具体化，实现加强党的领导与完善公司治理的深度统一；坚持党要管党，一体推进"不敢腐、不能腐、不想腐"机制建设，以永远在路上的韧劲推动中央八项规定精神化风成俗，扎实做好巡视"后半篇文章"，通过"三个结合"将整改落实与中心任务深度融合，借力加力将外部压力转化为内部动力，全面从严治党持续向纵深推进。

中冶集团坚决贯彻落实党中央、国资委以及中国五矿决策部署，坚定不移全面从严治党，锐意改革发展。一是以政治建设增强党的思想引领力，确保全面从严治党入心入魂。中冶集团始终把不折不扣贯彻落实习近平总书记重要指示和党中央决策部署内化为理直气壮做强做优做大国有企业的责任担当，制定并下发《中共中国冶金科工集团有限公司委员会暨中共中国冶金科工股份有限公司委员会关于加强和维护党中央集中统一领导的规定》，坚决做到"两个维护"。二是以党的领导融入公司治理，确保全面从严治党落实落地。中冶集团把党的领导融入公司治理环节，把党组织内嵌到公司治理结构之中，根据实际情况，制定《"三重一大"决策事项清单》《总部决策事项及流程清单》《核心管控事项清单》，明确党组织在企业决策、执行环节的权责和工作方式，明确"三重一大"事项及标准、明确重大经营管理事项都能落实党组织研究讨论前置程序，切实发挥党委"把方向、管大局、保落实"作用。三是发挥基层党组织战斗堡垒作用，确保全面从严治党走深走细。制定并印发《年度党建工作责任制考核评价指标体系》《中冶集团暨中国中冶党委年度党建重点任务分解表》，将党建工作细化到项，责任到部门，倒排时间，以党建考评为抓手，促进全集团各级次党建工作不断提高。四是狠抓党员干部作风建设，确保全面从严治党见行见效。中冶集团党委持之以恒健全企业监督体系，持续推动子企业内部巡察全覆盖，推动巡察力量向基层延伸、向境外延伸，着力解决基层、业务末端和境外的"微腐败"问题，组织开展自查自纠活动推动各级党组织进行自我"政治体检"，建立廉洁风险监督联动机制等多种方式，不断推进党风廉政建设。

**10. 以风清气正干部队伍引领"万马奔腾"新局面**

"把国有企业做强做优做大最重要的还是要有一种为国家为人民真诚奉献的精神、一个坚强有力的领导班子、一支勇于攻坚克难的高素质干部队伍、一支充分组织起来的职工队伍"。中国五矿坚持政治引领、战略引领、精神引领、方法引领、成果引领，培育"五种作风"、提升"五种能力"，打造出一支对党忠诚、风清气正、有闯劲敢担当的干部队伍。中国五矿牢牢抓住"关键少数"，强化"企业家、经济家、政治家"的角色意识，在选人用人上一看党性二看业绩，广大领导干部以骨子里的信念忠诚和激情澎湃的热血忠诚干事担当，坚持实战实干，真正做到想干事、会干事、能干事、干成事；中国五矿用信任的眼光、欣赏的眼光、发展的眼光看待年轻干部，破除论资排辈、平衡照顾、求全责备观念，不拘一格大胆使用年轻干部，把有思路、有闯劲、有潜力的年轻人提拔起来，一批70年代、80年代、90年代的优秀干部脱颖而出唱主角、挑大梁；中国五矿为担当者担当、为干事者撑腰，以"真善美"的心灵激发良心对良心的负责，广大领导干部大力弘扬"一天也不耽误、一天也不懈怠"的企业精神，干事创业积极性极大提升，干部队伍面貌焕然一新。

中冶集团党委坚持党管干部、党管人才原则，着力打造一个对党绝对忠诚、团结稳定、干事创业、业绩突出、风清气正的领导班子。把好"选人关",严格规范选人用人程序,落实"凡提四必"制度,按照两个"一以贯之"的总要求,通过完善法人治理结构、"双向进入、交叉任职"的领导体制、推动干部有序交流、探索建立专职董、监事队伍"四位一体",推动了领导班子建设;把好"用人关",坚持精准科学用人、不拘一格用人,持续推进干部队伍年轻化,选拔多名优秀年轻干部进入了子企业领导班子;把好"管理关",加强对党员领导干部的经常性、专业化培训,强化干部日常管理监督,完善考核评价机制,建立容错纠错机制,旗帜鲜明地为敢于担当、踏实做事、不谋私利的干部鼓劲撑腰;把好"激励关",通过建立科学公平合理、具有较强市场竞争力的激励机制,完善人才评价体系,畅通人才成长"立交桥",构筑企业与员工利益共享、风险共担、事业共创的"命运共同体"。

## ◎ 中冶与五矿互补式重组的五条经验

通过互补式战略重组,两家企业都跳出以往单个产业、抗波动能力差的发展局限,新中国五矿已经从最初单一的外贸企业,转型发展成为"主业突出多业并举、充分参与国际竞争、拥有较高行业地位、享有良好国际信誉"的以金属矿产为核心主业的产业集团。可以说,两家企业的重组为国有企业重组树立了良好榜样,其重组经验也值得国有企业加以学习和借鉴。

### 1. 始终坚持政治站位,坚决做到"两个维护"

重组发展成就的取得最主要是源于对习近平总书记重要指示批示

的步步紧跟、一招不落，以骨子里的信念忠诚和激情澎湃的热血忠诚干事担当。习近平总书记站在党和国家事业发展全局的战略高度，在国有企业发展面临困境迷茫的重要历史时刻，举旗定向作出"做强做优做大"国有企业、"全面增强国有经济竞争力、创新力、控制力、影响力、抗风险能力"、坚持"两个一以贯之"完善中国特色现代企业制度、"培育具有全球竞争力的世界一流企业"等一系列重大论断。习近平总书记的重大论断，深刻回答了新时代国有企业面临的战略性、制度性、现实性问题，指明了国有企业举什么旗、走什么路、朝着什么目标前进，为国有企业开创改革发展和党的建设新局面提供了根本遵循和行动指南。

新中国五矿毫不动摇站稳政治立场，不断提高政治站位，不断增强"四个意识"，坚定"四个自信"，把不折不扣贯彻落实习近平总书记重要指示批示和党中央决策部署内化为重组发展的责任担当、体现为"两个维护"的实践检验。新中国五矿坚持党的领导，加强党的建设，充分发挥党组织"把方向、管大局、保落实"作用，把政治优势、制度优势转化为发展优势。深入贯彻"两个一以贯之"，积极探索党组织发挥作用组织化、制度化、具体化，把党的领导融入公司治理各环节，有效实现党组织"把方向、管大局、保落实"。培育打造忠诚干净担当干部队伍，坚持政治引领、战略引领、精神引领、方法引领、成果引领，干部员工面貌焕然一新。严格落实党建工作责任制，构建"压实责任、量化考核、反馈整改"的工作闭环，增强抓党建强党建的内生动力，实现党的建设与生产经营同频共振、互促共进。这是中国五矿取得所有成绩最重要的法宝，无论任何时候，新中国五矿都必须以党的意志为唯一意志、以党的路线方针政策为第一要求、以党和国家的需要为第一责任，只有这样才能确保中国五矿始终沿着正确方向破浪前行。

## 2. 始终坚持"大发展观",开辟高质量发展道路

重组发展成就的取得离不开"大发展观",中国五矿和中冶集团紧跟习近平总书记讲话精神,积极践行"做强做优做大"国有企业的指示要求,通过重组促进企业大发展,走上高质量发展道路。重组后,新中国五矿不仅直接实现了大体量,还形成了企业的大产业链。新中国五矿认识到,大企业就要有大企业的样子,并确立了"三步走、两翻番"的大目标。在"三步走、两翻番"战略目标引领下,新中国五矿完成了前所未有的大发展。

发展是解决一切问题的总钥匙,中国五矿准确把握企业发展规律,把握发展的阶段性特征与主要矛盾,重组之初严重亏损之时,强调既不让问题久拖不决被拖垮,也不让风险集中爆发被压垮,科学处理推动发展与解决问题、克服困难的关系,及时提出"三步走、两翻番"奋斗目标,坚定信心、引领发展,在发展的阔水大潮中涤荡一切泥沙碎石;当企业度过危机、经营好转之时,强调在量的积累基础上实现质的飞跃,科学处理速度规模与质量效益的关系,更加注重高质量发展,把"高质量"的内涵导向体现在"竞争力提升"的务实行动上,通过优化产业结构、提升要素配置效率持续推动质量变革、效率变革、动力变革;疫情暴发再次遭遇困难挑战之时,强调稳中求进的总基调,科学处理"稳"和"进"的关系,坚持稳字当头,坚持防控风险,稳住发展基本盘,以稳促进。

从实践成果来看,2020 年,中国五矿各项任务的完成标志着"三步走、两翻番"圆满收官、"十三五"胜利完成。中国五矿以"三步走、两翻番"为战略引领,一路削山填海、爬坡过坎,走出一条涅槃重生、逆势攀升、跨越提升的高质量发展新路。2015 年到 2020 年,中国五矿总资产从 7057 亿元到 9877 亿元(不含管理金融资产)、年均增长 7%,营业收入从 4215 亿元到 7016 亿元、年均增长 11%,利润总额从 –182 亿元(原

五矿口径）增长到206亿元，经济增加值从–194亿元增长到84亿元，世界500强排名从323位上升到92位。"十三五"期间公司累计实现利润669亿元，累计上缴税费1051亿元，累计夯实企业资产466亿元，投入各类帮扶资金4.3亿元，共为国家、社会和企业贡献2190亿元。

"十三五"期间，中冶集团营业收入由2016年2248亿元到2020年4013亿元；利润总额由2016年72亿元增长到2020年117.5亿元，年均增幅12%。截至"十三五"期末，集团资产总额突破5000亿元，营业收入、新签合同额与利润总额同步保持18%以上增长。公司在ENR全球承包商250强排名连续12年稳居前10名，2020年位列第8名。

实践成果充分印证，"三步走、两翻番"完全符合新中国五矿的发展定位。这一目标使中国五矿这艘航船在风高浪急、大雾迷茫之时找到了"航标"，使全体干部员工在困难时期提振了士气、聚集了人心、坚定了信心，使企业战略路径与企业责任、行业地位、国家使命高度统一、相互匹配，使中国五矿站稳了"中国第一、世界一流"中央企业的立场和脚跟。

在"十四五"时期，我国将开启全面建设社会主义现代化国家新发展阶段，中国五矿也要踏上打造"世界一流"的新征程。对此，中国五矿拟定了"三年行动五年规划十年远景"的发展规划：从2021年到2023年，是高质量发展三年行动期，从2023年到2025年，是主责主业强壮发展期，再通过5年努力，到2030年，基本建成具有全球竞争力的世界一流企业。中冶集团"十四五"时期主要目标是到2025年，实现新签合同额、营业收入、利润总额重大突破，保持10万人左右的队伍。全面落实国资委"两利四率"要求，实现利润总额和净利润稳健增长，营业收入利润率稳中有升，研发经费投入强度明显提高，资产负债率保持稳定，全员劳动生产率稳步提高。未来，新中国五矿将继续把发展作为第一要务、把高质量发展作为不变的追求，向着"营收超万亿、利润再翻番"的五年发展新目标阔步前进。

### 3. 始终坚持互补式重组，塑造全产业链集成优势

中国五矿以互补式重组作为整合融合大逻辑，以协同效应和整体效益最大化作为重要原则，把互补式重组优势直接快速体现到千亿内部市场上，逐步落实到制度统一、管理对接、产业整合、文化融合上，推动战略重组走向多领域协同协作和深层次整合融合，强强联合的重组红利得到充分释放。可以说，中国五矿以实事求是的实践探索第一次生动诠释了"互补式重组"这一重大理论命题。当前，产业链、供应链、价值链深刻影响着国家经济命运，中国五矿瞄准产业链重构的时代需要，继续深入推动互补式重组整合，多措并举加大整合融合力度，为保障国家金属矿产资源供给与安全提供独具优势的全新解决方案，为国家参与全球经济新布局贡献完备成熟的全产业链发展经验。

在制度统一方面，结合重组实际全面梳理制度体系，集团总部管理制度由453部精简至226部，中冶集团相应通过修订章程、完善制度等实现与集团总部的制度对接，并将全部制度上线"中国五矿电子制度库"，为深化整合融合提供制度基础。在管理对接方面，积极推进集团总部与中冶集团的管理对接，组织召开管理体系对接工作推进会，需对接的321项职能已全部完成对接工作，构建上下一致的管控体系，加大内部业务协同力度，充分发挥冶金建设、金属矿业领域全产业链互补优势，释放重组红利，在资源开发、工程项目、贸易物流、装备制造、产融协同、地产建设、热点区域等领域广泛协同对接，打造"千亿内部市场"。在产业整合方面，强化整体布局、重点突破，系统梳理原中国五矿与中冶集团同类业务，把握"积极推进、效果导向、先

易后难、分类施策"的原则，稳妥有序推进业务整合，实现效益最大化。在文化融合方面，大力推动干部交流融合，着力形成干部人才"一盘棋"，积极营造"整合一家亲"的浓厚氛围，通过组织召开全系统职代会、运动会、全系统合唱大赛，并通过全系统"百强班组"建设、职工岗位创新体系建设、困难职工帮扶、先进评选表彰等，有效提升全体员工的自豪感和归属感，增强文化融合"软实力"。通过这种多领域协同协作和深层次整合融合，原中国五矿与中冶集团的互补式重组更为深入，为全产业链集成优势的塑造与发挥创造了更好的条件。

### 4. 始终坚持改革创新，激发企业内生活力动力

习近平总书记指出，"改革开放是决定当代中国命运的关键一招"，"创新是引领发展的第一动力"。近年来，中国五矿坚持向改革要活力、向创新要动力，用市场规则、市场压力倒逼形成竞争意识，用问题导向、生存压力倒逼形成改革办法，解决了一批长期想解决而没有解决的问题，办成了一批过去想办而没有办成的大事。

目前，中国五矿不断强化国企改革担当，推动一系列重点改革项目取得了重要进展，其中主要涉及三个方面：一是加大国有资本投资公司改革试点推进力度，在顶层设计和整体推进上，在从管资产向管资本转变上，在经营权下移与监督权上移上都取得了重要进展。二是加快推进混合所有制改革，国家发改委第四批混合所有制改革试点企业的改革工作顺利推进，进一步支持鼓励中冶集团所属区域公司的混合所有制改革工作。三是扎实推进供给侧结构性改革，不断提升"处僵治困"质量，加大对僵尸企业、困难企业的治理力度，关闭撤销部分因"三供一业"移交后失去业务内容和扭亏无望的企业。中国五矿还注重系统性整体性协调性，既大胆闯大胆试，又稳扎稳打润物无声，

既通过上下联动、点面结合、整体推进发挥改革创新的最大能量，又通过制度化及时把实践成果固化到五矿模式的国有资本投资公司治理体系之中。正是在不断的改革中，新中国五矿的活力进一步迸发，取得了令人瞩目的发展成就。

在改革的同时，中国五矿高举技术领先的牌子和旗帜，把创新摆在发展全局的关键位置，塑造新动力系统，以科技创新引领支撑产业转型发展，以创新创业带动向新市场新领域不断开拓推进。目前，通过深入梳理剖析现存制约中国五矿创新发展的主要问题和关键要素，研究建立了包括资源投入、研发能力、成果产出在内的多维度创新发展科学评价指标体系。在此基础上，一方面，持续加大研发投入，完善科技考核体系，推动科技与金融深度融合，积极融入国家科技创新体系。另一方面，着力攻关核心技术，提升自主创新能力，编制科技发展规划和技术研究方案，组织内外部优势力量集中开展技术攻关，同时完善成果转移转化机制，建立以提升市场竞争力为目标的专利管理体系，加强重点产业知识产权布局研究和相关成果评估运用，促进科技成果高质量转化。可以说，越是困难挑战大，越要向改革创新要活力动力，中国五矿通过强化改革创新的思维，破除体制机制障碍，转换新动能引擎，进一步发挥了微观市场主体作用，进一步释放了蛰伏的发展潜力，大大激发了企业的内生活力和动力。

### 5. 始终扭住作风建设，凝聚最广泛的发展力量

重组发展成就的取得离不开作风建设和强大的凝聚力。中国五矿按照习近平总书记提出的"对党忠诚、勇于创新、治企有方、兴企有为、清正廉洁"的国有企业领导人员"20字"标准，打造了一支忠诚担当、作风过硬、富有企业家精神的领军人才队伍，并要求干部队伍大力弘扬

"五种作风"。五种作风具体包括：公道正派作风，科学民主作风，求真务实作风，艰苦奋斗作风和放胆争先作风。在弘扬五种作风的同时，中国五矿同样不忘持之以恒纠正"四风"，坚持标本兼治、综合施策，持续打好作风建设攻坚战。一方面，重点整治形式主义和官僚主义，不断健全长效机制，取得良好成效。据统计，通过一系列举措的实施，2019年集团总部公文平均流转效率提升50%以上，综合性和系统性会议比2018年同期减少65%，总部各类督查检查考核比2018年同期减少47%。此外，中国五矿还组织开展对部门"满意度"的问卷调查和访谈，由所属企业对总部部门"服务协同""管理效率"等指标进行打分评价，督促总部提升服务意识、克服"衙门"作风。另一方面，严肃查处享乐主义和奢靡之风，严防反弹回潮。进一步强化履职待遇、业务支出管理，进一步规范党组领导班子成员办公用房使用审批和备案程序，系统梳理履职待遇、业务支出制度体系。通过正向引导和反向约束，中国五矿在作风建设上取得了明显成效，为企业发展创造了良好的软环境。

与此同时，重组以来中国五矿一次次化危为机、逆势攀升的关键，还在于对"一天也不耽误、一天也不懈怠"精神的大力弘扬。"一天也不耽误"，就是今天把今天的事情干了，不要耽误到明天；"一天也不懈怠"，就是今天好好干、明天好好干、天天好好干。国文清提出的这两句话朴实厚重、通俗易懂、朗朗上口，但是真正做到是非常不容易的。正是在这一精神的指引下，中冶集团以正确的战略统领全局、以创新的思路破解难题，实现了涅槃重生、腾笼换鸟、精彩蝶变。目前，这一企业精神已经深入人心，每位员工都是创造者、实践者、传承者、弘扬者，都把企业精神所承载的价值取向和行为标准，转化为责任担当、进取精神、改革状态和使命追求。"一天也不耽误、一天也不懈怠"的朴实厚重精神与"珍惜有限、创造无限"的发展理念深度融合，将永远与改革同行、与发展共振,成为五矿人永不服输的精神源泉。今天,中国五矿各级领导干部既作表率又作推动、既挂帅又出征,心往一处想,劲往一处使,广大干部职工以强烈的爱岗敬业爱企情怀,一门心思干工作、一股劲头往前冲,全集团形成"干部领跑、团队奋进、一马当先、万马奔腾"的大好局面,大家套牢责任、压力上肩,苦干实干、敢闯敢干,共同书写了一部战略重组的发展史、奋勇争先的改革史、拼搏进取的奋斗史。

第三章

# 主责主业篇

习近平总书记高度重视各个领域聚焦主责主业的问题，只有抓住主责主业，围绕主责主业采取切实行动，才能做出成绩，履行好自身职能。国有企业要积极向主责主业聚焦，加快剥离非主业、非优势业务，剥离企业办社会职能，解决好历史遗留问题，这样才能更好地应对激烈的市场竞争和严峻的世界经济形势。中冶集团作为中国钢铁工业的开拓者和主力军，长期坚持聚焦冶金建设主业的发展路线，矢志不渝推动冶金建设主责主业发展，积极剥离"两非"业务，围绕主业建设新业务体系，已经成为全球最大最强的冶金建设承包商和冶金企业运营服务商。从中冶集团聚焦主责主业的具体实践来看，在2012年之前，中冶集团也出现过短时期偏离主业的现象，从而给集团发展带来了严重的危机，而当国文清董事长重新聚焦冶金建设主业，剥离非主业、非优势业务后，中冶集团就重新回到了稳健发展之路，打造出了世界一流的"冶金建设国家队"，构建起了以冶金建设为核心的"四梁八柱"业务体系。中冶集团的这一发展历程告诉我们，企业发展必须聚焦主责主业，要在切实分析内外部环境状况下做出正确判断，要保持战略方向和战略定力，要坚持不懈升级自身，始终保持在主责主业上的先进性，这样才能更好地促进企业的持续发展，并在竞争中立于不败之地。

## ◎ 新时代国企主责主业

习近平总书记关于聚焦主责主业的论述，既是对各单位各部门更好履行职能提出的基本要求，也是对国有企业的发展提出的基本要求。国有企业要切实履行自身职能，就必须结合国家发展战略向主责主业聚焦，加快剥离非主业和非优势业务，剥离企业办社会职能，这样才能更好地推动国有企业做强做优做大。

### 1. 聚焦主责主业是切实履行职能的基本要求

党的十八大以来，习近平总书记多次强调主责主业问题，要求各单位各部门牢牢把握自身主要职责，做好自身主要业务，履行好自身的职能。2019年7月，在深化党和国家机构改革总结会议上，习近平总书记明确指出："要提高机构履职尽责能力和水平，各部门要严格依照'三定'规定履职尽责，聚焦主责主业，突出重点关键，自觉在大局下思考、在大局下行动，紧紧围绕人民日益增长的美好生活需要履好职、尽好责。"实际上，聚焦主责主业不仅是对党和国家机构的要求，习近平总书记在其他一些领域的问题上也提出要"聚焦主责主业"，这一要求对各部门各行业具有广泛的指导意义。

具体来看，习近平总书记在不同场合针对不同问题，多次提出"聚焦主责主业"的要求。例如，在党的建设方面，2019年7月，习近平总书记在中央和国家机关党的建设工作会议上的讲话中指出，"加强和改进中央和国家机关党的建设，必须牵住责任制这个'牛鼻子'"，"机关党委书记要聚精会神抓党建。机关党委要聚焦主责主业，真正发挥职能作用"。在城市治理方面，习近平总书记指出："要推动城市治理的重心和配套资源向街道社区下沉，聚焦基层党建、城市管理、社区治理和公共服务等主责主业，整合审批、服务、执法等方面力量，面向区域内群众开展服务。"在党校工作方面，习近平总书记指出："如果党校把党的理论教育和党性教育这个主业主课放松了，甚至荒废了，搞了很多其他方面知识、技能、兴趣的东西，那就会喧宾夺主，甚至会在政治方向上发生偏差。"在军队工作方面，习近平总书记指出："要坚持组织路线服务政治路线，聚焦备战打仗主责主业，加强我军党的组织体系建设。"

在经济领域，习近平总书记同样提出了聚焦主责主业的要求。对于企业，习近平总书记指出："做企业、做事业，不是仅仅赚几个钱的问题。只为了赚钱，见异思迁这种事情就会发生。做实体经济，要实实在在、心无旁骛地做一个主业，这是本分。"对于国有企业来讲，聚焦主责主业是履行国有企业职能的必然要求。这一要求还以党内法规形式得到了体现，例如在2019年12月发布的《中国共产党国有企业基层组织工作条例（试行）》中，就明确规定，国有企业党组织必须"坚决落实党中央决策部署，推动企业聚焦主责主业，服务国家发展战略，全面履行经济责任、政治责任、社会责任"。对于民营企业，习近平总书记也提出要聚焦主业推动企业发展，他指出，"民营企业也要进一步弘扬企业家精神、工匠精神，抓住主业，心无旁骛，力争做出更多的一流产品，发展一流的产业，为实现'两个一百年'目标做出新的贡献"。对于中小企业，习近平同样希望广大中小企业聚焦主业，加强自主创新，通过自身努力不断取得新的业绩，让企业兴旺发达，为祖国强大和人民幸福做出更大贡献。此外，习近平还对金融领域提出要求，指出"要更加注意尊重市场规律、坚持精准支持，选择那些符合国家产业发展方向、主业相对集中于实体经济、技术先进、产品有市场、暂时遇到困难的民营企业重点支持"。可以看出，"聚焦主责主业"是不同领域不同行业切实履行职能的一项基本原则，只有做到"聚焦主责主业"才能真正履行好自己的职能，对于党和国家机构来说，偏离了主责主业就会给党和国家的事业带来严重的后果，而对于企业来说，偏离了主责主业就会难以在激烈竞争中立足，难以有长远的发展和进步。

### 2. 国企要服务国家发展战略向主责主业聚焦

习近平总书记高度重视国有企业改革发展，对国有经济布局结构调整做出了重要的论述和指示。习近平总书记指出，要"加快国有经济布局优化、结构调整、战略性重组",要"推进结构调整、创新发展、布局优化,使国有企业在供给侧结构性改革中发挥带动作用",要"促进国有资本向战略性关键性领域、优势产业集聚,加快国有经济战略性调整步伐"。

习近平总书记的重要论述对推进国有经济布局结构的优化调整指明了方向。国有企业向主责主业聚焦是加快国有经济战略性调整的一个重要方向,是调整优化国有经济布局结构,提升国有经济整体功能和效率的迫切需要,也是提高国有经济控制力、影响力、带动力,在高质量发展中更好发挥作用的内在要求。

2020年政府工作报告中强调指出:"实施国企改革三年行动。完善国资监管体制,深化混合所有制改革。基本完成剥离办社会职能和解决历史遗留问题。国企要聚焦主责主业,健全市场化经营机制,提高核心竞争力。"这是国务院第一次将"聚焦主责主业"写进政府工作报告。与此同时,国资委也提出要在2020年重新厘定中央企业主责主业,为调结构优布局做好准备。各地区、各部门要着力破除体制机制障碍,完善监管制度,积极为推动国有企业聚焦主责主业创造良好环境,提供良好支撑。

长期以来,国有企业为推动经济社会发展、提升综合国力做出了重大贡献。但目前来看,国有企业发展中还存在诸多问题,一些国有企业的业务领域过多不够集中,产业布局较为分散,而且国有企业之间也存在着重复建设、业务重叠等现象,应该适当限制国有企业的业务范围,引导其通过专业化整合聚焦于做优做强主责主业。

当前,面对新常态、新形势,国有企业要认真贯彻党中央、国务院决策部署,牢固树立新发展理念,坚持不懈推动国有企业改革,聚焦主责主业,向关系国家安全、国民经济命脉的重要行业和关键领域集中，向战略性新兴产业集中，使国有经济核心竞争力获得明显提升。可以说，面对国有资本布局结构调整这一大趋势，就企业自身而言，如果企业自身实力不足够强大，如果企业在行业中不处于领军地位，如果企业的主业得不到国家的战略支持和保护，重组整合是早晚要走的发展路径。国有企业必须服务于国家的发展战略，积极发挥自身主观能动性，聚焦主责主业，努力成为相关领域中的领头羊和排头兵。

### 3. 国企要加快剥离"两非"业务和办社会职能

与国有企业聚焦主责主业相对应的另一面就是要对非主责主业进行剥离。这种剥离主要涉及两个层面，一是加快非主业、非优势业务的"两非"业务剥离，抓好无效资产、低效资产的"两资"处置，组织清理长期不分红甚至亏损的参股股权，清理未出资、不控制却冠以中央企业名号的"冒牌央企"，清理多年处于清算状态不纳入合并报表范围的企业。二是加快非企业职能，特别是企业办社会职能的剥离，解决国企改革中的一系列历史遗留问题。

首先，要加快剥离非主业和非优势业务。前些年，在经营压力和盲目做大的双重作用下，很多国有企业都开启大踏步"多元化"步伐，随之而来也出现了很多问题。例如，由于对新行业了解不深，以及犯了急功近利的毛病，通过大手笔投资盲目扩张，不仅导致自身的困境恶化，最严重的是加剧了行业经济环境的恶化。随着国企改革的不断深入，做精主业，防止脱实向虚也成为央企工作重点之一。国有企业一定要突出主业、突出实业，进一步明确企业的发展目标和战略定位，严控非主业投资，推动各类要素向实业集中、向主业集中，不断提升核心竞争力和盈利能力。从央企来看，近年来国资委对央企"突出主业"的要求一直都非常严苛，通过重新核定中央企业主业，梳理并调整企业主业，进一步改善央企内部大而全、小而散、重复建设等问题；同时要求央企严格按照主业控制投资方向，加大内部资源整合力度，推动资金、技术、人才等各类资源向主业集中。随着国资委和地方国资委下大力度严控央企和地方国企非主业投资，很多央企和国企通过剥离、重组、混改、创新等一系列自我革新，坚持聚焦实业主业，核心业务盈利能力进一步增强，真正实现了向"世界一流"的转变。

其次，要切实减轻国有企业的社会负担，剥离企业办社会职能，解决历史遗留问题。这是深化国有企业改革，实现政企分开，提高国有企业竞争力，完善社会主义市场经济体制的一项重大举措。近年来，企业办社会职能的分离工作取得了一定进展，全国国有企业"三供一业"（供水、供电、供热/供气及物业管理）和市政社区管理等职能分离移交、教育医疗机构深化改革总体进度达到90%左右，消防机构分类处理全面完成，退休人员社会化管理和厂办大集体改革有序推进。但目前来看，这项任务仍相当艰巨，有些企业包袱太过沉重，需要聚焦重点难点问题，集中力量攻坚克难，确保2020年前基本完成剥离国有企业办社会职能和解决历史遗留问题。例如，剥离独立工矿区办社会职能就是重点和难点，一般来讲独立工矿区往往位置偏远，缺乏地方市政配套设施，而从业工人数量非常庞大，为满足工人的社会需要，这类独立工矿区往往自成社会提供各种服务。当然，剥离国有企业办社会职能并不意味着国有企业放弃承担社会责任，而只是要剥离特定的社会服务职能，并改变服务的提供者。此外，还要对国企改革中的各种历史遗留问题加以解决，以促进社会和谐稳定，使企业真正从历史包袱中脱离出来，轻装上阵，更好地聚焦于主责主业。

# ◎ 中冶集团坚持聚焦主责主业引领企业发展

冶金建设是中冶持续稳健发展的"指南针"和"压舱石"。中冶集团为钢铁而生,围绕钢铁企业开展生产经营,与钢铁企业水乳交融、相伴成长。中冶发展的根在冶金,脉在冶金,离开这一主业,中冶的大船就会偏离方向、脱离轨道,驶向未知的迷途。2012年,中冶集团之所以跌入谷底,一个重要原因就是偏离了冶金主业,而中冶集团之所以能够转危为安,走上长富久安的发展道路,原因也在于能够坚持聚焦主责主业的发展路线。正是由于中冶集团做出了"回归主业"转型重生的正确抉择,迅速剥离盲目扩张过程中出现的非主业和非优势业务,矢志不渝把冶金建设作为企业的核心业务,并围绕冶金建设主责主业构建新的联系紧密的业务体系,才使企业取得了一个又一个新成就。

### 1. 聚焦主责主业是中冶长期坚持的发展路线

近年来,中冶集团精准把握企业发展的大局大势,根据企业不同发展阶段的现实状况,抓住主要矛盾,解决关键问题,优化顶层设计,把好企业科学发展的方向盘。从"回归主业"的盈利模式到"聚焦中冶主业,建设美好中冶",再到打造"四梁八柱"业务体系升级版和战略定位,"做冶金建设国家队、基本建设主力军、新兴产业领跑者,长期坚持走高技术高质量发展之路"的战略新定位,形成了有机统一、一脉相承层层推高又与时俱进的企业发展战略框架体系。

作为一家完全依附于钢铁的传统冶金老企业,面对冶金市场的大幅萎缩和效益下滑,长期积累的深层次矛盾和重大问题在几年前集中爆发。中冶恒通、葫芦岛有色和纸业集团"三座大山"年亏损几十亿元,耗资巨大的海外矿产资源项目占用资金198亿元，南京、珠海、秦皇岛、石家庄等地的垫资项目沉淀资金315亿元。据不完全统计，"三座大山"以及西澳SINO铁矿、澳大利亚兰伯特角铁矿、多晶硅业务、京诚营口基地7大亏损源共造成损失350亿元。2012年，企业亏损额高达73.6亿元，带息负债高达1700多亿元，应收账款和存货高达2100多亿元，许多银行停止授信，资金链濒临断裂边缘。作为上市不久的中国中冶A+H股资本市场负面报道不断。跌入包袱沉重、管理下滑、信心缺乏的低谷，中冶生存岌岌可危，直接关系着几十万干部员工的生产生活。

中冶集团2012年"9·5"会议成为公司直击困难、攻坚克难的分水岭，全面开启了改革脱困、奋力自救发展大幕。面对中冶集团的经营实际和现状，经过冷静思考和判断，中冶集团新任掌门人国文清在2012年"9·5"会议上指出："我们必须学会扬长避短，注重优势互补，突出比较优势，构建中冶'回归主业'盈利模式。"并强调冶金工程主业是中冶人的"看家本领"，企业不应该也不可能舍弃主业，否则中冶不称之为中冶，中冶的优势和特色将不复存在。正是根据"回归主业"这一指导思想，中冶集团把握主营业务方向不动摇，瞄准兄弟企业差距不放松，开始了聚焦主业的转型过程。

2013年，当集团"三座大山"及重难点问题的处理取得突破性进展，历史包袱逐渐卸掉，进入良性发展轨道后，中冶集团把实践的感悟和松散的认识汇集一起，集集体智慧，概括提炼出"聚焦中冶主业，建设美好中冶"的战略愿景，明确了"一年迈一步，三年跨大步"的阶段性目标。这一发展愿景在关键时期解决了中冶集团举什么旗、走什么路、朝着什么方向前进的重大战略和方向问题。进入2014年，面临科研设计类企业陷入房地产困境，冶金工程技术缺乏创新性突破，中冶集团要求科研设计类企业一律退出房地产业务，并提出了"站在

▲ 2019年10月8日，国文清拜会来华访问的巴基斯坦总理伊姆兰·汗

▼ 2017年11月15日，国文清在利马拜会秘鲁总理费尔南多·萨瓦拉

国际水平的高端和整个冶金行业发展的高度，用独占鳌头的核心技术、持续不断的创新能力、无可替代的冶金全产业链整合优势，承担起引领中国冶金向更高水平发展的国家责任"的新的目标。

2015年面对速度变化、结构优化、动力转换的经济新常态，鉴于公司原有四大板块的业务定位已远远不能反映企业现状及钢铁行业的大调整、大变革、大提升，公司明确提出"打造'四梁八柱'业务体系升级版，再造建设'美好中冶'新优势，争做全球最强最优最大冶金建设运营服务'国家队'"目标，作为"聚焦中冶主业，建设美好中冶"宏伟房屋的有力支撑，更加突出"八大支柱"产业的支撑作用。2015年年中工作会议在推进"四梁八柱"业务体系升级版落地过程中，按照钢铁冶金的8大部位、19个业务单元，明确了设计类子企业第一、第二梯队以及与之相匹配的施工类子企业，形成了冶金建设国家队的基本阵形与核心团队，确保了中冶既有充分的力量做好冶金主业，又有充分的力量转型发展，有利于有效解决冶金建设领域的恶性同质化竞争问题，构建起差异化的发展格局，并把"冶金建设国家队"的模式做细做实。

2016—2020年，面对国家经济形势和转方式调结构给企业带来的机遇和挑战，中冶集团逐步确立了"做冶金建设国家队、基本建设主力军、新兴产业领跑者，长期坚持走高技术高质量发展之路"的战略新定位，加速推进企业转型升级，继续谱写"建设美好中冶"的崭新篇章。在冶金建设国家队方面，形成钢铁冶金八大部位十九个业务单元、两万至三万核心团队的基本阵形，用独占鳌头的核心技术、持续不断的革新创新能力、无可替代的冶金建设全产业链整合优势，继续承担起引领中国冶金建设走向更高水平的国家责任；在基本建设领域，中冶集团以卓越的科研、勘察、设计、建设能力为依托，致力于建设城市综合体、超高层建筑、大型体育场馆、大跨度钢结构以及交通市政等高精尖工程建设；在新兴产业领域，凭借60多年的技术积淀，把在冶金等工业领域对"水电气"的技术优势延展到民用市政领域，率先设立管廊、海绵城市、美丽乡村与智慧城市、主题公园、康养产业、水环境、装配式建筑等技术研究院，大举向城市地下综合管廊、大型主题公园建设、海绵城市、智慧城市、美丽乡村、规划与咨询、环境与新能源等领域发力。

2020年7月23日，中冶集团暨中国中冶年中工作会议在京召开，国文清在会上作出"中冶集团高质量发展进入新阶段"的重要论断，提出推动高质量发展的系统性方案。这是继2012年"9·5"会议后提出"聚焦中冶主业，建设美好中冶"发展愿景、战略重组后提出"长期坚持走高技术高质量发展之路"战略路径，中冶集团主动应对新形势新任务新要求做出的又一历史性的、里程碑式的重大战略决策。进入高质量发展新阶段的中冶集团，不能再只是追求某个部位、某个环节的新优势，满足于局部的高质量；而是要系统性升级发展理念、经济结构、增长动力、管控方式，实现全方位的高质量。

2021年1月26日上午，中冶集团暨中国中冶召开2021年度工作会议。国文清作题为《守正创新 实干担当 奋力开启"美好中冶"高质量发展新征程》的重要讲话。他站在全局的战略高度，明确了"十四五"时期的工作总要求和主要目标，提出了做强冶金主责主业、切实解决"五个问题"、着力打造"五个一批"的具体要求；再次强调了冶金建设在中冶的重要地位作用和重大历史使命，科学阐述了冶金建设国家队的新定位新要求。

"建设美好中冶"是一个长期任务，是当前中冶集团甚至几代中冶人永无止境的对美好生活的追求。聚焦主责主业是中冶长期坚持的发展路线。这一发展路线不仅从根本上改变了盲目转型扩张造成的偏离主业、风险积聚的状况,使中冶集团转危为安,走上良性发展轨道,还进一步开启了"冶金建设国家队"建设,使中冶集团成为冶金领域的领跑者,走上了高技术高质量发展之路。

### 2. 中冶矢志不渝推动冶金建设主责主业发展

中冶集团这些年走过了极不平凡的发展历程,实现了谷底弹射、浴火重生的跨越式发展,其中极为重要的一条经验就是始终保持战略方向和战略定力,一直不遗余力、心无旁骛地聚焦打造冶金建设国家队,在决策上没有丝毫犹豫、在精力上没有丝毫分散。

国际金融危机爆发后,冶金市场严重萎缩,没有一个新上钢铁项目。2012 年,面对前途迷茫的困境和危机重压的险境,中冶集团召开了极具历史意义的"9·5"会议,拉开了改革脱困、奋力自救的大幕。在深刻分析市场竞争形势和企业核心能力的基础上,国文清明确提出中冶主业是转型发展的出发点和落脚点,做出"回归主业"的重要抉择,形成设计类企业建设国家队的战略思想雏形。2013 年,进一步明确了"聚焦中冶主业,建设美好中冶"的发展愿景,明确在冶金领域要提高中冶集团的核心竞争力,突出强调作为全球最大的"冶金工程承包商"和"冶金企业运营服务商"的地位。

2015 年,瞄准供给侧结构性改革新要求和钢铁产业转型升级新矛盾,中冶集团第一次从国家责任的高度明确提出,"要站在国际水平的高端和整个冶金行业的高度,用独占鳌头的核心技术、持续不断的革新创新能力、无可替代的冶金全产业链整合优势,承担起引领中国冶金向更高水平发展的国家责任"的更高战略目标,聚焦高端供给,明确争做全球最强最优最大冶金建设运营服务国家队的新战略定位,并对冶金建设国家队从顶层设计到行动手册、考核体系进行全链条部署，按照钢铁 8 大部位、19 个业务单元组建了世界第一冶金建设国家队基本阵形。

2016 年，面对战略重组后的更大发展空间，中冶集团迅速明确"做冶金建设国家队、基本建设主力军、新兴产业领跑者，长期坚持走高技术建设之路"的战略定位，明确提出："打造国家队的目标不是中冶、不是中国，而是世界；打造国家队的眼光不是过去、不是现在，而是未来。"从这一定位目标出发，中冶集团专门召开冶金建设国家队落地推进会，正式发布冶金建设国家队行动手册，向着落地落实迈出关键一步。

2017 年，面对以绿色化、智能化和服务化为特征的全球钢铁产业结构转型升级需求，中冶集团准确判断钢铁产业由"破"到"破立并举"再到"立"的螺旋式上升过程，进行二次聚焦冶金建设主业，专题研究部署推动冶金建设国家队再拔尖、再拔高、再创业。明确提出要以核心技术的迭代升级再拔尖，重点解决原始创新和"卡脖子"技术创新；以全产业链集成整合优势再拔高，将设计施工等传统优势链条做得更优，把核心技术装备化的薄弱链条补强，把运营服务的缺失链条补全，提升在钢铁生态圈中的系统控制力；以持续不断的革新创新能力再创业，向世界市场内展外拓。

2020 年，面对钢铁行业高质量发展的持续迭代升级，中冶集团明确提出，打造冶金建设国家队升级版，不仅要矢志不渝承担起引领中国冶金走向更高水平、走向世界舞台中央的国家责任，更要承担起带动和引领中国乃至世界钢铁产业高质量发展的国家使命。

2021 年，面对新发展阶段、新发展理念、新发展格局，中冶集团提出冶金建设国家队新定位，即要始终站在国际水平的高端和整个冶金行业领先的高度，用独占鳌头的国际一流核心技术、持续不断的创新研发自主可控能力、无可替代的冶金全产业链整合集成优势，承担起引领中国冶金实现智能化、绿色化、低碳化、高效化发展的"钢铁强国"责任。

2012年以来，中冶集团基于对钢铁行业的前瞻性判断和发展大势的准确把握，果断抉择、及时调整，形成有机统一、一脉相承、层层推高的冶金建设国家队发展思路，科学回答了建设什么样的冶金建设国家队、如何建设冶金建设国家队的基本问题。

2012年以来，中冶集团沿着冶金建设国家队的方向坚定前行，切实解决了"中冶走向何处"的现实问题，不仅让冶金建设核心主业的创新力、品牌影响力、核心竞争力大幅提升，而且以此作为发展的圆心、作为"台柱子"的引领，使一个完全依赖于钢铁的传统老企业焕发出新的勃勃生机、走上高质量发展的道路。

今天，冶金建设国家队已经基本形成一个能代表国家水平、技术领先、系统完整的有机体系，承担了全球近年来几乎所有的大中型绿地项目，基本包揽了国内大中型钢厂战略性升级改造项目，形成了多项能够与国外竞争对手同台竞技的核心技术，首次牵头获得国家科技进步一等奖，成为唯一拥有2个国家级标准创新基地的央企。中冶集团终于可以自豪地说，冶金建设是中冶最具竞争优势的产业，也是中国五矿最叫得响的产业，有底气有实力真正称得上世界一流、世界第一。

### 3. 剥离"两非"业务围绕主业建设新业务体系

首先，中冶集团把剥离重组影响企业发展前途和命运的"三座大山"等非主业、非优势业务作为首要任务。2012年，由于中冶集团之前的盲目扩张，形成了中冶恒通、中冶纸业、中冶葫芦岛有色"三座大山"。"三座大山"给中冶集团造成的净资产损失高达244亿元，使中冶集团付出了沉痛代价。与此同时，中冶集团还面临"两条暗沟"（境外资源开发项目和海外工程业务）和"两个陷阱"（应收账款和存货居高不下、带息负债规模持续增加）。一时间，各种风险聚集，中冶到了最危险的时刻。

面对企业的这一巨大危机，中冶集团把剥离非主业、非优势业务作为工作的重点，集中力量解决重大风险问题，努力扭转不利形势。通过这种剥离，中冶集团逐步摆脱了危机，通过全面梳理各层级各类子企业的情况，基本消灭了亏损企业，中冶集团逐步摆脱了危机。在这一过程中，中冶集团要求各子企业主动做减法，建立科学合理的管控体系，压缩管理层级，缩短管理链条；要求各子企业加快推进亏损企业清理进度，通过产权制度创新、人员身份转换等，基本消灭亏损企业，确保不再出现新的亏损企业；针对有望扭亏的企业，通过提高营销水平、狠抓精细化管理、统筹资金平衡等措施，真正实现扭亏；针对扭亏无望、非主业的亏损企业，通过股权转让、关闭注销等方式清理消灭。集团通过对亏损企业治理工作进行严格的考核问责方式，逐步实现了"两非"业务的剥离。

其次，中冶集团在"打造世界第一冶金建设国家队"的同时，积极围绕核心主业建设新的业务体系。中冶集团认识到，聚焦主责主业并不代表不发展其他业务，不向其他业务领域延伸。中冶集团拥有"四梁""八柱"，冶金工程只是其中之一，提出"打造世界第一冶金建设国家队"的目标是为了使这个柱子更强大，其他"梁"和"柱"同样需要大力发展。但事实上，面对有限的冶金市场需求，中冶也必须适度多元发展，大力推动转型发展。

面对国内外经济的大变革、大调整也给企业转型提供了大有可为的战略机遇。特别是交通市政基础设施、生态环境建设、节能环保、新型农村建设、地下设施等投资机会大量涌现，这些领域恰恰是中冶集团最能够发挥传统比较优势和核心能力再造新优势的高成长领域，是中冶集团"四梁八柱"业务体系升级版合理作战半径范围内可以大展作为的领域。当然，业务拓展和转型升级要有合理的"作战半径"，在传统优势和核心技术的辐射范围之内，不能走得过远，要做到业务的适度多元化。

因此，在"四梁八柱"的业务体系下，中冶要求各子企业在创新驱动上一定要看得准些、走得快些，进入新领域要有合理的"作战半径"，在传统优势和核心技术的辐射范围之内，不能走得太远。子企业要把工程技术优势、建造与运营管理优势、装备制造与成套优势匹配起来，形成中冶集团新的综合竞争优势，实现向价值链的高端持续攀升，向生产服务型企业转变。对于没有担负"国家队"攻坚任务的子企业，中冶集团要求他们充分转型，依托自己的传统比较优势，利用好国家战略所带来的契机，找准国家战略与自身比较优势、发展需求的契合点，快转快变快调整，再造转型升级新优势。特别是对于超出自身合理半径构建"四梁八柱"业务体系的子企业，中冶集团要求他们精干核心主业，集中资源做自己擅长的事情，使自己的转型与国家战略合拍，进入最能发挥比较优势、具有良好发展潜力、具有持续成长性和盈利性的业务领域，而且要加快转型升级的步伐，早日形成企业新的强有力的连续增长点。

## ◎ 中冶集团聚焦主责主业的实践成就

中国冶金建设是一个从无到有、从小到大、从弱到强、从中国走向世界的发展过程，中冶集团聚焦主责主业，打造冶金建设国家队，也是一个不断运动提升、再认识再升级的过程。面对生存危机,中冶集团聚焦主责主业,仅用了短短几年时间,就从谷底中弹射起来,实现了涅槃重生,重焕生机。在此基础上,中冶集团进一步聚焦冶金建设,成为名副其实的冶金建设国家队。重组五年来,中冶集团国家队体系整体呈现新面貌,科技创新取得突破性进展,市场开拓业绩显著成绩亮眼,在国家队服务国家大战略方面取得新成就,成功构建起"四梁八柱"业务体系,这些成就的取得对中国五矿聚焦主责主业也有重要的助推作用。

### 1. 中冶集团通过聚焦主业奋力自救涅槃重生

2008年金融危机后,面对中国钢铁产能严重过剩、转型升级的大调整、大变革,中冶集团也面临着严重危机。作为一家完全依附于钢铁的传统冶金老企业,在冶金市场的大幅萎缩和效益下滑影响下,长期积累的深层次矛盾和重大问题集中爆发。在当时,中冶纸业、中冶恒通冷轧与中冶葫芦岛有色三家兼并重组而来的企业亏损状况最为严重。这三家连年亏损、资不抵债的企业,被中冶人形象地称为"三座大山"。

2010年,中冶集团在收购岳阳纸业一役中败走麦城。不过更为严峻的是,当时中冶纸业开始面临着接连亏损的局面。后来,它以巨亏48.6亿元的结局,成为压在中冶集团头上的第一座大山。最有代表性的,是一度成为央企进军纸业风向标的中冶美利纸业。连年亏损,让这个西部地区规模最大的造纸龙头企业面临着难堪的退市风险。2011年,美利纸业净利润亏损近1.9亿元,较2010年亏损1.18亿元进一步扩大。2012年依靠政府补贴及营业外收入盈利2478.37万元,才勉强保壳。据统计,2009年至2012年,中冶纸业累计亏损48.6亿元。截至2013年2月28日,中冶纸业资产总额193亿元,负债总额186亿元,其中银行金融机构债务 145.65 亿元,资产负债率达 96.37%。累计拖欠职工工资、社保共计 2 亿元。一场疯狂的跨行业的跑马圈地,最终以巨额亏损为结局。

2017 年 3 月 22 日,国务院国资委召开了一次案件通报会。通报会的主要内容是,通报两起国有资产重大损失案件。其中的一起是,2007 年中冶集团并购唐山恒通造成 72.21 亿元巨额亏损的案件,这便是中冶集团头上的第二座大山。时间回到十年前的 2007 年 6 月 5 日,那一天,中冶集团宣布出资 10.72 亿元,承债收购了民营企业唐山恒通 67% 的股份。同年 9 月 21 日,中冶恒通正式注册成立。然而让中冶人始料未及的是,中冶恒通从成立到巨亏 70 多亿,只用了匪夷所思的短短四年时间。此后四年的时间里,中冶集团陆续向中冶恒通注资超过 70 亿元,但中冶恒通带给中冶集团的回报却是连年的亏损。

距离唐山市东北仅 300 公里的渤海之滨,有一个名为葫芦岛的地级市,这里矗立着中冶集团头上的第三座大山——中冶葫芦岛有色金属集团。2007 年末,中冶集团从资源开发向有色冶炼深加工扩张,通过无偿划转和 20 亿元增资方式,持有葫芦岛有色 51.1% 股权。自接手这只烫手山芋开始,中冶集团为葫芦岛有色扭亏脱困付出了艰辛努力。然而只有 2009 年依靠国家"4 万亿"投资,葫芦岛有色下属的葫锌业股份才短暂实现过盈利,其他数年均告亏损。2010 年锌业股份亏损 2.4 亿元,2011 年便攀升至亏损 10.8 亿元。2012 年,锌业股份的亏损额达到了令人咋舌的 37.09 亿元,每月亏损额就达 3.08 亿元。如此巨亏,让投资者感到不可思议。连续三年亏损,令其面临股票暂停上市的风险,命悬一线。那时,21 家银行纷纷中止了授信和贷款,由于贷款逾期和债务违约,企业不断被提起诉讼、查封资产和账号。公司业绩步入寒冬,银行群起逼债,锌业股份已行至末路。那时,葫芦岛有色将面临全面停产，职工生活无着落，1.2万户居民面临停水停电或引发社会问题，情势迫在眉睫。而在先后投入98亿元资金后，中冶集团再也没有能力继续为葫芦岛有色输血。

实际上，此时不仅是中冶集团，整个中国经济似乎都处在浓重的雾霾中。我国经济已经处于"三期叠加"的特定阶段，增长速度进入换挡期，结构调整进入阵痛期，前期刺激政策进入消化期。虽然在当时，"三期叠加"这一词汇还未被官方正式提出。后来，2013年中央经济工作会议关于"三期叠加"的重要判断，为以后制定正确的经济政策提供了依据。此时，摆在中冶集团面前的是重重关隘：过去粗放的增长方式遇到了资源的约束和环境的挑战，要由要素驱动的粗放增长转变为创新驱动的内涵增长；钢铁产业的严重产能过剩要求调整优化产业结构，化解落后产能；此外还要消化刺激政策的依赖症，寻求新的发展导向。如何走出"三期叠加"的雾霾，是中冶集团，也是整个中国经济亟须思考的问题。

"既不能让危险和风险集中爆发，把中冶击垮；也不能让问题久拖不决，把中冶拖垮"。面对不胜则惨败的严峻形势，2012年"9·5"会议上，刚刚履职上任的国文清明确提出了"用正确的战略统领全局，用创新的思路破解难题，努力实现中冶集团攻坚克难奋力自救稳健发展"的奋战目标，开启了集中力量"卸包袱"、深化改革"啃骨头"的发展大幕。

针对造成巨额亏损的中冶恒通、中冶纸业、葫芦岛有色三家企业，中冶集团果断实施了剥离策略，根据每家企业所在的不同行业和特点，具有针对性地制定处置方案，以快速妥善解决，止住"出血点"。继2012年中冶恒通完成破产后划转港中旅，2013年3月，中冶纸业以央企内部资源整合方式整体并入诚通集团，中冶集团在实施聚焦主业的发展战略部署上迈出了重要步伐；2013年12月31日，葫芦岛有色进入破产重整程序，并以混合所有制形式重整后的锌业股份开始盈利。至此，中冶集团头顶上的"三座大山"基本被削平，制约企业发展的桎梏基本解脱，影响效益提升和资金链安全的障碍也基本消除。

针对前期子企业亏损数量较多、亏损额较大的问题，中冶集团一方面强化战略管控，保证业务聚焦。如对于房地产开发业务，明确以专业化的房地产开发子企业中冶置业作为主业和品牌，设计类子企业在本区域外全部退出房地产业务；施工类子企业以房屋建设为主，逐步退出现有房地产业务。设计类子企业下属的装备制造业务，除每家保留一家具有核心技术的装备制造厂外，其余全部退出。另一方面强化过程管控，有效治理亏损。如中冶集团制定了亏损企业治理总体方案，明确各子企业经营班子集体承担亏损治理的主体责任，并通过落实责任制、加大薪酬考核力度、对亏损企业主要领导进行约谈、分类和逐家制定治理方案等举措，使亏损企业治理工作取得明显成效，亏损额由2013年的68.84亿元下降到2015年的34.61亿元。

针对"两金"占用过多、资产运营效率低下这一"顽症"，中冶集团标本兼治，实行铁腕清欠。一是从源头上止住"两金"占用，严格控制正常合同付款方式以外的垫资方式，严格控制固定资产投资；二是加强内部管控，进一步强化责任落实，严格两金执行考核。同时，加强内外行业对标管理，开展内部两金预算执行通报；三是审慎评估和控制经营项目，强化过程管控，加强对重点单位和重点项目动态监管，尤其是政府投资项目、民营项目和三年以上应收账款的清理；四是加大项目融资创新力度，优化筹资模式、资金运营模式。近三年来，中冶集团对外投资金额从近200亿元，降低到仅有十几亿元，且全部是投资到深化企业改革、科技创新方面。

与此同时，通过反思"三座大山"等重大风险出现的原因，中冶集团不断加强风险管理与内部控制工作，建立重大内控缺陷责任追究制度，并建立健全内部控制持续、有效的运行机制和与战略目标相适应的风险管理体系，加强风险管理与内部控制的有效衔接，以保证企业经营管理合法合规，资产安全、财务报告及相关信息真实完整。在以国文清为总舵手的中冶集团领导班子的统筹谋划、强势推进下，一些涉及深层次利益调整多年未有进展的改革纷纷破题，风清气正、万众一心的新格局、新气象在攻城拔寨中开创。

几年的苦战，伤疤让中冶疼痛难忍，教训使中冶刻骨铭心。中冶找出了自身的问题和毛病，并决心专注于做有能力做、擅长做和最熟悉、最拿手的业务，坚定走"聚焦中冶主业，建设美好中冶"持续发展之路。经过不懈努力，到 2015 年，中冶恒通、中冶纸业、葫芦岛有色"三座大山"的问题已基本解决，可以说中冶打赢了三场漂亮仗。与此同时，一些重大项目的风险得到有效控制。占用三年以上资金约 300 亿元的南京下关项目和珠海横琴项目在 2013 年实现回款 150 亿元的情况下，2014 年再回款近 90 亿元，不仅改善了集团财务结构和资金状况，而且调整盘活后的两大项目潜力巨大。重大亏损源资源开发板块 2012 年亏损 91 亿元，2013 年减亏 59 亿元，2014 年继续减亏 20.5 亿元。

从中冶集团的整体业绩看，2013 年中冶集团实现利润 44 亿元，扭亏增利 118 亿元，效益增幅居央企第一，国资委经营业绩考核由 D 级跃升至 B 级，一举摘掉了国务院国资委特别监管企业的帽子；2014 年实现利润 60.2 亿元，走出了中央企业 7+2 改革脱困企业名单；2015 年实现利润 68 亿元，被国务院国资委评为 A 级企业，上市公司中国中冶获得了中国证券金紫荆"最佳公司治理上市公司"奖。在与中国五矿重组前，这样一个当时最困难的传统冶金老企业，既没有让危险和风险集中爆发被压垮，也没有让问题久拖不决被拖垮，而是凤凰涅槃、浴火重生，走上了"聚焦中冶主业，建设美好中冶"的长富久安之路。

**2. 中冶集团聚焦冶金建设主业展现强大实力**

中冶集团按照"聚焦主业、做强做优、适度多元、稳健发展"的总思路，剥离重组了影响企业发展前途和命运的"三座大山"等非主业、非优势业务，使资源更加集中于核心主业。出自对时代发展的深邃洞察和宏远擘画，在国家战略和市场规律的双轮驱动下，2015年12月8日，国务院国资委正式宣布中国五矿与中冶集团实施战略重组，自此拉开了打造具有国际竞争力的世界一流金属矿产航母的大幕；2016年6月2日，重组大会在北京召开，两家世界500强央企重组整合迈出关键实质性一步。重组后的新中国五矿拥有更加突出的行业地位、更加合理的业务组合、更加突出的发展优势，对内将产生巨大的协同效应，对外将展示强大的综合实力。中冶集团借力战略重组带来的崭新机遇，对冶金建设国家队从顶层设计到行动手册、考核体系进行全链条部署，确保冶金建设国家队能够落地做实、高效运转。

一是国家队体系整体呈现新面貌。

中冶集团对冶金建设国家队从顶层设计到行动手册、考核体系进行全链条部署。在钢铁冶金的八大部位19个业务单元形成了国家队的基本阵形，明确了组织架构体系、业务体系、科技创新体系、设计与施工共同发展体系、装备制造支撑发展体系、标准体系，建立了引领钢铁工程技术发展的技术研究院，制定了七大类80个小项的考核指标体系。

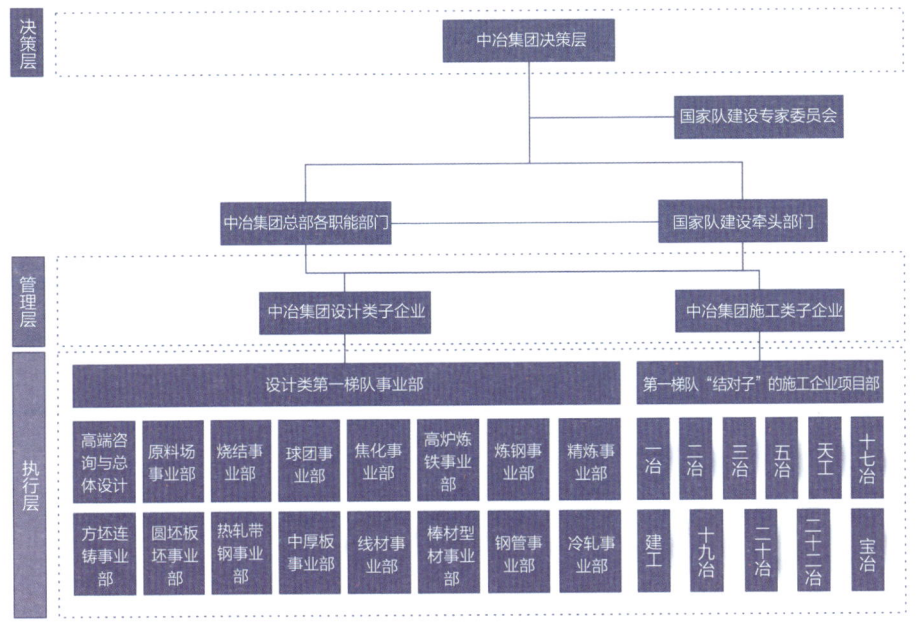

国家队建设的组织架构及体系

中冶集团站在产业的高端，系统、全面地审视了产业链全局，进行了打造国家队的顶层设计，在人才、研发、设计与施工、装备等领域开展了进一步的整合与优化，引导中冶集团形成一个能代表国家水平、有内生驱动力的有机体系。各子公司按照中冶集团的统一策划和部署，按照"事业部运营模式"推进冶金建设运营服务国家队的落地，将优势资源集中于本身最具专业化优势的第一梯队。

同时各子公司立足事业部架构，围绕高质量发展，优化人才队伍结构，稳定核心人才队伍，做好人力资源的统筹协调，向钢铁核心主业和冶金建设国家队的业务板块倾斜，发挥专家型人才的引领和带动作用，引进培养一批专业技术人才，在生产、研发、项目现场接受实践历练。经过六年发展，冶金建设国家队在人才队伍力量方面进一步加强，目前已具有工艺、公辅、设备、研发、项目管理等各类专业人才，共计 18790 人。其中，设计领域 4645 人，包括工艺 910 人、公辅 1670

人、设备712人、研发523人、项目管理830人；施工领域14145人，包括土建及钢结构专业技术人员5621人、机电专业技术人员3925人、炉窑专业技术人员787人、项目管理3812人。高素质人才稳步增长，较好满足了业务发展的需要，拥有硕士以上学历、副高以上职称以及实战经验丰富的高素质人才逐年增加。

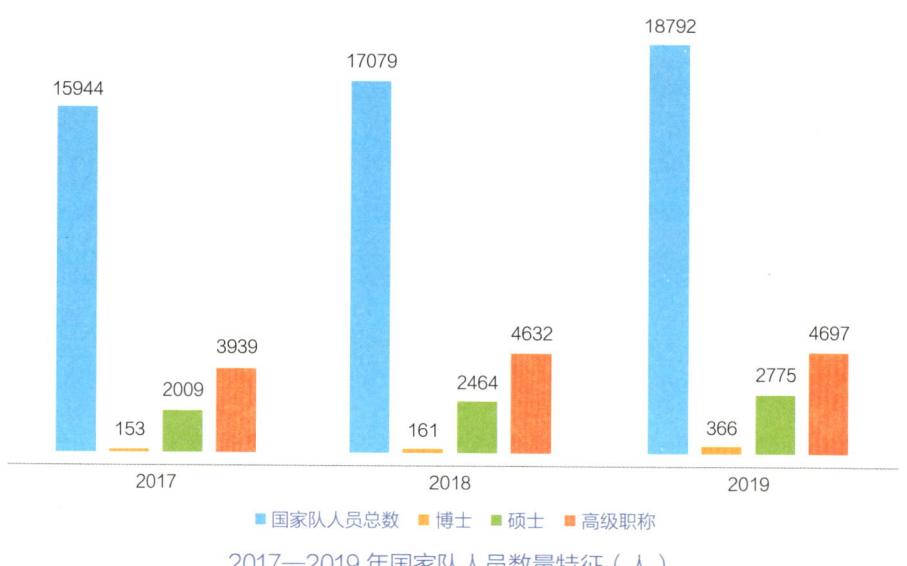

2017—2019年国家队人员数量特征（人）

近几年中冶集团在高端人才培养方面取得新成效，2017年新增中国工程院院士1人，2020年新增全国工程勘察设计大师3人，国家百千万人才工程专家1人，为中冶集团在国家层面赢得了荣誉和话语权。截至目前，集团拥有中国工程院院士2人，全国工程勘察设计大师12人，国家百千万人才工程专家5人，中华技能大奖获得者1人，世界技能大赛金牌获得者3人，全国技术能手65人，享受国务院政府特殊津贴人员476人。

与此同时，体系化集成能力大幅提升。国家队战略实施6年来，积极探索打造全产业链的竞争优势平台，整合设计、装备、施工等资源，着力从技术与装备、设计与施工一体化两个方向上形成全产业链集成整合优势。

通过技术与装备的深度融合，实现装备产品化发展新路子，有效推进装备制造体系建设的精细化、标准化、系列化进程。中冶集团装备制造领域主要功能定位为研发中试基地、核心产品及装备制造基地，近几年开展了大量冶金建设国家队核心技术产品的研发中试，为核心技术产品化和产业化奠定了坚实的基础。

本着把核心技术搭载在装备上的理念，各子公司充分发挥装备制造基地的作用，努力闯出产品化发展新路子，形成了以高效清洁炼焦、高效节能环保烧结、高强度平整机等数十项核心技术为引领的一系列产品，创造多项"世界首个""国内首个"，大大增强了中国冶金装备的核心竞争力，有力推动了中国冶金核心装备国产化，为打造世界第一冶金建设国家队提供了强有力的硬支撑。

各子公司通过产品化开发，积累了丰富的实践经验，显著提高了核心装备技术研发、设计、制造及服务水平，快速实现了核心技术产业化、产品化。

通过设计施工一体化，推进各子公司设计与结对子施工企业的深度融合，形成资源合力共同参与市场竞争。中冶设计院与中冶施工企业展开广泛合作共同参与了多项国家标准、行业工法的编制工作。同时，形成了一套有针对性的设计施工技术体系，提高了工程数字化（BIM）水平，构建了项目全流程运营管控平台，充分实现设计与施工优势互补，达到工作量优化、投资降低、竞争力提升的效果。

全产业链整合优势支撑了一批国内外有影响力的钢铁工程项目。在这些国内和国际重点领域和项目上，以高端咨询为引领，采用设计、施工多个法人实体，组建成联合舰队的方式，形成在钢铁工程领域的绝对优势，在国际市场上协同发展，共同参与竞争，马来西亚关丹联合钢厂项目正是这一模式的典范。

二是科技创新取得突破性进展。

"国家队"建设以来，中冶集团八大部位、十九个业务单元在核心技术方面取得了较大突破，在冶金全流程的技术水平、工程业绩、生产效果方面处于绝对领先地位。对比国外同行，在铁前区域，原料贮存/转运、高炉、烧结和焦化单元的工艺技术、装备技术、控制技术上都已达到与国际竞争对手同台竞争的水平。其中，中冶自主研发的环保型原料场、无料钟炉顶、大型长寿高炉、大型焦炉和500平方米大型烧结机等关键技术实现了广泛应用，打破了国外公司的垄断。在炼钢区域，转炉炼钢、电炉炼钢和连铸技术具备了一定的与国际竞争对手竞争的实力，在300吨大型转炉、绿色环保电炉、特厚板连铸机、高拉速小方坯连铸机方面取得了重大突破。在轧钢区域，热轧、冷轧、长材、钢管等工艺单元在单体设备、系统集成和控制技术上取得了突破，具体分述见核心技术突破一览表。

国家队大力加强科技成果总结、科技奖励项目储备和申报工作，取得显著成效。2015年以来，"高品质特殊钢大截面连铸关键技术和装备开发"等12项科技成果获得国家科技进步奖。2018年，由中冶集团牵头完成的"清洁高效炼焦技术与装备的开发及应用"项目荣获国家科技进步一等奖，取得了历史性突破；2015—2019年，由中冶集团牵头完成的"高品质特殊钢大断面连铸关键技术和装备开发与应用""高效低耗特大型高炉关键技术及应用""高效节能环保烧结技术及装备的研发与应用""绿色高效电弧炉炼钢技术与装备的开发应用"等项目荣获国家科技进步二等奖。"超大容积顶装焦炉技术与装备的开发及应用"获冶金科学技术奖特等奖；"连铸凝固末端重压下技术开发与应用""双速比强力启停式飞剪""13MN冷剪""高效低耗安全不锈钢混酸废液资源化再生利用关键技术及装备"等17项技术获冶金科学技术奖一等奖。

随着知识产权在企业竞争中的作用日益上升,越来越多的企业都已经制定和实施了知识产权战略。冶金建设国家队充分认识到了知识产权保护在技术开发与技术推广中所起的重要作用,从研发项目之初就明确制定了知识产权保护的工作计划,围绕核心技术,以专利群的形式申报各项知识产权,专利的申请数量长期维持在较高水平,每年达8000项左右。截至2020年底,集团累计有效专利超过33000件,累计获得中国专利奖73项。其中,近五年来增加15271件(占总专利量的52%),获得中国专利奖59项(占总获奖数的81%),"一种环冷机台车""一种干熄炉专用供气装置"获得中国专利金奖。此外,中冶集团及16家子企业升级为国家知识产权示范企业。

中冶集团积极主持、参与制定国家、行业标准,以标准来规范和提升工程质量,推动行业发展。加强集团技术标准建设,提高标准规范对促进公司发展和提升竞争力的贡献率,努力在冶金领域标准规范制定、修订方面获得主动权,在相关辅助专业标准规范制定、修订方面也占有一席之地。近五年,集团标准化工作又迈上了一个新台阶,中冶集团连续获批了"冶金工程国际标准化""有色金属"领域国家技术标准创新基地,成为唯一一家拥有2个国家级标准创新基地的央企,进一步提升了集团在技术规则制定方面的话语权。与此同时,重点科技成果应用及产业化取得明显进步,大多数科技成果得到应用,技术牵引市场作用凸显。

三是市场开拓业绩显著成绩亮眼。

首先是打造一批有影响力的重点精品工程。过去五年,中冶集团

河钢唐钢新区项目——乐亭钢铁

国家队参与了宝武湛江钢铁项目、河北纵横丰南钢铁项目、河钢乐亭钢铁项目、台塑越南河静钢厂项目、马来西亚关丹联合钢铁项目以及印尼德信钢铁项目等在国际国内都具有重大影响力的工程。

其次是突破八大部位智能绿色业务业绩。围绕智慧钢铁，中冶集团在钢铁智能制造、智慧物流、大宗物料智能管理、生产无人化智能化等方面取得突破性业绩。韶钢铁区集控中心项目、湛钢全球首套智慧铁水运输系统、酒钢储运部大宗原燃料智能管理系统工程、宝武集团鄂城钢铁转炉自动出钢改造工程、山东永锋钢铁二轧加热炉区自动化改造工程等都是智慧钢铁的经典代表之作。围绕钢铁工业绿色制造和节能减排需求，中冶集团广泛采用自主研发的多项技术在废气、废水及固废处理、能源综合利用等方面取得突破性业绩，也将环保技术广泛应用到市政等其他行业中（如污水处理、生态修复、垃圾焚烧发电、危废处理等）。

再次是拓展海外重点区域重点板块市场。国家队核心技术竞争力在国际市场竞争中，大放异彩，极大地推动了"一带一路"钢铁产业建设。除了台塑越南河静钢厂项目、马来西亚关丹联合钢铁项目、印尼德信钢铁项目，还先后承担了文安钢铁、越南和发钢铁等多个联合钢铁工程建设项目，为海外钢铁企业提供最具竞争力的钢铁工艺技术和装备、最严格的环保技术以及高效的工程建设和运营服务。在高炉炼铁等具有核心技术竞争力的板块市场，继2015年承担全球最大在建印度TATA 5870立方米高炉项目之后，2019年3月25日，打败欧洲主要竞争对手获得全球最大钢铁企业阿赛罗米塔尔（Arcelor Mittal）乌克兰克里沃罗格5000立方米特大型高炉设计和供货合同。此外，还成功签订马来西亚东钢80万吨清洁型热回收焦炉项目EPC总包项目、俄罗斯MMK铁水脱硫EP工程、越南和发一二期炼钢EPC总承包项目、乌兹别克斯坦高线 EP 项目等。

四是国家队服务国家大战略取得新成就。

在推动钢铁工业转型升级方面，这些年来，面对钢铁行业的产能严重过剩，国家积极推进供给侧结构性改革，引导钢铁企业淘汰落后产能、升级改造存量产能、加大产品结构调整、加大环保投入力度，大力降本增效。中冶集团深刻理解国家政策和改革的重大意义，充分发挥冶金建设国家队无可比拟的技术优势，切实贯彻创新、协调、绿色、开放、共享的五大发展理念，通过提供符合钢铁工业产能调控、结构调整方向的技术、产品和服务，引领钢铁工业供给侧结构性改革。中冶集团通过协助钢铁企业在产能转移、钢厂搬迁、兼并重组、沿海新建产能布局、技术升级、钢厂与城市融合等重大战略上成功决策和顺利实施，助力钢铁行业的扭转困难局面，行业效益大幅好转，有效改变了中国钢铁工业结构不合理、产能过剩等深层次问题，推动中国钢铁工业由大变强。中冶集团作为中国冶金建设国家队在推动中国钢铁工业产业升级过程中有着积极、重要和不可替代的地位，凭借中冶集团的独特技术优势和资源整合能力在钢铁工业推进智能制造、提升品质品牌、研发高端品种、促进绿色发展等方面发挥了积极作用。

在提升钢铁工业国际地位方面，五年来，中冶集团以独占鳌头的核心技术、无可替代的冶金全产业链整合优势、持续不断的革新创新能力，承担起引领中国冶金向更高水平发展的国家责任。通过打造冶金建设"国家队"，最大程度提高核心竞争力，全方位整合产业链资源，进一步做强冶金业务板块，将中国冶金工程技术提升到国际领先水平，承担起引领中国钢铁工业由钢铁大国向强国迈进的责任，带领中国钢铁走向海外。中冶集团致力于打造全球最强最优最大冶金建设运营承包商，占领钢铁冶金建设工程的技术和人才制高点，通过设计和建造世界一流的生产线来提高中国钢铁工业现代化水平，为中国钢铁工业话语权和影响力提高奠定了坚实的基础。中冶集团充分发挥国际领先的全流程系统解决方案的能力，组成多个联合舰队，以志在必得的信心和无懈可击的技术优势，紧跟"一带一路"沿线的每一个项目，占领市场，高层次大规模带动中国钢铁技术及成套设备走向海外，成为中国钢铁工业走出去的主导者和引领者。

这些成绩的取得，得益于中冶集团对习近平总书记提出的中央企业要提高"竞争力、创新力、控制力、影响力、抗风险能力"、勇做"国家队"重要指示的深刻理解、一招不落、步步紧跟；得益于中冶集团在国文清为引领的领导班子的带领下，用正确的战略统领全局、用创新的思路破解难题，在迎接挑战中锐意改革、在转型升级中裂变增长、在抢抓机遇中全面发展；得益于全体干部员工在"聚焦中冶主业，建设美好中冶"发展道路上乘势而上、奋发有为，实现能力与发展的双提升、双突破，不断构建起更高质量、更可持续、更有活力的企业发展后劲。

### 3. 中冶集团成功构建起"四梁八柱"业务体系

中冶集团在国家战略中演绎出与自身相适应的企业战略，重构"回归主业"盈利模式，"聚焦中冶主业、建设美好中冶"，"做冶金建设国家队、基本建设主力军、新兴产业领跑者，长期坚持走高技术高质量发展之路"，构建起"四梁八柱"业务体系。"四梁"是工程承包、房地产开发、装备制造和资源开发四大业务板块；"八柱"分为冶金工程、高端房建、交通市政基础设施、环境工程与新能源、特色主题工程、中高端地产、核心技术装备与中冶钢构、矿山建设与矿产开发。

在冶金工程业务上,中冶集团始终站在国际水平的高端和整个冶金行业领先的高度,用独占鳌头的国际一流核心技术、持续不断的创新研发自主可控能力、无可替代的冶金全产业链整合集成优势,承担起引领中国冶金实现智能化、绿色化、低碳化、高效化发展的"钢铁强国"责任。突出技术支撑和技术引领,强调国内第一、国际一流、国际高端,用强大的设计和建设力量推动新一轮钢铁企业脱胎换骨的革命。在国内,中冶集团承建了宝钢湛江钢铁基地项目、广西防城港钢铁、营口京华钢铁、石钢环保搬迁韶钢智慧钢铁、河北纵横钢铁、河钢乐亭钢铁等一系列冶金工程项目;在海外,相继承建了台塑越南河静钢铁基地、马来西亚关丹钢铁基地、印度塔塔钢铁基地、印尼德信钢铁基地、越南和发钢铁基地、越南荣橘钢铁基地等一批有重大影响力的综合性钢铁项目,成为中国乃至世界新的标杆。

在高端房建业务上,大规模发展超高层、标志性建筑、大型城市综合体等高技术含量、高附加值、具有较高影响力的房屋建筑工程业务,树品牌、创业绩、增效益,真正实现向建筑业务的高端转型。在京津冀环渤海湾城市群,中冶集团承揽并参与建设了北京鸟巢、北京雁栖湖会展中心、北京冬奥会国家雪车雪橇中心项目、天津茱莉亚学院项目;在长三角城市群,中冶集团承建了武汉军运会保障项目、上海进博会项目、世博会场馆、南京江北"两馆"项目、杭州富阳亚运射击射箭现代五项馆项目、上海宝冶井冈山机场二期扩建工程;在珠三角城市群,中冶集团承建了横琴中冶口岸大厦项目、厦门国际会展中心项目,珠海十字门会展中心等;在长江中游及成渝城市群,中冶集团承建了重庆仙桃数据谷二期一标段项目、成都露天音乐公园项目等经典项目。

马来西亚关丹350万吨钢铁项目

第三章 主责主业篇

在交通市政基础设施业务上，凭借丰富的设计经验和雄厚的项目管理能力，与强大的技术装备和施工能力相互支撑，中冶集团在高速公路、桥梁、道路、机场、港口、轨道交通等城市交通和基础设施建设领域形成了雄厚的建设服务能力，形成了自己独特的"中冶交通市政"品牌。相继在海内外承建了珠海横琴新区市政道路、广西马梧高速公路、成都新二环高架路，贵州紫望、三施、三荔等三条高速公路，斯里兰卡国门第一路、毛里塔尼亚幸福三角洲公路项目、郑州机场二期工程、广西玉林福绵机场、柬埔寨金边新国际机场、新加坡地铁汤东线建设勿洛南站及隧道项目、西安市地铁15号线一期项目等一系列重点工程。

在环境工程与新能源业务上，加大冶金和其他领域的节能环保技术研发和装备研发。积极进入清洁空气、土壤生态修复等环境治理和评价、废弃物综合利用、余能余热的高效回收和高效利用等领域，重点开展污水处理、城市管网、河道治理、钢铁渣处理、垃圾焚烧、清洁能源等新兴环保业务，提供专业化运营服务，成为实力强和品牌影响力大的建设承包商、技术装备供给商、投资与运营服务商。中冶集团相继承建了赣州垃圾焚烧发电项目、哈尔滨双琦垃圾焚烧发电项目、赣县区大田乡废弃稀土矿区重金属综合治理工程、宾阳县沙江重金属污染综合整治工程，北京良乡污水处理厂、兰州雁儿湾污水处理厂、安徽滁州来安水环境综合治理项目，额济纳旗光伏发电项目、宁夏中卫光伏发电项目、中冶新材料项目等重点工程项目，全力抢抓环境工程与新能源市场机遇。

在特色主题工程业务上，充分利用现有技术研发优势，大力发展主题公园、主题文化工程、环球影城、生态新城等特色工程建设业务，成为国内特色主题工程建设的龙头企业，并积极掌握行业技术标准，增强行业话语权。中冶集团拥有国内唯一一家主题公园专业设计院，是国内唯一具有主题公园设计施工总承包资格的企业，打造出了一支高水平的建设队伍，中冶建研院、中冶天工、中冶京诚、上海宝冶等企业在特色主题公园领域崭露头角，承接和建设了新加坡圣淘沙环球影城、江苏淮安西游主题乐园、上海迪士尼主题乐园、珠海长隆海洋王国、武汉中央文化区电影乐园、天津华侨城欢乐谷项目、北京通州环球影城等一大批国内顶尖的代表性工程，项目获得过鲁班奖、国家优质工程奖、新加坡创新金奖、绿色建筑金奖、上海白玉兰奖、金刚奖等奖项，刷新了一项又一项纪录，树起了一座又一座丰碑，成为国内乃至国际特色主题公司建设领域一颗耀眼的新星。

在中高端地产业务上，以中冶置业为龙头，重点开发中高端精品住宅和城市综合体，适度开发商业地产，主攻一、二线城市，紧盯京津冀、珠三角、长三角等热点区域，抓住新型城镇化建设与新型农村建设等机遇，做精做优做专，提升品牌价值；走引领绿色建筑和生态环境学的绿色地产路线，成为具有较强竞争力的房地产开发和运营服务商。中冶集团旗下中冶置业房地产公司针对地域文化差异，打造京津冀"德贤系"、长三角"锦绣系"、珠三角"逸璟系"三大高端住宅品牌，代表项目包括北京德贤公馆、天津德贤公馆、石家庄德贤公馆、秦皇岛德贤公馆、青岛德贤公馆、南京锦绣华府、杭州锦绣公馆、珠海逸璟公馆、广州逸璟台等；"盛世系"商业综合体品牌，代表项目包括天津、石家庄、南京、珠海等地的中冶·盛世国际广场；"和悦系"商业品牌，"里、汇、港、城"四条产品线布局逐渐丰满，天津、石家庄的中冶·和悦汇商街已成功开业运营。通过不断培育完善以中高端住宅开发为主，商业运营、文旅康养、产业园区、主题公园、物业管理等为辅的"一主N翼"业务体系，中冶置业实现了从房地产开发商向城市开发运营

中冶集团承建的北京日出东方酒店项目

商的跨越发展。

2017年3月，中冶置业荣膺"2017年中国房地产百强企业"榜单第42位，位列"百强企业盈利性前十强"榜单第5位；2018年3月，中冶置业荣获2018中国房地产企业百强名单第40位、盈利能力排名第5位，同时获得"2018中国特色地产运营优秀企业——城市开发运营商"奖项；2018年9月，中冶置业荣获"2018中国房地产公司品牌价值TOP10"奖项，品牌价值高达103.76亿元；2019年1月，中冶置业跻身"中国绿色建筑TOP排行榜——2018年度绿色开发竞争力30强企业"，位列第14名，同时荣登"央（国）企绿色开发竞争力10强"榜单第7位、"最具成长力绿色地产10强"榜单第4位；2019年3月，中冶置业获得"2019中国房地产百强企业"第40位、"2019中国房地产百强企业-稳健性TOP10""2019中国房地产百强企业-盈利性TOP10""2019中国特色地产运营优秀企业-城市开发运营商"；2019年12月，中冶置业跻身"2019年度绿色开发竞争力10强企业"；2020年3月，中冶置业荣获"2020中国房地产百强企业"40位，百强企业盈利性TOP10、稳健性TOP10，"2020中国特色地产运营优秀企业—城市开发运营商""2019—2020中国房地产年度社会责任感企业"；2020年9月，中冶置业荣膺"2020中国房地产公司品牌价值TOP10"称号，品牌价值达人民币200亿元，同比大幅提升35%。

在核心技术装备与中冶钢构业务上，做强做优中冶陕压特种金属轧制设备、大型锻压成套设备；西安电炉研究所工业加热设备、电炉制造；天津赛瑞机器设备公司钢管轧制设备、芯棒及科研设计类子企业以自主知识产权的核心技术作支撑的装备制造。充分发挥钢铁生产工艺设计、设备设计与自动化控制技术相结合的优势，将核心技术转化为智能化装备产品；快速实现在钢铁行业信息化与自动化的紧密融合；加快由技术、设计产品的供应商向技术装备的供应商转变，形成以设备为载体，核心工艺、模型控制技术融入其中，先进技术为代表的中冶特色装备制造业务，成为核心技术的转化器、技术创新研发的中试地和市场展示的样板间。在做强工业钢结构的同时，积极拓展民用建筑和基础设施钢结构，走钢结构住宅产业化、体系模块化道路，将中冶钢构打造成城市绿色建筑发展的旗舰品牌。北京2022年冬奥会高山滑雪中心项目钢结构工程、北京2022年冬奥会和残奥会张家口赛区奥运村及古杨树场馆群建设项目钢结构工程、南京江北美术馆钢结构工程、上海金汇港大桥项目、福建龙岩大道高架桥主桥钢箱梁工程、山东烟台八角湾国际会展中心钢结构及金属屋面工程、天津国家会展中心钢结构工程、徐州淮海会展中心钢结构工程、海南三亚体育中心钢结构工程等都是由中冶钢构参与设计建设完成的。

在矿山建设与矿产开发业务上，中冶集团是国资委支持到境外投资开发矿产资源的重点企业之一。公司境外资源开发坚持"以金属矿产品、国内稀缺资源和境外资源开发为主"的定位，以铁、铜、铅、锌、镍、钴等金属资源的开发为重点，以资本经营为手段，以跨国经营为主要实现途径，综合运用不同的开发模式，进行价值链整合，提高矿产资源的采、选和冶炼综合技术实力，坚持效益与规模并重，严格控制投资风险，引进经营、管理和技术人才，根据项目的自身情况稳妥推进，尽快实现资金的回笼和资源开发板块的滚动发展。中冶集团在多个国家组织开发或正在开发铁、铜、铅、锌、镍、钴等金属资源项目共计6个，分别是巴布亚新几内亚瑞木镍钴红土矿、巴基斯坦山达克铜金矿、巴基斯坦杜达铅锌矿、阿根廷希拉格兰德铁矿、阿富汗艾娜克铜矿和澳大利亚兰伯特角铁矿等。

可以说，"四梁八柱"的提出既遵照了国务院国资委批准的中冶集团主业的要求，也遵循了集团的历史沿革，还代表着中冶集团未来的发展走势。如果把"美好中冶"比作一座宏伟的房屋，那么"四梁八柱"就是其稳固的支撑。在这个基础上，2016年中冶集团再次提出"做冶金建设国家队、基本建设主力军、新兴产业领跑者"战略新定位。其中，冶金建设国家队是指在冶金工程领域，以独占鳌头的核心技术、持续不断的革新创新能力、无可替代的冶金全产业链整合优势，承担起引领中国冶金走向更高水平、走向世界舞台中央的国家责任；基本建设主力军，就是在房建、中高端地产、交通市政基础设施等领域，以产融结合的张力，加大市场突破力，提高市场影响力，实现规模与效益并举、贡献第一的目标；新兴产业领跑者，就是要凭借70多年的技术积淀，把在冶金等工业领域对"水电气"的技术优势延展到民用市政领域，担当起这一定位和产品技术的突破者、创新者、引领者。"四梁八柱"则是这一战略新定位下的业务体系和产品定位，它们是未来发展方向、宏伟目标以及实现路径的有机统一体，彼此紧密关联、一脉相承。

回顾九年发展历程，中冶集团从最初搬掉"三座大山"，让僵尸企业"入土为安"，到精耕传统核心主业，按照"世界第一"标准保留和匹配高精尖资源，推进传统优势再拔尖再拔高再创业，创造出更高质量的新供给，确保冶金领域的绝对引领地位，再到"四梁八柱"业务体系的构建，以及与中国五矿的战略重组中锻造新的核心竞争力、重构发展格局，中冶集团通过聚焦主责主业取得了巨大的发展成就。但是，建设美好中冶是一个长期任务，是永无止境的，中冶集团在今后的实践中，仍然要坚持聚焦主责主业，围绕冶金建设不断发展自身的业务体系，不断推动自身发展壮大。

中冶集团承建的贵州遵绥高速公路芙蓉江大桥

## ◎ 聚焦主责主业的经验和启示

聚焦冶金建设主业是引领中冶人披荆斩棘、从谷底走向辉煌的战略选择,是中冶人砥砺奋进的鲜明旗帜与方向目标,它在关键时期解决了中冶集团举什么旗、走什么路、朝着什么方向前进的重大问题,引领中冶集团走向了新的辉煌。中冶集团的发展历程不仅告诉我们聚焦主责主业对企业的重要性,还告诉我们聚焦主责主业要以切实分析内外部环境状况为基础,在目标确定后要保持战略方向与战略定力,当主责主业上取得优势地位后,也要坚持不懈升级,以始终保持自身的先进性。

### 1. 聚焦主责主业要切实分析内外部环境状况

中冶集团聚焦冶金建设主责主业并不是随意做出的决定,而是在对内外部环境进行深入分析的基础上,经过深思熟虑提出的发展方向,对于其他企业来讲,要聚焦主责主业同样要对内外部环境进行深入分析,并进行慎重选择。

从中冶集团来看,之所以要强调聚焦冶金建设,从外部看主要原因在于:一是社会大生产分工越来越细,专业化越来越强。中央企业基本上都划分了自己的"领地",明确了主营业务,在铁路、石油、纸业等其他领域中冶不具备抢占的实力,也不符合国资委的要求。二是市场的风险和不确定性加大。管理链条越长,集中度越低,控制力越弱。三是规模利润的风险性加大。中冶有1600多亿的带息负债,近20万人的人工成本,再大的市场和规模也难消化当前的固定成本。

从内部看主要原因在于,中冶主业是立足之本、根基之源,是主要利润来源,也是中冶人的"看家本领"。中冶集团的绝大多数企业都有着几十年的历史，中冶集团不应该也不可能舍弃主业。改变了主业，中冶不称为中冶，中冶的优势和特色将不复存在。现在如果说中冶的成功，就在于中冶集团在主业方面继续发挥着设计、施工企业的领军优势，它们发挥着"顶梁柱"作用，承担着支撑集团脱困脱险的重任；中冶的不成功在于在转型的过程中设计、施工企业之外过多过大地占用了集团整个资源，到现在有的成了短板和拖累。中冶集团认识到转型不是转方向，不是把业务转到其他领域去，而是把人才和资源向产业链的关键环节和高端集中，向提升核心竞争力和运营力集中，向创造新优势部位集中，转型是为了提升，转型的出发点和落脚点根本上是提升核心能力、提升优良品质。

具体来看，之所以聚焦冶金建设，主要原因有三个方面：

第一，打造冶金建设国家队是中冶忠党报国的"责任田"。冶金建设是中冶的天生禀赋和融入血脉的成长基因。作为共和国长子，从1948年投身"中国钢铁工业的摇篮"鞍钢的建设，到建设武钢、包钢、太钢、攀钢、宝钢等，中冶集团先后承担了国内几乎所有大中型钢铁企业主要生产设施的规划、勘察、设计和建设工程，用拳拳赤子之心构筑起新中国的"钢筋铁骨"。不管是新中国成立初期"三皇五帝"工业布局建设，还是"大三线"时期国防安全保障；不管是改革开放现代化腾飞，还是十八大以来绿色化智能化发展，中冶人始终以"骨子里的信念忠诚、激情澎湃的热血忠诚"干事创业，有力地支撑了钢铁工业每一阶段的发展与进步，为推进中国钢铁工业从站起来、富起来、强起来做出了卓越贡献。

第二，打造冶金建设国家队是中冶稳健发展的"压舱石"。冶金建设是中冶集团最熟悉、最擅长、最拿手的看家本领，任何时候也不能舍弃，否则中冶不能称之为中冶，中冶的优势和特色将不复存在。

中冶集团的冶金建设业务稳占全球市场60%、国内市场90%，这一主责主业为中冶提供了几十年稳健发展的支撑和动力，解决了数十万中冶人的生存问题，并助力中冶成为世界500强、成为全球最大最强的冶金建设承包商和冶金企业运营服务商。中冶只有牢牢巩固冶金建设这一基础"存量"，才能创造新的"增量"发展空间。离开这一主责主业，中冶的大船就会偏离方向、脱离轨道，驶向未知的迷途。中冶恒通、中冶纸业、葫芦岛有色"三座大山"就是脱离主业的历史惨痛教训，为我们敲响了长鸣的警钟。

第三，打造冶金建设国家队是中冶基业长青的"聚宝盆"。冶金建设是中冶的立足之本、根基之源，是中冶过去、现在、未来发展的不竭动力源泉；没有冶金的"立"与"升"，就没有其他业务的"生"与"扩"。中冶集团只有紧紧聚焦"冶金建设"这一主责主业，以核心技术的迭代升级再拔尖、以全产业链集成整合优势再拔高、以持续不断的革新创新能力实现市场的内拓外展再创业，才能牢牢占据世界第一冶金建设国家队的地位，并稳步拓展40%全球冶金市场增长空间；只有将冶金领域的先天优势基因和资源禀赋合理地移植、转化到市场前景更广阔的基本建设和新兴产业领域，在地下综合管廊、大型体育场馆建设以及污水处理、垃圾焚烧、主题公园、钢结构等领域大展身手，才能创造新的增量发展空间，实现企业的转型换挡和持续稳定增长。特别是在当前机遇与挑战并存、风险与隐患叠加的新形势下，持续打造冶金建设国家队更是事关中冶集团基业长青、长富久安这一根本性问题。

## 2. 聚焦主责主业要保持战略方向与战略定力

习近平总书记强调，企业家要以恒心办恒业。在国文清董事长带领的领导班子的引领下，中冶集团这些年走过了极不平凡的发展历程，实现了谷底弹射、浴火重生的跨越式发展。之所以取得这一成就，极为重要的一条经验就是始终保持战略方向和战略定力，坚持"聚焦中冶主业，建设美好中冶"不动摇，一直不遗余力、心无旁骛地聚焦打造冶金建设国家队，在决策上没有丝毫犹豫、在精力上没有丝毫分散，在最困难时候也舍得投入、敢于投入。

冶金建设国家队是中国五矿一张亮丽的"名片"，这样的战略定位和发展方向，不仅体现出实力，而且反映出为国担当的责任。要始终瞄准做强做优做大、提升"五力"的目标，打造冶金建设国家队。几年来，中冶集团一直坚持一个调子齐合唱，"一天也不耽误、一天也不懈怠"，把所有人的思想和智慧都凝聚到"聚焦中冶主业，建设美好中冶"的大旗之下，在"建设美好中冶"的方向上深耕细作，一刻没有动摇、一刻没有改变，全体中冶人都在坚定地踏着这一主旋律高歌猛进，凝心聚力、继往开来，朝着高技术高质量可持续发展的目标奋勇前进。

中冶集团是国内发展最早、规模最大、影响最广的冶金企业运营服务商。钢铁是工业的骨骼，是国民经济发展的重要原材料，也是实现中华民族强国梦的基础。回望中国钢铁工业恢宏壮丽的70多年征程，从建立独立完整的冶金工业体系，到实现钢铁冶金工业现代化，再到迈入世界一流钢铁工业强国行列，中冶集团始终坚持以冶金强国报国为己任，心无旁骛聚焦冶金建设这一主责主业，数十年如一日用心铸造世界，强有力地支撑了国家每一阶段的经济发展与社会进步。不管是新中国成立初期"三大工程"建设，还是"大三线"时期西南钢铁布局；不管是改革开放以来现代工业腾飞，还是十八大以来绿色化智能化发展，中冶集团始终不忘初心、挺身在前，用自己的铮铮铁骨和家国情怀，诠释着共和国长子的责任、使命和担当。历经70多年风风雨雨，"冶金建设国家队"这一品牌从来没有暗淡过。

企业发展有高峰有低谷，无论任何时候，都不应该舍弃主业，必须专注于做自己有能力、最擅长、最熟悉、最拿手的事情。冶金建设主业是中冶的天生禀赋和融入血脉的成长基因，是中冶集团的"看家本领"，必须保持、发挥和持续攀升这一传统比较优势，任何时候也不能舍弃，否则中冶不称之为中冶，中冶的优势和特色将不复存在。

从中冶集团近几年走过的路径不难看出，没有"9·5"会议壮士断腕的勇气和冲锋陷阵的精神，就无法排除发展障碍，更不会有"美好中冶"的前景召唤。没有2013年"美好中冶"的完美开局和2014年"扎扎实实打基础巩固基础"的提质增效，就不会形成支撑"美好中冶"的"四梁八柱"。而没有这些，也不会有冶金建设国家队的建设成就。在中冶和五矿重组后，在机遇与挑战并存、风险与隐患叠加的新形势下，冶金建设国家队是事关中冶集团基业长青、长富久安的根本性问题。中冶聚焦主业主责的思想是一以贯之、一脉相承的，经过不懈的努力，使中冶集团真正成为名副其实的全球最优最强最大冶金建设运营服务"国家队"。

实践充分证明，"聚焦中冶主业，建设美好中冶"是引领中冶人披荆斩棘、勇往直前的精神力量，是中冶人团结的旗帜、奋进的旗帜，是承载中冶历史与梦想、反映中冶人意愿、适应中冶现实发展要求的必由之路，是实现持续健康发展和中冶人长富久安美好生活的必由之路，必须坚持"聚焦中冶主业，建设美好中冶"不动摇，一个调子齐合唱，把"聚焦中冶主业，建设美好中冶"作为不懈的奋斗和追求。目前，冶金建设国家队已经基本形成能代表国家水平、技术领先、系统完整的有机体系，掌握多项能够与国外竞争对手同台竞技甚至超越对手的核心技术，牢牢占据国内90%、全球60%的冶金建设市场。中冶集团将继续坚定信心、保持定力，始终沿着冶金建设国家队方向坚定前行。

**3. 聚焦主责主业要不懈升级始终保持先进性**

实际上，中冶集团在聚焦主责主业过程中，取得了巨大成就，长期保持冶金建设领域的先进地位，但中冶集团并未懈怠，而是以危机感和使命感，不断提出新的更高目标。正所谓逆水行舟不进则退，中冶并未因自身的优势地位而停止进步，而是不断进步，避免因一时懈怠而被超越。这一点是难能可贵的，也是值得学习的。从2021年来看，面对新发展阶段、新发展理念、新发展格局，中冶集团对冶金建设国家队新时期承担的历史使命进行了再定位：要始终站在国际水平的高端和整个冶金行业领先的高度，用独占鳌头的国际一流核心技术、持续不断的创新研发自主可控能力、无可替代的冶金全产业链整合集成优势，承担起引领中国冶金实现智能化、绿色化、低碳化、高效化发展的"钢铁强国"责任。

具体来看，中冶集团打造冶金建设国家队升级版，是积极应对国内外形势变化，步步紧跟、一招不落贯彻落实习近平总书记重要指示的需要。2020年疫情发生以来，全球经济政治格局加速调整，全球产业链供应链受到严峻挑战，将迎来新一轮重构。习近平总书记审时度势，明确提出加快形成以国内大循环为主体、国内国际双循环相互促进的新发展格局。中央企业在维护国家经济利益和产业安全上责无旁贷，冶金建设国家队要主动担当，肩负更大的责任，为国内产业链稳定和国际竞争力提升做出应有贡献。

打造冶金建设国家队升级版是铸就钢铁脊梁"国之重器"、引领世界钢铁行业发展的需要。装备制造业是国之重器，关键领域生产性服务业同样也是国之重器，生产性服务业的发展状态决定了制造业的升级水平。钢铁是工业的面包，钢铁产业是国家工业体系最重要的组成之一，冶金建设是挺起钢铁脊梁的国之重器。面对钢铁产业转型升级的高质量发展新要求，冶金建设国家队要站在钢铁强国国之重器的高度，支撑中国钢铁智能化绿色化发展，助力中国钢铁先进制造技术"走出去"。

打造冶金建设国家队升级版是推动中冶集团进入高质量发展新阶段、发挥中国五矿互补式重组优势的需要。基于"中冶集团全面进入高质量发展新阶段"的研判，提出冶金建设国家队作为中冶的立足之本、根基之源，必须率先以升级版的实际行动展现出新阶段的新面貌。要深刻认识设计类企业和施工类企业"结对子"的重要意义，加强内部统筹，形成发展合力。更进一步，要充分发挥中国五矿互补式重组形成的独具特色的全产业链优势，提升钢铁冶金与钢铁原材料贸易物流业务的系统集成能力，推动曹妃甸亿吨级国际矿石混配中心等项目实现更大发展。

可以说，回顾2012年以来的奋斗历程，中冶基于对钢铁行业的前瞻性判断和发展大势的准确把握，果断抉择、及时调整，在最恰当的时刻提出相应的发展战略，形成有机统一、一脉相承、层层推高的冶金建设国家队大思路大格局，既科学回答了建设什么样的冶金建设国家队、如何建设冶金建设国家队的基本问题，又解决了困惑多年的"中冶走向何处"的思想认识问题，一个完全依赖于钢铁的传统老企业焕发出新的勃勃生机、走上高质量发展的道路，并且将继续走向新的辉煌。

第四章

# 产业链重塑篇

近年来，特别是新冠疫情暴发以来，习近平总书记多次对产业链问题做出重要指示，为产业链重塑指明了重点和方向。推进产业链重塑，要打好产业基础高级化、产业链现代化的攻坚战，要构建战略性全局性产业链，不断提高产业链控制力，要把增强产业链的稳定性和竞争力作为重中之重，坚持以国内大循环为主体、国内国际双循环相互促进，围绕产业链部署创新链、围绕创新链布局产业链，以更好地提升产业链的现代化水平。从中冶集团来看，中冶集团长期以来高度重视产业链重塑问题，努力发挥全产业链系统集成优势，增强对产业链的系统控制力，高度重视统筹国内国际产业链稳定和竞争力提升问题，以国内外双循环、产业链与创新链相互促进的方式推动产业链重塑，并取得了巨大成就。总结中冶集团产业链重塑的经验，我们看到中冶与五矿的互补式重组为产业链重塑提供了新模式，在产业链重塑中，要在坚持企业底色的基础上开拓创新，要注意确定产业链重塑的合理边界和作战半径，积极发挥好各方协同作战的效能，这些对国家和企业的产业链重塑都具有重要启示意义。

## ◎ 新时代的产业链重塑

经济生产中，各产业部门之间互相联系、互相制约，形成复杂多样的关系链条。这种关系链条是基于多种联系而形成的，涉及企业关系、工艺技术、空间布局、价值链条等多种因素。各个环节紧紧相扣，哪个环节出现问题都会影响整个产业链的运行，甚至影响整个经济的健康发展。推动产业链重塑，不断提升产业链现代化水平，是推动经济体系优化升级的必然要求。

## 1. 打好产业链现代化攻坚战有重要战略意义

2019年10月,习近平总书记在中央财经委员会第五次会议上强调,要充分发挥集中力量办大事的制度优势和超大规模的市场优势,打好产业基础高级化、产业链现代化的攻坚战。这是从长远战略角度对我国产业发展作出的重大谋划和部署,具有重要而深远的战略意义。

产业链现代化的实质是产业链水平的现代化,涉及产业基础能力提升、运行模式优化、产业链控制力增强和治理能力提升等多方面的内容。改革开放以来,我国充分发挥比较优势,迅速融入全球产业链,经济活力充分释放,快速从一个农业国跃升为全球制造业第一大国,建立了门类齐全、体系完整、规模庞大和具有较高技术水平的产业体系,产业基础能力和产业链水平实现了大幅提升。

但从总体来看,中冶集团的产业发展仍然存在诸多方面的问题,特别是在产业基础能力上较为薄弱,基础装备、基础工艺、基础材料、基础软件等领域的基础能力亟待提高。我国的产业发展总体上仍然处于全球产业链的中低端水平,与高质量发展和建设现代化产业链的要求相比仍有较大差距,关键核心技术缺失、产品附加值较低、产业结构不合理等问题突出。

对此,习近平总书记指出:"老是在产业链条的低端打拼,老是在'微笑曲线'的底端摸爬,总是停留在附加值最低的制造环节而占领不了附加值高的研发和销售这两端,不会有根本出路。"而只有打好产业链现代化的攻坚战,使我国的产业链水平提升到新的高度,才是我国产业发展的根本出路。

近年来,新一轮科技和产业革命蓄势待发,一系列重大颠覆性技术不断涌现,科技成果转化速度加快,产业组织形式和产业链条更具垄断性,这给我国带来新的压力和挑战。特别是2020年疫情发生以来,全球经济政治格局加速调整,全球产业链供应链受到严峻挑战,将迎来新一轮重构,同时由于受到中美贸易摩擦的影响,我国产业链现代化水平的提升也受到了不利影响,更加需要我们打一场提高产业链现代化水平的攻坚战。

**2. 构建战略性全局性产业链,不断提升控制力**

2019年10月,中央财经委员会第五次会议指出:"要打造具有战略性和全局性的产业链,围绕'巩固、增强、提升、畅通'八字方针,支持上下游企业加强产业协同和技术合作攻关,增强产业链韧性,提升产业链水平,在开放合作中形成更强创新力、更高附加值的产业链。"这一要求为我国构建什么样的产业链,如何重塑产业链提供了明确的方向和方法。

虽然我国具有全球最完整的产业链,但是战略性和全局性还明显不足。长期以来,中国企业大多处于国际分工低端,产业集中度不高,国际竞争力不强。从目前的情况来看,在世界经济下行、新冠疫情尚未得到有效控制的情况下,全球产业链重塑已经成为世界经济发展的明显趋势。不仅是一些发达国家强调先进制造和"再工业化",用新技术推动高端制造业发展,力图重塑本国产业链,而且一些新兴经济体也制定了新的产业发展规划或调整了原有规划。

可以说,当今世界保护主义抬头,国际贸易和全球产业链在发生新变化,这些国家通过加强外资审查以及加强对本国产业保护,力图吸引海外制造业回归或作出新的布局,这给我国产业链高端以及整个产业链的安全带来了巨大的风险。因此,必须坚持"巩固、增强、提升、畅通"的方针,通过系列措施增强产业链的抗风险能力,积极推动产业链向高端发展。不仅要使我国的产业链齐全,还要使产业链具有更高水平，从发展全局和战略需要的角度重塑我国的产业链。

要达到这一目标必须着力提高对产业链的控制能力。当前，中央对提高产业链控制能力高度重视，在 2020 年 12 月举行的中央经济工作会议上，"增强产业链供应链自主可控能力"已经被列为 2021 年要重点推进的任务之一。可以说，在全球产业链的发展上，不仅仅是资本体量的竞争，不仅仅是核心技术的竞争，还是产业链控制能力的竞争。仅仅体量大或是掌握某项核心技术还是不够的，还必须成为产业链的枢纽，成为把产业链中的诸多企业组织在一起的核心，这样才能真正控制住整个产业链。以苹果公司为例，虽然苹果公司的产品主要是交给其他工厂代工，但是真正掌握主导权的，不是那些掌握某些核心技术的企业而是苹果公司。

具体来看，提升产业链的控制力主要涉及全产业链控制、关键环节控制、标准和核心技术控制三种类型。目前，我国在产业链控制力上的不足日益凸显，必须着力从多个方面全面提高对产业链的控制力，才能不断提高我国在全球产业链上的位置，增强价值增值能力，解决各种"卡脖子"的现象。

### 3. 增强产业链的稳定性和竞争力是重中之重

2020 年 5 月 14 日，中共中央政治局常务委员会召开会议，对抓好常态化疫情防控措施落地见效进行了研究部署，对提升产业链供应链稳定性和竞争力进行了专门研究。会议强调，"要在做好常态化疫情防控的前提下，继续围绕重点产业链、龙头企业、重大投资项目，打通堵点、连接断点，加强要素保障，促进上下游、产供销、大中小企业协同复工达产。要加强国际协调合作，共同维护国际产业链供应链安全稳定"。7 月 30 日召开的中共中央政治局会议明确提出，"要提高产业链供应链稳定性和竞争力,更加注重补短板和锻长板",这是对新冠肺炎疫情加速推动全球产业链供应链结构调整的回应,对确保完成"六稳""六保"任务、决胜三大攻坚战有着重大意义。

经济生产环环相扣,在整个产业链上,一旦某个环节出现问题甚至断裂,将对上下游产业和相关企业带来难以估计的损失,影响整个经济的安全和发展。2020年以来,新冠疫情的暴发就给我国乃至全球产业链的稳定性带来了严重影响,增强产业链的稳定性也因此成为目前工作的重点。

维护产业链稳定必须坚持两手抓,一是进一步稳定国内的产业链供应链,推动各地各部门稳生产促生产,二是要维护全球产业链的稳定畅通。习近平总书记强调,"要加强国际宏观经济政策协调,维护全球产业链供应链稳定畅通,尽力恢复世界经济"。中国是全球供应链中的重要组成部分,对保持全球产业链稳定具有重要影响,并且随着国内复工复产的推进,已经为全球产业链稳定做出了重要贡献,但在新冠疫情尚未得到良好控制的情况下,仍然需要各方共同努力维护全球产业链的稳定性。

在维护产业链稳定的同时,还要进一步提升我国的产业链竞争力,注重补短板和锻长板。一是要进一步补短板,对于处于产业链中低端的产业,要加大支持和改造力度,实施产业基础再造和产业链提升工程,强化关键领域、关键产品保障能力,以提升产业链竞争力,减少对国外的依赖,尽力避免受制于人现象的出现。二是要进一步锻长板,我国在一些产业领域具有优势,但要看到在激烈的国际竞争中不进则退,必须进一步强化优势产业领先地位,成为全球产业链中不可替代的重要环节,能够对国外的压制采取反制措施。只有把不断增强产业链的稳定性和竞争力作为重中之重,才能更好地应对当今的严峻形势,更好地促进产业链现代化。

### 4. 以双循环、双互动提升产业链现代化水平

面对当前的复杂形势，习近平总书记审时度势，明确提出了加快形成以国内大循环为主体、国内国际双循环相互促进的新发展格局，实施产业基础再造和产业链提升工程，实现更高质量、更有效率、更加公平、更可持续、更为安全的发展等一系列重要指示，以提升产业链现代化水平，保证我国的产业链更加自主可控、安全可靠。

在以国内大循环为主体、国内国际双循环相互促进的新发展格局之下，首要的是畅通国内循环，提升国内产业链供应链水平，要进一步强化优势产业，培育一批具有国际竞争力的优质企业，以龙头企业带动产业链现代化水平的提升，进一步巩固优势产业在全球价值链中的位置。其次也要畅通国际循环，发挥自身在全球产业链供应链中的重要作用，使产业链的国际循环促进国内循环。这对我国产业链发展提出了更高的要求，如何确保关键产业、关键环节、关键技术必须牢牢掌握在自己手中，具有安全性、可控性、完整性，提升在国际竞争中的综合竞争力和影响力，是当前和未来一个时期内需要重点解决的问题。

与此同时，要以产业链与创新链的双重互动提升产业链现代化水平。习近平总书记对创新链与产业链的互动十分重视，2020年4月，他在陕西考察时指出："我国经济稳中向好、长期向好的基本趋势没有改变。要坚定信心、保持定力，加快转变经济发展方式，把实体经济，特别是制造业做实做强做优……要围绕产业链部署创新链、围绕创新链布局产业链，推动经济高质量发展迈出更大步伐。"这需要我们紧紧围绕经济竞争力的关键、消费升级的方向、供给侧的短板、社会发

展瓶颈制约等问题，对创新链和产业链进行统筹部署。

一方面，要围绕产业链部署创新链。习近平总书记指出："要以培育具有核心竞争力的主导产业为主攻方向，围绕产业链部署创新链，发展科技含量高、市场竞争力强、带动作用大、经济效益好的战略性新兴产业，把科技创新真正落到产业发展上。"通过聚集产业发展需求，集成各类创新资源，着力突破共性关键技术，加快科技成果转化和产业化，培育产学研结合、上中下游衔接、大中小企业协同的良好创新格局。科技体制改革必须与其他方面改革协同推进，加强和完善科技创新管理，促进创新链、产业链、市场需求有机衔接。

另一方面，要围绕创新链布局产业链。要坚持科技面向经济社会发展的导向，围绕产业链部署创新链，围绕创新链布局产业链，使科技创新不再是一座孤岛，而是成为与整个产业链紧密联系的整体，从而破除制约科技成果转移扩散的障碍，提升国家创新体系整体效能，促进整个产业链的现代化。

此外，提升产业链现代化水平是一个系统工程，除创新链外，还涉及资金链、政策链等问题，需要全面部署，在各个环节加以全面推进。创新链、产业链、资金链、政策链、人才链等是相互交织、相互支撑的，只有使产业链与其他多种链条有机融合起来，才能为打赢产业链现代化的攻坚战提供坚实保障。

## ◎ 中冶集团对产业链重塑的认识

中冶集团作为"冶金建设国家队、基本建设主力军、新兴产业领跑者"，对产业基础高级化、产业链现代化具有义不容辞的责任。长期以来，中冶集团高度重视产业链重塑问题，这也成为中冶集团取得成功的重要原因。中冶集团不仅深耕国内产业链，还高度重视国际产业链的构建，把维护产业链稳定和提高竞争力作为重要任务。同时，中冶集团结合自身全产业链的特点，努力发挥系统集成优势，着眼于增强对全产业链的控制力，通过国内外双循环，统筹产业链和创新链，不断提升自身产业链的现代化水平。

## 1. 中冶集团长期以来高度重视产业链重塑问题

实际上，2012年中冶集团进入低谷的一个重要原因就在于，在产业链的延伸和多元化发展上出现了问题，盲目跟风搞转型，在产业链上铺得过大，过于分散，集中度低、控制力弱，风险急剧增加，最终造成了十分不利的局面。

2012年"9·5"会议的一个重要内容就是调整产业链，一方面回归中冶主业，坚持主营业务方向不动摇，将主营业务重新回归至四大板块，工程承包、房地产开发、装备制造、资源开发，进一步缩小集团涉足的产业范围和产业链，集中精力在主营业务上取得突破，剥离相关度不高的产业。另一方面在转型发展上，提出要以冶金建设为"圆心"，产业链延伸和多元化发展要有合理的"企业边界"和"作战半径"，要依托传统冶金工程比较优势向外适度延伸。这在关键时期廓清了困扰和束缚企业发展的思想迷雾，科学回答了中冶集团举什么旗、走什么路、朝着什么方向前进的重大问题。

2013年，中冶集团进一步明确提出要由低端向高端、由分散向集中发展，通过对集团内部生产要素的整合集成和资源的优化配置，积极向产业链上游延伸，培育更精细、更突出的竞争优势。特别是要推动冶金行业的产业链、价值链升级，提高中冶集团的核心竞争力，对EPC（工程总承包）产业链进行前后延伸，由承包商拓展为承包商兼运营服务商,强化集团作为全球最大最强的"冶金建设承包商"和"冶金企业运营服务商"的地位。

2014年,中冶集团把产业链放在了更重要的位置,提出了"站在整个冶金行业发展的高度和国际水平的高端,用独占鳌头的核心技术、持续不断的创新能力,无可替代的冶金全产业链整合优势,承担起引领中国冶金向更高水平发展的国家责任"的新目标,为中冶产业链的发展提供了方向。中冶进一步提出要积极探索产业链上的纵向整合,增加产业链上的盈利空间,在产业链上打造优势竞争力,并要求各子企业,特别是设计类子企业,要围绕产业链部署创新链,把创新真正落到推动产业转型升级上,努力向产业链和价值链的高端攀升。

2015年,中冶集团提出了多种具体举措,努力提升产业链的发展水平。一是进一步增强了对全产业链技术服务能力的重视程度,着重提高技术服务能力;二是通过多种方式增强对冶金产业链的控制力;三是使设计类子企业与施工类子企业通过结对子的方式,在保持钢铁冶金全产业链优势的同时促进差异化发展,进一步抢占市场竞争的制高点。

2016年,中冶集团提出要"大力实施创新驱动战略,使创新链、产业链和市场需求三者紧密结合,改造提升传统动能,加快培育发展新动能,形成以创新为引领和支撑的发展模式"。同时,面对与中国五矿的重组,中冶集团认识到这将给中冶集团产业链的拓展带来重要促进作用,与金属矿产资源捆绑后可提高企业自身价值,提升在产业链中的地位,带来更多的发展机会。

2017年,面对市场需求的变化,中冶集团进一步提出各子企业要顺应一体化、系统化、高端化的市场需求合作共享,实现中冶天然具有的从勘察、设计、施工到运营的全产业链的无缝衔接、有效协同。

2018年，中冶进一步提出要深度挖掘全产业链贯通的内在潜力，把互补式重组的改革红利充分释放出来。同时面对一系列新变化，中冶集团进一步提出了"要以全产业链集成整合优势再拔高，始终保持无可替代"的重要目标，并提出了各种具体措施进一步发挥自身的全产业链优势，推进企业从自循环向广泛融合利益相关方资源和社会资源的大循环转化，进一步向产业链的前端和后端攀升。

2019年，中冶提出要把钢铁冶金建设作为矢志不渝长期坚持的核心主业，牢牢占据技术创新尖端、大步迈向产业链价值高端，确保中冶集团始终处于"世界第一"领跑者的地位。同时，中冶集团也提出了多种具体措施力求实现这一目标。

2020年，中冶更加重视产业发展，指出产业强则企业强，产业稳企业的发展才会更稳，并提出要持续提升"大冶金"产业核心竞争力，打好产业基础高级化、产业链现代化攻坚战，不断向产业链价值链中高端攀升的重要目标。可以说，产业链问题一直是中冶集团高度重视的问题，中冶集团之所以能够取得如此巨大的成就，离不开其全产业链优势，离不开对产业链的控制力。

2021年，在"十四五"的开局之年，中冶集团进一步强调要加快补链、强链、固链、延链，牢牢瞄准产业链薄弱环节补齐短板，牢牢瞄准产业链供应链的链接处重点强化，将八大部位、19个业务单元抓实抓细，重点向深度运营服务发展，打造独具中冶特色的钢铁企业深度运营服务，始终保持产业链供应链关键环节自主可控。

### 2. 发挥全产业链集成整合优势，增强系统控制力

只有做出大担当大贡献，才是名副其实的"国家队"。在目前的形

势下，中冶集团更要发挥关键的"顶梁柱"作用，发挥好独具特色的全产业链系统集成优势。冶金建设是中冶集团四梁八柱业务体系中最硬的一柱，要牢牢把握打造冶金建设国家队升级版的重要方向，从发展质量到经营业绩都必须"顶得住"，形成全集团更强的产业发展韧性。

中冶集团认识到，全产业链集成整合优势是中冶最无可替代的"杀手锏"，中冶集团认识到要进一步锻长板，提高这一优势，推进全产业链的集成整合优势再拔高，始终保持无可替代。但是，面对全球价值链分工的不断深化，中冶集团的全产业链仍存在薄弱环节，集成整合优势尚未完全发挥，在国际产业分工中的竞争地位有待提高，在价值链分配中仍处于被动环节。为此，中冶集团牢牢瞄准全球冶金建设系统控制力，明确提出以全产业链集成整合优势再拔高，以产业链基础能力和产业链水平的双提升，让全产业链集成整合优势更彰显，提升在钢铁生态圈中的系统控制力。具体来看，就是要将设计施工等传统优势链条做得更优，把核心技术装备化的薄弱链条补强，把运营服务的缺失链条补全。

首先，要把优势链条做得更优，持之以恒地做精做强做优规划设计建设能力这一最宝贵的"看家本领"，提高设计与施工一体化协同作战能力，同时加速推进全过程的高端咨询能力，快速与国际接轨，奠定深度融入国际化工程建设产业链的基础。

其次，要把薄弱链条补强，针对核心装备这一最大短板，要求设计企业专注于提升具有自主知识产权的核心模块能力，通过产业链的集成，完成、控制装备制造产品的生产，提高自身的竞争位势，成为产品链和价值链的"链主型企业"。

最后，要把缺失链条补全，加速提升运营服务能力和投融资能力，不断向产业链高端和纵深延伸，由一次性交易转变为长期服务；促进产业链上下游联动发展，充分利用中国五矿与中冶集团重组后在矿石贸易、钢材贸易、物流资源、金融资源等方面的优势，为钢铁企业提供全方位、全功能、全流程、全生命周期的全产业链服务。

除此之外，中冶集团还根据钢铁行业发展趋势和自身的弱项，提出要从推动绿色化、智能化、服务化，培育顶尖人才，进一步整合资源三个方面，进一步提升全产业链优势，不断增强系统控制力。

第一，为适应以绿色化、智能化和服务化为特征的全球钢铁产业结构转型升级需求，中冶集团在保持国家队阵形基本不变的前提下，将绿色化、智能化落实到第一梯队，打造"一体两翼"的发展新格局。在绿色化方面，依托第一梯队在废气治理、固废资源化利用、水资源综合利用、能源高效利用等方面进行扩展，真正实现钢厂生产的绿色循环低碳发展道路；把国家队的技术优势通过结对子的施工单位在绿色建造方向进行扩展。在智能制造方面，第一梯队加强各自业务单元的智能化能力提升，着力解决钢铁企业产品质量稳定、生产安全、管理增效等方面的问题，构建起面向生产全流程、管理全方位、产品全生命周期的智能制造国家队体系。

第二，实施顶尖人才培育"种子计划"。面向未来，冶金建设国家队在人才队伍建设方面最迫切的是要加强行业领军人才培养。通过3—5年时间，中国工程院院士、全国工程勘察设计大师力争实现新突破，冶金领域国家级百千万人才工程专家、享受国务院政府特殊津贴专家等领军人才新增100人以上，集团在冶金行业内的话语权和影响力进一步增强。

第三，整合资源，不断强化中冶集团的全产业链整合集成能力，最大限度发挥协同效应，提升全产业链市场竞争力。通过推进国家队第一梯队和结对子施工企业、各领衔设计院之间进行战略资源互换、相互交叉持股等多种形式固化冶金建设国家队"全产业链联盟"关系，打造共同面向市场、实现企业共赢的命运共同体。各子企业要提高政治站位，有大局意识，不能总打小算盘，只考虑自身的局部利益和得失。要通过持续推动八大部位十九个业务单元的设计企业和施工企业强强合作，真正结成对子，结好对子，使设计企业和施工企业要建立深度互信的合作关系，通过构建利益共同体实现共赢。要强化集团内子企业间的协同合作，不互相拆台、不恶性竞争，坚定不移地坚持市场一体化管理原则，始终将集团的整体利益放在首位，推动冶金建设国家队优势企业加速发展再拔高。在重大冶金工程建设项目中，要强化集团和子企业上下联动，主动谋划、提前策划，加强和钢铁企业决策层的互动，多打有准备之战。

### 3. 统筹好国内国际的产业链稳定和竞争力提升

中冶集团作为中央企业，在维护国家经济利益和产业安全上责无旁贷，必须扎实做好自己的事情，为国内产业链稳定和国际竞争力提升做出应有贡献。近年来，中冶集团高度重视自身产业链的重塑，打造冶金建设国家队升级版就是步步紧跟、一招不落贯彻落实总书记重要指示的实践体现，是中冶集团担负的最重要的国家责任之一，是中冶集团排在首位的使命任务。

#### （1）中冶集团深耕国内产业链

如何通过产业链重塑，实现业务组合的长短周期搭配，实现主要业务、战略业务和新兴业务的有效组合，增强产业链韧性，增强可持续发展的后劲，是中冶集团要认真谋划思考的重大战略问题。对此，中冶集团提出要打造一个能够根据市场需求、时势变化，自动启动、自动生效、自动跟进的冶金建设国家队治理体系，最大限度发挥全产业链集成整合后的价值再造优势,这对于维护产业链稳定提高竞争力具有重要意义。

对此,中冶集团提出,首先要持续巩固提升传统优势,向着产业链的前端和后端攀升,构建覆盖投融资、规划、设计、咨询、建造、运营等全产业链体系,持之以恒地做精做强做优各个环节的"看家本领",不断强化设计施工一体化协作能力,持续提升 EPC 总承包能力和产业链价值整合融合能力,以体系化力量拉大与竞争对手的差距,确保国内外重大钢铁项目一个都不能丢,在满足顾客需要、为顾客带来更多价值中实现自身的价值提升。

其次,要持续提升比较优势,在"专业链和产业链"上不断增补拔高。要紧跟新时期钢铁行业发展需求,以领先的绿色化、智能化技术为手段,打造整个产业链差异化的竞争新优势,让全产业链集成整合优势更突出。要着力打造多领域业务集成的独特优势。当前,市政、交通、能源、环保等新型城市化建设机遇齐发,综合性、集成化成为新趋势。这恰恰可以综合中冶集团在勘察、咨询、设计、建设、运营等全产业链集成整合优势,以及水、电、土、气等领域的专业优势,打造中冶独具特色的非冶金核心竞争力。

再次,要加快从"产业链"扩展到"产业圈",多向扩展产业链范围。以"链主"企业地位推动上下游企业及利益、资源相关者构建协同合作、互利共赢的产业生态圈,共同筹划培育增量型集成协同项目,不断创造新的市场空间。

(2)中冶集团高度重视国际产业链

维护国际产业链稳定,提高在国际产业链上竞争力同样是中冶集团的重要任务,而要完成好这一任务就必须在国际竞争中具有强大的竞争力。一个具有国际竞争力的产业不仅在于它的产业规模、资源基础和价值链的长度，更在于这一产业是否在全球同类产品中控制了关键的价值环节，是否位于价值链的高端环节。对此，中冶集团认识到，我们不仅要积极"走出去"，而且要高质量"走出去"。

第一，要牢牢占据世界钢铁工业技术的尖端、产业价值链的高端，引领和主导国际冶金建设产业链分工。要在产业供给端和需求端共同发力，以固链、强链、补链、延链为基础，持续做强核心业务。让绿色化、智能化给传统优势赋能，让绿色、智能成为产业链各环节的底色，贯通整个钢铁整个流程，将传统的咨询、勘察、规划设计、装备、施工建造、运营的核心能力做得更扎实、更厚实，增强全产业链及关键环节的控制能力。

第二，要以强化自身产业链一体化价值创造为方向，瞄准产业链的链接处发力。要顺应钢铁行业集中度提升和建筑业 EPC 工程总承包趋势，以技术优势为先导，大力提升 EPC 全球服务水平，加速由中国特色成为国际标准。要向产业链上下游延伸，成为世界一流的城市与产业发展系统解决方案提供商、工程项目全生命周期服务商。在实行内部资源有效整合，强化设计施工一体化融合能力，加快体系化集成的同时，积极整合利用外部资源，探索与西马克、达涅利等国际顶尖冶金工程公司的合作方式，快速补齐提升中冶集团在产业链高端、关键环节的短板、弱项。

第三，要发挥产业链的"链主"地位，使相关价值链互联互通，构建起全方位的价值链网络，瞄准大型钢铁企业产业发展的需求端发力，融合全集团矿山资源、贸易和金融优势，建立资源开发、钢铁产能布局、基础设施建设一条龙捆绑模式，为钢铁工业提供系统解决方案，提升中冶集团在钢铁生态圈的位势。

第四，要进一步释放与五矿重组红利，大力推动海外业务的系统集成和模式升级。通过创新服务模式，充分发挥新中国五矿所具有的矿山、工程建设、原料贸易、物流资源、金融能力等完整产业链、多要素组合的比较优势，以冶金带非冶金项目，以"资源、工程、贸易、资本"捆绑模式，从点式、分散式服务向链式、集群式服务转变，形成由中冶集团主导的全球冶金一体化服务体系，真正激活"工程＋矿业＋贸易"全产业链服务模式的潜能，创造新的业务增长点。

**4. 促进国内外双循环、产业链与创新链相结合**

第一，从国内外双循环来看，国有企业要在落实习近平总书记提出的"逐步形成以国内大循环为主体、国内国际双循环相互促进的新发展格局"的实践中勇当主力军，统筹好速度规模稳健与质量效益提升，统筹好国内产业链稳定和全球竞争力提升，主动参与全球产业链重构升级，加快提高产业链现代化水平和在全球价值链中的地位。中冶集团将在新的发展格局下，着力补短板锻长板，畅通聚合全产业链。

中冶集团认识到，要促进国内大循环，必须树立开放合作的理念，推进企业从自循环向广泛融合利益相关方资源和社会资源的大循环转化。要充分利用新中国五矿的全产业链优势，将五矿集团的矿石贸易、钢材贸易、物流资源、金融资源等与中冶的冶金工程技术优势结合起来，发挥内部千亿市场优势，围绕钢铁企业的发展需求，提供全方位、全功能、全流程、全生命周期的无可替代的全产业链服务，打造绝对的差异化竞争优势。

中冶集团认识到，我国当前提出的以国内大循环为主体，绝不是关起门来封闭运行，而是通过发挥内需潜力，使国内市场和国际市场更好联通。为此，要进一步拓宽国际视野，加强国际合作，聚焦"一带一路"走深走实走稳国际化步伐，保护好产业链供应链，在主动参与国际竞争和全球产业链重塑中实现企业自身更好发展。要站在全球资源整合的层面，加强对不同市场同业者和关联方的研究，瞄准机会，采取战略合作、成立合资平台、兼并收购等多种方式，推动海外资源的整合，加快集团的国际化步伐。

第二，从产业链与创新链的结合来看，目前部分钢铁企业设计院依托与母企业的紧密联系，从过去仅能参与其母企业内部、小型技改类业务开始向外部市场化、单体工程业务延伸，传统的产业链下游传统设备提供商向上游拓展，转型为颇具实力的制造服务提供商，通过云计算、大数据等技术和信息技术装备的渗入，领先于互联网企业。这些企业将创新链与产业链更好地结合起来，给中冶集团带来了更大的竞争压力。面对这一情况，中冶集团要统筹安排创新链与产业链，大力推动两链的双向互动，推动企业产业链的现代化。

首先，设计企业要专注于提升具有自主知识产权的核心模块能力，通过产业链的集成，完成、控制装备制造产品的生产，提高自身的竞争位势，成为产品链和价值链的"链主型企业"。要加强集团内子企业间的技术交流，互通成果有无，互相学习和促进；构建创新资源共享的有效机制，打造产业链价值链优势互补、深度融合的体系内协同创新和共享链条。

其次，加强核心技术的迭代升级再拔尖，占据产业链高端。要集中抓好重点技术攻关，始终做冶金行业核心技术的引领者。经过梳理，引领未来钢铁发展需攻克181项工艺或重大装备的关键核心技术，其中，工艺流程关键技术92项，绿色发展关键技术40项，智能制造关键技术41项，应用基础研究8项。在工艺流程、绿色发展、智能制造领域，成立攻关课题小组，开展跨专业领域的联合攻关，夯实研发责任，到

2023年完成工艺和装备设计，到2025年建成示范工程，具备市场化推广条件。同时，密切跟踪应用基础研究进展，到2025年，从工艺原理和实现机制取得突破性进展，为工业化试验奠定基础。

最后，要大力推动核心技术产品化、产业化。坚持市场化原则，从立项源头开始确保成果转化成功率。以集团的技术路线图为主线，根据市场和技术发展变化进行动态评估和调整。充分利用国家科技成果转化、国企改革，以及集团关于支持科技创新和科技成果转化的相关政策，积极探索模拟法人等方式，激发企业创新和创业活力，多渠道推进重大核心技术装备的研发和首台套应用。

## ◎ 中冶集团产业链重塑的实践与成就

近年来，特别是与中国五矿重组以来，中冶集团在产业链重塑上进行了大量探索，取得了巨大成就。中冶集团从总部的统一策划和部署，到子企业"事业部运营模式"的推进，再到冶金建设国家队第一梯队的打造，"国家队"体系日趋完善，全产业链集成整合优势竞相显现，特别是重组以来，这一优势更为突出。现在可以说，中冶集团已经成功打造成世界第一的冶金建设国家队，已经站在国际水平的高端和整个产业链的高度，以独占鳌头的核心技术、持续不断的革新创新能力、无可替代的冶金全产业链整合优势，承担起引领中国冶金建设走向更高水平的国家责任，并将在维护产业链稳定和促进双循环、双互动方面发挥更重要的作用。

### 1. 中冶集团的产业链现代化水平不断提高

冶金工程技术及其全产业链的集成整合优势是中冶最独特最鲜明

的实力底色。这是中冶集团不同于其他企业的独具特色的核心竞争力，是中冶人在70年历史的持续探索、实践实战、接续传承中孕育形成的，是中冶集团最基础、最广泛、最深厚、最持久的优势，无论过去、现在还是将来都是企业发展的根本保证。近年来，中冶集团在产业链现代化建设上有了很大进步，取得了诸多新成果。这些成果可以分别从产业链中的勘察、设计、施工、运维四个环节加以说明。

从勘察环节来看，作为一整套流程的最前端，做好勘察工作是做好设计、施工、运维等各项工作的前提。中冶集团主要有中冶武勘、中冶沈勘、中冶成勘等三家专业从事勘察类工作的子企业，他们在不断自我改革、自我重塑的过程中见证了中国钢铁行业的发展，有力地推动了国家冶金及其相关行业的进步。

中冶武勘1955年应武钢的建设诞生，60多年来，中冶武勘匠心于岩土，先后服务着全球1/4以上的钢铁企业和国内90%以上的钢铁企业，市场领域从国内走向国外30多个国家和地区。2012年"9·5"会议以来，按照集团打造"冶金建设国家队"的工作要求，中冶武勘持续聚焦冶金主业，抢抓冶金市场，用最优质的技术服务宝钢、武钢、湛钢、韶钢等钢铁企业，强势开拓盐城钢铁、鄂城钢铁、南通中天精品钢等新兴市场。同时，中冶武勘还基于自身传统业务优势，以时空信息云平台和可视化技术等为抓手，在钢铁行业拓展智慧应用业务，为鄂钢、韶钢等钢厂打造"智慧钢厂"。在岩土工程一体化领域，中冶武勘拥有丰富的技术资源、高水准的专家团队以及60多年的工程技术实践积累，致力于通过高新技术与工程服务显现岩土体隐含价值，可为钢厂提供岩土工程咨询、勘察、设计、施工、监理、监测与检测等全产业链、全生命周期的服务和解决方案。在测绘地理信息和智慧应用领域，中冶武勘可为冶金钢厂提供工程建设测绘一体化服务、地下管线探测、无人机航空摄影测量、倾斜摄影测量、三维激光扫描、二三维地理信息系统软件研发及系统建设、时空信息云平台建设等特色服务，并可采用物联网、云计算、大数据、移动互联等新技术，以时空信息云平台为抓手，打造智慧钢厂。

中冶沈勘始建于1956年，前身是冶金系统较早成立的冶金工业部沈阳勘察公司。目前，矿山地质环境修复与治理已经逐步成为中冶沈勘特色发展的品牌之一。三河矿山地质环境治理工程五期治理项目，是中冶集团有史以来在该领域最大的单体项目，涉及专业内容多，涵盖了消除地质灾害、覆土绿化、土地复垦、修设道路、灌溉及排水系统等内容，已经成为中冶沈勘在矿山地质环境修复与治理行业的标志品牌。

中冶成勘拥有51年光荣历史，由原冶金工业部勘察总公司于1969年整体迁入四川组建而成。随着国家改革开放的不断深入，中冶成勘在与中国五冶整合后，着力打造全产业链服务，大力参与地方经济建设。在岩土工程一体化领域，中冶成勘拥有丰富的技术资源、高水准的专家团队以及50多年的工程技术实践积累，可提供大型复杂场地的岩土工程勘察、设计与施工、大型复杂高边坡的设计与治理、复杂地基的处理、超大超深复杂地层条件下基坑的设计与支护、高精度的工程测量与变形监测、冶金行业特种设备的无损检测等技术。

从设计环节来看，设计企业接过重铸国家钢铁实力的接力棒，在钢铁行业智能化、绿色化、信息化高质量发展道路上取得了系列成就。目前中冶集团拥有中冶建研院、中冶设备院、中国恩菲、中冶京诚、中冶赛迪、中冶南方、中冶华天、中冶焦耐、中冶长天、中冶北方等多家设计企业，是中冶集团高举的"牌子"，是"命根子"，是中冶集团走高技术建设的"领跑者"。在钢铁行业供给侧结构性改革引领下，设计企业在最前沿的钢铁新材料、新工艺技术方面加大加快创新步伐，占领技术制高点，推动冶金行业智能绿色化发展；在国家"一带一路"倡议指引下，加强国际产能合作和装备制造合作，引领中国钢铁产业走向海外市场。

中冶建研院成立于1955年，是我国从事建筑和环保技术研究、推广及应用的大型科技企业。60余年来，获得国家级科技奖励100余项，承担国家级科研项目近700项，编制国家、行业标准规范600余部，授权专利1200余件，为国家和行业发展做出了突出贡献。2012年"9·5"会议以来，中冶建研院自主研发的第四代熔融钢渣高效罐式有压热闷处理技术与装备，广泛应用于宝武集团、鞍钢、首钢、河钢、沙钢、建龙、越南河静、马来西亚联合钢铁等国内外多家大型钢铁企业，国内市场占有率达到90%以上。同时，在水处理及资源化技术、大气污染防治、噪声防治、环境影响评价与检测、环保能源现状评估、工业节能和生态环境修复等节能环保领域同样建树颇多，具有钢铁企业综合污水处理及回用技术、高效低阻脉冲袋式除尘技术及设备等多项代表性成果；同时以技术突破支撑模式创新，推广应用钢铁企业环境污染第三方治理BOO模式，以全新市场化运行模式，走出冶金建设绿色智能化新路。

中冶设备院始建于1978年，是由原冶金工业部所属国家科研事业单位转制的科技型企业。凭其研发和设计优势，完成各类科研计划项目626项，其中获国家级奖16项、部局级奖103项、主编或参编国家和行业标准40项。近年来，中冶设备院致力于冶金行业的绿色化和智能化发展，通过将信息技术和装备技术深度融合，形成以智能化工业控制装备、智能化电能质量装备、工业大数据与工业安全防护、智能传感器与仪器仪表、工业机器人与3D工装装备提升和智能装备运维服务为核心的智能战略矩阵；聚焦打造节能减排、固液处理等工程专业化服务，目前拥有的十余项自有节能环保关键核心技术已于市场得到广泛推广应用。

中国恩菲成立于1953年，是为恢复和发展我国有色金属工业而设立的第一家专业设计机构，目前已在30多个国家和地区建设了1.2万个工程项目。2012年"9·5"会议以来，中国恩菲以"中国有色中央研究院"为建设目标，依托多年积累的矿冶领域设计及工程建设经验，可提供优质的产业经济研究和项目决策支持服务，建立了面向国家矿产资源战略决策及实施的高端智力服务体系；同时，中国恩菲以建设智能矿山和绿色冶炼为目标，依靠自身在矿产资源开采与冶炼产业升级方面掌握的先进技术、节能环保技术及信息化、智能化技术，形成了具有国际竞争力的核心专长技术体系，努力承担"一带一路"建设中矿冶工程"国家队"责任。

中冶赛迪前身是重庆钢铁设计研究总院，1958年由冶金工业部鞍山黑色冶金设计院迁渝成立，现已发展成为一家国际化大型工程技术服务集团，形成了"以高端咨询为引领，以钢铁工程技术、智能化信息化、城市建设、节能环保为四大板块"的业务体系。2012年"9·5"会议以来，中冶赛迪聚焦钢铁主业，坚持创新驱动，不断提升钢铁核心技术能力，为宝武湛江钢铁基地提供规划、设计到建设全流程服务，树立了钢铁行业供给侧结构性改革的标杆；打造越南台塑河静钢铁、马来西亚关丹联合钢铁等"一带一路"标杆工程，实现中国冶金技术从跟随走向国际引领，建树了世界知名品牌；攻克一大批卡脖子技术，实现核心技术从"人有我无"到"人无我有""人有我优"，以智能化大数据为转型驱动，打造多个行业首创钢铁智能化项目，推动钢铁迈向智能化时代；将核心技术研发、设计和制造紧密结合，走产品化道路，实现钢铁全流程核心装备完全自主，为冶金建设国家队建设提供了硬支撑。

中冶京诚由创建于1951年的冶金工业部北京钢铁设计研究总院改制成立，是我国最早从事冶金工程咨询、设计、工程承包业务的国家级大型科技型企业。业务链涵盖工程投资、工程咨询、工程勘察、工程设计、工程总承包、项目管理、设备成套供货、工程监理、运营维护及相关的技术和管理服务、建设项目环境影响评价、计算机信息系统集成等全过程。2012年"9·5"会议以来，中冶京诚聚焦主业，"二次创业"，形成了"做精冶金，做实市政，发展水务，优化制造，研究增长点"的业务新格局。近三年，仅炼钢、圆坯连铸、板坯连铸、中厚板和线材5个第一梯队领域研发项目50余项，申请专利624件，荣获科技奖项23项，编制标准36项，先后承揽河钢乐钢、河北纵横等多个千万吨联合钢铁项目。近三年，第一梯队承揽合同额111亿元，目前特钢市场占有率达到98%，炼钢、圆坯连铸、板坯连铸综合国内市场占有率超30%，中厚板市场占有率达40%以上，线材市场占有率达42%。

中冶南方成立于1955年，依托以高端咨询为引领的全流程、全产业链工程实施能力，公司建成了柳钢防城港、山西晋南钢铁、福建大东海钢铁、福建鼎盛钢铁、印尼德信350万吨钢铁、越南和发钢铁等一大批钢铁基地项目；依托持续不断的创新能力，实施了福建鼎信混酸再生项目，成功打破国外公司在不锈钢混酸再生领域的垄断，填补了国内不锈钢混酸喷雾焙烧法再生技术的空白，实施了世界最大不锈钢连续轧制退火酸洗机组——印度克罗美尼不锈钢冷轧项目，率先实现18辊5机架轧制退火酸洗机组的全国产化突破。近年来，还在绿色、智能技术创新升级上下大力气，形成了一批代表性成果，引领着行业发展新趋势。

中冶焦耐始建于1953年，是国家级技术创新示范企业，拥有国家级企业技术中心，多年位列中国勘察设计企业前二十名，在国内外焦化、耐火领域持续保持技术引领和高端服务的产业升级创新者地位，是中国冶金建设国家队焦化、耐火材料与石灰单元的唯一成员单位，承担着引领中国焦化设计建设向更高水平发展的国家责任。近年来，中冶焦耐坚持以市场为导向，以促进产业结构优化、提高产业集中度和全行业节能减排水平、减少环境污染、实现资源综合利用为目标，肩负起国家焦化、耐火材料技术与装备方面的技术创新任务。公司拥有的大容积焦炉及其配套的大型焦炉煤气净化技术、干熄焦技术处于国际先进水平。2016年，干熄焦技术核心专利荣获中国专利金奖；2018年，牵头实施的"清洁高效炼焦技术与装备的开发及应用"项目荣获国家科技进步一等奖，在国家层面为中冶集团赢得了荣誉。

中冶华天自1962年成立以来就始终站在市场浪潮的最前沿，坚持深化改革，注重创新驱动，形成了以钢铁冶金业务为主体，以环境能源和房建市政业务为两翼的三大主业及多元发展体系，是钢铁冶金建设与运营服务国家队"第一梯队"，拥有国家最高等级的工程设计综合资质（甲级）。面对钢铁行业高质量发展的持续迭代升级，中冶华天加大人力资源队伍建设，积极构建高效组织架构，对钢铁全流程专业进行整合，专门成立冶金建设国家队第一梯队业务领域的棒线材事业部、钢铁技术研究院、智能化发展部，做精做专轧钢专业核心工艺、核心技术、核心装备，研发了拥有自主知识产权的超大跨度空间钢结构技术、高炉本体综合长寿技术、新型旋流式顶燃热风炉技术、高炉煤粉喷吹技术、AOD炉汽化冷却及余热锅炉回收技术、AOD炉除尘风机余热蒸汽拖动技术等，在业内享有较高知名度。

中冶长天服务中国钢铁工业60余年，用独占鳌头的核心技术为国内宝钢等几乎所有大中型钢铁企业，以及海外20多个国家的客户建设了一大批精品工程，是中国冶金工程建设领域具有全产业链、全生命周期服务能力和具有领先优势的工程建设总承包商、技术装备集成制造供应商和工程运营管理服务商，是中国冶金铁前第一品牌及"国家队"力量。在新的历史发展时期，中冶长天致力于转型升级和可持续发展，提出"冶金铁前国家队、节能环保排头兵、智慧城市生力军"的新战略定位，从专注于冶金工程建设转变为以冶金工程建设为主、五大板块协同发展的多元业务体系。目前公司业务范围覆盖冶金矿山、能源环保、市政医养、技术装备研发及制造、特色工程（三电／炉窑／尾矿库等）五大领域。目前，中冶长天承担了宝钢湛江钢铁地基项目、广西防城港钢铁基地项目等一大批国家重点工程的建设，并助力宝钢本部、武钢、永洋钢铁、安钢等多家企业打造绿色智能工厂，在国内特大型烧结市场（450平方米以上）占有率约达到70%。

中冶北方前身为"重工业部黑色冶金设计院黑色金属矿山设计院"，成立于1956年2月，是我国第一家黑色冶金矿山专业设计院，致力于冶金铁前领域工程设计和技术研发六十余年，是中国在冶金工业铁前领域经营历史悠久、技术实力超强、品牌声誉极佳的大型国际化工程公司，拥有国家级企业技术中心。中冶北方以冶金铁前项目工程设计及总承包为主营业务，可提供采矿、选矿、烧结、球团、能源环保及建筑工程全过程、全周期技术服务。在采矿领域，中冶北方凭借"深部金属矿床安全高效开采关键技术""露天转地下相互协调安全高效开采技术"及"数字矿山技术"领跑行业。在选矿领域，"微细粒复杂难选红磁混合矿选矿技术"开创了微细粒赤铁矿选矿的先河，标志着我国选矿技术达到国际领先水平。作为球团领域"第一梯队"，中冶北方"大型全赤铁矿链篦机－回转窑高品质球团工艺及装备"打破了国外

2018年6月26日,国文清在鲁中矿业深入小官庄铁矿井下-500米水平采矿现场,通过电话慰问井上值班人员

在该技术上的长期垄断，其整体技术及装备达到了国际领先水平；"大型带式球团焙烧工艺及成套装备"，解决了焙烧炉寿命短、热效率低、焙烧机漏风率高等一系列问题。

从施工环节来看，目前中冶集团拥有中国一冶、中国二冶、中国三冶、中国五冶、中冶天工、中国十七冶、中冶建工、中国十九冶、中国二十冶、中国二十二冶、上海宝冶、中国华冶、中冶宝钢技术、中冶交通、中冶轨道交通、中冶综合管廊、中冶上海钢构等子企业，是中冶集团的"腰杆子""台柱子""钱袋子"。近年来，中冶集团施工类子企业把"一带一路"、京津冀、长三角、珠三角等经济发达和有活力的地区作为主战场，在房建、中高端地产、交通市政基础设施等领域，以产融结合的张力，加大市场突破力，提高市场影响力，实现规模与效益并举、贡献第一的目标。

中国一冶成立于1954年，是新中国最早成立的冶金建设企业，参与了全国40多个钢铁企业的建设，被称为"中国冶建第一军"。近年来，中国一冶确立了"以冶建为基础的国际工程总承包商"新的战略定位，并重组设立新的冶金建设分公司，实现冶金建设资源集中、品牌集中、业务集中，相继承接了青钢环保搬迁、沙钢高线、山西茂胜焦化、江苏永钢焦炉、北海诚德冷轧工程、西宁特钢炼钢连铸、防城港冷轧、武钢四冷轧等重点项目，以及印尼、印度、马来西亚、巴基斯坦等海外冶金工程。中国一冶加大在耐火材料、冶金在线维修技术及节能环保技术的研发力度，通过BIM技术、兰炭施工技术，打造焦化国际品牌；研发"大容积长寿命焦炉精准高效全流程清洁建造关键技术及应用"，从精准高效建造、全流程清洁及炉门衬砖长寿命技术等方面开展系统研发创新，新型炉门内衬材料技术指标大部分性能指标达到国际先进水平；"高炉运行过程关键不定形耐火材料开发与工业应用"相关成果打破此前美国公司对高炉炼铁项目核心技术的垄断，在全国推广后为企业新增销售额近10亿元。

中国二冶成立于1956年，是集工程总承包、项目投融资、房地产开发、钢结构及装备制造为一体的大型综合企业集团，拥有我国西北地区规模最大、技术装备能力最强、年产15万吨的大型钢结构制造基地。先后承担了包钢、宝钢、武钢、首钢、太钢、邯钢、湘钢、包铝、希铝、连铝、呼伦贝尔驰宏铅锌冶炼、大唐铝硅钛等几十个大型冶金、有色、矿山工程。在冶金及钢结构施工技术领域处于国际先进地位，其中连铸、烧结、轧线、高炉、轨梁、无缝、矿浆管道方面在冶金行业名列前茅。在多年的烧结、高炉、连铸、轧线、轨梁、矿浆管道工程建设中，积累了丰富的施工经验，尤其在大功率抽风机及压缩机安装、高转速设备安装，轧机吊装安装调整、氩弧双面对称焊一次成型技术、大型连铸机弧形段设备定位和精找技术、500米轨梁轧线调整、大包回转台吊装就位、大型液压系统在线油冲洗及油循环、大型桥梁、电厂钢结构等方面均有娴熟的技艺和精良的装备。

中国三冶前身是1948年创立的鞍钢基本建设系统，是新中国创建的第一批具有综合施工生产能力的大型综合性冶建施工企业。作为我国冶金建设领域的始创元勋，中国三冶建成了百余项开创性工程，建设经验和技术成果被广泛推广至全国，成为今天我国冶建行业的标配。2012年"9·5"会议以来，中国三冶与本钢、山钢、河钢、中天钢铁十余个大型钢企建立了稳固的合作关系，特别是焦化领域围绕焦化系统建设共获省部级及以上科技成果26项，3项成果达到"国际先进"水平，承建了全球首座6.78米捣固式焦炉，全球首座7米和7.65米顶装式焦炉，并依此实现滚动发展，共建设大型焦化工程建设20余项，占据了国内超过50%的焦化施工市场份额。

中国五冶始建于1948年,是集工程总承包、钢结构及装备制造、房地产开发、项目投资为一体的大型综合企业集团公司,承担了以宝钢、鞍钢、武钢等为代表的上千项国家重点冶金工程。2012年"9·5"会议以来,中国五冶传承"全国焦炉之冠"的美誉,在产能置换、转型升级、节能环保的大背景下积极行动,以领先的全产业链服务理念和服务能力,进一步巩固和提升在焦化、热轧、冷轧、烧结、球团5个部位,8个重点业务单元的品牌影响力。同时,中国五冶抢抓冶金产业产能置换、升级改造新一轮发展机遇,继续领跑国内焦炉市场,实现了在大型、新型环保焦炉项目炉型全覆盖,继续发力冶金高端产品市场,实现了在2000立方米以上级别高炉项目的突破。近年来,中国五冶紧跟冶金产品"绿色化、智能化"发展趋势,先后建成了具有完全自主知识产权的大型节能环保焦炉项目,以及具有先进工艺和节能环保性能的全球最大捣固焦炉等"钢铁重器"。同时,中国五冶还形成了烟气循环系统安装新工艺、球团"风幕堵料"技术等一系列新技术,为宝钢建成我国规模最大、最绿色环保、设备最先进的烧结机组,为首钢建设我国环境最好的无尘球团产线提供了强有力的技术保障。

中冶天工始建于1948年,拥有国家住建部核定的建筑、市政、冶金工程施工总承包特级资质以及相应的工程设计行业甲级资质,创造和刷新了多项国内和世界工程纪录。其中太钢、宝钢、天津无缝钢厂获得中国建筑行业工程质量最高荣誉鲁班奖。2012年"9·5"会议后,中冶天工围绕冶金建设核心主业,先后参与建设了山西太钢不锈钢股份有限公司不锈钢冷连轧技术改造项目RAP1线安装工程、神华宁煤杭氧$3\times101500Nm^3/h$空分安装项目、营口京华3800mm中厚板生产线续建工程、广西钢铁集团有限公司防城港钢铁基地项目、河北太行钢铁重组搬迁改造项目等多个重大示范冶金工程项目。在国内冶金空分制氧业界获得了"中国冶金制氧专业户"称号，获得了法液空授予的"杰出贡献奖"，同时成功跻身国内厚板安装工程中集全线工艺装备和自动化控制系统于一身的"全能"承包商行列。被行业称之为"连铸王"的十三冶（中冶天工前身）先后承建了上海宝钢、河南舞钢、湖北武钢、上钢三厂、江苏张家港钢厂以及太钢150万吨不锈钢炼钢等连铸工程项目；具有"球罐之王"之称的中冶天工自从1965年至今相继制造了压力容器900余台，其中各类球形贮罐600余台，产品遍及全国大部分省市的冶金行业、石油化工行业、公用事业行业、外资企业等。

中国十七冶成立于1957年，主营业务包括EPC工程总承包、装备制造及钢结构制作、房地产开发三大板块。2012年"9·5"会议以来，中国十七冶冶金业务主要集中在炼钢精炼板块，努力打造中冶"炼钢精炼国家队"品牌。从2012年起，公司冶金业务范围从老根据地华东地区马钢、山钢、上海宝钢等地拓展到偏远地区，如新疆、内蒙古、青海等地。先后承接了宝钢新疆八一钢铁150吨转炉炼钢工程、马钢新区后期结构调整－四钢轧300吨转炉与精炼系统工程、宝钢广东湛江钢铁基地项目炼钢$3\times350$吨转炉工程、宝钢湛江钢铁三高炉系统项目炼钢工程、宝钢德盛不锈钢有限公司新炼钢（一步）$1\times150$吨转炉工程、广西钢铁集团有限公司防城港钢铁基地项目（一期）炼钢主体设施及辅助设施等工程。在冶炼施工技术领域中，十七冶省部级以上工法15项，主编和参编国家、行业标准4项；技术水平国内领先的科学技术成果36项，获得国家知识产权局授权专利800件。《超大型转炉炼钢工程建造新技术》荣获2017年度中国钢铁工业协会科技进步一等奖，《大型转炉电气安装调试综合技术》2019年中国安装协会科学技术进步奖二等奖。

中冶建工成立于1965年，拥有建筑工程、市政公用工程、冶金工程和公路工程四个施工总承包特级资质，是西南地区唯一"四特六甲"建筑施工企业，是重庆科技型企业和国家高新技术企业，目前拥有130项核心技术、1830件专利授权，54项科技成果经过省部级鉴定，获国家级工法5部、省部级工法56部。中冶建工安装了我国第一台合金钢坯连铸机，结束我国用蒸汽机轧钢的历史；仅用18个月，建成了重钢100万吨铁系统工程；仅用35天就将马鞍山钢铁公司一条具有世界先进水平的高速连轧线建成并一次投产。冶金工程建设是中冶建工的传统核心产品，在焦化、烧结、炼铁、炼钢、轧钢系列施工领域形成了一大批具有自主知识产权的核心技术。近年来，中冶建工积极承接山西晋南钢铁集团有限公司产能置换升级改造项目炼钢系统总承包工程冶金业务、福建罗源闽光钢铁有限责任公司三钢集团产能置换升级及配套项目高炉系统工程、广西钢铁集团有限公司防城港钢铁基地项目（一期）板材系统工程、河钢乐亭钢铁有限公司河钢产业升级及宣钢产能转移项目长材工程棒材项目、马钢炼铁总厂（北区）新建A号B号烧结机烟气脱硫脱硝及超低排放工程（EPC总包）。

中国十九冶成立于1966年，先后参与了攀钢、武钢、宝钢、昆钢、邯钢、酒钢、重钢等国内重点冶金工程建设，为国家钢铁工业发展做出了重要贡献。在中冶集团"世界第一冶金建设国家队"战略引领下，中国十九冶一方面长期承担攀钢、宝武钢铁、昆钢、柳钢、南钢、梅钢、莱钢等国内大型钢厂的维检任务，承建了广西盛隆钢铁技术改造工程、河北津西钢铁新建高炉工程、莱钢新建烧结和高炉工程、福建罗源闽光钢铁产能置换等项目，不断促进钢企设备、工艺、产品迭代升级，助力钢企业走信息化、智能化、绿色化发展之路。另一方面紧跟国家"一带一路"倡议，参与了台塑越南河静钢铁、马来西亚马中关丹产业园联合钢铁、印尼OBI岛镍铁、印尼塔岛铁矿、越南和发钢铁等冶金项目建设,以三座境外工程"鲁班奖"的实力彰显冶金建设国家队实力。作为中国中冶所属单位中唯一承担过冶金工程全流程施工的综合型建筑企业,高炉施工技术是中国十九冶在冶金工程施工中独占鳌头的核心技术,中国钢铁10%的铁水,出自十九冶人建造的高炉。其中,承建的武钢3200立方米七号高炉,高炉利用系数一年内连续三次刷新世界纪录;承建的邯钢2000立方米高炉推移式大修扩容改造项目,创造推移重量最大、推移速度最快、新旧高炉中心点位移最小等多项中国冶金建设新纪录;承建的台塑越南河静钢厂1号高炉本体系统热态检漏,25600条焊缝中仅发现6个焊接漏点,创造了冶金建设史上的奇迹。

中国二十冶成立于1973年,是国内为数不多的具备冶金全流程施工能力的企业,拥有原料、烧结、制氧、连铸、轧钢等全领域的核心技术优势,在业内享有"轧机之秀""高炉之王""连铸至尊""制氧专业户"等美誉,先后承建了天津铁厂、武钢"一米七"轧机、上海宝钢一期工程初轧厂、无缝钢管厂等大型国家重点工程建设,逐步发展成为具有现代化技术装备、国家一级资质的大型综合性施工企业。2012年"9·5"会议以来,二十冶积极开拓国内外冶金市场,全面巩固"铁前、铁后"冶金全产业链的主导地位,完成了冶金研发项目33项,完成科技成果10项,申请专利151项,主编参编各类标准18部,其中国家标准9部,获批冶建协部级工法12部。二十冶具备冶金全产业链建设服务能力,如酸洗、连轧机组电气设备安装调试新技术、全自动液压顶升装置吊装新技术、垂直连铸机安装综合技术等科技成果达国际领先水平;大型设备基础深基坑综合施工技术、大型热轧板带工程绿色高效建造技术、特大型空分装备利旧建造新技术等获冶金科学技术奖一等奖。

中国二十二冶成立于1978年,主要以工程总承包、房地产开发、技术装备制造、多元化产业为主营业务，拥有建筑工程和冶金工程施工总承包特级资质，工程设计建筑行业、冶金行业甲级资质，以及年产能力达 70 万吨的以生产工业与民用建筑钢结构产品为主的三座现代化大型工业园，并在遵化、淮北、邢台设有三个装配式建筑产业基地。近年来，中国二十二冶立足冶金主业不动摇，及时调整冶金市场开发思路，强力深挖南方冶金市场，通过项目陆续中标持续提升冶金市场主动权及话语权，例如临沂钢铁投资集团特钢有限公司年产 270 万吨优特钢项目、广东南方东海有限公司云浮精品钢工程炼钢轧钢料场项目、天柱钢铁炼钢连铸项目等。经过多年的积累，中国二十二冶形成以工法、专利、企业标准等为支撑的焦炉产品施工技术体系，焦炉产品成套施工技术包括焦炉基础、砌筑、护炉铁件、烟道及烟囱、煤塔、熄焦塔等分部分项施工技术，该技术体系具有先进性、实用性和标准化、规范化、可视化等特点，在保证安全质量的前提下，能够切实提高现场施工效率，达到降本增效的目的。中国二十二冶独有的重型轧机牌坊施工技术体系，包括超大型分体式轧机牌坊组装及安装技术、受限空间轧机牌坊拆除技术、轧机牌坊液压自爬行及顶升安装技术、轧机牌坊双机抬吊拆除技术等，关键施工技术都已形成专利、工法和企业标准。

上海宝冶始建于 1954 年，拥有中国第一批房屋建筑、冶炼工程施工总承包特级资质以及国内多项施工总承包和专业承包最高资质，先后参与建设了武钢、马钢、攀钢、宝钢一期、二期、三期主要工程等国家战略工程，通过引进、消化吸收国外先进管理技术、工艺技术、装备技术、生产技术，带动了施工企业在管理、技术、装备等各方面的跨越式发展。在全国率先实现了冶金工程全产业链贯通，从投资、研发、设计、采购、制作、施工到运营、维保，从上游到下游，提供全流程一体的服务，

宝钢特大型现代化高炉群

EPC全产业链竞争优势逐步显现,成功打造了中冶集团领跑者和"王牌军"品牌。上海宝冶突出"冶金建设国家队"专业核心技术的培育,形成了一批以特大型高炉炉壳制造技术、模块化特大型高炉炉体建造与修复新技术、大型热态智能湿法喷涂装置及工艺研究轧线设备在线改造、整体搬迁项目技术等为代表的具有特色的冶金绿色智能建造技术,达到了国际先进水平,引领了冶金施工行业的技术变革。上海宝冶先后承建了"一带一路"台塑越南河静钢铁炼钢工程、越南和发榕橘钢铁股份公司 $4 \times 1080$ 立方米高炉工程、马来西亚马中关丹产业园350万吨钢铁项目、东钢项目等,使中国高炉新建技术走出国门。

中国华冶始创于1974年9月,主要以工程总承包、矿业开发及相关服务为主业,具有矿山工程施工总承包双特级资质、冶金工程总承包壹级资质、钢结构工程专业承包壹级资质。先后承建了天钢、本钢、山西高义钢铁、唐山东华钢铁、金盛兰钢铁、纵横等多家钢铁企业的新建、扩产及升级改造项目的建设,承担了原料、焦化、炼铁、炼钢、轧钢、公辅等系统工程的项目建设。承建的安徽金安矿业有限公司草楼铁矿工程获国家"鲁班奖";武钢500万吨球团工程创大型球团施工规模最大、工期最短的"世界纪录";邯钢薄板坯连铸连轧、邯钢二冷轧、邯钢热轧、天钢烧结等工程获"国家优质工程奖"。尤其是中国华冶本钢炼铁厂5号高炉建筑安装工程的承建标志着公司在3000立方级别以上高炉施工领域有了自己的实践经验;徐州东南钢铁技改项目炼铁系统建筑安装工程高炉炉壳焊接工程获2012年度全国优秀焊接工程优秀奖、徐州东南钢铁技改项目炼铁系统建筑安装工程获2012年度中国中冶优质工程、《提高高炉炉缸砌筑质量一次合格率》荣获2016年度全国冶金建设行业QC成果一等奖。

从运维环节来看,作为冶建建设国家队中专业从事冶金设备运维的

"幕后英雄"们，中冶宝钢等子企业紧跟我国钢铁产业蓬勃发展的矫健历史步伐，全力强化精细管理，大力推进改革创新，为我国钢铁工业技术装备国产化、生产运营现代化和节能减排技术做出了巨大贡献。

中冶宝钢作为中冶集团旗下唯一以冶金运营服务为核心主业的子公司，是集团冶金建设运营服务全产业链中无可替代、不可或缺的重要一环。公司最早起源于1954年成立的武汉钢铁建设公司，先后参加了武钢、攀钢和宝钢的建设，几经更名和重组，2006年12月25日正式更名为中冶宝钢技术服务有限公司，是新中国钢铁工业发展的建设者、见证者和守护者。是国内首家专业从事设备检修、生产协力、冶金特种工程机械制造等冶金运营服务为主的专业公司，是能够为钢厂提供冶金全天候、全产业链、全流程、全生命周期设备运维和生产运营服务的高新技术企业，目前主营业务覆盖国内外27家大型钢厂，致力于成为"国内第一、国际一流"的冶金运营服务商。

从1985年9月宝钢投产开始，中冶宝钢承担了宝钢全工艺链的设备检修及生产运营服务等大量高风险、高负荷的作业项目，实现了从钢铁"护工"到钢铁"护士"，再到钢铁"医生"的华丽蜕变，向着冶金运营服务"专家"的更高阶段阔步前进。随着湛江钢铁的建设步伐，公司承接了湛江钢铁从原料码头到成品运输全产业链冶金运营服务，全面助推湛江钢铁达产、达标、达效、达耗，并在投产第二年就实现盈利，创造出世界钢铁史上的奇迹。尤其在2015年支援湛江钢铁抗击百年一遇的18级超强台风的考验中，一组组闪亮的中冶抢修速度，不但为湛江钢铁恢复生产赢得了宝贵的时间，也展现出冶金运营服务"国家队"的风采，得到社会各界的高度赞誉。2012年"9·5"会议之后，中冶宝钢明确了"检修协力核心主业＋技改工程、装备制造及新型材料、钢渣综合利用"的"1+3"产业发展路径，在不断深耕细作宝武集团宝钢股份宝山基地的基础上,开拓了以武汉钢铁、重庆钢铁、湛江钢铁、邯郸钢铁、日照钢铁、梅山钢铁和越南河静钢铁为核心的七大区域市场,核心主业覆盖国内外27家钢铁企业,打造出全天候、全产业链、全流程、全生命周期的冶金运营服务能力。尤其是2015年紧跟国家"一带一路"倡议开拓的越南河静钢铁市场,成为中国冶金运营服务商走向世界的"引领者"。

中国五冶自1985年9月宝钢一期工程顺利建成投产开始便成立了检修公司,主要开展宝钢检修业务,开启了为冶金行业保驾护航的征程。三十余年来,五冶检修公司先后承接了宝钢、鞍钢、首钢、马钢、沙钢、南钢、中信泰富、3M、中铝、上汽、新浦化学、万华化学等大型冶金、化工企业的设备维修业务,逐步发展成为具有设备动态管理能力和领先技术实力的一流设备管理服务供应商,拥有检修技术专利17项,总结编撰出版发行《设备状态维护与检修技术》系列丛书8册,上百次刷新了同行业设备维修技术与工效。2012年中冶"9·5"会议之后,中国五冶检修公司紧跟中冶战略发展步伐,坚持做强做优冶金主业,以"保姆式服务""增值服务"为指导理念,以"检修连锁项目部""半军事化管理"为管理手段,进一步提升冶金全流程运营维护服务能力,迎来了新一轮快速增长,市场范围迅速覆盖到上海、江苏、河南、河北、内蒙古、辽宁、安徽等18个省辖城市区域,业务范围扩展到原料、焦化、烧结、高炉、热轧等整个钢铁生产工艺链,同时在节能、环保、低碳、污水处理、综合管廊等领域实现了跨界发展。多次被评为全国、上海市设备管理优秀企业、连续11年被评为"五星级诚信创建企业"、国家质量服务诚信示范单位,被誉为维修行业的"设备维护专业先锋,设备服务集成航母"。为了进一步加快发展步伐,提升发展质量,2019年,中国五冶将旗下检修公司更名为五冶工程技术服务公司,以钢铁行业智能化绿色化发展为契机，着力打造智能制造和智能运维产品，向工业生产服务商转型提升，同时把冶金运维优势延展建安工程、智能制造等产业板块，始终保持旺盛的生命力和持续发展的强劲动力，为冶金及工业全流程的绿色智能高效运行提供更高水平的一流服务。

### 2. 全产业链整合优势和控制力进一步增强

自2012年"9·5"会议以后，经过三年时间的发展，到2015年，中冶集团就在冶金工程技术上具备了核心技术优势和独特的全产业链的系统集成能力，在冶金工程领域拥有绝对的竞争优势和领导地位，成为全球最大的冶金工程承包商和冶金企业运营服务商，具备了做全球最优最强最大冶金建设运营服务"国家队"的能力和条件。从数据来看，2015年中冶集团在冶金建设领域已经掌握了一大批独占鳌头的核心技术和产品，形成了无可替代的全产业链整合优势，承建的钢铁项目占世界钢铁市场的60%以上，在国内市场占据绝对领先地位。

2016年，中冶集团与中国五矿重组之后，这种全产业链整合优势更为突出，中冶集团在冶金领域的控制力进一步增强。中冶集团通过整合产业链上的资源，集成各方优势，规避各自运作中的短板，减少交易成本，增强综合服务能力，进一步提高了集团市场占有率和盈利能力，并摆脱了在工程领域低端市场存在的过度竞争局面，创造出一个更为广阔的高端发展空间。例如，2016年11月，中冶集团对上海宝冶和中冶东方进行整合与业务重组，上海宝冶率先实现了冶金工程EPC全产业链的贯通，凸显出整合融合优势。整合后的上海宝冶，作为中冶首家取得施工双特级建筑企业集团，率先实现了EPC全产业链贯通融合，其全产业链的优势，不仅仅体现在合同订单上，还带来了全新的EPC项目管控模式，提高了项目盈利能力，推动了技术进步，增强了设计延伸,加强了人才培养。南乐集中供热 EPC 项目,一期项目覆盖近 20 万平方米,从选址、设计、供货、施工、调试到项目按期供热,宝冶人仅用不到 90 天时间便成功交付。安阳钢铁 5 座焦炉烟气脱硫脱硝项目,计划工期 1 年,宝冶人仅用 120 天,实现首套通烟投产,150 天内实现 5 套全部顺利达标投产,助力安阳钢铁率先实现了烟气脱硫脱硝装置的全覆盖,被多家媒体盛赞"安钢速度";安阳钢铁综合原料场项目,3.9 万平方米的料场,从进场到完工,宝冶人仅用不到 5 个月的时间,再次创造了"安钢速度",并以显著的全产业链优势先后获得安钢周口钢铁高炉和原料场两个 EPC 项目。2020 年,以"疫情防控、复工复产两不误两促进"为原则,安钢周口钢铁高炉及公辅配套设施 EPC 总承包项目克服种种困难,确保了各项重大节点按期完成,EPC 全产业链服务获得用户的高度认可。

近年来,中冶集团已经形成了支撑冶金核心业务、主导产品的行业领先的,具有自主知识产权的专利技术和独特的全产业链的系统集成能力。可以说,近年来中冶集团在一批重大钢铁项目所取得的成功,无一不是发挥了中冶集团全产业链集成整合优势。例如,2017 年 9 月,中冶集团联合国轩高科、比亚迪、曹发展共同投资设立中冶瑞木新能源科技有限公司,将巴新中冶瑞木镍钴矿的氢氧化镍钴产品加工成高镍三元前驱体材料、提取高纯氧化钪,打通了从原料到前驱体、正极材料、电池组装、整车制造一条龙的产业链优势,实现全产业链融合,投产后将覆盖国内动力电池 50% 以上的市场份额,是全球最大的高纯度氧化钪生产和研发基地。除此之外,2017 年开始部署的曹妃甸亿吨级国际矿石交易混配中心项目,从技术、产品、项目的"混合物"升级为能力、业态、模式的"化合物",需要解决很多难题。中冶集团对这一项目的参与,体现了中冶集团借助已有的布局优势,利用金属

中冶瑞木新能源生产基地

矿产服务链的高延展性，催生新产业、创造新产品、获得新市场、开启新空间的发展目标。

2018年，河北纵横丰南钢铁项目是继宝钢湛江项目之后，近期国内在建的最大钢铁项目。面对中钢设备、首钢国际、鞍钢建设等业内对手，中冶集团充分发挥"国家队"全产业链和协同联合的综合实力优势，全部承揽了合同总额120亿元的各主体单元工程。中冶集团还基本包揽了国内环保搬迁、节能减排和产业升级的大型项目。2019年，中冶集团紧盯热点区域、重大项目、战略客户，新签合同额再创历史新高，绿色化、智能化、全流程全产业链的系统解决服务能力进一步提升，陆续签订防城港钢铁、营口京华钢铁、石钢环保搬迁、印度塔塔JSR焦炉、欧洲特大型高炉大修设计及设备供货、莫桑比克特特（Tete）钢钒工程等一大批国内外重点钢铁企业主要冶金项目合同，再创历史新高。

2020年，中冶集团紧跟行业布局调整和产业升级步伐，大力推进与重点钢铁企业深度合作，持续巩固冶金市场领先优势。陆续中标中天钢铁、安钢周口基地等20余项重大冶金项目。中标的山东临沂特钢是国内最大的单体冶金EPC项目。在绿色化方面，中标全球首例氢能源开发利用示范项目设计；在智能化方面，中标业内规模最大、产线最多、集成度最高的马钢铁前一体化智慧管控中心项目。在国际市场，签署俄罗斯钢铁巨头新利佩茨克公司（NLMK）高端电工钢连退机组合同，签订越南台塑河静钢铁转底炉EPC项目，承揽河钢塞尔维亚钢厂转炉煤气回收系统总包工程。

可以说，经过多年的发展，中冶集团的全产业链优势和控制力有了巨大提升。放眼全球，在冶金工程建设领域，没有任何一家企业能够像中冶一样，具备从勘察、咨询、设计，到装备制造、施工、运营的全产业链、全生命周期的服务能力。相信中冶集团通过进一步整合在冶金、基本建设、环保领域的产业化工程承包解决方案的独特优势，找准自身优势和国内外市场需求的结合点，加速将优势转化为订单、形成效益，中冶的海内外业务一定会有更大起色和更大进步。

### 3. 不断提升产业链竞争力维护产业链稳定

#### （1）中冶集团产业链竞争力进一步提升

过去，在中冶集团四大业务板块中，一直是"工程独大"，工程建设"一头沉"，这种"小鸟找食"的发展模式，受宏观经济波动的影响较大，而且"年年清零"，再加上处于产业链下游，看起来轰轰烈烈，实则非常辛苦且广种薄收。同时，一些传统的产业链下游的设备商向上游拓展，采用以装备制造带动工程设计供货的商业模式，正在转型成为颇具实力的制造服务商，这给中冶在冶金工程领域的发展带来新的竞争压力。对此，中冶集团通过经营模式的创新促进中冶再创业，逐步构建起了新的核心竞争力。

第一，进一步加强钢铁全产业链整合优势，打造面向钢铁企业全生命周期服务的生态链。与中国五矿重组后，中冶集团无论是行业影响还是品牌形象都得到较大提升。重组后的新中国五矿在全球率先打通资源获取、地质勘查、设计建设、开发运营、贸易物流、精深加工的全产业链通道。借助于中国五矿"两头在外"的资源整合能力，中冶集团发挥在矿石和钢材贸易、物流、金融等方面的平台优势，尤其是曹妃甸矿石混配中心的资源优势，增强前端和后端资源服务能力，强化与钢铁企业生态圈的紧密联结，更好地为钢铁企业提供全产业链的增值服务和综合解决方案。目前，新中国五矿在体量上一举超过必和必拓、力拓、淡水河谷三大矿业巨头，成为全球金属矿产行业名副其实的"航空母舰",在2020年《财富》世界500强排行榜中,新中国五矿位列第92位。

第二,创新商业模式,构建全生命周期运营服务能力。以股权介入等方式,与客户形成利益共同体,介入钢铁企业运营服务当中,打造样板厂,提升全生命周期运营服务的能力。在钢铁领域,以投资入股的方式参与到目标企业的运营服务上,大胆探索创新,由低端向高端、由点向面、由浅入深,获取持续稳定的服务收益。在市政基础设施领域,采取工程+资本的模式,打造产融结合新优势,以小资本掌控大项目。在PPP项目运营管理上,中冶集团要求各子企业坚持"专业的人做专业的事",加强专业运营管理队伍建设,同时集团设立中冶投资公司,既提升PPP项目的市场竞争力,又降低运营风险。

第三,坚定冶金建设国家队国际化战略不动摇,做实做强海外运营平台。战略上鼓励第一梯队企业强化海外运营团队建设,依据不同市场的特点,制定不同的营销策略;根据不同市场的风险和市场需求,动态调整和优化海外战略布局。将深耕细作和风险防控有机结合,着力培育海外运营平台的能力,尤其是整合海外资源的能力,把海外运营平台做实做强。以第一梯队为主体,牢牢抓住国内钢铁企业"走出去"机会,成为中国钢铁产业融入全球化的重要支撑。

**(2)为维护国内国际产业链稳定做出了积极贡献**

由于疫情影响,目前产业链上的首要问题就在于保护国内国际产业链的稳定。对此,中冶集团勇于伸出肩膀扛起担当、举起双臂托起担当,在抗击疫情、勇扛急难任务、复工复产、医疗支援、保障重点工程重大项目、稳定产业链供应链等方面做出了积极贡献,企业疫情防控取得阶段性战略成果,重大项目稳步推进,复工复产整体水平和上半年经营效益均表现突出,为维护国内产业链供应链的稳定发挥了应有作用，充分彰显了"中央企业是顶梁柱，关键时刻顶得住"的责任担当。

中冶集团在抗击疫情中冲锋在前、勇挑重担。在疫情防控斗争中，中国五矿、中冶集团讲政治、顾大局，果断决策、超前部署、迅速行动。国文清通过三次重要部署，极大地鼓舞了士气、激扬了斗志，给当时有些茫然不知所措的同志吃了"定心丸"，也为全系统做好疫情防控与生产经营工作指明了方向。之后，结合疫情形势变化，又先后召开总经理办公会、专题会等会议24次、开展调研6次，多次视频连线境内外企业，对防疫物资储备、有序复工复产、充分利用国家政策、应对金属价格大幅下跌、财务资金风险管控以及境外疫情防控等一系列工作进行具体部署。

针对新冠肺炎疫情影响，中冶集团在做好国内疫情防控与复工复产的同时，想方设法按时按约、保质保量推进海外重点项目实施，确保国文清提出的"国内力量上不去的国外力量要上，武汉力量上不去的国内其他力量要上"，有力推动了海外复工复产，以实际行动向世界传递中国企业践诺履约的决心和实力，为促进全球产业链稳定、供应链畅通做出应有贡献。具体来看，中冶集团主要从以下四个方面着力推动复工复产：一是提升商务管理水平，精准制定"行动指南"。疫情期间，中冶集团通过制定风险预案，召开网络会议，加强远程办公等诸多方式，加强与国外业主、合作伙伴的交流，确保项目有序推进，把疫情影响降到最低。二是合理调配属地资源，确保人员"不断档"。中冶集团通过共享人力资源，引进和培养当地员工，优化激励机制等措施有效推动了项目进展。三是积极调动各方资源，确保工程"不断粮"。中冶集团采用大小结合、新旧结合、内外结合的"三结合"方式解决设备短缺问题，积极在当地市场寻找可替代品牌的材料和设备，

防城港钢铁基地

协调国际物流运输，确保材料设备的供给。四是充分借助现代通信技术，确保组织"不掉线"。中冶集团通过各种现代通信加强国内外员工的工作联系和沟通，安装调试硬件网络进行专门监控，运用云视频研究图纸、方案，现场视频指导施工技术，确保项目各项工作顺利推进，施工生产安全有序。

总之，中冶集团通过时间上的超前部署、先人一步，工作上的有条不紊、严密布防，整个组织体系运转高效、贯通顺畅、反应敏捷，为维护国内国际产业链稳定做出了积极贡献。未来，中冶集团将进一步挖掘全产业链系统集成的潜在优势，不断提升竞争力、创新力、控制力、影响力和抗风险能力，在危机中育新机、于变局中开新局，以高质量发展的更大实绩，为做好"六稳"落实"六保"、决胜全面小康、决战脱贫攻坚做出新的更大贡献。

### 4. 在促进双循环、双互动方面取得新成就

在新时代新阶段新形势下，面对加快形成以国内大循环为主体、国内国际双循环相互促进新发展格局的要求，中冶集团以"国家队"的自信、"国家队"的底气，以"引领和带动中国乃至世界钢铁工业发展"为使命担当，以科技创新引领为战略基点、以提升产业链控制力为关键，进一步加快补短板、锻长板，重塑新型高端供给体系，实现产业链基础能力和产业链现代化水平持续迭代升级，牢牢占据世界第一冶金建设国家队的地位，真正成为支撑中国钢铁强国的"国之重器"。

从国内循环和国际循环来看，近年来，中冶集团不断推进自身从自循环、集团内循环向广泛融合利益相关方资源和社会资源的大循环转化，逐渐打造出一个韧性更强、差异化更凸显的冶金建设产业生态圈，使中冶冶金建设国家队在钢铁产业链、价值链中的位势进一步得到提升。

目前，随着"一带一路"建设和国际产能合作的深入推进，发展中国家和新兴市场经济体的经济复苏、发达国家的产能改造升级给中冶集团带来了新的市场空间。中冶集团冶金建设业务已稳占全球市场的60%，但依然有40%的巨大增长空间。作为全球最大最强的冶金建设承包商和冶金企业运营服务商，中冶集团已经具备进一步竞争剩余40%市场份额的先天优势。而中冶下大气力打造世界第一冶金建设国家队的实践，将对中冶进一步扩大市场份额起到决定性作用，加速推动中冶集团上升为垄断世界冶金建设业务的巨头。

为争取早日实现这一目标，中冶集团拓宽国际视野，打破原有的惯性思维和运营模式，加强国际合作。中冶集团聚焦"一带一路"，以新理念、新设计、新策略加速推进核心技术的产品化、产业化，把核心技术搭载到装备和产品上发往"一带一路"，强势拓展国际冶金建设市场，持续提升中冶的国际竞争力、影响力和控制力。通过走深走实走稳国际化步伐，保护好产业链供应链，在主动参与国际竞争和全球产业链重塑中实现企业自身更好发展。

从产业链与创新链的统筹来看，一方面，中冶集团坚持围绕产业链部署创新链，在集团产业链范围内取得了大量科技成果。中冶集团努力破除科技创新链条上存在的诸多体制机制障碍，打破科技研发的"企业墙"，加强内部协同合作，形成在创新链上合理分工、优势互补、协同高效的发展格局。在技术创新上投入了大量的资金和人力，下大气力进行关键核心技术的联合攻关，弥补了在核心工艺技术、装备技术和自动控制技术方面的短板，拥有了大量具有自主知识产权的核心技术，打造了以工艺设计为龙头、核心技术和产品制造为依托、工程项目管理和施工为支撑的全产业链钢铁工程系统集成能力。

另一方面，中冶集团围绕创新链布局产业链，大力推动核心技术产品化、产业化。科技成果转化渠道不畅通，不能很好助推产业链水平提升，一直是诸多企业面临的重要问题。中冶集团始终坚持实战化导向，积极推进一些关键环节和关键部位核心专利技术产品化、产业化应用，坚持研发出一批、产品化一批、产业化一批，在市场中接受检验、创造效益，不断打造新的产业增长点，加速形成市场科技和效益科技，在以创新链推动产业链发展上取得了诸多新成就。

## ◎ 中冶集团产业链重塑的经验与启示

中冶集团自 2012 年至今在产业链发展上的探索，不仅仅在于对自身产业链的重塑，更在于向国家贡献出了完备成熟的全产业链经济实践的经验，甚至是产业链现代化的发展理念乃至理论。具体来看，中冶与五矿的互补式重组为产业链重塑提供了新模式，对未来我国产业链重塑，促进产业链水平现代化有着重要启示意义。中冶在产业链重塑上的实践也告诉我们，产业链重塑必须坚持企业自身的底色，要在企业底色基础上开拓创新，并确定好转型发展的合理边界和作战半径，要注重发挥好产业链上各个方面协同作战的效能。

### 1. 互补式重组为产业链重塑提供了新的模式

中冶集团的产业链现代化过程主要涉及两条产业链，一条是中冶自身以冶金建设为基发展而成的包括基本建设、新兴产业在内的产业链补全、升级，另一条涉及的就是中冶与五矿的产业链互补式重组，以及重组以后双方产业链之间的合作。在中冶与五矿的重组中，两家企业的业务分布在产业链上下游，重叠性较小，属于"互补式重组"，双方各有优势和劣势。重组后的新中国五矿不断瞄准产业链各环节的互联互通持续发力，创新打造千亿内部市场，有序推动多领域协同协作和深层次整合融合，从产业整合、管理整合，到人员交流、文化融合，探索出独具特色的互补式重组发展模式。这为我国产业链的重塑提供了新的模式，对其他领域的产业链重塑和企业重组提供了良好的示范。

从双方的特点来看，中冶集团虽然拥有冶金全产业链整合优势，但缺乏对上游金属矿产资源和下游市场的掌控力，与金属矿产资源捆绑后可提高企业自身价值，提升在产业链中的地位，带来更多的发展机会。而通过与五矿的重组，中冶集团就拥有了金属矿产资源，这使中冶对市场的控制力和影响力由单一的工程技术拓展到部分掌控客户对上游资源的需求，并在打造"冶金建设国家队"的进程中，形成集资源获取、工程设计、项目建设、生产运营及产品流通为一体的冶金矿业全产业链综合服务能力，进一步增强与钢铁、有色金属行业的深度融合能力，增加下游钢铁与有色金属生产企业对中冶的依赖度，进而增强中冶在钢铁与有色金属行业的生命力和话语权。而且随着金属矿产资源稀缺性的愈加凸显，这种作用将愈加强大。

中国五矿的海外资产占比在40%以上，国际化水平高，具有扎实的国际化经营基础和能力，法律、商务等国际化人才集聚，历史积累和历史经验都很丰富。虽然由于全球矿业低迷面临困难，但那是暂时的，矿业发展是长周期项目，是长富久安的发展，它的品牌和地位是无可替代的。而且中国五矿全球化的市场布局、在政府机构的影响力和金融全牌照对中冶有助力效果。虽然重组之初，中冶集团为五矿提供了有力的支撑作用，但从长远来看，五矿会对中冶提供强大的全产业链拉动作用。可以说，中冶集团与中国五矿进行战略重组，是一种强强联合，是一种理性、正确的战略选择。

重组以来，两家变成一家，最直接的效应就是重新优化连接了产业链的各个环节，天然创造产生了巨大的内部市场。战略重组打通了从勘查、矿山、冶炼加工到贸易的整条金属矿业产业链，两家企业的产业链进一步扩张、实力进一步彰显，在互补中各自找到了发展空间。中冶集团在管理模式改革、项目管控体系变革、专业化区域化与产业链整合等方面的一系列改革举措梯次铺展，改革活力突出彰显。中冶五矿重组后打造1000亿内部市场的实践，是内部价值链要素优化组合的有效方式，是全产业链、全业务、全方位协同整合的重要抓手，充分发挥了互补式重组的独特优势，是对中央企业重组新范式、新规模、新道路的有益探索。

可以说，重组前的中国五矿虽然拥有金属矿产资源产业链，但产业链创新能力明显不足；中冶集团虽然拥有冶金全产业链整合优势，但缺乏对上游金属矿产资源和下游市场的掌控力。重组之后的中冶集团已站在更高的起点，加速培育形成世界第一冶金建设运营服务"国家队"，在切实承担起引领中国冶金走向更高水平、走向世界的国家责任的同时，积极参与到国家安全保障战略中去，不断增强中冶集团在钢铁与有色金属行业的生命力和话语权，成为党和国家值得信赖的依靠力量。

### 2. 产业链重塑要在企业底色基础上开拓创新

中冶集团在产业链重塑过程中，坚持和发展冶金主业，在保持冶金底色的基础上进行开拓创新，对其他企业重塑产业链有着重要借鉴意义。冶金工程技术及其全产业链的集成整合优势是中冶最独特最鲜明的实力底色。这是中冶集团不同于其他企业的最独具特色的核心竞争力，是中冶人在70年历史的持续探索、实践实战、接续传承中孕育形成的，是中冶最基础、最广泛、最深厚、最持久的优势，无论过去、现在还是将来都是企业发展的根本保证，都必须倍加珍惜，让这一独特优势更突出、更拔尖，放射出更加灿烂的光芒。

第四章 产业链重塑篇

2017年11月5日,国文清一行赴新加坡实地调研考察地铁项目

要进行产业链重塑必须坚持这一底色。现实的危急和历史的教训使中冶痛定思痛，悟出了一条重构"回归主业"盈利模式的抉择，踩住"刹车"控制速度，科学"转弯"有效转型。强调冶金工程主业是中冶人的"看家本领"，企业不应该也不可能舍弃主业，必须保持、发挥和持续攀升这一传统比较优势，否则中冶不称之为中冶，中冶的优势和特色将不复存在。在任何时候都要清醒地认识到，钢铁全产业链的服务能力是中冶与生俱来、得天独厚的天赋异禀和比较优势，是中冶集团能够与国际一流同行同台竞争、相媲美的独具特色、独一无二的比较优势。

可以说，中冶走入困境的重要原因就在于没有很好地珍惜和发挥这一底色优势，而中冶重新走向辉煌的重要原因就在于重新聚焦冶金主业，形成了国际领先的从勘察、咨询、设计到装备、制造、施工、运营一体化的冶金建设领域全流程系统集成整合能力。企业发展有高峰有低谷，无论任何时候，都不应该舍弃主业，必须专注于做自己有能力、最擅长、最熟悉、最拿手的事情。

当然，在回归冶金主业，构建冶金全产业链的过程中，中冶集团也遇到了新的挑战。无论是钢铁结构调整转型升级造成的钢铁行业减量化，还是新工艺、新流程、新材料、新装备、绿色化、智能化等高质量和系统化发展的需要，都对技术创新、模式创新、全产业链的集成整合能力，特别是运营服务能力提出了新要求、新课题。

对此，中冶集团坚持"聚焦中冶主业，建设美好中冶"不动摇，一方面从过往发展历程中找寻规律、借鉴经验，另一方面抓住新一轮科技革命带来的独特机遇，实施转型升级，与钢铁工业同频共振，共同迈向全球产业链价值链中高端，真正实现了在这一领域的引领和担当。

中冶集团通过重塑产业链、价值链，在"专业链+产业链"上增补拔高，把优势链条做得更优、把薄弱链条补强、把缺失链条补全，让全产业链集成整合优势更彰显，形成了一个弹性好、效率高的供给服务体系。近期以来，中冶特别重视全过程咨询能力的提升，通过咨询能力的提升带动产业链上"规划、设计、建造"这三部分的大发展，将为钢铁客户和集团自身的发展创造更多价值。这是顺应国内建筑体制改革、与国际接轨的必然要求，也是构建和钢铁企业更紧密关系和实现以咨询切入，带动后续大量工程业务的新的增长点。

正是在坚持冶金底色的基础上，通过这些艰苦努力，才使中冶集团产业链重塑取得了如此巨大的成就。正是在"聚焦中冶主业，建设美好中冶"目标的引领下，中冶集团坚持冶金底色，不断披荆斩棘、勇往直前，才使中冶集团产业链重塑有了核心支柱，为整个中冶产业链现代化水平的提升，为中冶提高产业链竞争力和控制力打下了坚实基础。

### 3. 产业链重塑要确定合理的边界和作战半径

产业链的重塑要坚持企业底色，但并不意味着企业不能根据时代变化和自身特点，推进转型发展，不断拓宽产业链的范围。需要注意的是，企业在转型发展上，必须使产业链的延伸和多元化发展有合理的"企业边界"和"作战半径"，依托企业传统优势向外适度延伸再造新优势，这样才能更好地提升企业核心能力、提升企业的优良品质。

从中冶集团的历史来看，如果说中冶集团的成功，在于坚持冶金底色，那么中冶的不成功就在于，在转型的过程中其他产业过多过大地占用了集团整个资源，反而成为企业发展的短板和拖累。实际上，很多企业的领导对于企业转型发展的概念是不清楚的，稀里糊涂、盲目"跟风"搞转型，没有根据企业特点，选择合理的"企业边界"和"作战半径"，从而使企业陷入不利局面。

中冶集团深刻认识到，在转型发展上，产业链延伸和多元化发展是有合理的企业边界和经营范围的，中冶集团的转型不是转方向，不是把业务转到其他领域去，而是把人才和资源向产业链的关键环节和高端集中，向提升核心竞争力和运营力集中，向创造新优势部位集中，转型是为了提升，转型的出发点和落脚点根本上是提升核心能力、提升优良品质。必须设定合理的"企业边界"和"作战半径"，依托传统冶金工程比较优势向外适度延伸再造新优势，提升核心能力、提升优良品质，这成为制定整体战略的大逻辑。

在这一认识之下，中冶集团在坚定冶金技术升级、产业链升级的"内拓内升"基础上，以冶金建设为"圆心"适度多元，再造新优势。中冶集团依托冶金领域的先天优势基因和资源禀赋，以冶金核心优势的移植再造、外展再扩的"裂变"，大幅拓展冶金优势的市场利基。把冶金工业领域"水电气"等技术优势以及规划、设计、建设等全产业链系统集成优势，在合理作战半径内，移植、转化到市场前景更广阔的基本建设和新兴产业领域，在高端房建、交通市政、地下综合管廊、大型体育场馆建设以及污水处理、垃圾焚烧、钢渣处理、钢结构等领域大展身手，创造了新的增量发展空间。这样，既丰富了钢铁冶金的内涵，又扩大了外延，快速推动中冶集团从相对单一的冶金业务转变为"一业为主、多元支撑"大冶金发展格局，有效抵御了钢铁产业波动带来的冲击。

### 4. 产业链重塑要发挥好各方协同作战的效能

产业链重塑涉及整个产业链上的多个环节和多种主体，只有将各方更好地联合起来，发挥好协同作战的优势，才能更好推动产业链重塑，不断提升产业链现代化水平，使产业链重塑真正发挥出良好效益。可以说，世界顶尖的工程公司之所以称之为一流，除了在有限细分市场兢兢业业做专业，具有超强的专业竞争能力，始终在行业内保持技术、产品和市场的绝对优势以外，另一个重要原因就在于能够有效协同组合专业特长，形成了一流的集投融资、规划、设计、建设及运营的全产业链一体化服务能力。中冶集团在整个产业链重塑中，同样非常注重各方的协调合作，具有重要的启示意义。

第一，中冶集团总部作为综合管理平台，充分发挥在战略、技术、人才、资金等方面的整合作用，向关键领域配置资源和能力。在与子企业的关系上，总部职能部门与子企业之间分工协作、形成拳头、合力开发。在体系建设方面，总部系统研究如何进一步加强市场协调力度，为各单位在市场协调方面达成思想共识，协调行动做出安排。明确要求各子企业要一致对外，通过签订战略合作协议、战略资源互换、相互交叉持股等多种形式固化冶金建设国家队"全产业链联盟"关系，打造共同面向市场、实现企业共赢的命运共同体。使中冶集团更好地发挥出团队作战的强大优势，有效避免了内部恶性竞争，更好地维护了集团整体利益。

第二，中冶集团注重让各子企业形成差异化发展格局，明确了设计类子企业的第一梯队、第二梯队以及"结对子"的施工类子企业序列，在保持钢铁冶金全产业链集成整合优势的基础上，构建起了差异化的发展格局，有利于保有中冶相对控制的传统冶金产业的利润空间。鼓励结对子企业尝试一体化项目部，从快速投标、成本控制、内部设计与施工协作、资源共享等方面精诚合作，积极探索长期合作的工作机制和合理的利益分配机制，提高管理效率和风险控制能力，降低内部沟通和管理成本，真正实现风险共担、利益共享，切实将全产业链整合优势转化为强大的市场竞争优势。最终要让相关子企业凭借独具特色的"核心技术优势、高端人才优势、核心装备制造优势、生产运营优势、资本运作优势"等全产业链一体化优势抢占市场竞争的制高点，快速做大做强，成为这些细分行业的领军企业。

第三，中冶集团还明确要求设计类子企业要与钢铁企业深度合作，加强与钢铁企业的协同。中冶集团将目前具备绝对优势的工程技术与钢铁企业具有的工艺技术深度融合，同时深入研究学习、掌握核心装备技术，形成中冶集团对钢铁企业建设、运营等一体化的全产业链技术服务能力。对于重大科技项目，设立一批专业创新工作室和课题小组，采取多专业联合攻关，加强产业链上下游战略合作。

第四，中冶集团将内部协同上升到与中国五矿的协同。借助中国五矿在矿石贸易、物流、金融等方面的平台优势，加速中冶与五矿业务的深度融合，打造冶金建设产业生态圈，使相关价值链互联互通，构建起全方位的价值链网络。创新资本对产业的支持模式，以战略合作、成立合资平台、兼并收购等多种方式，在控制好风险的基础上，实现与同业者和资源关联方的深度合作，形成利益共同体。

最后，中冶集团将这种协同进一步扩大到社会资源、国际资源的大协同。中冶集团基于业务的多元化和业务的互补性，以战略合作、成立合资平台、兼并收购等多种方式，扩大与同业者、资源关联方之间的业务协同和产业链供应链的深度合作，在传统冶金全产业链上继续占据高位、扩大优势、保持绝对领先地位。中冶集团还进一步扩展海外产业链，沿着产业链和价值链的高端，在重要目标市场并购重组所在国当地优势企业，快速形成市场竞争优势，深度融入国际冶金产业分工体系，成为未来世界钢铁产业价值链中不可分割的一部分，增强了对冶金产业链的控制。

# 第五章

# 供给侧改革篇

供给侧改革全称是供给侧结构性改革，推进供给侧结构性改革是当前和今后一个时期我国经济发展和经济工作的主线，是以习近平同志为核心的党中央为转变经济发展方式、调整经济发展结构做出的正确战略抉择。中国特色社会主义进入新时代，我国经济发展也进入了新常态，供给侧改革是经济发展新常态的必然要求。国有企业改革是供给侧结构性改革的关键环节，"三去一降一补"五大任务是供给侧结构性改革的基本实践要求，而实现供给体系质量和效率的提升则是供给侧结构性改革的重点和目标。近年来，中冶集团坚持以国企改革引领供给侧结构性改革，积极推动集团各方面改革，勇做供给侧结构性改革的先行者，不断推动企业再拔尖再拔高再创业。中冶集团在供给侧结构性改革的实践中，积极瘦身健体，剔除供给侧的冗余与包袱，在下大气力补短板锻长板，不断提升供给质量的同时，着力提供新型供给，进一步优化供给结构，供给侧结构性改革成效显著。中冶集团在供给侧结构性改革中，坚持紧跟改革步伐，保持战略方向定力，坚持运用辩证思维，做好企业加减乘除，坚持内部优化，形成良好梯队结构，坚持占领产业领域，构建全球供给体系，对进一步推动供给侧结构性改革有重要启示意义。

## ◎供给侧改革的现实意义

2015年11月，习近平总书记首次明确提出供给侧结构性改革。供给侧结构性改革是经济发展新常态的必然要求，是当前及今后一个时期要长期坚持的经济工作主线。在2020年10月召开的十九届五中全会上，习近平总书记再次强调，"要坚持供给侧结构性改革的战略方向，提升供给体系对国内需求的适配性"，可见供给侧结构性改革的重要性。

2020年12月举行的中央经济工作会议进一步指出,"要紧紧扭住供给侧结构性改革这条主线,注重需求侧管理,打通堵点,补齐短板,贯通生产、分配、流通、消费各环节,形成需求牵引供给、供给创造需求的更高水平动态平衡,提升国民经济体系整体效能。"这一要求在坚持供给侧结构性改革的同时,进一步提出注重需求侧管理,以创造供给与需求之间的更高水平的动态平衡,为下一步我国经济发展提出了新的更高要求。国有企业在我国经济发展中具有重要地位,国有企业改革也因此成为供给侧结构性改革的关键环节,对此,国有企业要进一步把思想和行动统一到以习近平同志为核心的党中央的决策部署上来,为供给体系提质增效,为国民经济体系整体效能的提升,作出新的更大贡献。

### 1. 供给侧改革是经济发展新常态的必然要求

习近平总书记2014年5月在河南考察时指出:"我国发展仍处于重要战略机遇期,我们要增强信心,从当前我国经济发展的阶段性特征出发,适应新常态。"在2014年11月9日亚太经合组织(APEC)工商领导人峰会上,习近平首次系统阐述了经济发展新常态,并指出中国经济呈现出新常态的几个主要特点:在速度上:"从高速增长转为中高速增长",在结构上:"经济结构不断优化升级",在动力上:"从要素驱动、投资驱动转向创新驱动"。

中国经济发展步入新常态是国内国际大的经济发展背景下的历史必然,2008年国际金融危机发生以来,其影响日益扩大,国际市场受到了重创,传统产业不断萎缩,各国都在发展新兴产业并寻找新的发展契机,由此而引发了新一轮的产业革命和科技革命,同时各国都更加注重对于经济结构的调整、改革与创新。在参与国际分工与国际竞争的过程中，我国的产品大体位于产业链和价值链的低端和劣势，对于国内来说，外部市场的紧缩与内部消费需求的转型使我国的传统产能过剩，经济结构性问题十分突出，并进一步导致大量资金流入虚拟经济市场，实体产业，特别是工业的质量和效益得不到提升，我国经济面临着增长速度换挡期、结构调整阵痛期、前期刺激政策消化期"三期叠加"的状况。

党的十八大以来，针对国内国际经济领域出现的新问题，呈现的新常态，习近平总书记指出："认识新常态，适应新常态，引领新常态，是当前和今后一个时期我国经济发展的大逻辑。"为此，党中央做出了转变经济发展方式、调整经济发展结构，进行供给侧结构性改革，推进经济结构调整和转型升级。在2014年12月9日中央经济工作会议上的讲话中习近平总书记就指出了："随着我国收入水平提高和消费结构变化，供给体系进行一些调整是必然的。"在2015年3月28日博鳌亚洲论坛上的主旨演讲中习近平总书记进一步提出，"中国将主动适应和引领经济发展新常态，坚持以提高经济发展质量和效益为中心，把转方式调结构放到更加重要位置"。在2015年11月10日召开的中央财经领导小组第十一次会议上，习近平总书记强调，在适度扩大总需求的同时，着力加强供给侧结构性改革，着力提高供给体系质量和效率，增强经济持续增长动力，推动我国社会生产力水平实现整体跃升。这是党的十八大以来，习近平总书记首次在公开讲话中明确提出"供给侧结构性改革"。推进供给侧结构性改革，是对我国经济发展新常态下做出的正确的战略选择，抓住了我国当前经济发展中的关键性问题，即供给侧结构性错位和失位问题。比如在冶金建设领域，一些关键性的技术不能够掌握，一些关键性的核心设备不能够自主生产制造，需要依赖进口，钢铁等工业产品没有市场，存在大量的产能过剩，而要想解决这些结构性问题，就必须大力推进供给侧结构性改革。

### 2. 供给侧改革的关键环节是国有企业改革

企业是构成我国当前经济发展的基本单位和主力军，特别是国有企业，在我国国民经济中占有主导作用，在市场中占据特殊的地位。国有企业的改革在供给侧结构性改革中占有最为基础的地位，是供给侧结构性改革的排头兵和先行者。习近平总书记在 2016 年 7 月 2 日给全国国有企业改革座谈会的批示中强调："要坚定不移深化国有企业改革，使国有企业在供给侧结构性改革中发挥带动作用。"

国有企业在我国国民经济中占有主导的地位，国有企业的总资产和营业性收入的规模庞大，是我国经济的重要支撑力量，而且国有企业占据着我国产业构成中的重要领域，比如钢铁、交通、基础建设、航天航空、电力、通信等基础性和关键性领域。在国有大型企业中，如中国石油化工集团公司、国家电网公司、中国建筑集团有限公司等都在世界 500 强企业中位于前列。国有企业的强大实力使其在我国的整个供给体系中占据核心地位，国有企业为国民经济的运行提供了产业基础原料、产品和产业保障，是经济运行供给的命脉；同时，国有企业为我国产业的发展提供了重要的技术支持，许多重要的科技创新与技术设备需要具有雄厚经济实力与科研实力的国有企业来完成。国有企业在供给侧所占据的重要地位决定了对国有企业进行改革的关键性。

同时，供给侧结构性改革的某些要求本身就是专门针对国有企业存在的问题而提出的。例如，习近平总书记在 2016 年 5 月 16 日中央财经领导小组第十三次会议上的讲话中指出："要推进国有企业改革，加快政府职能转变，深化价格、财税、金融、社保等领域基础性改革，为推进供给侧结构性改革创造条件。特别要强调的是，处置国有企业中的'僵尸企业'本身就是推进国有企业改革，就是国有经济战略性调整。中央企业要有担当，起带头作用，今年要在处置'僵尸企业'上取得实效。"可以说，一些国有企业虽然体量庞大，但是产能过剩、僵尸企业、企业负债等结构性改革的重点问题也颇为严重，比如钢铁煤炭的产能过剩问题、连年亏损的僵尸特困企业的问题，这些问题严重影响了供给体系、占用和浪费了大量资源，拖了国民经济发展的后腿。因此，推进供给侧结构性改革，就要针对国有企业存在的诸多问题，抓住改革不动摇，以国企改革带动供给侧改革。

### 3. 供给侧改革的实践要求是"三去一降一补"

"三去一降一补"是供给侧结构性改革的主要任务，也是供给侧结构性改革的主要具体措施。中央在提出供给侧结构性改革时，就提出了化解过剩产能、降低企业成本、化解房地产库存、防范化解金融风险的要求，此后又进一步提出"补短板"，形成了"三去一降一补"的总体任务格局，即去产能、去库存、去杠杆、降成本、补短板。习近平总书记在2016年5月16日中央财经领导小组第十三次会议上指出："当前重点是'三去一降一补'，五大任务相互关联、环环相扣。去产能、去库存，是为了调整供求关系、缓解工业品价格下行压力，也是为了企业去杠杆，既减少实体经济债务和利息负担，又在宏观上防范金融风险。降成本、补短板，是为了提高企业竞争力、改善企业发展外部条件、增加经济潜在增长能力。"

去产能是将企业的过剩产能进行有效的化解，将一些生产资料从一些产能过剩的行业和企业中解放出来，用于有市场需求的有效的产业和行业中。比如针对钢铁和煤炭企业实施的化解产能过剩的改革，通过企业重组、淘汰落后产能、财政奖补政策等措施，将钢铁和煤炭产业的过剩产能降低，将"僵尸企业"关停并转。去产能不仅依靠政府政策，还要依靠市场的优胜劣汰的市场机制，政府政策要给优秀产能企业一个公平公正的竞争环境。去产能同时是对落后和污染产能的清除，符合创新、协调、绿色、开放、共享的新发展理念；去掉过剩产能为培育新动能创造了空间，有利于加快新旧动能的转化。

去库存是强调供给侧与需求侧的有效连接，为现有的过剩产品找到市场。去杠杆针对的是债台高筑、债不抵资的企业，这些企业由于连年借债产生了杠杆化的高金融风险，通过股权融资的方式来改变债券融资的方式，从而进一步降低企业的金融风险。

降成本是供给侧结构性改革的一个关键性的举措，我国的实体企业的生产成本一直处在高位，在生产原料和能源、服务的成本方面，我国的企业所耗费的较之西方发达国家的企业普遍偏高。在各个成本要素投入的比例上，我国的企业也出现了很大程度上资源配置的不合理，主要表现在对于物质成本的投入偏高，而人力成本和技术成本的投入偏低，这也是降成本的主攻方向，重新进行成本配置使之能够最大限度地发挥合力。习近平总书记曾指出，推进供给侧结构性改革要"优化现有生产要素配置和组合，提高生产要素利用水平，促进全要素生产率提高，不断增强经济内生增长动力"。提高全要素的生产率在一定意义上就是优化资源配置，降低企业成本。

补短板是为了更好地扩大有效供给体系，使供给体系更加完善，具有韧性和抗风险的能力。一是企业的核心技术和设备的研发制造，通过产品的研发与创新来补齐核心设备与技术的不足，并不断通过创新供给开发新的产业与市场。二是调整与补齐制度的缺失，通过优化管理体系，创新制度建设，为供给体系创造更优的环境与规则。2020年

7月，习近平总书记在中共中央政治局会议上进一步指出："要提高产业链供应链稳定性和竞争力，更加注重补短板和锻长板。"这为供给侧结构性改革提出了新的要求，即在补短板的同时，也要注重锻长板，使自身的优势得到更好的发挥。

### 4. 供给侧改革的重点是供给体系提质增效

2016年1月，习近平总书记在省部级主要领导干部学习贯彻党的十八届五中全会精神专题研讨班上强调，"供给侧结构性改革，重点是解放和发展社会生产力，用改革的办法推进结构调整，减少无效和低端供给，扩大有效和中高端供给，增强供给结构对需求变化的适应性和灵活性，提高全要素生产率"。供给体系的质量不高和效率低下是我国当前供给体系中主要存在的问题，也是供给侧结构性改革的重点。

在社会主义市场经济中，供给体系要与需求体系实现有效对接，供给体系更多地是由需求体系所决定的，因此，供给体系要主动适应于需求体系。而我国供给体系所存在的问题之一是无效供给，即所生产的产品找不到合适的市场，存在着极大程度上的产能过剩；另一方面，在需求端又得不到有效的供给，消费市场无法得到有效的满足，因此只能依赖国外供给，并进一步造成国内供给体系的瘫痪和产能的过剩。

而供给体系中所存在的第二个问题是低端供给，一是供给的产品处于产业链的低端，就拿工业产品来说，我国所提供的工业产品以低技术和低附加值的基础产品和装配产品为主，关键核心零部件却无法供应。二是供给体系不够灵活，存在僵化的特点。我国实行社会主义市场经济，坚持市场在资源配置中起决定性作用的目的就在于充分发挥市场灵活性的特点，但是当前供给体系和需求体系的矛盾说明了供给一侧还没有充分利用市场的活力和灵活性，表现就是不根据市场情况进行资源配置，劳动力、土地、技术、资金不能向市场急需的产品上进行倾斜。这在一定程度上制约了生产力的提高，供给体系无法提供必要的生产材料和支持，使得生产要素活力缺失和得不到有效提高。习近平总书记在十九届四中全会上指出："改革开放以来，我们不断扩大对外开放，把社会主义制度和市场经济有机结合起来，既充分发挥市场在资源配置中的决定性作用，又更好发挥政府作用，极大解放和发展了社会生产力，极大解放和增强了社会活力。"提高供给体系质量和效率，建设高质量的供给体系需要扩大有效和中高端供给，增强供给结构对需求变化的适应性和灵活性，提高全要素生产率。在具体实践中要培育高质量的企业，高质量企业要着眼于全球的高端产业链和价值链，提高供给产品和服务的质量与效率，在主营业务中凸显出产品和服务的竞争优势。高质量的企业必定是世界一流的企业，高质量的企业应该具有全球资源的配置与供给能力，同时具有过硬过强的服务能力与企业口碑。

习近平总书记2014年5月在河南考察时强调："装备制造业是一个国家制造业的脊梁，目前我国装备制造业还有许多短板，要加大投入、加强研发、加快发展，努力占领世界制高点、掌控技术话语权，使我国成为现代装备制造业大国"，"推动中国制造向中国创造转变、中国速度向中国质量转变、中国产品向中国品牌转变"。提高供给体系质量应该加快实体经济的转型升级，对于核心装备、关键技术进行突破，加强质量品牌的建设。

## ◎ 中冶集团以国企改革引领供给侧改革

在中央正式提出供给侧结构性改革之前，中冶集团就因身陷困境开始了艰辛的改革探索，并取得了显著成效。2015年，习近平总书记正式提出供给侧结构性改革，为中冶集团的改革发展指明了方向，积极贯彻执行中央关于供给侧结构性改革的相关决定，以国有企业改革引领供给改革，结合自身特点进行安排部署，不仅进一步推动了自身的改革发展，也为我国供给侧结构性改革做出了积极贡献。

### 1. 在困境中艰辛探索开启国企改革的新局面

2012年，面对自身的发展困境，中冶集团认真审视国内冶金行业的发展大势，对中冶集团所面临的发展条件进行了认真分析。国文清在给国务院国资委的报告中指出："2012年中冶集团面临'三期叠加'，即金融危机后世界经济的深度调整修复期、钢铁产能严重过剩期、市场严重萎缩期。"面对困境，面对企业的生死存亡，应当如何去做？中冶集团认识到，只有改革才是唯一的出路，才能使企业重新焕发生机与活力，并在困境之中开始了改革的艰辛探索。虽然这时中央还并未明确提出供给侧改革，但中冶集团为应对"三期叠加"严峻形势，已经在实践上开始了供给侧改革的实践。

2012年"9·5"会议中，中冶集团就围绕"三去一降一补"进行了改革尝试，明确提出要削平企业存在的"三座大山"，采取降本增效综合措施，下决心解决应收账款和存货问题，全力推进改革创新。可以说，这些措施是符合此后提出的供给侧结构性改革要求的，中冶集团推进国有企业改革的探索与国家供给侧结构性改革方针是紧紧呼应的。

"9·5"会议召开三个多月后的2013年1月12日，在中冶集团暨中国中冶2013年工作会议上，国文清做了题为《大力提升质量效益　全力推进改革创新　奋力踏上聚焦中冶主业建设"美好中冶"新征程》的报告，提出要用历史的责任感和现实的紧迫感全力推进改革创新。

从这时开始，国文清的每个重要报告，都以"改革"二字为关键词。一条改革红线，纵贯全局。可以说，改革既是中冶摆脱当时所处严重困境、摆脱高速度束缚、摆脱亏损状态，实现从困境中奋起的唯一选择，又是融入时代发展潮流的必然选择。国文清清晰地认识到，解决中冶的长远发展和美好前景问题，必由途径在改革，根本出路在改革，改革本身就是一个解决问题、激发活力的过程。

从2013年开始，从综合业绩考核改革、公司专业化组建改革、优势互补整合改革、市场协调制度改革，到新兴市场布局改革、海外工程业务改革、招标采购制度改革、用工薪酬制度改革与配套制度改革，中冶集团的国企改革全面迅速铺展开来。

毫无疑问，世界上最难的是改革，因为改革意味着放弃陈规、丢掉积习，甚至牺牲自我，因此它考验勇气、磨砺信念，也衡量担当。对于视改革为主题的中冶而言，在慨然行进60多年后，之所以选择用全面深化改革来突破新的历史隘口，正是希望为破浪前行的中冶航船，寻找一片更为开阔的水域，在风云变幻的世界竞争版图上，构筑一块更为坚实的地基。

2013年8月5日，在中冶集团暨中国中冶企业负责人研讨班上，国文清以《坚持聚焦主业不动摇　狠抓管理改革不手软　全力推进奋力自救　稳中提质　建设"美好中冶"奋斗进程》为题，重点提出了大力推进改革向纵深发展，激发体制和机制活力。国文清指出，集团必须以"放胆争先"的勇气突破束缚发展的"条条框框"，加大改革推进力度，彻底解决长时间"摸着石头"就是不"过河"的问题。要以等不起的紧迫感、慢不得的危机感、坐不住的责任感，抓住影响企业发展的重点领域和关键环节，采取切实可行的措施，力争取得突破。改革会有不完善、会有不周全，不可能适合所有人口味，需要不断地总结经验、不断改进、不断完善，但是在改革的原则、态度和决心上，集团是坚定不移的，任何企业、任何个人、任何小团体势力都不得阻挡集团改革大业的进程。要从推进海外业务整合，推进区域资源整合改革，加强企业内部市场协调，继续加强新兴市场布局，强力推进集中采购工作，积极进行管理创新等六个方面进行改革。

仅仅过去两天，在中冶集团暨中国中冶企业负责人研讨班上，国文清又提出了十个重大问题，其中明确指出关于进一步深化改革的问题。他指出要从以下几个方面深化改革：一是进一步加强资源的优化配置，坚持专业化、区域化整合的方向不变。资源的优化配置不仅是在集团层面，子企业层面也要积极行动起来。集团内部资源整合的力度要随着工作的推进有序进行，不搞盲目冒进。改革不是要把小的子企业并入大企业，而是要通过资源整合，提高资源配置效率，大力支持有竞争力、有前景、有市场的子企业发展壮大。二是坚持全方位的改革。比如要开展领导干部制度改革。据不完全统计，中冶集团当时处级干部达4500多个，比一个省的处级干部还多。对此他指出，领导干部改革要以"一岗多职、一岗多能"为原则逐步推进。三是坚定不移地推进海外业务整合。这项改革秉承的宗旨就是鼓励、支持子企业规范有序地拓展业务，注重充分发挥集团群体"走出去"的协同效应。

那一年年底，按照党的十八届三中全会关于组建国有资本经营公司和进一步解放思想、解放生产力，积极发展混合所有制经济等精神，为了搭建集团资产集约化管理平台，优化资产结构，提高资产运营效率，确保实现国有资产保值增值，中冶集团还决定设立中冶集团资产管理有限公司。如今，中冶资产已经成为中国五矿重要的非主业资产管理和资本运作平台。

2014年1月9日，在中冶集团暨中国中冶2014年工作会议上，国文清做了《继续聚焦主业 奋力改革创新 众志成城谱写"建设美好中冶"新篇章》的报告。在报告中，他指出2014年是中冶集团改革创新步入新阶段的关键一年，是继续打基础巩固基础的一年，是站在新的起点上肩负国家与企业责任领跑的一年。中冶集团要抓住国家深化国企改革的有利契机，快速推动改革，深层推动改革，让一切劳动、知识、技术、管理、资本的活力竞相迸发，让一切有利于"建设美好中冶"的源泉充分涌流。一是大力推行混合所有制方面的改革。第一，在有条件的子公司积极发展混合所有制；第二，在房地产项目、工程大项目等运作上发展混合所有制；第三，推进施工类企业管理层与作业层分离。二是激发企业活力方面的改革。推进子公司管理层及骨干员工持股，但在推进的过程中，切忌将管理层及骨干员工持股搞成"平均主义"。三是优化资源配置方面的改革。第一，积极探索产业链上的纵向整合，增加产业链上的盈利空间，在产业链上打造优势竞争力；第二，稳妥推进子公司的区域化整合，提高资源的配置效率，减少同质化竞争；第三，推进子公司内部组织架构从对应冶金市场向对应多元市场变革；第四，以内部相互持股或股权多元化的方式实施中冶置业、中冶钢构、中冶交通等专业化品牌经营；第五，搭建资源集约、资产优化的平台。

2014年2月25日，在中冶集团2014年反腐倡廉建设工作会议上，国文清提出以改革创新精神推动反腐倡廉建设。要改革财务资金体制；要继续大力开拓市场；要大力提升传统业务核心竞争力；要大力推进海外业务的改革与拓展；要加大应收账款清欠和治理亏损企业的工作力度；要坚定不移地推进集中招标采购；要加快推进资产管理公司改革。

在全力推进集团各项改革的同时，要更加注重改革的系统性、整体性、协同性，各项改革举措要体现惩治和预防腐败要求，与防范腐败同步考虑、同步部署、同步实施，堵塞一切可能出现腐败的漏洞，切实将上级关于反腐倡廉建设的新要求贯穿于企业改革发展的各个环节。

2014年7月30日，在中冶集团暨中国中冶2014年年中工作会议上，国文清提出要以改革再造企业新优势，开辟企业发展新天地。集团将在国资委有关深化改革方案的整体框架下，大力推进子企业自身的深化改革。一是各子企业在改革上不要"等、靠、要"，要对那些方向对、看得准的改革，主动作为、先行先试；坚持市场化方向与问题导向相结合，着力解决不适应、不符合市场化要求的重点难点问题。二是子企业，特别是设计类子企业要着力加快转型升级步伐。三是积极进行管理创新。四是大力推进科技创新。

2014年，为了非冶金市场的新天地，国文清提出了"到有鱼的地方撒网，到有草的地方放羊"的决策，鼓励子企业大举坚持市场化方向。就在2013年、2014年前后，中冶集团为贯彻"到有鱼的地方撒网，到有草的地方放羊"这一市场开发原则，陆续设立了福建分公司、陕西分公司、新疆分公司、甘肃分公司、江西分公司、广西分公司、中冶东北建设、中冶国际投资、中冶内蒙古建投、中冶海南投资、中冶华南投资、中冶贵州投资、中冶南亚投资、中冶中原建投、中冶上海投资、珠海中冶投资等十几家区域公司。这十几家区域公司成立的初衷就是市场开发，大力开拓区域内的非冶金市场，做集团市场开发的增量。2015年成立的中冶华南投资就是中冶集团适应国家经济发展新战略、加速集团转型，在华南区域新设立的控股子公司，肩负着统筹协调参与区域内重大项目投资建设的使命，是中冶在深圳的重要代表。

2015年，国务委员王勇在中冶集团工作报告上作出重要批示："文清同志：2014年，中冶集团认真贯彻落实党中央、国务院的各项决策部署，团结拼搏，攻坚克难，下大力气推进重组整合、盘活不良资产、缩减债务负担，企业发展质量和效益有了明显提升，呈现新的发展局面和势头。成绩来之不易，值得充分肯定。向你们取得的成绩表示祝贺！向公司全体干部职工表示亲切慰问和诚挚感谢！新的一年里，希望你们深入贯彻落实十八届三中、四中全会，中央经济工作会议和中央纪委五次全会精神，坚持稳中求进总基调，主动适应经济发展新常态，进一步抓好改革脱困、重组整合和强化管理各项工作，切实加强党的建设和反腐倡廉工作，不断提升企业发展质量和效益，为促进经济社会持续健康发展做出更大贡献。"

2015年1月14日，在中冶集团暨中国中冶2015年工作会议上，国文清作《打造"四梁八柱"升级版 再造"美好中冶"新优势 争做全球最强最优最大冶金建设运营服务"国家队"》讲话，提出要改掉障碍，革除弊端，激发企业内生动力。他指出，推进国企改革要奔着问题去，瞄着问题上。几年来，中冶用改革的办法解决了发展中的部分问题，但仍有不少问题未能从根本上改掉、革除。如存量资产不能有效盘活和使用；低效无效资产和亏损企业大量存在；管理链条过长、层级过多；资源要素与市场转型、产品转型不匹配等问题。面对这些问题，一是全面清理存续资产，盘活清理不良资产。二是全面梳理各层级各类子企业，基本消灭亏损企业。三是完善综合业绩考核工作。四是深化人力资源配置改革。五是创新商业运营模式，强化产融结合。

2015年7月29日，在中冶集团暨中国中冶2015年中工作会议上，国文清提出要始终坚持向改革要竞争力、发展力。解决中冶的长远发展和美好前景问题，必由途径在改革，根本出路在改革。中冶人必须以"放胆争先"的勇气突破束缚发展的"条条框框",解决长期"摸着石头"就是不"过河"的问题,解决"过河"后要站稳、拓宽、发展问题,让一切劳动、知识、技术、管理、资本的活力竞相迸发,让一切有利于"建设美好中冶"的源泉充分涌流。

就在2015年,中冶集团还与建信信托合资成立了中冶建信基金公司。几年来,作为集团产融结合资本运作的综合平台,中冶建信基金公司主要围绕PPP业务,认清定位、精准发力,有效支撑了中冶集团主业发展,交出了喜人的成绩单。

### 2. 遵循中央改革举措做供给侧改革的先行者

2015年11月,中央根据我国经济发展的国情,提出着力加强供给侧结构性改革,并为改革制定了路线图和"三去一降一补"的具体举措,为中冶集团的改革指明了方向,坚定了中冶集团改革的信心和决心,使改革的前途豁然开朗。中央提出供给侧结构性改革后,中冶集团便积极响应并行动起来,勇做供给侧结构性改革的先行者。

作为一个"围绕钢铁生、钢铁转"的传统老国企,中冶集团在以"三去一降一补"为主要任务的供给侧结构性改革中首当其冲,是改革的锋芒所指。供给侧结构性改革是最为考验企业革新精神的改革,在改革中会触及企业很多历史遗留问题、触及企业各层级的利益,企业必然会经历改革中的阵痛,这是对企业战略方向和战略定力的考验。

中冶集团清醒地认识到,紧跟中央的步伐,一定会迎来企业光明的未来,作为"冶金建设国家队",应当勇担国家和时代赋予的改革大任,以刀刃向内的大无畏的改革精神勇于自我剖析,自我革新,才无愧于"国家队"这一称号。"中冶集团坚持世界眼光,精准研判,认清钢铁行业发展规律,"国文清指出,"中国进入后工业化时期出现的钢铁产能严重过剩,是低端'饱和需求式'过剩和高端不足的结构性过剩。"这一研判将企业的改革发展与国家的供给侧结构性改革紧紧联系在一起,顺应了世界钢铁行业的发展大势。

2016年1月28日,在中冶集团暨中国中冶2016年工作会议上,国文清作《激发改革创新动力 加速推进转型升级 继续谱写"建设美好中冶"精彩篇章》的讲话。他指出,中冶改革创新不停步,企业活力竞争力发展力日益增强,中冶抓住了影响企业发展的重点领域和关键环节,一系列改革举措落准落细落实,一些涉及深层次利益调整、多年未进行的改革纷纷破题。突出强化市场开发、工程管理等关键运营管控,成立海外、矿产资源、集中采购、非上市资产等专业化经营和管控平台,提高与业务发展需求的匹配度,使总部从以往提供传统基础性管理职能上升到真正发挥指挥中枢作用。

在看到成绩的同时,要坚持改革创新不动摇,永葆企业增长可持续。一是各子企业要加快转型升级步伐。从过往发展看,子企业,特别是部分科研设计类子企业与集团的定位、要求还有一定的差距,呈现出技术创新后劲不足、潜力不足,尤其是管理创新的知识、胆略和魄力不足。所以,一定要改变过去的惯性思维,将对钢铁工业痴迷的历史情结回归理性,迅速加大业务转型。二是加强供给侧结构性改革,要看清转方式、调结构带来的机遇与挑战,推进供给侧结构性改革,落实去产能、去库存、去杠杆、降成本、补短板五大任务。对于中冶而言,下一步最紧迫的就是要实施人力资源、组织架构按产品、按市场进行高效匹配的结构性改革。

2016年4月13日,国文清在《中国纪检监察报》上发表文章《在国企改革中落实全面从严治党》,指出牢记改革创新使命,工作上更加勤奋,事业上更加担当。改革是国家民族的生存发展之道,创新是引领发展的第一动力,改革创新也是企业长远发展的必由之路。作为世界500强企业,中冶集团实现从传统冶金老企业向"冶金建设国家队、基本建设主力军、新兴产业领跑者"的成功转型,正是得益于敢于破旧立新,不断推进不同层面的改革,使改革创新成为企业的最大红利。协调推进"四个全面"战略布局的征程中,面对新形势新任务,领导干部要努力成为锐意创新、敢于担当的改革促进派、实干家。在推进改革过程中,要充分调动广大干部干事创业的积极性,为改革创新者提气、鼓劲、撑腰,让他们愿干事、敢干事、能干成事,形成"干部领跑、团队奋进、激情工作、心情舒畅、奋发有为"的干事创业氛围。

2017年1月18日,国文清在中冶集团暨中国中冶2017年工作会议上作了《关于中冶集团领导力建设的问题》的讲话,强调改革创新是最激发活力的领导力。领导和管理的区别,就在于领导是变革创新的力量。创新包含方方面面的创新,但科技创新是永恒的。每一家"从平庸到卓越"的公司都把科技创新作为变革创新的重要内容,都精于技术,精心选择技术的领先应用,并尽力做得最好,从而加速了企业的飞跃。中冶的高技术资源禀赋是中冶能够生存发展的核心要素之一,也是中冶再造新优势赢得未来的决胜力量。而这又需要中冶人从如下几个方面去努力:一是发挥国家级重点实验室和科技平台的最大潜能。二是重点解决核心技术产品化落地问题。核心专利技术产品化、产业化始终是中冶最为突出的薄弱环节,要把中冶具有自主知识产权的核心技术、核心工艺、模型控制技术搭载到装备上,快速转化为高端产品,产品快速进入市场,市场快速扩大规模,规模快速形成品牌,实现中冶的先进技术、先进管理、先进装备的深度融合,保持中冶在技术上的持续领先优势,形成中冶集团参与"一带一路"建设的整体技术、装备、产品及工程优势。三是让科技人才活力竞相迸发。要高度重视国家级行业大师的培育,让一个大师带起一个学科,形成一个专业品牌,提高企业在专业化领域的影响力和控制力。

### 3. 改革不停步推动企业再拔尖再拔高再创业

2017 年 7 月 25 日,中冶集团暨中国中冶召开 2017 年半年经验交流会,会上国文清作《突出改革主题 聚焦核心主业 全力打造世界第一冶金建设运营服务"国家队"》的讲话,重点从系统创新力拔尖升级等方面突出了改革的主体。他指出,一是冶金建设国家队再拔尖、再拔高、再创业。二是基本建设集中发力创特色。核心是实现一体化解决方案服务能力和专业化服务能力的"双升级"。三是新兴产业提速领跑扩优势。要不遗余力重点发展可形成持续现金流的"长线业务",力促康养、管廊、海绵城市、水环境、土壤修复、节能环保等业务全面开花结果,由"匝道"进入"高速",加大领先优势。四是产业与资本双轮驱动助发展。

2018 年 2 月 2 日,中冶集团暨中国中冶 2018 年工作会议在京召开。国文清作了题为《关于加速培育世界第一冶金建设运营服务"国家队"的问题》的讲话。他指出,要充分认识改革创新的重要性和紧迫性,要认识到深化改革创新是企业承担国家责任与使命的必然要求,是顺应新时代发展的必然选择,也是实现企业可持续发展的内在需要。他还指出,企业的发展根本要靠供给侧推动,供给侧一旦实现了成功的结构性创新,市场就会以波澜壮阔的交易生成进行回应。面对旧动能严重衰退、新动能严重不足的"结构性陷阱",中冶从供给侧发力,快速推动企业从相对单一的冶金工程转变为三线发力的新格局,讲述了国企改革史上最生动的故事,证明了中央供给侧结构性改革部署的正确。中冶集团必须有一股破旧立新、推陈出新的力量,推出新产品、

2020年12月9日,国文清赴中钨高新所属深圳市金洲精工科技股份有限公司调研,并现场查看微钻产品

新服务、新流程、提升客户满意度、创造新市场，构建起适应新需求的新型供给体系。

2019年的年中工作会议上，国文清指出："我们必须坚持以供给侧结构性改革为主线不动摇，打造产业竞争力、创新竞争力、市场竞争力、管理竞争力、人才竞争力'五位一体'的高质量发展支撑体系，重塑新优势、再造新动能，实现美好中冶的稳健发展、长富久安。"

2020年工作会议上，国文清作了《聚焦中冶主业不动摇　聚力关键问题求突破　始终不移打造世界第一冶金建设国家队》的讲话，他指出："国企改革不是改小了、改弱了、改没了，而是要做强做优做大。在深化改革的进程中，特别是在低效无效资产清理、区域资源整合和混合所有制改革时，有关部门和子企业要始终严格遵守国有资产管理规定，规范履行相关程序，扎实做好资产评估等基础性工作，切不可认为评估只是走形式、可有可无、可事后再补，决不允许在与民营企业交易过程中出现应评估未评估、应备案未备案等问题。"

2021年工作会议上，国文清作题为《守正创新　实干担当　奋力开启"美好中冶"高质量发展新征程》的重要讲话。讲话指出，中冶集团要始终不移做强冶金主责主业、切实解决"五个问题"、着力打造"五个一批"。第一，做强冶金主责主业。要以"181"攻关计划为抓手，加快冶金建设关键核心技术实现新突破；以全面优化资源配置为支撑，促进国家队体系建设获得新提升；以首席专家体系建设为引领，推动冶金人才队伍培养取得新成效；以夯实"世界第一"品牌为目标，加速冶金建设国家队再上新高度。第二，切实解决"五个问题"。要着力解决企业发展不平衡的问题，着力解决体系化力量不足的问题，着力解决海外发展亟待突破的问题，着力解决内生发展动力活力不足、创新引领作用亟待增强的问题，着力解决执行力不够作风不扎实的问题。第三,着力打造"五个一批",即:打造一批一流产业、打造一批利润大户、打造一批首创技术、打造一批稳固市场、打造一批一流人才。以"建强六支队伍,保障一类人才,完善四大机制"为重要举措,着力打造一支数量充足、结构优化、梯次合理、具有强烈爱企情怀和奉献精神的高素质专业化人才队伍。

可以看到,从2012年的"9·5"会议到2020年的年度工作会议,"改革"始终是中冶集团的关键词。"9·5"会议掀开的改革大幕,浩浩荡荡,绵延至今。如果说,中冶集团开始的改革更多是由严峻的形势所倒逼,其核心任务是克服那些制约发展的体制机制弊端,那么后来的改革则是从治理结构、治理机制、治理理念、治理效率等更深的层面上全方位优化,涉及事关中冶发展的制度现代化问题。如果说,一开始中冶对制度建设和制度执行能力的要求时常是不平衡的,或是在执行环节重视不够,或是忽视了对制度科学性规范性的要求,那么后来已经将治理体系和治理能力有机结合、共同完善。"立治有体,施治有序",一个国有企业的现代化程度越高,对制度化程度的要求也就越高。中冶集团扭住改革不放松的精神,在中冶人的血液中日益凝聚。

## ◎中冶集团供给侧结构性改革的实践与成效

近年来,中冶集团勇做供给侧结构性改革的先行者,致力于在改革实践中艰辛探索,以"壮士断腕"的决心处僵治困,让企业瘦身健体,轻装上阵;致力于在改革实践中攻坚克难,全面打造八大部位、19项单元的"国家队"阵形;致力于在改革实践中补足短板,不断强化冶金建设主业的核心优势,走向供给体系的高端,构建占据冶金产业链高端的新型供给体系,供给侧结构性改革成效显著。

## 1. 积极瘦身健体剔除供给侧的冗余与包袱

### （1）搬掉"三座大山"

随着改革开放的时代号召，在市场经济推动下，钢铁行业步入了发展的快车道。新世纪中国钢铁行业也进入了一个极速扩张的时期，中冶不可避免地成为其中的一分子，中冶作为冶金行业中的巨擘狂飙突进。中国钢铁产能的无序扩张，注定埋下了供过于求的隐患，不仅要面对钢铁行业产能过剩、供需矛盾愈演愈烈的现状，还要面临着高速扩张留下来的中冶恒通、中冶纸业、葫芦岛有色金属等历史遗留问题，曾经的中冶气吞万里山河，被这"三座大山"拖拽着，令中冶这个巨人深陷泥泞沼泽。"三座大山"给中冶集团造成的净资产损失高达244亿元，使中冶集团付出了沉痛代价。

2012年9月5日，在中冶集团暨中国中冶企业负责人会议上，刚刚接任中冶集团掌门人的国文清发表了长达一万五千余字的讲话，提出了中冶集团"回归主业"的目标和"一天也不耽误，一天也不懈怠"的口号，其间又经历了对十八大会议精神的贯彻落实，历时三个月的大调研终于为中冶集团规划了清晰的发展思路，自此一场轰轰烈烈的生死突围拉开了序幕，结构重组、破产重整、混合所有制改革、供给侧结构性改革，这一幕幕的故事构成了中冶人不屈的信仰。中冶人上下一心、带着勇气，"5+2""白+黑"投入到各自岗位，带着信心去冲破层层桎梏，削平了"三座大山"，彻底解决了事关中冶生死的老大难问题，使一个当时最困难的传统冶金老企业既没有被压垮也没有被拖垮，而是凤凰涅槃、浴火重生，走上了匀加速的发展轨道。

### （2）全力处置僵尸企业及特困企业

"僵尸企业"及特困企业处置是国务院深化供给侧结构性改革、推动经济高质量发展的重要举措，同时也是国资委重点督导的专项工作之一。中冶集团共有"僵尸企业"和特困企业 54 户（2018 年 4 月调整为 33 户），占中国五矿 104 户"僵尸企业"和特困企业的 52%。国资委及五矿集团要求中冶集团从 2016—2020 年用 5 年时间完成全部处置工作。该项工作的完成状况，直接关系到五矿集团在国资委年终考核成绩。

中冶集团按照国资委及五矿集团统一部署，加强组织领导，全力以赴开展处置工作。为确保完成处置任务，首先，集团领导高度重视，多次召开专题会，对"处僵治困"工作强力督导；其次，集团与所属企业签署《专项工作目标责任书》，明确工作目标和完成标准，落实工作责任；再次，集团加大日常监管和督导，通过约谈、月报、季报、日常沟通等方式及时了解进展情况，推进处置工作进度。

经过持续五年、尽心尽责的努力工作，中冶集团"处僵治困"成效显著。2016—2020 年连续五年完成国资委及五矿集团对中冶集团的考核任务。2018 年 2 月，因中冶集团超额 3 户完成 2017 年度处置任务，五矿集团将中冶集团列为 2017 年度"处僵治困"专项工作先进单位。截至 2020 年 12 月 31 日，中冶集团全面完成所属 33 户"僵尸企业"及特困企业的处置任务，圆满完成国资委及五矿集团部署的"处僵治困"专项工作。

（3）大力推进"瘦身健体"

为深化国有企业改革，解决中央企业法人户数多、法人链条长、管理层级多、机构臃肿、管理效率低等突出问题，推动中央企业优化组织结构，提高管理效率，构建业务有进有退、企业优胜劣汰、板块专业化经营，管控精干高效的管理格局，国务院国资委组织中央企业开展压缩管理层级、压减法人层级和减少法人单位数量专项治理工作。得益于近年来对企业管理层级的压缩和控制，中冶集团提前完成了压缩管理层级、压减法人层级的工作目标。截止到国资委对压减工作摸底时的数据，中冶集团全级次法人单位611户,按照国资委和五矿集团的目标要求,三年应共减少136户,占五矿集团总户数的50%,其中2016年末减少29户、2017年末累计减少92户、2018年末累计减少135户。

中冶集团按照五矿集团的工作部署,以高度的政治敏锐性和强烈的责任感,紧急动员、立即行动,立即组织相关部门制订了专项工作行动方案,全力推进专项工作的有效展开。一是对全部法人单位进行梳理,按照规模、效益、人员、板块等因素进行筛选,制定落实到户的法人压减目标,将目标层层分解落实。同时,在目标执行过程中,结合实际情况及时进行动态调整,确保完成压减企业的数量。二是分年度制订压减工作方案,针对不同企业的实际特点,制订具有可操作性的"一企一策"行动方案。三是加大日常监督力度,按周、按月对各子公司的压减工作进展梳理和分析,及时掌握工作中出现的问题,并对年度完成情况在集团内部予以通报。四是对重点企业进行重点监督,一方面,与重点子公司进行约谈,强调压减工作重要性及工作目标,切实了解压减工作进展,并对存在压减空间的子公司进一步调整压减目标;另一方面,由集团领导亲自带队进行现场督导,传导工作压力,对重点难点工作就地解决,确保完成工作目标。五是加强沟通协调,对子公司提出的问题积极协调解决,与五矿集团保持密切沟通,积极反馈工作中出现的问题,争取政策支持。经过持续治理,中冶集团2016—2018年实际分别减少30户、92户、136户法人单位,均按时间节点完成五矿集团的目标要求,为国资委对五矿集团的专项工作考核提供了强有力的支撑,夯实了五矿集团超额完成国资委目标的工作基础。

**(4)强化亏损企业治理**

近年来,中冶集团狠抓亏损企业治理工作,制定强力治理措施:

一是全面梳理亏损企业情况，从严确定年度亏损治理目标。从2015年起，中冶集团在每一年的一季度就全面梳理子公司经营情况，对有可能在当年出现亏损的企业逐家进行了研究，以降低亏损额度为核心、以减少亏损企业数量为前提，严格控制亏损企业，最终确定本年度亏损企业治理目标。并对所有二级子公司逐家下达本年度亏损企业治理目标，其中，对于本年度预计有亏损的企业，要求亏损户数和亏损额控制在治理目标内；对于本年度预计无亏损的企业，要求不得出现新增亏损企业。二是加大考核力度，对未完成上一年度亏损企业治理目标的子企业负责人薪酬予以扣减。结合上一年度下达的子公司亏损企业治理目标，对所有二级子公司上一年度完成情况进行考核，并据此对未完成目标的子公司负责人薪酬予以扣减。其中，2016年对未完成2015年度亏损治理目标的企业主要负责人最高扣减比例可达全年薪酬总额的15%；2017年对未完成2016年度亏损治理目标的企业主要负责人最高扣减比例可达全年薪酬总额的10%。2016年以来，集团一年采用扣减薪酬的方式进行考核，取得良好效果。三是切实落实责任制，集团领导分片区对亏损企业治理等专项工作进行现场督导。为加大专项治理工作监管力度，传导亏损企业治理等专项工作的压力，确保责任落实到位，确保完成年度亏损企业治理目标，集团按照区域划分为五个片区，每一位集团领导负责一个片区的督导工作，年内至少两次对相关子公司进行现场督导。四是持续动态监管，确保子公司亏损企业治理工作常态化。从2015年开始，中冶集团要求子公司按月对亏损企业治理情况实时上报，持续督促子公司通过市场开拓、管理提升、降本增效等切实有效措施补齐短板，避免治理工作浮于表面、流于形式，确保亏损企业的管理、经营水平得到根本提升，彻底实现扭亏。

中冶集团亏损企业治理成效显著，亏损户数和亏损额呈现逐年下降态势：2015 年全级次亏损企业 47 家，亏损总额 47.2 亿元；2016 年全级次亏损企业 38 家、亏损总额 31.2 亿元；2017 年全级次亏损企业 29 家、亏损额 13.9 亿元；2018 年亏损企业 29 家，亏损额 3.96 亿元（不含汇兑损益及大额计提减值），亏损企业治理工作取得良好效果。2019 年以来，中冶集团将亏损企业治理工作作为深化供给侧结构性改革、巩固"僵尸企业"和特困企业专项治理工作成果的一项重要部署，将其作为头条工程来抓。仅 2020 年便组织召开 7 次专题会听取亏损企业汇报，对重点关注的亏损企业进行约谈和督导，明确工作任务，协调工作难点，推进落实亏损企业治理要求，为亏损企业治理工作的有序展开创造了良好的条件，圆满完成 2020 年亏损企业治理任务。

**（5）完成"三供一业""厂办大集体"与离退休人员移交等工作**

国务院《关于深化国有企业改革的指导意见》要求国有企业加快剥离企业办社会职能和解决历史遗留问题，完善相关政策，建立政府和国有企业合理分担成本的机制，多渠道筹措资金，采取分离移交、重组改制、关闭撤销等方式，剥离国有企业职工家属区"三供一业"和所办医院、学校、社区等公共服务机构，继续推进厂办大集体改革，对国有企业退休人员实施社会化管理，妥善解决国有企业历史遗留问题，为国有企业公平参与市场竞争创造条件。

中冶集团高度重视剥离企业办社会职能等历史遗留问题工作，针对集团内企业办社会职能等历史遗留问题涉及区域广、数量多、历史长、改革难度巨大等问题，公司上下统一思想，以习近平新时代中国特色社会主义思想为指引，认真学习贯彻党的十九大和中央经济工作会议精神，按国务院国有企业改革领导小组的要求，统筹谋划，强化工作组织，落实工作责任，坚持问题导向，完善政策措施，强化工作实效。目前中冶集团所属企业办社会职能已经基本完成分离移交。按财政部、国资委《关于中央企业和原中央下放企业职工家属区"三供一业"分离移交中央财政补助资金清算的通知》（财资〔2019〕28号）和中国五矿《关于做好"三供一业"分离移交中央财政补助资金清算工作的通知》等有关文件要求，集团聘请了中介机构对自2016年1月1日以来向中央财政申请并获得补助资金的"三供一业"项目进行了清算。根据中介机构审计清算结果，中冶集团职工家属区"三供一业"完成分离移交户数共计275680户，其中供水项目56905户、供电项目64341户、供气（供热）项目57090户、物业项目97344户。另外，中冶集团所属企业其他企业办社会职能如市政设施和社区管理职能等也已全部移交地方政府或关闭注销，教育机构也已全部实现市场化、专业化运作，圆满完成了改革任务。

中冶集团厂办大集体历史沿革长、涉及人员多，改革任务十分艰巨，是集团和地方多年来想要解决而未能解决的历史难题。公司高度重视集团厂办大集体改革工作，多次组织相关单位和部门召开专题会议对集团厂办大集体企业改革工作进行部署。中冶集团厂办大集体改革涉及10家主办国有企业，集体企业户数94户，其中92户已停产或基本处于停产状态，36家已完成终止解散工作，大集体企业资产总额约4.7895亿元，负债总额约11.9548亿元，净资产约-7.1653亿元，涉及职工总人数11235人，其中，厂办大集体在职职工4797人，退休职工6438人。2020年底，中国三冶1674名厂办大集体在职职工全部安置完成，至此，中冶集团范围内4797名厂办大集体在职职工全部得到妥善安置，移交社会化管理的大集体退休人员1052人，标志着中冶集团厂办大集体改革主体工作已经完成。

经中国五矿认定，中冶集团退休人员社会化移交协议签订完成率100%。2020年7月进入实质性移交阶段以来，国资委要求中央企业加快实质性移交，成熟一户移交一户。集团进一步采取三项措施，引导子企业聚焦移交工作核心任务。一是梳理属地接收条件，明确应移交退休人员数量；二是加强同地区央企移交工作进度的对标；三是以周为时间单位，倒排移交进度计划。目前中冶集团已基本完成任务。

### 2. 补短板锻长板相结合不断提升供给质量

在补短板锻长板方面，中冶集团大力补足管理短板，在财务管理、工程建设管理、市场管理和招标采购管理等方面不断加强，同时不断延伸冶金建设优势，打造冶金建设国家队队形矩阵，有力推动了供给质量的提升。具体来看，主要涉及以下几个方面：

#### （1）补足财务管理短板

一是严压两金。近年来，中冶集团坚持铁腕清欠不动摇，牢牢树立"债主明天就破产"的底线思维和清欠紧迫感，以控增量、减存量为主线，不断完善清欠管理体系，通过目标分解、压实责任、加强管控、严肃考核，两金增长势头得到明显控制，2016—2020年集团两金占收入比重年均下降9个百分点，压降幅度在8家建筑央企排名第一，连续四年完成五矿集团考核目标任务。

二是加快推进财务共享中心建设。中冶集团确定了建立服务、管控职能并重的财务共享中心建设目标，高标准、高质量推进财务共享中心建设，促进业财融合，加快财务转型，建设一流的财务管理体系。

三是压降管理费用成本。重组五年来，中冶集团始终牢固树立"省一分钱比挣一分钱容易"理念，全力压降非生产性支出，严格费用预算管理。经过集团上下不懈努力，2020年实现营业收入4013亿元，同比增幅18.5%，管理费用110.9亿元，同比增幅18.2%，增幅低于收入增幅0.3个百分点。2020年集团发生可控管理费用11.8亿元，同比下降 6.3%，压降成效显著。

四是加强风险防控。为了防范预算目标不能按计划实现，采取的主要措施如下：科学确定并层层分解年度预算目标，促进资源优化配置和资产质量持续改善；强化年度预算目标季度分解，通过季度滚动预算预判，对执行差异较大的子公司、重大项目、区域公司等实行"旬跟踪、月对标、季监控"，及时提示风险，分析差异原因，确保完成全年预算目标；按月监测 PPP 项目工程施工合同执行情况，分析 PPP 项目收入、利润、两金情况和执行中存在的问题，并提出工作建议；不断完善预算管理体系，优化预算指标体系和资源配置机制，为集团战略规划落地和高质量发展保驾护航。

五是加强税务筹划。以集团"做冶金建设国家队、基本建设主力军、新兴产业领跑者，长期坚持走高技术高质量发展之路"的战略定位为指引，强化税务统筹意识，建立健全集团税务管理体系和工作机制，通过集团总部和子公司两级管理架构，协同推进税务统筹工作，充分发挥税务统筹在控制风险、服务经营和创造价值方面的职能，持续提升集团税务管理水平。

六是加强财务人员队伍建设。组织各单位总会计参加年度业务培训，同时组织职称考试及日常业务学习，从理论知识和会计实践两个方面提升财务人员专业素养，发挥财务团队在集团高质量发展阶段的重要作用。

近几年来，中冶集团一方面通过加强资金集中，盘活存量资产，加强金融创新，深化资本运作等，带息负债由 2011 年的 1700 亿元降至 820 亿元以内，降幅超过 51%，资产负债率由 86% 降至 74%，降低了超过 12 个百分点；另一方面通过强化现金流管理，完善预算管控体系，加强全过程管理，构建资金统筹运作的总体框架，集团经营活动现金流连续九年累计年均大额净流入达 170 亿元以上。

2020 年 4 月,国际信用评级机构标普公司向全球投资人发布新闻稿,指出中国中冶连续多年营收增长稳定、风险管控稳健、杠杆率持续下降,当前疫情不会影响中国中冶的信用实力,看好公司业务前景。中冶集团杠杆率连续七年下降,这是标普第一次对工业类央企给予"连续多年降杠杆"的评价。该新闻稿的发布,在当前全球疫情发展、经济面临巨大挑战的关键时期,能提振境内外投资人、业主、供应商的信心,对中冶集团的境内外融资和市场开拓起到积极作用。

**(2)补足工程建设管理短板**

一是建设项目管控主平台。2017 年 6 月,国文清在中冶天工调研时首次提出了"子企业项目管控主平台建设"要求,并在中冶集团暨中国中冶 2017 年上半年经验交流会上明确作出指示。此后,集团总部各相关部门在集团领导的带领下,周密策划、科学组织、严格落实、有序推进。2020 年 6 月末,各子企业已全面完成总部项目管控平台建设工作,项目管理理念、精细化管理水平、资源配置效率、风险监控能力和一线管理人员积极性都得到了大幅提升。各子企业项目实施平台管控后,实际运行效果良好。通过人员调配、资金统筹实现了集中管理,充分发挥了资源效率,提升价值;通过物资设备的集中招采,充分发挥了规模效应,降低成本;子企业级项目主平台管控信息系统初步建立,通过系统对项目履约管控数据的一次填报集中处理多次应用,充分发挥了协同作用,提高了效率。

二是通过项目管理大力加强品牌建设工作。首先,强化集团重大工程监控检查。按照国文清要求"真正把大项目、大工程管起来,发挥好集团总部管控和协调作用,高效调动集团各方资源,确保大项目的有效实施",中冶集团进一步加大了重大工程监控检查工作,组织评选集团年度重大工程并进行全覆盖检查，还组织对集团重点关注的项目进行督办、现场推进及专项检查，多次召开了纵横丰南钢铁项目、雄安新区项目、冬奥项目等现场推进会、专题会、开展专项检查督办等，协调推进项目建设过程中出现的部分重点事项。其次，强化分包商考核管理。每年根据子公司对分包商年度考核评价结果，汇总筛选出当年的中国中冶工程施工分包商"黑名单"，并将在项目建设中工作优秀的优秀专业分包商、劳务分包商列入集团优秀分包商名录，享受相应优惠激励。贯彻落实国家有关法规条例，进一步加强农民工工资管理和民企清欠。2019年1月初，在全国清理拖欠民营企业账款和农民工工资专项工作中，完成了对拖欠农民工工资的清理，目前已实现"零拖欠"。继续按照国务院有关要求，督促子企业加强用工实名制管理，全年无新增拖欠农民工工资。此外，中冶集团还通过组织工程观摩交流会，持续推动项目经理培训工作等措施提升全集团工程项目管理水平，推进品牌建设工作。

三是以信息化建设提升工程项目管理。为进一步提升工程项目管理水平、持续加强项目管控力度，中冶集团于2018年着手建设中冶总部工程项目信息管理系统，通过在线对集团在建项目相关数据的统计、汇总，配以科学、先进的大数据分析手段形成更有价值、更直观的图形报表，为中冶集团领导提供有力的决策支撑，从而促进企业提质增效，提升项目管理能力和企业经营水平。截至2021年3月，系统统计的在建项目约4100多个，项目涉及全国30余个省份。与此同时，中冶集团还大力推广自主知识产权"轻筑"智慧工地云产品，围绕产品研发、标准制定、产品部署实施、市场开拓、宣传策划、品牌塑造、生态建构等方面展开工作，保持良性发展势头，不断推进产品创新及升级迭代开发，不断加强产品在集团内外部的推广力度，推动信息化技术在工程项目管理领域的深度应用，加强信息技术与经营管理提升深度融合，获得了显著的社会效益和经济效益。截至2021年3月15日，"轻筑"平台接入项目数近1800个，平台劳务人员接入数33万余人。

中冶集团秉承"创精品工程，树中冶形象"理念，践行精品工程战略，争创质量奖项，助力企业市场开拓。重组五年来，中冶集团共有39项工程获得中国建设工程鲁班奖（其中境外工程11项），占集团历年来获奖总数的33%；104项工程获得国家优质工程奖（其中金奖8项、境外工程4项），占集团历年来获奖总数的45%。2016年，上海二十冶承建的复旦大学附属中山医院肝肿瘤及心血管病综合楼工程获得中冶集团首个医疗建筑工程鲁班奖。2017年，中国二十冶承建、中国二十二冶参建的珠海横琴新区市政基础设施Ⅰ标段城市综合管廊工程获得全国首个城市综合管廊工程鲁班奖；上海宝冶、中国京冶承建，上海宝冶建筑装潢有限公司参建的上海迪士尼乐园及配套设施（一期）项目获得中冶集团国内首个主题公园工程鲁班奖。2018年，中国一冶承建的武青堤（铁机路-武丰闸）堤防江滩综合整治园林景观工程（青山段）获得中冶集团首个海绵城市工程鲁班奖。2019年，中国三冶承建的马来西亚吉隆坡W-HOTEL及丽阳豪庭高级服务式公寓获得中冶集团境外首个超高层建筑工程鲁班奖；继2013年首钢京唐轧钢项目获金奖后，时隔六年中冶集团承建的广东湛江钢铁基地项目再次获得国家优质工程金奖。2020年，中国二十二冶、中冶天工、中国恩菲承建的中冶新材料项目获得鲁班奖，该项目由中冶集团投资控股并进行设计施工和运营，是目前国内已经投入运营的规模最大、装备水平最先进的三元前驱体项目及全球最大的高纯氧化钪研发、生产基地。中国二十冶承建的斯里兰卡科伦坡外环高速公路三期1#高架桥、中国二十二冶承建的马来西亚马中关丹产业园110万吨/

年焦化工程、中国华冶承建的巴基斯坦杜达铅锌矿项目3项工程荣获2020年境外工程鲁班奖。此外，中冶赛迪工程总承包并设计、中国十九冶施工总承包的台塑河静钢铁高炉工程，分别于2018年、2020年获得中冶集团境外首个冶金工业工程鲁班奖、境外首个国家优质工程金奖，充分彰显了冶金建设国家队实力。中冶集团还获得中国施工企业管理协会"工程建设行业庆祝中华人民共和国成立70周年百家功勋企业"、中国质量协会"全面质量管理推进40周年杰出推进单位"荣誉。

### （3）补足市场开拓短板

首先是贯彻落实市场开拓多项重大举措。抓战略，统思想，凝聚共识谋发展。中冶集团按照"到有鱼的地方撒网、到有草的地方放羊"的市场开发原则，贯彻"大环境、大客户、大项目"的营销战略，搭建起了集团高端谋划大市场、子企业承担市场开发主体责任、区域公司全力以赴助力市场开发的市场营销体系，形成了"主要领导带头抓市场、组织精兵强将奋力闯市场"的市场开发合力。

其次是抓平台，促合作，拓展客户取得新成效。近六年来，与地方政府、部队和大型企业签订战略合作协议106份，这些战略协议都以具体项目为支撑，以责任落实为抓手，为子公司的市场开发搭建了高端平台，持续推动了一批大项目的落地。与甘肃公航旅的合作协议，成功进入甘肃高速公路市场，贡献近百亿元的合同；与云南建投的合作协议，助力中冶连续中标市政道路、综合管廊、高速公路项目；与河南省政府的合作协议，帮助中冶迅速打开河南市场，最近连续两年为中冶贡献500亿元以上的合同。山东、贵州、广东等区域，都是通过签订战略合作协议，锁定跟踪项目，推动项目落地。

再次是抓布局，强经营，开拓热点区域新突破。几年来，中冶集团紧跟国家京津冀一体化、长三角一体化、"长江经济带"、粤港澳大湾区、"一带一路"、西部大开发等重大区域发展战略，聚焦核心区域市场，在经济发达地区和经济潜力巨大的热点地区加强布局，五大城市群 2019 年占国内工程板块合同额的 61%，已成为集团最重要的订单来源。

抓创新，优模式，推进营销手段新提升。除通过不断提升技术、管理、业绩、资质等自身竞争能力在公投市场拼刺刀外，近年来不断加强营销模式的创新，以适应不断变化的外部市场环境。以 EPC 全产业链竞争优势打造高端精品工程，EPC 项目占比提升到 41.9%；稳健开展 PPP、F+EPC 等投融资类经营业务，巩固提升了市场竞争力和占有率。中冶集团组建中冶投资集团，打造集投资、融资、建设、运营为一体的特大型专业化投资建设集团，强化"投资"对自身产业链的延伸和优化。

抓协调，树形象，维护集团整体利益新促进。近几年来，各子公司的大局意识有了明显提高，内部无序竞争得以改观，集团整体形象得到提升。近六年来集团共协调 178 个项目，涉及金额 933 亿元，避免由于价格恶性竞争造成的损失超过 40 亿元，有效维护了集团整体利益。宝钢湛江项目、纵横钢铁丰南项目、河钢乐亭项目、山东临沂钢铁项目、山东永锋钢铁项目等重大冶金工程，集团始终坚持提前介入、统一协调，充分发挥整体优势，捍卫了国家队地位。

为积极开拓重点市场、不断优化市场布局，公司自 2013 年起开始设立区域公司，经过几年来的调整，目前共设有 10 家区域公司。其中：区域子公司 6 家、区域分公司 4 家。在中冶集团的统筹布局下，区域公司按照"稳扎稳打发展'根据地'""做深做透家门口市场"的要求，不断推进自身属地化和实体化建设工作。目前，10 家区域公司在集团授权责任区域均设有常驻办事机构，并配设优秀经营人才负责所属区域的市场开拓。为满足市场和客户的需求，6家条件成熟的区域公司相继完成属地工商注册。特别是从2019年开始，中冶集团对区域公司的改革力度明显提速，一年内即完成了中冶城投、中冶云南的设立并推动完成实体化改造，成功获取房建、市政、公路等相关领域的较高等级工程资质。2021新年伊始，中冶福建顺利完成工商注册并成功取得房建、市政一级资质。目前，均已发展成为在区域内具有一定竞争力、影响力的独立市场主体，真正起到了区域公司对区域市场开拓的助力作用。

（4）补足招标与采购短板

近年来，中冶集团根据国资委和五矿集团有关采购管理专项提升对标工作的要求，深入开展采购管理体系优化建设、集中招标采购、电子招标采购和采购业务内部协同等主要采购管理工作，取得了进一步规范招标采购行为、实现采购降本增效、供应链协同创效和促进采购系统廉政建设等重要采购管理成果。

中冶集团主要领导高度重视采购管理对标提升工作，每年底中国五矿对下属子企业的采购管理工作进行考核评价，并将考核结果纳入集团对各单位年度综合考评体系。根据采购管理持续提升工作的需要，2017年，在原有的采购电子平台基础上，进一步开发完善了工程分包招标采购模块，采购平台应用的深度和取得的成果位列央企第一梯队，成为央企同类采购平台的"样板"。

2017年1月至2021年3月，中冶集团共开展194067个物资、工程和服务集中招标采购项目，年均集中采购率为78.38%，明显地超过国资委采购管理对标的"65%"的"良好"水平，并接近"80%"的"优秀水平"；累计招标预算10537.88亿元，累计招标金额10193.29亿元，节约采购资金 344.59 亿元，资金节约率 3.27%。其中中冶集团下属 20 家采购规模较大的子公司，共开展 193981 个集中招标项目，累计招标预算 10515.13 亿元，累计招标金额 10171.50 亿元，节约采购资金 343.63 亿元，资金节约率 3.27%；中冶集团总部共开展 86 个集中招标项目，累计招标预算金额 22.75 亿元，累计招标金额 21.79 亿元，节约采购资金 0.96 亿元，资金节约率 4.22%。

中冶集团严格按照五矿集团内部业务协同管理要求，深入推进工程建设承发包、钢材"总－总"协同配供等采购业务内部协同工作。2017 年至今，累计供应数量 620 万吨，供应金额 265 亿元。钢材协同配供不仅保证了材料和工程的质量，而且覆盖了所有的施工子企业。配供数量年均增长 3 成以上。钢材配供协同不仅助力五矿集团打造升级版的千亿内部市场，而且成为央企内部协同业务的"样板"。

2017 年 3 月份，"中冶集团采购电子商务平台"提升为五矿集团采购电子平台，已成为五矿集团唯一的采购业务操作平台和管理平台，实现了对集团总部及所属全级次企业和全品类采购业务的"全覆盖"。在国资委开展的商贸组采购对标评估活动中，中冶集团助力五矿集团 2017 年的小组排名由重组前的第 12 位跃升至第四位；2018 年至 2020 年，助力五矿集团连续三年取得小组排名第一位的优异成绩。目前采购平台有内部用户 41000 余人，注册供应商数量已超过 16 万余家，供应商用户数超过 19.7 万家，累计发布"黑名单"供应商 300 家；系统物资编码数量已达百万级；对接各类统建系统所属企业自建系统 31 个。

### （5）补足总部管理短板

为贯彻习近平总书记重要指示批示精神，落实中央巡视整改及国资委《关于中央企业开展"总部机关化"问题专项整改工作通知》（国资党委〔2019〕161 号）及中国五矿《关于推进直管企业开展"总部机关化"问题专项整改工作的通知》要求,切实解决"总部机关化"问题,加快推进市场化改革,整治形式主义、官僚主义,中冶集团对"总部机关化"问题进行专项整改,明确了由公司主要领导作为本次专项整改工作第一责任人,企业管理部作为牵头部门,与办公室(党委办公室)、党委组织部(人力资源部)、科技与信息化管理部、党群工作部(党委宣传部、企业文化部、工会、团委)等部门组成工作组,加强组织领导、强化协调配合、形成工作合力。针对明确总部定位、优化总部职能,完善公司治理、提高决策效率,转变工作作风、提升服务质量,强化机制建设、加强舆论宣传等四项重点工作,中冶集团梳理出十项重点任务,一是调整具有行政色彩的机构名称和职务职级称谓;二是研究提出总部职能、机构、岗位等调整优化的思路和措施;三是完善总部权责事项清单、优化总部审批流程;四是完善总部授权放权事项清单、压缩审批备案事项;五是加强制度管理体系建设工作,建设中国特色现代企业制度;六是提出2020年文件、会议、检查等管理计划;七是提升总部服务效率和质量,开展基层企业对总部服务评价并纳入考核;八是提出总部与基层企业人员交流计划安排;九是开展"总部机关化"整改主题宣贯活动;十是加强信息化建设力度,提升整体工作效率。同时,中冶集团还完善制度体系建设,健全内部治理体系;强化日常监督、防止回流反弹;推进子企业市场化改革,层层落实要求。截至2020年11月初,中冶集团及所有子企业"总部机关化"专项整改已全部完成。

与此同时,中冶集团不断加强总部信息系统建设工作,逐步实现与子企业数据纵向贯通,有效提升信息化对企业生产经营主业的服务支撑能力。自2017年以来,中冶集团新建和迭代更新升级了包括大数据平台节能减排系统、法律纠纷案件管理系统、合同台账管理系统、

2017年8月31日,国文清调研指导长远锂科新能源材料生产

投资管理信息系统、工程项目信息管理系统、OA办公系统、档案管理系统、财务管理信息系统、资金报表管理系统、审计信息系统、人力资源管理信息系统、科技管理信息系统等业务信息化系统，通过科学客观便捷的业务流程规范业务管理，持续加强各业务系统之间的横向信息交互实现资源共享，大幅提高工作效率，提升企业管理水平。目前，中冶集团积极推广的"轻推"创新平台已经成为一款基于互联网思维、汇集海量数据、无壁垒无边界、可覆盖全产业链、社会推广适应能力极强，又具备组织结构的企业级即时通信创新平台，现已成功应用于多个政府、中央企业单位。自疫情发生以来，集团高度重视通过信息化手段助力疫情防控和有序复工工作，责成内部信息化技术团队加快"轻推"视频会议功能研发工作，保障了疫情期间视频会议安全有序召开。截至2021年3月15日，"轻推"移动端共发布约40个大版本，用户总数约90万，线上活跃用户数稳步增长。

**（6）补足资源整合短板**

中冶集团一方面以与中国五矿重组为契机，积极推动中冶资产与五矿资产、中冶所属医院与五矿资产、五矿国际工程与中冶国际、中冶国贸与五矿发展、长沙矿山院与有色院、中冶建信基金与五矿创投等系列整合工作，实现了优势互补、共同发展；另一方面着力优化内部资源配置，推进业务专业化、集约化整合。相继完成了中国五冶与中冶成勘、中冶南方与中冶连铸、中国一冶与中冶武建院、中冶交通与中冶建设以及中冶马梧、中冶天工与天津二十冶、中国二十冶与上海十三冶、上海宝冶与中冶东方以及中冶中原、中冶国际与中冶海外整合以及生态环保业务整合等系列整合工作，业务和区域布局结构进一步优化。此外在广东地区，统筹区域资源对17家子企业进行业务整合，设立中冶华南公司、中冶置业南方公司，增强建设施工、房地产开发、地下综合管廊业务的专业化发展能力,对于公司扎根经济发达地区、储备发展后劲具有极其深远的战略意义。在上海地区,整合上海宝冶等子企业的力量成立中冶钢构,致力于打造综合实力最强、企业品牌最佳、发展质量最优、幸福指数最高的钢结构企业,不断扩大中冶钢构的市场影响力、市场控制力。

以津沪地区的中冶天工、中国二十冶有关子企业区域整合为例,此项改革涉及近2万员工、435亿元资产,初步达到了预期效果,在有效降低管理成本的同时,有利于大幅提升中冶集团的区域品牌影响力、政治地位、市场控制力和核心竞争力。整合后的中国二十冶,积极推动全方位的业务对接和融合,确保业务的平稳过渡和风险的有效管控,并确定了2017年夯实资产、2018年爬坡过坎、2019年稳中求进的"三步走"战略思想,同时中国二十冶同步谋划"冶金建设国家队"和"新兴产业领跑者"战略的推行,解决了许多长期想解决而没有解决的难题,办成了许多过去想办成而没有办成的大事。中冶天工以这次整合为契机,实行市场集聚战略,树立做强做优做大天津地区的雄心壮志,以中冶天工和天津二十冶两方资源的高效配置,取长补短、优势互补,与天津市的发展优势、发展机遇有机结合,心无旁骛地扎根本区域,在自己的作战"半径"内精耕细作。整合后的中冶天工在天津市场的业务占有率快速超过50%,在天津市的综合实力进入前三名,经济地位有明显提升。

为打造中冶集团钢结构领域的专业化公司,发挥优势龙头企业引领作用,持续提升"中冶钢构"品牌的知名度美誉度,2018年由中国中冶、上海宝冶以货币方式出资,并整合上海宝冶、上海五冶和中国二十冶在上海地区的主要钢结构制造资源,成立了中冶(上海)钢构,该公司整合成立后保持了平稳良好发展态势,各项工作取得诸多成绩。在市场开拓方面，公司聚焦"高大精尖优特"项目，承建了一系列国家重大标志性工程，如国家高山滑雪中心、国家雪车雪橇中心、厦门体育中心体育场钢结构工程等国际重大体育赛事项目；南京金融城416米超高层钢结构制造项目、南京德基世贸中心等高层建筑工程；烟台八角湾国家会展中心、天津国家会展中心、厦门国际会展中心等会展中心工程；杭州萧山国际机场三期、宜昌三峡机场新航站楼钢结构工程、上海奉贤金汇港大桥主桥钢结构工程、汕头海滨长廊跨海大桥钢结构工程等交通枢纽工程；超视堺（广州）第10.5代显示器生产线、福建晋华集成电路等工业厂房项目；上海迪士尼乐园明日世界、北京环球影城主题乐园、长春影都钢结构工程等为代表的文化旅游工程；摩洛哥阿尤恩栈桥等优质海外工程。在区域布局方面，形成了"5+2+1"的战略布局，在长三角区域、珠三角区域、环渤海区域、中原城市群相继中标大型场馆、超高层、交通枢纽等项目约18.5亿元；在项目体量方面，除战略合作客户外，新客户项目获取单项合同额均在8000万以上，其中1.5亿以上钢结构专业大型项目金额占比达到68.7%。在资质证书方面，公司拥有钢结构专业承包一级资质、制造特级资质、具有行业竞争力的科研平台，主编、参编了国内主要的钢结构国家、行业标准，拥有以美标、欧标为代表的一系列国际认证，具有全产业链整体优势；在奖项荣誉方面，公司共获得各类科技奖144项，其中国家科技进步奖二等奖以上4项；有效授权专利近200项；工法104部，其中国家级工法11部；参编标准18项，其中国家标准6项。共获鲁班奖、国优、詹天佑奖、中国钢结构金奖等国家级奖项130余项，其中鲁班奖38项、詹天佑奖7项、钢结构金奖68项。

**（7）锻冶金主业长板构建新供给矩阵**

一是加强核心技术的迭代升级再拔尖，占据产业链高端。

冶金报国十策 ▶ 重组五周年中冶集团打造冶金建设国家队的经验与启示

中冶集团承建的迪士尼明日世界项目

第五章 供给侧改革篇

第一，集中抓好重点技术攻关，始终做冶金行业核心技术的引领者。经过梳理，引领未来钢铁发展需攻克181项工艺或重大装备的关键核心技术，其中，工艺流程关键技术92项，绿色发展关键技术40项，智能制造关键技术41项，应用基础研究8项。在工艺流程、绿色发展、智能制造领域，成立攻关课题小组，开展跨专业领域的联合攻关，夯实研发责任，到2023年完成工艺和装备设计，到2025年建成示范工程，具备市场化推广条件。同时，密切跟踪应用基础研究进展，到2025年，从工艺原理和实现机制取得突破性进展，为工业化试验奠定基础。

第二，大力推动核心技术产品化、产业化。坚持市场化原则，从立项源头开始确保成果转化成功率。以集团的技术路线图为主线，根据市场和技术发展变化进行动态评估和调整。充分利用国家科技成果转化、国企改革，以及集团关于支持科技创新和科技成果转化的相关政策，积极探索模拟法人等方式，激发企业创新和创业活力。多渠道推进重大核心技术装备的研发和首台套应用。

二是推进全产业链的集成整合优势再拔高，加速形成体系化力量。

第一，在保持国家队阵形基本不变的前提下，将绿色化、智能化落实到第一梯队，打造"一体两翼"的发展新格局。在绿色化方面，依托第一梯队在废气治理、固废资源化利用、水资源综合利用、能源高效利用等方面进行扩展，真正实现钢厂生产的绿色循环低碳发展道路；把国家队的技术优势通过结对子的施工单位在绿色建造方向进行扩展。在智能制造方面，第一梯队加强各自业务单元的智能化能力提升，着力解决钢铁企业产品质量稳定、生产安全、管理增效等方面的问题，构建起面向生产全流程、管理全方位、产品全生命周期的智能制造国家队体系。

第二，实施顶尖人才培育"种子计划"。面向未来，冶金建设国家队在人才队伍建设方面最迫切的是要加强行业领军人才培养。通过3—5

年时间，中国工程院院士、全国工程勘察设计大师力争实现新突破，冶金领域国家级百千万人才工程专家、享受国务院政府特贴专家等领军人才新增100人以上，集团在冶金行业内的话语权和影响力进一步增强。

第三，整合资源，提升全产业链市场竞争力。推进国家队第一梯队和结对子施工企业、各领衔设计院之间通过战略资源互换、相互交叉持股等多种形式固化冶金建设国家队"全产业链联盟"关系，打造共同面向市场、实现企业共赢的命运共同体。

三是进行经营模式创新促进再创业，构建起新的核心竞争力。

第一，进一步加强钢铁全产业链整合优势，打造面向钢铁企业全生命周期服务的生态链。借助中国五矿"两头在外"的资源整合能力，发挥在矿石和钢材贸易、物流、金融等方面的平台优势，尤其是曹妃甸矿石混配中心的资源优势，增强前端和后端资源服务能力，强化与钢铁企业生态圈的紧密联结，更好地为钢铁企业提供全产业链的增值服务和综合解决方案。

第二，创新商业模式，构建全生命周期运营服务能力。以股权介入等方式，与客户形成利益共同体，介入钢铁企业运营服务当中，打造样板厂，提升全生命周期运营服务的能力。

第三，坚定冶金建设国家队国际化战略不动摇，做实做强海外运营平台。战略上鼓励第一梯队企业强化海外运营团队建设，依据不同市场的特点，制定不同的营销策略；根据不同市场的风险和市场需求，动态调整和优化海外战略布局。将深耕细作和风险防控有机结合，着力培育海外运营平台的能力，尤其是整合海外资源的能力，把海外运营平台做实做强。以第一梯队为主体，牢牢抓住国内钢铁企业"走出去"机会，成为中国钢铁产业融入全球化的重要支撑。

### 3. 着力提供新型供给，进一步优化供给结构

在大力发展冶金产业的同时，中冶集团立足高端强化市场开拓，在"高新综大特"项目承揽和新兴产业拓展上重点跟踪重大项目，供给结构进一步优化，有力促进了集团进一步做优做强做大。究其原因在于，我国的供给侧结构性改革在一定程度上是从低端需求向高端需求的迈进，整体上存在"低端'饱和需求式'过剩和高端不足的结构性过剩"。因此，集团着力于向高端需求与综合需求进行供给，以进一步优化供给结构。对此，中冶集团主要采取了以下三方面措施：

一是培养企业的需求捕捉力，以敏锐的嗅觉对于冶金行业企业中出现的新的需求进行及时捕捉，比如企业中的节能环保、绿色循环的建设与技术需求，咨询与运营服务需求。二是对于新兴的产业需求进行及时跟进，比如城市综合管廊建设拥有极大的市场需求，还有海绵城市、美丽乡村、智慧城市等都是新兴的市场需求。新兴市场需求对供给侧产生了强大的推动力，中冶集团抓住市场机遇，率先成立了国内第一家管廊投资建设专业化公司。三是不断满足企业高端需求，比如对钢铁行业的智能化制造、高品质特殊钢的关键技术与核心设备的需求，中冶集团加强科技研发，在满足国内市场需求的同时眼光瞄准国外市场，随着"一带一路"建设与国际产能合作，中冶集团正在努力拓展海外资源。

具体来看，中冶集团优化供给结构的实践与成效主要体现在以下方面：

#### （1）"高新综大"开发项目取得重大成果

近年来，中冶集团着重抓好大项目全过程推进，下功夫推进30亿、50亿、100亿元以上的大型工程，尤其是紧跟国家大型市政基础设施建设步伐，重点推进超高层、城市综合体、城市枢纽等重大项目落地，

力争在新一轮发展热潮中抢占先机，积蓄力量，加快升级。

集团市场部建立大项目数据库，将各分公司和子公司跟踪的大项目分门别类、动态推进，对中标概率较大、合同额 30 亿元以上的落地情况作全流程管控。督促各分公司和子公司将以上大项目开发责任落实到人，制定完整的营销策划，按时间进度推进。以大项目保营销指标，以市场营销保全面经营预算指标完成。在城市地下管廊、公路建设、市政工程、主题公园、水处理等领域打造出一批批优秀的项目和精品工程。

2020 年，集团继续加强"大环境、大客户、大项目"的设计和运作，各子企业新签 5 亿元以上重大工程承包合同 495 个，同比增加 130 个，合同额总计 6149.4 亿元，同比增加 1670.7 亿元。其中新签 30 亿元以上"高新综大"项目 21 个，20 亿—30 亿元项目 39 个，10 亿—20 亿元项目 150 个，5 亿—10 亿元项目 283 个。

"十四五"开局之年首季，中冶集团在 2020 年新签合同额突破万亿的基础上，进一步借助资质改革、业绩积累、投融建模式创新与社会资源整合等手段，实现市场开拓再发力、再突破、再创新高。2021 年 1—3 月，中国中冶新签合同额突破 2805.7 亿元，较上年同期增长 60.7%。其中新签单笔合同额在 10 亿元以上的重大工程承包合同 41 项，成功实现首季开门红。

在过去的几年里，地下综合管廊业务一直保持较高的市场份额，确立行业领先地位。在地下综合管廊领域，截止到 2020 年 12 月底，中冶集团已中标的 PPP 和施工总承包管廊项目有 116 个，项目里程 1236 公里，投资额 1350 亿元，在雄安新区、深圳、珠海、天津、石家庄等地中标一批极具影响力的项目，在国内管廊市场中继续保持领跑地位。2020 年 1—12 月，中国中冶新签合同额为 10197.2 亿元人民币，较上年同期增长29.4%，逆势创出历史最高纪录，为"十三五"圆满收官画上完美句号，为"十四五"顺利开局打下牢固基础，展现了供给侧结构性改革的成效。

在水环境综合治理领域，围绕流域综合治理、黑臭水综合整治、市政污水处理、农村污水处理、垃圾焚烧、长江保护修复、矿山修复等市场进行重点开发，市场份额不断扩大。成功中标和签订九江市中心城区水环境系统综合治理二期PPP项目、南宁市马巢河流域治理施工总承包项目、中山市中心组团黑臭（未达标）水体整治提升工程（项目三）EPC+O、重庆北碚区"黑臭水体治理提升暨清水绿岸"勘察设计施工总承包、越南河内4000吨/天生活垃圾焚烧发电厂项目EPC总承包项目、雄安新区垃圾综合处理设施一期工程项目勘察设计、上海市嘉定区残渣填埋场生态修复工程等一批重大项目。

在主题公园领域，具备创意规划、深化设计、施工总包、咨询服务、游乐设备、工程材料、系统集成、运营维护八大核心竞争力，形成"一条龙"的全产业链研发与技术服务能力，建成国内外多个著名主题工程，并累计获取了主题公园界"五个第一"：第一个承接环球影城和迪士尼两大世界顶级主题公园工程总承包的中国公司；牵头成立我国第一个主题公园建设行业协会；主持编制第一部主题公园国家级标准和行业级标准；成立我国第一个主题公园技术研究院；第一个覆盖主题公园建设全产业链的国有企业。

由上海宝冶所承担的国家雪车雪橇中心建设项目，是国内第一、亚洲第三的奥运比赛标准雪车雪橇赛道。上海宝冶项目团队从零起步，通过勤学苦练、科学应对、技术攻关，研发了赛道施工专用喷射料制备及质量控制技术、万米级双曲面制冷管道加工成型技术、毫米级双曲面赛道喷射及精加工成型技术等八项核心技术，填补了国内多项技术空白，实现多个"中国首创"。该项目不仅培养了我国首支雪车雪橇赛道喷射队伍和制冰修冰队伍，还打破了国外对雪车雪橇赛道相关技术的垄断，得到了国际社会的高度评价。2020年3月28日，新华网以《首条雪车雪橇赛道制冰实现贯通》为标题，对上海宝冶北京2022冬奥会国家雪车雪橇中心项目首条雪车雪橇赛道制冰实现贯通重大节点进行报道。报道指出，从近12万米制冷蒸发管道的快速安装到赛道主体混凝土喷射完成，从氨罐吊装到制冷系统调试成功，再到如今制冰顺利完成，上海宝冶一路迎难而上，发挥全产业链竞争优势，取得多项技术突破，引领多个中国"首创"。中冶团队克服疫情影响，为冬奥会基本设施建设贡献了力量，也进一步拓展了中冶的产业领域与品牌影响力。

**（2）推动绿色化智能化以优化供给结构**

随着新一轮产业革命和科技革命的到来，冶金建设相关领域出现很多新兴的业态与经济增长点，拓展新兴产业，占领新兴产业市场，不断延伸冶金产业链，提供新型供给，也是中冶在供给侧结构性改革中为之努力的方向。中冶积极抓住机遇，迎接挑战，根据市场发展积极进行企业结构和产业结构的辩证调整，以"壮士断腕"的勇气破除落后产能，以开拓进取的精神创新核心主业，开辟新兴产业领域。

中冶集团通过大力发展科技创新为钢铁企业打造了一件件智能化和绿色化的核心技术，使钢铁企业生产的产品质量更优，绿色环保，利用创新为钢铁产业领域提供更加高端的、更加急需的核心设备，是促进冶金产业向供给体系高端化的双重迈进：一方面提高了冶金建设领域核心设备和技术的高端供给，占据了冶金产业链内核价值链的高端；另一方面钢铁企业核心技术和设备的运用将会产出更高质量的产品，优化我国钢铁产品质量不高，落后产能过剩的现状。

中冶集团承建的国家雪车雪橇中心项目鸟瞰图

例如，为加快推进钢铁智能制造业务领域快速发展，提升智能制造业务水平和行业影响力，中冶南方打造了顺应市场的智能制造多维业务体系，为钢铁企业提供智能化支持。比如，炼钢智慧物料跟踪系统在武钢条材厂 CSP 分厂已经成功应用。可为炼钢生产调度、质量跟踪、生产考核、成本管控、信息数据共享提供第一手的实时、客观、准确、可靠、友好、可扩展的数据资料，减少生产管理、生产调度、天车调度等岗位的劳动定员，降低相关工作人员劳动强度，并为智能排产、MES、ERP 等高层级信息管理系统提供强有力的底层基础数据支撑。

又如，中冶赛迪早在十多年前就开始布局智能化大数据业务，是工程建设行业率先实现全面信息化的企业之一，在国家信息化与工业化融合的战略指导下，于 2010 年成立了中冶赛迪重庆信息技术有限公司，并将自身的信息化经验和完善的产业知识体系紧密结合，服务于产业的转型升级。2018 年以来，中冶赛迪率先面向钢铁行业发布智能制造整体解决方案和产品体系，并以无边界协同、大数据决策、无人化少人化为特点，打造了钢铁行业首个一体化智慧集控中心、首座水系统智慧集控中心、首座智能化少人化原料场、首套全天候全流程智慧铁水运输系统、首座热轧高温智慧钢卷库等标杆项目，推动钢铁生产管理方式的变革和生产效率的大幅提升。

又如，中冶北方成功开发并应用了一系列满足钢铁企业节能减排需求的新技术、新成果，可以为钢铁企业提供环保改造"定制化"服务。其中，"大型带式球团焙烧工艺及成套装备"，以"高效、环保、智能"为研发方向，解决了焙烧炉寿命短、热效率低、焙烧机漏风率高等一系列问题，2018 年，该技术在鞍钢 200 万吨/年带式球团升级改造项目中实现了工业化应用，其核心部位采用了自主设计、国内制造的部件，实现真正的"自主知识产权"；"活性焦烟气净化技术"具有完全自主知识产权，设备全部国产化，可实现烟气中污染物五位一体脱除，达到超低排放要求。净化过程中无废水、废渣产生，是彻底解决钢铁行业环保问题的先进的烟气净化技术；"烟气循环工艺"将一部分烟气循环利用，可实现"源头控制"和"过程优化"，大幅降低了后续净化风量，节省了投资和运行费用，为处于环保和成本双重压力的钢企提供了新的选择；"多功能高效环冷机技术"创造性地将烧结环冷机和球团环冷机相结合，彻底解决了传统环冷机设备运行稳定性差、漏风率高、冷却风利用率的问题，既拥有高效冷却功能，又兼具余热高效回收性能；"料场环保封闭技术"采用创新型的封闭结构及封闭方式，彻底解决了原料场扬尘以及原料风蚀、雨蚀问题，是适应钢铁企业原料特性的贮存、配料、混匀一体化全面最优解决方案。

再如，中冶焦耐拥有的代表行业发展方向的绿色节能环保型的大容积焦炉及其配套的大型焦炉煤气净化技术、干熄焦技术，均处于国际先进水平，不仅在国内具有绝对竞争优势，市场地域覆盖全国，在国际上也具有较强的技术竞争优势；公司拥有的大型活性石灰工艺与装备技术、大型煤焦油加工工艺与装备技术，粗苯加氢精制工艺与装备技术，焦化节能减排工艺与装备技术处于国内领先水平。以大容积焦炉工艺与装备技术为例，大容积焦炉具有热工效率高、焦炭质量好、节能环保效果好、工程占地少的优点，是炼焦工艺的主流发展方向。中冶焦耐自主研发了炭化室高7m以上的大容积顶装焦炉、6.25m以上的大容积捣固焦炉工艺与装备技术：其中7.65m顶装焦炉技术已经应用于首钢曹妃甸焦化二期工程和河北纵横丰南焦化总承包工程中；目前世界最大的6.78m超大容积捣固焦炉新技术已经应用于山东浩宇集团新泰正大焦化工程中。该系列技术处于世界先进水平，如上述工程顺利投产，意味着我国的超大容积焦炉工艺与装备技术将跻身国际领先水平。

**（3）进一步优化供给的市场结构**

习近平总书记多次强调，要使市场在资源配置中起决定性作用，更好发挥政府作用。市场是供给侧结构性改革的风向标和着力点，怎么改由市场说了算，国有企业"三去"之后效益从何而来，还是得依靠市场。中冶集团深刻地认识到只有奋力开拓市场才能为供给侧结构性改革提供强大的动力。国文清在2018年2月2日《关于加速培育世界第一冶金建设运营服务"国家队"的问题》的讲话中指出市场是检验产品的唯一标准，要以持续不断的革新创新能力内拓外展再创业。近年来，中冶集团不断优化国内国际市场结构，契合了习近平总书记推动形成以国内大循环为主体、国内国际双循环相互促进的新发展格局和发挥我国超大规模市场优势的论断。

从国内市场来看，中冶集团利用新五矿重组后所带来的巨大的内部市场的红利，打造内部千亿市场，同时注重走出钢铁企业周边、走出大山大沟，到"有草的地方放羊、有鱼的地方撒网"，把京津冀、珠三角、长三角、中部城市群、成渝城市群、西北城市带等热点区域作为主战场。具体来看，为优化国内市场结构，中冶集团主要从四个方面下了功夫：一是在巩固上下功夫，要求已布局的13个区域公司在已有市场深耕细作、做透做精，并快速填补山东、浙江等尚未覆盖的热点地区。区域公司、小项目公司等要加快通过混合所有制改革实现做大做强、量质齐升，真正成为区域发展的"排头兵"。二是在增强上下功夫，立足本区域，深耕细作属地市场，增强区域影响力控制力，扩大品牌知名度，这是对中冶集团所有子企业提出的共同要求。三是在提升上下功夫，集团总部发挥其龙头作用，各子企业则下大气力聚焦、培育、打造高质量高品质高效益的标志性项目，尽快实现由小到大、由弱到强、由低端到高端、由单体项目到群体项目的市场结构转型升级。四是在畅通上下功夫，地处内蒙古、东北等市场活力不足的子企业，加快在经济发达和有潜力地区设置区域公司，进一步打开新的成长空间，形成新的区域增长点。

同时，中冶集团积极扩展海外市场，逐步形成在全球的资源配置能力，构建起具有国际竞争力的冶金建设供给体系。拓展海外业务也是中冶优化供给结构，为企业供给侧改革寻找出路与方向的举措。中冶集团是最早"走出去"的央企之一，经过数十年奋力拼搏，在境外热点和重点区域基本实现了全布局，在国际市场积累了丰富经验和一定的客户资源，培养了一支长期从事海外业务的骨干团队，留下了许多标志性工程和品牌故事，尤其在钢铁建设领域具有很高的知名度，具备加速发力、实现突破的基本条件。

中冶集团借"一带一路"的东风，把握了东南亚、南亚新建钢铁项目机会，相继完成了具备年产千万吨钢的能力的湛江钢铁基地、海外近20年唯一绿地新建千万吨级钢铁基地台塑越南河静钢铁基地、被列入"一带一路"规划重大项目和跨境国际产能合作示范基地马来西亚关丹钢铁基地等一系列国际一流、国内顶尖的经典工程。其中，中冶集团为台塑越南河静钢铁基地项目提供了从工程总体规划、设计、建设、核心装备供货到生产运营管理的全生命周期服务，是项目的总顾问、技术总负责单位和生产运营服务商。项目还采用中冶集团高效低耗特大型高炉关键技术、全国产化无料钟炉顶布料器（打破欧洲长期对国外市场的垄断）、水渣转鼓等核心技术和装备，国产化率达到90%以上，主要技术指标达到世界同级别高炉的最先进水平，得到了日本新日铁住金、日本JFE、印度塔塔等世界一流钢铁企业的高度认可。同时，中冶还十分重视海外项目的风险评估，对于每一个海外投资项目都做好应急预案。特别是新冠疫情发生以来，中冶集团通过多种方式对海外项目进行巡检，以严格的防控举措、及时的困难解决、人性化的思想管理，保证了海外员工的生命安全和身体健康与项目的持续推进，为构建新发展格局提供了有力支撑。

## ◎ 中冶集团供给侧结构性改革的经验与启示

作为供给侧结构性改革的重点企业和先行企业，中冶集团紧紧跟随改革的步伐，蹚出了一条国有企业改革的新路，积累了推进供给侧结构性改革的经验。企业供给侧结构性改革，要坚持以中央供给侧结构性改革政策为指导，在具体的企业实践中始终保持战略定力和方向；要用辩证创新的思维进行企业和产业的结构调整，促进企业向高端供给体系的转型升级；要坚持内部结构优化与改革，形成良好的企业梯队和人才梯队；要以新发展格局为指引，占领国内国际相关产业领域，构建起强大的全球供给体系。

### 1. 紧跟改革步伐，保持战略方向定力

中冶集团在供给侧结构性改革经济改革的潮流中，一直紧跟中央的改革步伐，走在前列，干在实处；勇于自我革新，在改革中始终保持战略方向和战略定力。国文清指出，纵观中冶集团的发展历程，极为重要的一条经验就是始终保持战略方向和战略定力，一直不遗余力、心无旁骛地聚焦打造冶金建设国家队，在决策上没有丝毫犹豫、在精力上没有丝毫分散，在最困难时候也舍得投入、敢于投入。这是对中冶优秀品质的最好总结，在新的发展阶段，中冶人不忘初心，牢记使命，

继续向前。

供给侧结构性改革是最为考验企业革新精神的改革，在改革中会触及企业很多历史遗留问题、触及企业各层级的利益，企业必然会经历改革中的阵痛，这是对企业战略方向和战略定力的考验。但是中冶集团认识到，紧跟中央的步伐，一定会迎来企业光明的未来。中央为企业的改革明确了方向，在中央还未提出供给侧结构性改革之前，中冶集团已经开始了改革的艰辛探索，这一探索是没有具体方向的，在迷雾中进行。中央根据我国经济发展的国情，提出供给侧结构性改革并为改革制定了路线图和"三去一降一补"的具体举措，为企业的改革指明了方向，坚定了企业改革的信心和决心，使改革的前途豁然开朗。

国文清多次强调习近平总书记在国有企业改革中"四次举旗定向，四次重大推动"：在国有企业面对"走出去"迷茫时，习近平总书记坚定了企业改革开放的决心；在国有企业不敢做强做优做大时，习近平总书记鼓舞国有企业理直气壮地做强做优做大；在国有企业深化党的建设时，习近平总书记明确了国有企业受党的全面领导；在国有企业推进高质量发展时，习近平总书记指出国有企业要做世界一流企业。习近平新时代中国特色社会主义思想指引着国有企业逐步走向世界一流，为国家的建设贡献更大的力量。

中冶集团始终紧跟中央的步伐，不拖后腿不掉队，争做改革的模范与先锋。中冶集团不折不扣地积极执行中央的各项决定，埋头苦干；最为重要的是始终没有偏离冶金建设的主业方向，特别是在外部环境极为恶劣的时候，中冶集团以顽强的韧劲与生命力挺过了艰难的时刻和改革的阵痛，并且厚积薄发、逆势而上，无愧称之为冶金建设领域的"国家队"。

我国的改革开放进入了深水区，中冶的改革也进入了一个攻坚期，中冶作为大型国有企业的改革，是国家改革开放的重要组成部分，必须要和中央保持高度的一致，顺势而为，借势而为。在供给侧结构性改革中，中冶集团将继续秉承敢于自我革新的精神，积极地删繁就简，优化结构；保持坚定的方向和战略定力，以改革促进企业更加辉煌的发展。

### 2. 运用辩证思维，做好企业加减乘除

供给侧结构性改革是一种"破坏性的创造"，其本身就蕴含着"否定之否定"辩证思想。因此，善于运用马克思主义的辩证法，运用辩证思维去看待问题、改革发展，是为企业谋求改革出路，创新改革路径的一大法宝。习近平总书记在针对"十四五"规划编制所召开的经济社会领域专家座谈会上就要求，要以辩证思维看待新发展阶段的新机遇新挑战。

而供给侧改革最终是为了发展，为了提质增效。习近平总书记指出："增长、质量、效率从哪里来？只能从经济结构调整中来。经济结构调整，要做好加减乘除法。加法就是发现和培育新增长点，减法就是压缩落后产能、化解产能过剩，乘法就是全面推进科技、管理、市场、商业模式创新，除法就是扩大分子、缩小分母，提高劳动生产率和资本回报率，这是调结构这个四则运算的最终目标。"因此，在供给侧结构性改革中，要运用辩证思维，做好企业加减乘除。

中冶集团在供给侧结构性改革中辩证看待"破"和"立"、"去"和"补"的关系，整枝去杈、抽枝壮枝，以破为先、以立为本，将"去"和"补"辩证地结合起来，以"出清"实现"纳入"，在转型中实现升级，为国有企业供给侧结构性改革提供了创新性的经验。

中冶集团始终坚持"破""立"并举。正所谓不破不立，随着时代的发展，中冶集团存在着部分僵尸企业，这些企业虽然位于经济社

会发展的供给端，但是却没有承担相应的供给职能，反而成为消耗端，不对这些企业实行强有力的改革手段，这些企业就会成为集团发展中的"痈疽"，占用和消耗集团与社会资源。对此，中冶集团开出了"子企业不消灭亏损，集团就消灭亏损企业"的硬条件，以强有力的手段破除了流血不止的僵尸企业的困境。同时，中冶集团将非擅长的非主业移除出去，不能够"胡子眉毛一把抓"，这两个破除相互交叠，辩证进行。从辩证角度来看，降低企业成本就是提高企业收益，通过机构的精简和项目的精细化管理对企业进行成本控制，保证资源用在"刀刃"上。

"破"是为了更好地"立"，虽然在供给侧结构性改革中"破"占了很大的比重，也是改革的重点，但是企业要谋生存、促发展，必须在"立"中寻找出路。这一"立"并不是盲目地，而是在认真分析需求侧之后有针对性地发展产业。在这里中冶集团牢牢把握住两个方向：

一是将企业的主业作为主攻的方向，促进传统主业升级换代，使之前的低端供给逐步提升为高端供给。随着世界新一轮产业革命的兴起，冶金建设领域也将会得到革命性的重塑，在钢铁产业领域，中冶集团认识到过剩的只是落后的产能，淘汰的也只是落后的产能，对于高质量的产品，市场依然有很大的需求，仍然供不应求。国文清指出，必须牢固树立"守正创新、创新守正"的理念，紧紧围绕核心主业往高端打、往前沿冲。传统主业的提升要集中优势资源，使资源的结构更多地向传统主业倾斜，特别注重科技创新对产业的革命性重塑。

二是中冶集团把拓展新兴产业作为辅助的方向，随着人工智能、大数据、物联网等快速发展，新一轮的产业革命的到来催生出众多新的业态，把握和占据这些新兴产业领域将会为企业未来的发展提供广阔的空间。中冶集团在精耕主业的同时，强调多元化的发展，积极拓展与冶金建设主业相关的城市综合管廊、美丽乡村、绿色城市、垃圾焚烧、主题公园等新兴产业领域。

在"去"的过程中"增"，中冶集团将钢铁冶金领域的过剩资源迅速向"基本建设""新兴产业"配置，在弱化枝杈的过程中强其主干，形成了"四梁八柱"的结构性产业体系。同时，紧紧以主业为中心进行新兴产业的扩展，提供了规划设计、建造施工、产业咨询、运营服务的新兴业态和新型供给。中冶集团在抛弃旧的落后供给体系的同时，着力建设新型的供给体系，这一破一立之间显示了中冶集团在供给侧结构性改革中的强大创新力。

### 3. 坚持内部优化，形成良好梯队结构

建设世界一流企业，产出高质量的产品还在于企业本身的高质量建设，一个组织管理高效，结构合理的企业才能具有国内产业，乃至全球产业的竞争优势。中冶集团在供给侧结构性改革的进程中，坚持产业产品结构优化与企业内部结构优化齐头并进，相互促进；以市场需求结构调节产业产品结构，以产业产品结构调节企业内部结构，建起了一支冶金建设运营服务的"国家队"。

第一，推进供给侧结构性改革，必须推进企业内部的结构优化与改革，使之更好地与市场相互配伍。企业的组织架构与市场匹配是企业高效运转，提供有效供给的法宝。国文清在2014年年中工作会议的讲话中就指出，要使企业内部组织架构与市场需求相对接，以进一步提高抗风险能力、改善成本结构和企业成长能力。在企业组织结构的高效精简与结构优化方面，中冶集团致力于打造精简高效有活力的系统化管理体系。对于集团总部，按照"机构要精简、人员要精干、业务要精通、工

作要精准"的要求进行建设，严格按照企业的需求定岗定人；对于各子企业，根据业务体系和市场需求进行组织架构的设计，使企业内部组织架构与市场需求相对接，提高供给效率，降低组织成本。几年来，中冶集团着力对企业的内部机构进行大刀阔斧的改革，在重组后更是在精简机构、优化企业资源配置中下苦功夫，不断优化企业资源的合理配置。同时，在加强对企业的组织结构的管理，制定高效有力的制度管理体系的同时，中冶集团还对每一个项目进行有效的制度和管理供给，力求打造精细化的管理体系。中冶内部结构的优化进一步激活了企业的活力与战斗力，为供给侧结构性改革打造了神兵利器。

第二，建设企业梯队结构，不断创新升级。自2015年中冶打造世界一流的冶金建设服务的"国家队"以来，就开始不断对"国家队"进行创新升级，其中既包含了企业梯队的基本建设与完善，也包含了企业梯队精细化的调整，还包含了再次打造"国家队"的升级版，这是站在国家战略和国际事业上的梯队建设，也是奔向世界一流团队的目标。企业梯队的建设不仅涉及制度建设的层面，而且要真正落实到有效益的项目中去，在项目建设中对企业梯队进行锻炼，必须和每一梯队层次要成果，要效益。中冶集团紧紧围绕冶金建设市场打造战斗梯队，按照市场需求对企业的组织结构进行定位梳理，为企业进行组织机构的改革明确了方向，可以清晰地对各个组织机构、各子企业进行职能和产业定位，对于与市场需求和企业发展不匹配的冗余部门予以裁剪，对于急需增加和扩大的部门和企业给予资源倾斜。目前已经组成了"八大部位，19项单元"的企业梯队，完全适应冶金建设全产业链市场需求。

第三，优化人力资源，形成良好人才梯队。人力资源所占的配置比重低，一直是很多国有企业在结构中存在的问题，而在国外优秀企业中，人才的配置比重普遍高，使得企业的研发能力强。人力资源的结构不够优化也是我国低端供给的根源之一。人力资源事关企业的创新问题，习近平总书记指出："要发挥企业在技术创新中的主体作用，使企业成为创新要素集成、科技成果转化的生力军，打造科技、教育、产业、金融紧密融合的创新体系。"这就要求企业必须不断提高企业在人力资源领域的结构优化。人是生产力中最为活跃的因素，中冶集团加大对于人才的投资，打通高端人才接续、年轻人才成长和人才上升的通道和路径；积极通过所有制改革，让员工持股，激励和稳定人才队伍。同时，还要完善人才评价体系，让人才凭业绩说话，凭实干说话，将薪酬资源向优秀的人才倾斜。

### 4. 占领产业领域，构建全球供给体系

在金融危机和一些发达国家去工业化所产生的不良后果的影响下，制造业和实体经济越来越受到各国的重视，全球的供给体系必将引发新一轮的革命，导致全球资源和供给体系的重大重组。中冶集团一直将产业发展与市场需求紧密结合，做到供给侧与需求侧匹配，供给侧与需求侧两手抓、两手硬。我国拥有世界上最完善的工业体系，中冶善于抓住战略机遇，着眼于需求，积极占领国内和国外产业领域，构建全球的供给体系。应当认识到，供给侧结构性改革重点在供给侧，但是着眼点却在需求侧，供给侧结构性改革的目的是使供给更加适应需求。习近平总书记指出："供给和需求是市场经济内在关系的两个基本方面，是既对立又统一的辩证关系，二者你离不开我、我离不开你，相互依存、互为条件。"因而，必须以"国内大循环为主体、国内国际双循环相互促进"的新发展格局为导向，瞄准国内市场、国际市场两大需求，占领产业领域，构建高质量的全球供给体系。

首先，牢牢扭住扩大内需这个战略基点。中冶集团利用国内具有超大规模市场的优势，看准基础设施建设、公共服务和新兴产业领域拥有巨大的市场前景，打造内部千亿市场，强化自身产业链一体化价值创造。虽然全球经济受新冠肺炎的影响较大，但是随着国家"六稳"政策的推进，我国经济长期向好、稳中向好的基本面并没有改变。中冶集团积极参与京津冀协同发展、长三角一体化、粤港澳大湾区建设、长江经济带发展、西部大开发等一系列战略项目建设。2020年，面对疫情、洪水、国际贸易摩擦等重重挑战，中冶集团牢牢抓住"双循环"新发展格局有利机遇，以高质量发展为主线，以市场营销为龙头，以创新驱动为引擎，聚焦核心主业、聚焦核心区域、聚焦核心项目、聚焦核心客户，取得了超预期的经营业绩，在大战大考中交出了一份来之不易的精彩答卷。2020年1—12月，中国中冶新签合同额为10206亿元人民币，较上年同期增长29.3%，逆势创出历史最高纪录，为"十三五"圆满收官画上完美句号，为"十四五"顺利开局打下牢固基础，展现了供给侧结构性改革的成效。中冶集团坚持以市场为导向的供给侧结构性改革，紧紧抓住市场营销这一"龙头"。国文清指出，中冶集团要在严控风险的前提下，增强抓抢订单意识，以国内市场为主，海外市场集中资源重点开拓高端项目。

其次，新发展格局是开放的国内国际双循环，中冶集团利用本身在冶金领域所具有的完善的产业结构和全产业链的优势，坚持"走出去"的战略方向，建立一批优秀的精品项目，树立企业品牌的国际影响力和良好的口碑，并逐步扩大产业项目，利用好国外市场和资源构建供给体系。中冶集团借"一带一路"的东风，完成了被列入"一带一路"规划重大项目和跨境国际产能合作示范基地马来西亚关丹钢铁基地的经典工程。抓住欧美国家再产业化的趋势和契机，中冶在英国、美国等地成立分公司或子公司等驻外机构,完成了英国塔塔2050mm热轧系列改造、澳大利亚SINO铁精矿选项目等招牌工程。中冶集团所开拓的海外高端项目擦亮了中冶的招牌,树立了良好的企业形象,2020年中冶已在冶金建设产业领域稳占全球市场的60%。面对世界钢铁产业的转型升级的关键时期,中冶集团将紧紧抓住国内市场的扩大契机和"一带一路"的发展契机,进一步扩大内部千亿市场,继续建设升级绿色化和智能化的高端产业链,成为引领冶金产业建设领域全球资源和供给体系的世界一流企业。

# 第六章

# 高质量发展篇

习近平总书记高度重视经济的高质量发展，指出中国经济已经从高速增长阶段转向高质量发展阶段，而推动高质量发展必须以供给侧改革为主线，以建设现代产业体系为重点，实施创新驱动发展战略推动经济发展的新旧动能转换。对于中冶集团来说，我国经济发展阶段的变化从根本上决定了集团必须走一条高质量发展之路。中国五矿总经理、党组副书记、中冶集团董事长国文清将高质量发展作为发展战略，大力重塑供给体系，找准产业发展方向，推动科技创新和管理创新，努力实现集团高质量跨越式发展。今天的中冶集团已经全面进入了高质量发展的新阶段，作为供给侧结构性改革的典范，建立起符合自身特点的产业体系，不断推动核心技术迭代升级，在冶金领域独占鳌头，在创新驱动高质量发展上取得骄人成就。这些成就的取得与中冶集团把"稳字当头、严控风险"作为发展的首要原则是分不开的，与中冶集团品牌化经营，矢志不渝打造世界第一冶金建设国家队是分不开的，与不断提高企业治理能力和水平是分不开的，与有一支勇于担当的实干家队伍也是分不开的。

## ◎ 高质量发展的内涵

当前我国已转向高质量发展阶段，针对未来一个时期的发展问题，习近平总书记在十九届五中全会上强调，"'十四五'时期经济社会发展要以推动高质量发展为主题，这是根据我国发展阶段、发展环境、发展条件变化作出的科学判断"，"经济、社会、文化、生态等各领域都要体现高质量发展的要求"。习近平总书记的重要讲话在指明我国下一步发展主题的同时，也为国有企业高质量发展提供了基本遵循。

## 1. 我国经济由高速增长转向高质量发展阶段

党的十八大以来,以习近平同志为核心的党中央在深刻总结国内外发展经验教训、深刻分析国内外发展大势的基础上明确指出,"现阶段,我国经济发展的基本特征就是由高速增长阶段转向高质量发展阶段"。中国特色社会主义进入新时代,我国经济发展也进入了新时代,过去那种重视量的扩张而对质的提升不够重视的发展道路,已经日益显示出了其弊端。特别是2020年以来,新冠疫情和复杂的世界经济形势给我国经济发展带来了更加严峻的考验。对此,2020年12月举行的中央经济工作会议指出:"要增强忧患意识,坚定必胜信心,推动经济持续恢复和高质量发展。"会议还提出,做好2021年的经济工作,要以推动高质量发展为主题,"用好宝贵时间窗口,集中精力推进改革创新,以高质量发展为'十四五'开好局"。

面对当前我国经济发展中的各类问题,必须加快推动我国经济的高质量发展,要重视量的发展,但更要重视解决质的问题,在质的大幅提升中实现量的有效增长,实现"从多到好""好上加好"。只有这样才能进一步保持我国经济持续健康发展,更好地应对我国社会主要矛盾,更好地应对外部环境的新变化,推动我国全面建设社会主义现代化国家。

高质量发展有着丰富的内涵,习近平总书记指出:"高质量发展,就是能够很好满足人民日益增长的美好生活需要的发展,是体现新发展理念的发展,是创新成为第一动力、协调成为内生特点、绿色成为普遍形态、开放成为必由之路、共享成为根本目的的发展。"这一论断从社会主要矛盾的视角回答了高质量发展的目的,即变不平衡不充分的发展为高质量发展,使发展能够跟上人民需要的拓展升级,从思想引领的视角回答了以什么样的理念指导高质量发展的问题,即把"创新、协调、绿色、开放、共享"五大发展理念融入推动高质量发展的整个实践中去。这一论断为我国经济高质量发展提供了总体指导。

具体来看,推动我国经济高质量发展,需要政府、企业、科研机构、消费者等不同主体的协同推进。不同主体在经济活动中扮演着不同的角色,承担着不同的任务,在推动我国经济高质量发展的过程中,也具有不同的地位,发挥不同的作用。习近平总书记指出:"国有企业,特别是中央管理企业,在关系国家安全和国民经济命脉的主要行业和关键领域占据支配地位,是国民经济的重要支柱,在我们党执政和我国社会主义国家政权的经济基础中也是起支柱作用的。"

因此,国有企业作为重要的经济主体,对推动我国经济高质量发展同样具有重要意义。一方面,国有企业自身要实现高质量发展,这是实现我国经济高质量发展的应有之义和必然要求;另一方面,国有企业要带动各经济主体乃至整个国民经济高质量发展,这是国有企业支柱性作用的内在要求和外在表现。国有企业必须把自身的高质量发展融入整个国民经济高质量发展之中,根据自身主业找准自己的位置和发展方向,在推动自身高质量发展的同时,推动整个国民经济的高质量发展。

### 2. 供给侧结构性改革是高质量发展的主线

供给侧结构性改革是推动整个经济高质量发展的主线。2015年11月,习近平总书记明确提出供给侧结构性改革后,多次对供给侧结构性改革这一概念进行阐释和论述,指明了其核心要义和实践要求。习近平总书记指出,供给侧结构性改革,重点是解放和发展社会生产力,用改革的办法推进结构调整,减少无效和低端供给,扩大有效和中高端供给,增强供给结构对需求变化的适应性和灵活性,提高全要素生产率。供给侧和需求侧是管理和调控宏观经济的两个基本手段。需求侧管理，重在解决总量性问题，注重短期调控，而供给侧管理，重在解决结构性问题，注重激发经济增长动力，主要通过优化要素配置和调整生产结构来提高供给体系质量和效率，进而推动经济增长。以哪一个手段为主，需要根据国内外经济形势加以选择。当前和今后一个时期，我国经济发展面临的问题，供给和需求两侧都有，但矛盾的主要方面在供给侧。

因此，要推动经济高质量发展，就必须抓住矛盾的主要方面，牢牢把握供给侧结构性改革这条主线，不断改善供给结构，提高经济发展质量和效益。具体来看，推进供给侧结构性改革，重点是解放和发展社会生产力，用改革的办法推进结构调整，使无效和低端供给不断减少，有效和中高端供给不断扩大，增强供给结构对需求变化的适应性和灵活性，使供给的全要素生产率不断提高。

2020年7月30日，中共中央政治局召开会议部署下半年经济工作，再次强调要"坚持以供给侧结构性改革为主线，坚持深化改革开放，牢牢把握扩大内需这个战略基点，大力保护和激发市场主体活力，扎实做好'六稳'工作，全面落实'六保'任务，推动经济高质量发展"。在2020年10月召开的十九届五中全会上，同样强调了要继续深化供给侧结构性改革。这些要求为下一阶段继续以供给侧结构性改革为主线，推动经济高质量发展指明了方向。

对于国有企业来讲，习近平总书记明确要求，要"推进结构调整、创新发展、布局优化，使国有企业在供给侧结构性改革中发挥带动作用"，对国有企业供给侧结构性改革提出了总体要求。国务院批转的国家发改委《关于2016年深化经济体制改革重点工作的意见》紧紧围绕"四个更加突出"的要求，以增强市场微观主体活力为目标，对国有企业供给侧结构性改革做出了深入部署。经过几年的改革发展，目前国有企业在混合所有制改革、结构调整与重组、提升市场化程度等方面取得了明显成效，国有企业供给结构进一步优化，提质增效取得显著成绩。

### 3. 建设现代产业体系是高质量发展的重点

建设现代产业体系是建设现代化经济体系的核心，是推动我国经济高质量发展的重点。经过长期努力，我国产业体系的发展取得了举世瞩目的成就，形成了较完整的产业体系，这既为我国经济高质量发展打下了良好基础，也体现了我国经济高质量发展所具有的优势。

习近平总书记指出，要"加快建设实体经济、科技创新、现代金融、人力资源协同发展的产业体系"，从而为我国建设一个什么样的现代产业体系指明了方向。建设现代产业体系，要把做实做强做优实体经济作为主攻方向。实体经济是现代产业体系的关键，是一国经济的坚实基础。实体经济的高质量发展决定整个产业体系的高质量发展，实体经济发展得好，其他产业的发展才有了支撑和保证。科技创新、现代金融、人力资源从根本上讲都要服务于实体经济发展。

习近平总书记指出，"要聚焦主导产业，加快培育新兴产业，改造提升传统产业，发展现代服务业，抢抓数字经济发展机遇"，从多重角度具体说明了我们应如何建设现代产业体系。从主业与副业角度来看，习近平总书记指出："做实体经济，要实实在在地、心无旁骛地做一个主业，这是本分。"对于企业来讲，必须能够聚焦自身主业进行技术和产品研发，其发展才能更为顺畅，错把主业当副业，发展过多副业，涉足与主业缺乏密切关联的副业等做法将会拖累整个企业的发展。

从新兴产业与传统产业来看，二者在很多时候并不是你死我活的关系，而是相互促进、协同发展的关系。许多传统产业是不能被新兴产业完全代替的，但新兴产业能够对其加以改造提升，放弃传统产业单纯发展新兴产业并不现实，应当在化解淘汰过剩落后产能的同时，对传统产业进行改造提升。新兴产业有其独特优势，代表了未来发展的新方向，必须紧跟现代产业发展的潮流，加快培育发展前景广阔的新兴产业。这样将新旧产业发展更好地结合起来，从而更好地推动产业转型升级。

从现代服务业和数字经济来看，二者都与现代科学技术，特别是信息网络技术密切相关。现代服务业是现代产业体系的重要组成部分，既包括经过改造的传统服务业，也包括因技术发展而来的新的服务方式，与数字经济的发展也是密不可分的。数字经济作为一种新的经济形态，不仅对传统产业具有广泛而深刻的渗透力，而且其本身对整个现代产业体系具有引领作用，是推动整个产业体系高质量发展不可或缺的部分。

国有企业是中国特色社会主义经济的"顶梁柱"，在建设现代产业体系的任务中具有关键作用。习近平总书记指出，要"促进国有资本向战略性关键性领域、优势产业集聚，加快国有经济战略性调整步伐"，促进了国有企业产业调整和发展。近年来，国有企业不断聚焦主业，在传统产业转型升级、新兴产业培育上做了大量工作，在"三去一降一补"方面取得了很大成果，为现代服务业发展和数字经济发展做出了重要贡献。

### 4. 创新驱动是促进高质量发展的核心动力

加快经济发展从要素驱动向创新驱动的转变，实现新旧动能转换，是高质量发展的鲜明特征和必然路径。党的十八大以来，习近平总书记反复强调创新发展的重要性，指出"创新是引领发展的第一动力。

抓创新就是抓发展,谋创新就是谋未来。适应和引领我国经济发展新常态,关键是要依靠科技创新转换发展动力"。2020年12月,中央经济工作会议指出,"要依靠创新提升实体经济发展水平,促进制造业高质量发展","要加强顶层设计、应用牵引、整机带动,强化共性技术供给,深入实施质量提升行动"。这些为我们进一步深入实施创新驱动发展战略,推动高质量发展指明了方向。

创新驱动既是我国经济发展步入新时代的必然要求,也是当今世界面临百年未有之大变局的必然要求。面对中国经济新常态,面对世界经济下行的大背景,面对中美贸易摩擦和全球新冠疫情的不利影响,特别面对以美国为首的西方国家对我国企业在高新技术领域的限制和打压,唯有坚持创新发展,才能在这场巨大的危机中更好地生存与发展。不下大气力实施创新驱动战略,就难以摆脱我们面临的严峻局势。

中共中央、国务院印发的《国家创新驱动发展战略纲要》指出,实施创新驱动要构建国家创新体系,坚持双轮驱动,即科技创新和体制机制创新两个方面驱动,推动发展方式、发展要素、产业分工、创新能力、资源配置、创新群体等六个层面的转变。可以说,创新驱动主要涉及两个层面,即科技创新和体制机制创新,分别侧重于生产力和生产关系层面。其中,科技创新是核心,习近平总书记指出,"要推动以科技创新为核心的全面创新","一个地方,一个企业,要突破发展瓶颈、解决深层次矛盾和问题,根本出路在于创新,关键要靠科技力量","科技创新是核心,抓住了科技创新就抓住了牵动我国发展全局的牛鼻子"。

习近平总书记明确指出:"在日趋激烈的全球综合国力竞争中,我们没有更多选择,非走自主创新道路不可。我们必须采取更加积极有效的应对措施,在涉及未来的重点科技领域超前部署、大胆探索。"特别是对于关键核心技术来讲,习近平强调,"关键核心技术是要不来、买不来、讨不来的","核心技术靠化缘是要不来的,只有自力更生"。总是跟踪和模仿其他国家和企业的科技成果,是没有出路的,必须坚定不移走中国特色自主创新道路。

习近平总书记的相关论述,为实施创新驱动战略,加快新旧动能转换,推动高质量发展提供了理论指导。要推动以科技创新为核心的全面创新,为高质量发展提供动力,最终要落实到各创新主体身上,而企业无疑是不可或缺的创新主体。习近平总书记高度重视企业在创新驱动中的主体地位,他指出,"要推动企业成为技术创新决策、研发投入、科研组织和成果转化的主体,培育一批核心技术能力突出、集成创新能力强的创新型领军企业"。

之所以如此,一方面在于,企业自身的持续发展要求把创新作为自身的重要任务。创新为企业发展提供动力,创新是企业生命得以长期延续的必要条件,企业没有了创新就必然要衰老和死去。只有结合时代需要,把创新放在重要位置,下大力气推动以科技创新为核心的全面创新,才能使企业发展与时代需要相适应。正如习近平总书记所说,"企业持续发展之基、市场制胜之道在于创新,各类企业都要把创新牢牢抓住"。另一方面在于,企业是将科技创新与市场需求联系起来的特殊主体。2020年12月,中央经济工作会议明确提出:"要发挥企业在科技创新中的主体作用,支持领军企业组建创新联合体,带动中小企业创新活动。"企业作为市场主体对于科技创新和市场需求都更为敏感,发挥好企业创新主体的作用,能够更好地带动相关科研机构、科技人才等创新主体更好地投入到科技创新当中,走出一条创新链、产业链、人才链、政策链、资金链深度融合的路子。

而对于国有企业来讲,作为党执政兴国的重要支柱和依靠力量,作为国民经济的支柱,更加有义务、有能力投入到创新发展之中,发挥好创新主体的作用，按照习近平总书记的要求，"不断增加创新研发投入，加强创新平台建设，培养创新人才队伍，促进创新链、产业链、市场需求有机衔接，争当创新驱动发展先行军"，"变'要我创新'为'我要创新'"。

## ◎ 中冶集团坚持走高质量发展之路

我国经济从高速增长阶段转向高质量发展阶段，决定了中冶集团必须改变过去偏重于量的扩张而非质的提升的发展之路；决定了中冶集团必须坚定信心、勇挑重担，走一条高质量发展之路；决定了中冶集团必须进行前瞻性思考、全局性谋划、整体性推进、关键性突破，努力实现高质量跨越式发展。中冶集团认识到，只有推动自身高质量发展，才能在市场竞争中立于不败之地，才能更好地推动中国五矿的高质量发展，促进我国经济的高质量发展。

### 1. 坚持高质量发展是中冶集团的重大战略决策

行业发展有高峰也有低谷，企业发展也不总是一帆风顺。2012年中冶集团面临"三期叠加"的严峻形势，即金融危机后世界经济的深度调整修复期；钢铁产能严重过剩、市场严重萎缩期；中冶前几年盲目转行扩张、兼并重组的风险集聚爆发期。一个"围绕钢铁生、钢铁转"的传统老国企陷入亏损重、负担重、生存岌岌可危、前途迷茫的困境。

这一年的9月5日，为实现攻坚克难、奋力自救、稳健发展，中冶集团召开了一次被中冶人称为"遵义会议"的重要会议。应当说在这次会议上，发展的质量开始成为中冶集团关注的重要问题，此后，直至今日,在八年多的发展历程中,中冶集团对高质量发展的认识逐步深化,重视程度逐步提高,从最初对经营质量的重视,到提出"长期坚持走高技术高质量发展之路",坚持高质量发展从最初作为中冶集团的浅层认识,最终成为中冶集团自主自觉的战略决策。

具体来看,在2012年的"9·5"会议中,中冶对发展质量问题就有了初步的认识。这次会议提出,"要在控制好风险,提高经营质量的前提下继续扩大规模,形成新优势新亮点",虽然这一要求是针对中冶主营业务中的海外工程提出的,而且并未明确提出要走一条高质量发展之路,但这里已经表明集团认识到了经营质量与扩大规模的关系问题,意识到了质的提升与量的增长之间的关系问题。这一认识可以看作集团坚持走高质量发展之路的萌芽。

2013年1月,在集团年度工作会议上,国文清的讲话以《大力提升质量效益 全力推进改革创新 奋力踏上"聚焦中冶主业,建设'美好中冶'"新征程》为题目,将提升质量效益作为年度工作的重要任务,体现了对企业发展质量的高度重视。他在讲话中指出"如何顺应发展态势,把握发展方向,调控发展节奏,提升发展质量"对中冶职工和领导班子来说都是一个重大考验,这实际上也说明,在这个阶段,提升质量效益使集团尽早走出困境,仍然是处于探索阶段,还没有可循的经验和路径。

紧接着,在2013年8月,中冶集团明确将"美好中冶"中的"好"定义为"企业发展的质量好,各业务单元运营效率高、经济效益好",稳中提质已经成为中冶的明确目标和首要问题。虽然这时的中冶还没有形成如何提升发展质量的系统构想,但正如海森堡所说,"提出正确的问题往往等于解决了问题的大半",中冶集团提出了问题也意味着这个问题也即将得到解决,而中冶之后的实践也证明了这一点。

2014年和2015年，中冶集团通过一系列举措逐渐摆脱了以往的不利局面，对提高发展质量的认识也更为丰富和深刻。在这两年中，中冶集团大力解决资产质量问题，始终将经济效益作为企业追求的终极目标，努力提高市场开拓的质量和档次，把提升资源的效率与效益作为着力点，切实提高企业发展质量。值得注意的是，"高质量"一词首次出现在国文清的讲话中，他指出，要"尽快实现核心技术高质量的产品化，实现从钢铁技术的跟随者向引领者转变"，虽然这里主要讲的是企业的产品而非整个企业，但"核心技术高质量的产品化"，无疑与此后"高技术高质量发展"有着某种内在的关联。

2015年12月，国务院批准中冶集团将与五矿集团实施战略重组，2016年初，中冶集团明确将"实现有效益、高质量的增长"作为其追求大发展的最终目的。这是中冶集团多年来重视企业发展质量，汲取企业发展正反两方面经验得出的重要认识。此后，高质量已经成为中冶集团发展的重要指导思想，成为衡量企业各方面发展的重要指标。可以说，进一步加深对高质量的认识，将"高质量增长"转变为"高质量发展"已经呼之欲出。

2017年的十九大明确提出"我国经济已由高速增长阶段转向高质量发展阶段"的重要论断，为中冶集团确定发展战略指明了方向。2018年，中冶集团以高度的理论自觉和行动自觉，明确提出了"长期坚持走高技术高质量发展之路"的战略路径。这一战略路径是继2012年"9·5"会议提出"聚焦中冶主业，建设美好中冶"发展愿景后，在2016年与中国五矿战略重组后，提出的又一重要发展战略。这一战略的提出与我们党在理论上的新判断新提法是分不开的。

2020年7月23日，中冶集团暨中国中冶年中工作会议在京召开，中国五矿总经理、党组副书记、中冶集团董事长国文清在会上作出"中冶集团高质量发展进入新阶段"的重要论断，提出推动高质量发展的系统性方案。这是继2012年"9·5"会议后提出"聚焦中冶主业，建设美好中冶"发展愿景、战略重组后提出"长期坚持走高技术高质量发展之路"战略路径，中冶集团主动应对新形势新任务新要求作出的又一历史性的、里程碑式的重大战略决策。

2021年，中冶集团紧紧抓住钢铁行业新需求、新模式带来的新变革积极作为，补短板、锻长板、育新板，重塑高端供给，推动冶金建设国家队在巩固中提升，在突破中领先，为钢铁强国贡献中冶力量。

中冶集团的这一决策，体现了中冶集团作为国有企业将自身发展与国家发展的战略需要统一起来的自觉，体现了中冶集团响应党和国家的号召，切实承担起国有企业应有责任的自觉，体现了中冶集团发挥出国有企业主体作用，做强做优做大国有企业的自觉。

2021年工作会议上，国文清指出，在冶金建设上，要重塑高端供给，推动冶金建设国家队在巩固中提升；在基本建设上，要着力强化品牌建设能力，着力强化EPC总承包能力，着力强化建筑绿色化、智能化、工业化升级；在新兴产业上，要深入挖掘中冶集团每一个技术转化可能的发展方向，以市场需求为牵引，以技术突破为驱动，以多元产业为基点，以资本实力和商业模式创新为"倍增器"，打造需求牵引供给、供给创造需求的产业发展新格局。同时，要注重改革的整体性、系统性，深入研究各项改革举措的关联性耦合性，形成一体谋划、协同推进的改革"一盘棋"。对此，他还特别指出要切实优化制度供给，进一步完善现代企业制度，促进企业党的建设、经营管理等各方面制度更加成熟更加定型，构建系统完备、科学规范、运行有效的企业制度体系，为解决中冶事业发展面临的一系列问题提供制度化方案，把企业的制度优势更好转化为企业治理效能。

### 2. 要重塑供给体系推动中冶集团高质量发展

中冶集团要成为具有全球竞争力的世界一流企业，高质量发展是根本，而关键在于持续深化供给侧结构性改革，在于重构具有全球话语权和影响力、占据产业链价值链高端的新型供给体系，培育更加系统、更高层次、更可持续的全球竞争新优势。中冶集团深刻领会习近平总书记关于供给侧结构性改革的重要论述，紧紧围绕中央决策部署，深入贯彻中央关于供给侧结构性改革的相关要求。坚持在实践探索中遵循规律推动发展，牢牢掌控住发展的主动权，以钢铁产业转型升级为历史契机，重塑适应未来需求变化、可持续发展、具有国际竞争力的新型供给体系。

2015年11月中央提出供给侧结构性改革后，中冶集团就结合自身的具体情况，在2016年1月的年度工作会议上，对如何认识供给侧结构性改革、如何推进供给侧结构性改革，提出了自己的认识和具体要求。中冶集团认为，推进供给侧结构性改革，首先要落实好去产能、去库存、去杠杆、降成本、补短板五大任务。中冶集团在钢铁行业高速发展期形成的资源配置存在严重过剩，迫切需要"去产能"或"转移产能"，要实施人力资源、组织架构按产品、按市场进行高效匹配的结构性改革。但是，此时中冶集团对供给侧结构性改革的认识还不够深刻，随着供给侧结构性改革的推进，中冶集团进一步认清规律，提出了符合企业定位和发展方向的供给侧结构性改革目标，认识到构建新型供给体系的重要作用。

首先，中冶集团坚持世界眼光，深刻认识钢铁行业发展规律，精准研判中国钢铁行业现状，为供给侧结构性改革指明了方向。从世界钢铁工业发展历程看，增长与调整共振、繁荣与低潮交替，世界钢铁行业在目前仍处于第三次深度调整期。而中国钢铁的生产消费已经进入"峰值平台区"，这种进入后工业化时期出现的钢铁产能严重过剩，是低端"饱和需求式"过剩和高端不足的结构性过剩。未来的中国钢铁，重复建设低效产能的时代已经过去，未来较长时间内钢铁工业还将持续处于阶段性、结构性供给过剩状态。

国内钢铁行业处于结构性改革的加速期，钢铁产业面临的矛盾主要表现为钢铁企业产业结构与市场需求的矛盾，产业发展与生态环保要求不断提高的矛盾，钢铁企业和城市共融的矛盾，钢铁企业当前的发展阶段与自身提升生产效率需求之间的矛盾。无论是钢铁结构调整转型升级，还是新工艺、新流程、新材料、新装备、绿色化、智能化等发展需要，都对技术创新、模式创新、全产业链的集成整合能力，特别是运营服务能力提出了新要求、新课题，提供了新机遇。

面对新要求、新课题、新机遇，中冶集团原有冶金建设的供给体系已远远不能满足行业发展的新需求。钢铁是工业的面包，是国民经济的基础产业，随着市场由以往大规模建设转向减量化、绿色化、品质化、服务化、国际化的高端需求，钢铁产业必然要经历由"破"到"破立并举"再到"立"的螺旋式上升的过程。中冶集团要发展，就必须坚持依靠供给侧推动，供给侧一旦成功实现了结构性改革创新，市场就会以波澜壮阔的交易生成进行回应。

其次，中冶集团提出了聚焦高端供给，奋力实现企业高质量发展的纲领。中冶集团坚持在实践探索中遵循规律推动发展，牢牢掌控住发展的主动权。坚守钢铁强国的责任与担当，积极贯彻中央不断增强国有经济竞争力、创新力、控制力、影响力、抗风险能力的要求，以钢铁产业转型升级为历史契机，重塑适应未来需求变化、可持续发展、具有国际竞争力的新型供给体系。

面对中国钢铁产能严重过剩、转型升级的大调整、大变革,中冶集团坚持实践经验和发展规律相结合、坚持不忘本来和面向未来相贯通,坚持从世界、中国、行业和企业相关联的宽广视角,第一次从国家责任的高度明确提出"要站在国际水平的高端和整个冶金行业的高度,以独占鳌头的核心技术、持续不断的革新创新能力、无可替代的冶金全产业链整合优势,承担起引领中国冶金建设走向更高水平、走向世界发展的国家责任"的更高奋斗目标。

这一奋斗目标聚焦的是高端供给,把握的是时代脉搏,确定的是企业高质量生存发展的纲领,更是对国家责任的清醒认知和更高水平的执着追求,它科学解决了"中冶走向何处"的时代之问。这一目标确定了中冶集团高质量发展的纲领,确定了对承担国家责任的更高水平的执着追求。

在这一目标引领下,中冶集团坚持以供给侧结构性改革为主线不动摇,果断实施了"打造世界第一建设冶金运营服务国家队"既瘦身更健体的供给侧结构性改革,按照"世界第一"标准保留和匹配高精尖资源,确保了中冶在冶金市场的绝对引领地位。中冶集团以建设"适应未来可持续发展、牢牢占据世界技术尖端、产业链价值高端"的冶金建设服务新供给体系为主要着力点,不断激发强大的体系化力量,推动冶金建设国家队在新时期走向新辉煌,真正承担起引领中国冶金走向更高水平、走向世界舞台中央的国家责任。

这一新型供给体系的重塑,不仅仅是单纯的"去"和"补"的问题,而是要重构"回归主业"的盈利模式,打造"牢牢占领技术尖端、迈向产业链价值高端"的新的核心竞争力。实践证明,这一发展思路的调整是正确的,它科学回答了建设什么样的冶金建设国家队、如何建设冶金建设国家队的问题，也切实解决了"中冶走向何处"的问题。

如果将其具体化，我们看到，中冶集团围绕绿色化发展，积极推动"绿色中冶"，致力于满足最高级别的行业环境标准，以此作为创造新的收入流和控制成本的推动力。特别是在战略性新兴产业领域，中冶不能仅仅局限于污水处理、固废处理、土壤修复等单个点的技术突破，要围绕从进到出的城市功能系统，从监测、治理再到运营的整体需求，进行谱系化的技术创新，并以此带动商业模式创新，成为客户离不开的服务资源提供商。

### 3. 要找准产业方向推动中冶集团高质量发展

产业是发展的根基，建设现代产业体系是高质量发展的重点，中冶集团推动高质量发展就要找准产业发展方向，使中冶集团建成一个有核心有外围、相互促进共同发展的产业体系。中冶集团认识到，要找准方向从两个方面推动产业体系建设，一是围绕自身主业，持续提升冶金建设核心竞争力，加速形成体系化力量。二是持续打造非冶金业务核心竞争力，使基本建设、新兴产业聚焦业务，形成新的体系化力量。这样，中冶集团将形成以冶金业务为体，以基本建设、新兴产业为两翼的一套适合自身高质量发展的现代产业体系。中冶集团能够借此更强更优更好发展，以产业稳保企业稳，以产业强促企业强，为当前的"六稳""六保"做出贡献。

#### （1）把冶金建设产业作为产业体系的核心

冶金建设是中冶目前竞争优势最为突出、最能称作世界一流的产业，是中冶矢志不渝坚守的国家责任和使命担当，在中冶产业体系中处于核心位置。"冶金建设国家队"是中冶最大的品牌，冶金建设是中冶最具优势、在中央企业最叫得响、承担着国家使命的主责主业。中冶集团矢志不移地推动冶金建设国家队再拔尖再拔高再创业，把"世界第一"的牌子打造得更加坚实，更加响亮。为此，中冶集团提出主要从三个层面继续提升冶金建设的竞争力。

第一，加快完善国家队组织体系优化布局。作为"为钢铁生、绕钢铁转"的中冶集团，必须紧扣新时期冶金建设的重要内涵，对当前的组织体系作出相应调整和完善，充分发挥国家队体系化力量的独特优势，抓住机遇、乘势而上，赢得未来发展主动权。集团层面要系统对标世界一流企业、精准研判行业发展态势、结合企业发展实际，加快推进国家队第一梯队阵容优化、补充、完善，确保布局合理、分工明确；在政策支持上要突出扶优扶强，把"好钢用在刀刃"上，确保优势资源向控制力强、影响力高的关键部位集中，向专业化精、综合实力强的企业集中，从源头解决"低端混战""高端失守"的问题；在制度保障上，结合子企业实际运行情况，修订完善相关考核激励制度，突出优胜劣汰，进一步提升国家队治理效能。子企业层面要牢固树立集团上下"一盘棋"思想，明确第一梯队职责分工，服从集团统一安排部署；真正保证人财物等各种优势资源向第一梯队业务集中配置，始终保持国家队组织体系核心队伍的稳定性。

第二，牢牢瞄准世界第一，突出发展第一梯队核心业务。面对这个新时代，既要从过往发展历程中找寻规律、借鉴经验，更要抓住新一轮科技革命带来的独特机遇，实施转型升级，与钢铁工业同频共振，共同迈向全球产业链价值链中高端，真正实现这一轮的引领担当。要精准把握核心技术的主攻方向，做到独占鳌头，要加快传统集成技术的转型升级，始终保持无可替代，要加快构建高水平的运营服务能力，由单一工程商向系统服务商转变。

第三，加快体系化集成，充分发挥全产业链整合优势。中冶集团要打造的是一个能够根据市场需求、时势变化，自动启动、自动生效、自动跟进的冶金建设国家队治理体系，最大限度发挥全产业链集成整合后的价值再造优势。集团总部作为综合管理平台，必须充分发挥在战略、技术、人才、资金等方面的整合作用，向关键领域配置资源和能力。总部职能部门和子企业要分工协作、形成拳头、合力开发。各子企业必须充分发挥团队作战的强大优势，打造共同面向市场、实现企业共赢的命运共同体。要进一步将中冶集团内部协同上升到与中国五矿以及社会资源的大协同。借助中国五矿在矿石贸易、物流、金融等方面的平台优势，加速中冶与五矿业务的深度融合，打造冶金建设产业生态圈，使相关价值链互联互通，构建起全方位的价值链网络。创新资本对产业的支持模式，以战略合作、成立合资平台、兼并收购等多种方式，在控制好风险的基础上，实现与同业者和资源关联方的深度合作，形成利益共同体。要深度融入国际冶金产业分工体系，成为未来世界钢铁产业价值链中不可分割的一部分。

### （2）持续打造非冶金产业的核心竞争力

近年来，中冶集团在精耕传统冶金核心主业的同时，紧紧围绕国家发展需求，积极向基本建设和新兴产业领域转型发展，依托传统冶金优势创造了新的增量空间。在国内外承揽了房屋建筑、市政交通、高速公路等一系列重点工程，非冶金业务收入占比80%左右，成为企业持续稳定增长的重要支撑。

但中冶集团清醒地认识到，经过几年的发展，冶金建设核心主业的发展方向早已深入人心，但基本建设、新兴产业的发展方向有待聚焦，有的子企业认识上依然有偏差，认为"装到篮子里都是菜"，导致非冶金业务的资源分散，缺乏核心竞争优势。当前中冶正处在向高质量发展迈进的关键时期，基本建设、新兴产业一定要在合理作战半径内聚焦，依托钢铁冶金优势向产业链的高端攀升。

对此，中冶集团总部对企业内外部资源、市场环境深入研究、综合研判，尽快明确非冶金业务的核心发展方向。重点在城市建设与更新工程、公路与轨道交通工程、环境保护与修复工程三个主攻方向集中发力，力争在短时间内实现突破。同时加快推动大型场馆综合成套施工技术、高速公路综合成套施工技术、超高层建造技术、城市水体生态修复综合技术等推广应用，形成高端竞争力和影响力，充分发挥技术创新在市场开拓中的引领和支撑作用。

中冶集团提出要紧紧围绕三个方面发力突破，分别是加快打造一批一流企业，集中打造一批一流品牌，着力打造多领域业务集成的独特优势。特别是由于当前市政、交通、能源、环保等新型城市化建设机遇齐发，综合性、集成化成为新趋势，使中冶能够综合运用自身在勘察、咨询、设计、建设、运营等全产业链集成整合优势，以及水、电、土、气等领域的专业优势，打造中冶独具特色的非冶金核心竞争力。

**4. 要坚持创新驱动引领中冶集团高质量发展**

创新驱动为国有企业高质量发展提供强劲动力。习近平总书记关于创新驱动的重要论述深刻阐明了新形势下实施创新驱动战略，加强自主创新的极端重要性，为中冶集团加快创新驱动指明了前进方向、提供了根本遵循。中冶集团深入贯彻落实创新驱动发展战略，提出要通过自主创新构建国企高质量发展的动力系统。

中冶集团认为，实施创新驱动战略，必须牢牢抓住"质量第一、效益优先"这一根本，聚焦企业高质量发展，把科技创新和管理创新作为驱动高质量发展的"双轮",以科技创新为硬基础,以管理创新为软支撑,该修的修、该补的补、该换的换、该迭代的迭代、该提升的提升,让底盘更结实、更厚实,让驱动力更强、速度更快,以"鼎新"代替"革故",提高企业的全要素生产率,增强企业的创新力、需求捕捉力、品牌影响力、核心竞争力。

**(1)以科技创新驱动中冶发展**

中冶集团高度重视创新,特别是科技创新,不断推动核心技术迭代升级,抢占科技创新的战略制高点,为实现高质量发展提供强大动力。在中冶集团暨中国中冶2021年度工作会议上,国文清指出:"'十四五'是中冶固本强基、蓄势赋能的关键时期,要坚决走好科技创新这步先手棋,赢得新一轮大发展的主动权。"中冶集团认识到,要推动科技创新,一方面要系统谋划好企业的创新布局。在研发项目上,要坚持需求导向和问题导向,以扬优势、补短板、强弱项为前提,分层次、分领域、分阶段部署一批关键核心技术、前沿引领技术和应用基础技术;在专利、标准布局上,要紧紧围绕冶金、房建、市政交通、生态环保等业务进行布局,不断形成具有战斗堡垒作用的专利网、技术群。另一方面,要重视应用基础研究和原始创新。基础研究是创新的源头活水。要坚决破除思想依赖、路径依赖,着力提升应用基础研究和原始创新能力,实现科技创新自立自强,否则很难继续支撑未来高质量可持续发展。

第一,要聚焦传统主业,将冶金业务作为推动核心技术迭代升级的主要领域。70年的发展历程使中冶集团深深体会到,任何时候核心技术都是中冶集团实现钢铁强国梦和担负起引领中国钢铁向更高水平发展历史使命的基石。必须改变以往"修修补补"式的科技创新,以"未来决定现在"的思路塌下心来"钻厚木板",加大原始创新和颠覆性技术创新,真正从"并随者"走向"领跑者",毫不懈怠,这是中冶高技术建设之路的"根"。

从历史来看,伴随着中国钢铁工业的发展,中冶集团的冶金工程技术经历了从恢复重建到引进消化吸收,再到自主创新三个大的发展阶段。站在新的历史时期,中冶集团认识到,在传统冶金业务领域,装备制造高端产品供给能力不足的问题已经成为制约冶金建设迈向新的制高点的关键瓶颈;中冶集团认识到科技创新不能四面出击,必须聚焦制约发展的痛点和瓶颈,紧紧围绕核心主业确定合理半径,突出关键核心技术攻关,始终做冶金行业核心技术的引领者;认识到不能总是指望依靠跟随性研发、技术模仿来实现技术突破,永远跟在别人的后面亦步亦趋;认识到必须瞄准钢铁工艺世界科技的前沿,加大对前瞻性、原创性和关键性技术的研发,在新的竞争赛场上成为核心技术的引领者;认识到要针对已梳理出来的"卡脖子"问题,集中科技资源进行重点攻关、各个击破。

中冶集团加强统筹布局、超前谋划、精准施策,全方位加大指导与推进力度,结合五矿的双创基金和科技创新发展基金,研究制订中冶集团科技经费支持实施方案,确保子企业对技术创新的支持落地。积极支持处于冶金建设第一梯队的子企业始终瞄准世界第一的目标精准发力,确保在钢铁冶金各部位、各单元和整体产业链的核心技术体系处于国际先进水平。中冶集团不断加强产学研合作,与国内外顶尖科研院所、大学等外部创新资源,特别是要与钢铁企业建立联合实验室开展联合攻关,加快核心技术的研发速度。

第二,把握未来发展方向推动科技创新。中冶集团准确把握钢铁行业未来发展的趋势,充分认识到绿色制造和智能制造是关系未来钢铁企业生死存亡的两大关键领域,充分认识到新的科技发展,尤其是智能化技术发展给全球钢铁带来的巨大变革和冲击。随着智能化技术在钢铁行业的不断实践和探索,越来越多的钢铁企业已经认识到智能化技术对钢铁企业占据未来竞争制高点的重要意义,钢铁产业的智能化是未来冶金建设新的最重要的增长点,智能工厂、智能车间、集中管控中心等市场前景可期,智能化技术应用带来的增量市场加速形成。以智能制造为核心的新一代信息技术与制造业加速融合,已成为全球先进制造业发展的突出趋势,也是钢铁工业转型升级的必由之路。与此同时,钢铁行业的绿色循环低碳转型,也成为不可逆转的发展大趋势,中冶集团因此也将加快形成钢铁工业绿色发展的技术支撑体系,作为中冶集团技术创新的重要方向。

**(2)以管理创新驱动高质量发展**

以管理创新驱动高质量发展,主要是调整一切不适应创新驱动发展的生产关系,统筹推进科技创新、产业发展、企业管理等方面的体制机制改革,最大限度释放创新活力。中冶集团认识到,管理创新是推动科技创新的巨大力量,需要从多个层面加强管理创新。

第一,从内部和外部改革阻碍创新驱动的体制机制。习近平总书记指出:"实施创新驱动发展战略,提高自主创新能力是关键环节,而提高自主创新能力需要从体制机制等多方面来保证。"中冶集团持续优化科技创新体制机制,不断激发创新活力。

从中冶集团内部来看,作为国家创新型企业,中冶集团拥有12家甲级科研设计院、15家大型施工企业,拥有5项综合甲级设计资质和40项特级施工总承包资质,科研院所、设计企业、施工企业等不同类别的创新主体,涉及多个行业和领域,他们各有所长、各具优势。但是,如何让集团内部的各创新主体形成很好的整体效应,一直是中冶面临的重要问题,对此,中冶集团坚持集中力量办大事,抓好协同创新,改革阻碍企业科技创新的体制机制,推动各主体形成科技创新的合力。

对此，中冶集团强调打破科技研发的"企业墙"，加强内部协同合作，形成在创新链上合理分工、优势互补、协同高效的发展格局，围绕关键核心技术开展联合攻关。

从中冶集团外部来看，面对创新系统提升的趋势与特征，应当认识到创新不能闭门造车、脱离实践，要构建开放创新体系，聚四海之气、借八方之力，充分利用国内外创新资源，开辟多元化合作渠道；加强同钢铁企业合作，加强同全球顶尖科研机构、业务同行、上下游客户之间的交流和合作，积极参加各种国际产业与标准组织，组织参加学术研讨，在共研、共创中实现共享、共赢，并不断提升中冶在全球的影响力。

与此同时，中冶集团还积极运用国家政策和与五矿集团进行重组带来的优势，不断推动创新体制机制的优化。例如，2019年国务院国资委制定了《关于大力支持中央企业加快关键核心技术攻关若干激励政策的意见》，在业绩考核、薪酬分配、长效机制等方面出台了一揽子政策措施。五矿集团也正在拓宽科技研发投入来源，夯实政府专项资金、集团内部出资和向外部投资者募集资金等多元募资渠道，构建起系统性、多层次、全生命周期的科技金融体系。中冶集团要认真学习、悟透、用好国家相关科技创新激励政策，充分利用五矿集团的科技创新金融资源，始终把完善创新体制机制摆在重要位置，建立容错机制，不断激发科技创新的新活力。

第二，加强科技创新方向管理和转化管理。在方向管理上，坚持市场导向，把科研项目与市场需求对接起来，对接市场需求完成科技成果转化应用，在市场中接受检验、创造效益。每个子企业都应该切实研究哪些科研、哪些业务是钱袋子、台柱子、命根子，必须根据市场确定研发的正确方向，形成企业自身独特有效的研发体系。

在转化管理上，坚持技术产品化和产品产业化的原则，研发出一批、产品化一批、产业化一批。要重点解决核心技术产品化落地问题。核心专利技术产品化、产业化始终是中冶最为突出的薄弱环节,要把中冶具有自主知识产权的核心技术、核心工艺、模型控制技术搭载到装备上,快速转化为高端产品,产品快速进入市场,市场快速扩大规模,规模快速形成品牌,实现中冶的先进技术、先进管理、先进装备的深度融合,保持中冶在技术上的持续领先优势,形成中冶集团参与"一带一路"建设的整体技术、装备、产品及工程优势。

要把有效专利转化为产品,把产品推向市场,转化为实实在在的效益,不断增强企业核心竞争力。这是中冶集团在科技创新方面当前面临的最紧迫的问题。目前,中冶集团有3万多项专利,需要对这些专利中哪些产生哪些没有产生效益加以深入调研和分析,各子企业要全面分析当前在手的技术,进一步研究哪些技术能够产品化、产业化,哪些还与实际应用存在较大差距,哪些已经转化成了产品、产生了利润,从而进一步找准科技成果转化的薄弱环节和努力方向,这样才能使科技创新成果真正推动中冶集团的发展。

## ◎ 中冶集团高质量发展取得显著成就

近年来,特别是重组以来,中冶集团深入贯彻习近平总书记关于高质量发展的重要论述,坚持走高技术高质量发展之路,在供给侧改革、现代化产业体系建设、创新驱动等方面取得了显著成就,企业进入了高质量发展的新阶段。

### 1. 从跌入谷底到全面进入高质量发展新阶段

谁曾想,今天拥有雄厚实力和良好发展势头的中冶集团,也有一段艰难灰暗的时期，而且这一时期距今天也并不遥远。2006年至2010年间，中冶集团通过多种方式进行大量扩张，虽然企业规模、收入大幅增长，但由于偏离主业、风险控制不利等原因，形成了"三座大山"（恒通、葫芦岛有色和纸业集团）、"两条暗沟"（境外资源开发项目和海外工程业务）和"两个陷阱"（应收账款和存货居高不下、带息负债规模持续增加）。

这些沉重包袱给中冶集团造成了重大资产损失，使中冶集团经营和财务风险高度积聚，2011年度经营业绩考核被国资委评为最低的D级，2011—2013年连续三年被国资委列为债务风险特别监管企业，可以说，这时的中冶集团已经滑入了谷底，濒临于生死存亡的边缘。正是在这一危急时刻，集团召开了具有重要意义的"9·5"会议，修正了集团的发展方向。自此以后，中冶集团坚持以正确的战略统领全局、以创新的思路破解难题，在攻坚克难中奋力自救、在迎接挑战中锐意改革、在转型升级中裂变增长、在从严治党中全面发展。

从2012年到2015年的三年时间中，中冶集团以"一年迈一步，三年跨大步"的奋斗节拍，走上了高质量发展的快车道。此后，中冶集团继续"聚焦中冶主业，建设美好中冶"，逐步形成了"聚焦主业、做强做优、适度多元、稳健发展"的"大冶金"业务格局，在2017年开始第二次聚焦主业，对冶金建设国家队进行再拔尖再拔高再创业，短短几年时间，中冶集团从活下来、富起来迈入强起来，实现了涅槃重生、逆势攀升。

这种提升从两个方面得到了直观的展现。一是从市场开发质量来看，中冶集团牢牢抓住市场开发这个"牛鼻子"，始终秉持"到有鱼的地方撒网、到有草的地方放羊"的市场开发原则，全力推进"大环境、大平台、大客户、大项目"的营销战略，市场布局更加合理优化，市场开拓实现了量的大幅增长和质的稳步提升。二是从集团资产质量来看，通过严控"两金"占用和带息负债，中冶集团资产负债率连续6年下降，经营活动现金净流量连续8年大额净流入，经营质量效益稳步提高，资产质量持续提升。

分析成败得失，可以发现，中冶集团在2006年至2010年的扩张，实际上就是走了一条过于重视量的扩张的发展道路，而没有把质的提升摆在更重要的地位，只重视高速增长而不重视高质量发展，从而使集团陷入了困境。中冶集团之所以能够在短短几年摆脱困境，又在短短几年得到迅速发展，实现从富到强的巨大变革，与中冶集团积极响应党和国家的战略要求，深入学习贯彻习近平总书记关于经济发展阶段性变化，特别是高质量发展的重要论述，不断加深对高质量发展的认识，将高质量发展作为集团的发展战略是分不开的。

2020年7月23日，中冶集团暨中国中冶年中工作会议在京召开，中国五矿总经理、党组副书记、中冶集团董事长国文清在讲话中指出，中冶集团之前的"美好中冶"阶段性画像目标已全面完成，中冶集团已经拥有了扎实的发展基础、良好的发展态势和强大的发展韧性。与此同时，国文清还做出了"中冶集团高质量发展进入新阶段"的重要论断，并提出了进一步推动中冶集团高质量发展的系统性方案，奋力开启中冶新一轮的高质量跨越式发展。

在这个高质量发展的新阶段，中冶集团不再是只追求某个部位、某个环节的新优势，满足于局部的高质量，而是要系统性升级发展理念、经济结构、增长动力、管控方式，实现全方位的高质量。这是继2012年"9·5"会议后提出"聚焦中冶主业，建设美好中冶"发展愿景、2016年战略重组后提出"长期坚持走高技术高质量发展之路"后，中冶集团主动应对新形势新任务新要求作出的又一历史性的、里程碑式的重大战略决策，是主动适应发展规律，推动企业发展螺旋式上升，由量的积累转向质的提升的战略决策。

在这个新阶段，新冠疫情在世界范围内大暴发，全球经济政治格局加速演变，国内经济发展面临的形势空前严峻和复杂，这给中冶集团的高质量发展带来了新机遇新挑战。但相信经历了几十年风风雨雨的中冶人一定能够在这个新阶段，把中冶集团的高质量发展提升到一个新的高度。

## 2. 中冶集团在供给侧结构性改革上成为典范

时代潮流，浩浩荡荡，唯有弄潮儿能勇立潮头。在改革—发展—改革的螺旋升级进程中，中冶集团固本强身、转换动能、腾笼换鸟，破解发展难题、化解风险挑战，摆脱发展困境，经营业绩年年递增，考核业绩由 D 级跃升至 A 级，进入连续增长的快车道，当之无愧称之为央企供给侧结构性改革、转型升级的典范。中冶集团以其巨大成就讲述了国企改革史上最生动的故事，证明了中央供给侧结构性改革部署的正确性，有力推动了中冶集团的高质量发展。

第一，从减少低效和无效供给方面来看，自 2012 年以来，面对旧动能严重衰退、新动能严重不足的"结构性陷阱"，中冶集团及时果断实施供给侧结构性改革，整枝去权、抽枝壮枝，以破为先、以立为本，在"出清"中实现"纳入"、在转型中实现升级。中冶集团坚持补短板与中高端并进，减少低效和无效供给，降成本、降亏损、降负债，企业轻装上阵。针对影响企业发展前途和命运的非主业、非优势业务，中冶集团果断实施剥离策略，快速出手、集中力量加速创造条件"卸包袱""啃骨头"，让僵尸企业"入土为安"。

值得指出的是，到 2013 年年底，集团头顶上的"三座大山"就被基本削平，影响效益提升和资金链安全的障碍也基本消除，2014年就基本解决了"三座大山"及其影响企业发展的历史遗留问题。与此同时，南京下关与珠海横琴等老大难问题的风险得到有效化解，影响效益提升和资金链安全的障碍也被基本消除。

第二，从增加有效和中高端供给来看，近几年来，结合"十三五"规划建议、"供给侧结构性改革"要求以及自身发展的需要，中冶集团勇做供给侧结构性改革的突破者、创新者、引领者，形成了高质量的供给体系。从冶金建设领域来看，中冶集团真正承担起引领中国冶金走向更高水平、走向世界舞台中央的国家责任，中冶集团还积极参与基本建设，紧紧围绕国家发展需求主动培育新兴产业，依托传统优势创造新的增量发展空间，在基本建设和新兴产业方面提供有效和中高端供给。

在冶金领域，当前以智能制造为核心的新一代信息技术与制造业加速融合，已成为全球先进制造业发展的突出趋势。智能制造是制造业未来的发展趋势，也是钢铁工业转型升级的必由之路。中冶加快推进智能制造与传统制造的深度融合，进一步构建起面向生产全流程、管理全方位、产品全生命周期的新的绿色智慧制造集成技术体系。

中冶集团在创意设计、"互联网+"、远程诊断、系统流程服务、全生命周期管理方面，新服务新模式不断涌现，为企业转型升级提供强劲支撑。例如，中冶集团采用参股方式或借鉴互联网渗透式模式为战略性客户提供驻厂服务，培育用户企业的惯性思维，以点线面方式不断深入，不断增强客户黏度，全面铺开深度运营服务的市场，大大提高了供给质量。

中冶集团还充分利用发挥新中国五矿所具有的矿山、工程建设、原料贸易、物流资源、金融能力等完整产业链、多要素组合的比较优势，以冶金带非冶金项目，以"资源、工程、贸易、资本"捆绑模式，从点式、分散式服务向链式、集群式服务转变，形成由中冶集团主导的全球冶金一体化服务体系，创造新的业务增长点，进一步提升了供给的有效性和质量水平。

第三，精准把握发展大势，积极应对各种风险和挑战。作为A+H两地上市中央企业，中冶坚决落实"两个一以贯之"的重大原则，严格遵守各项法律法规和监管规定，维护上市公司全体股东利益，持续加强股东大会、董事会、监事会、管理层及所属子公司等治理体系建设和规范运作。几年来，公司发展步伐坚定有力、质量效益持续提升、风险管控全面加强、科技创新成果显著、央企责任更加彰显、品牌形象广获美誉，特别是企业经营业绩逆势攀升再创历史新高，在奋进中书写了精彩答卷。

作为公司治理架构中的重要组成部分，公司董事会与党委、监事会、管理层各司其职，各负其责，及时有效沟通，形成了决策、管理、监督各环节协调、高效运转的规范机制。公司认真落实国务院、国资委关于国有企业完善法人治理结构、"三重一大"决策制度的要求，并贯穿到公司治理和改革发展的全过程。公司董事会明确，每项决策议案均需详细说明管理层结论性意见、专业机构意见并附完整的总裁办公会纪要，涉及"三重一大"的议题还需党委前置研究并形成意见，为董事会科学有效决策提供支撑。目前，公司董事会下设战略委员会、财务与审计委员会、提名委员会、薪酬与考核委员会等四个专门委员会。除战略委员会外，其他各专门委员会均是独立非执行董事占多数，并由独立非执行董事担任召集人。公司董事会注重发挥下设的各专门委员会的辅助决策作用及专业议事和咨询功能，专业事项在提请董事会审议前，先由相关专门委员会进行充分研究，形成专项审核意见，为董事会决策提供依据。

重组五年来，公司董事会及下设专门委员会严格按照监管规则赋予的职权及其工作要求进行履职，按照《公司法》、上市地监管规则和公司章程、股东大会及董事会议事规则等规定开展工作，以实现国有资产保值增值和股东利益最大化为目标，立足"定战略、管团队、议大事、控风险"的职责定位，对董事会审批范围内的事项，依法合规履行审议程序，确保董事会决策的规范性、有效性、科学性；始终高度关注并下大力气推进公司重大问题的解决，切实提高了规范运作水平和决策效率与质量。

一是深入聚焦冶金建设主业，坚持冶金建设国家队的战略要求，加强冶金建设主业的技术创新，紧抓钢铁产业升级的市场机遇，加快核心技术攻关，持续提升在钢铁工程与装备制造技术领域的竞争力和影响力，保持行业领先地位，大力拓展新技术、新产业、新市场，努力提高业务收入多元化占比。

二是严格投资事项审批，尤其关注PPP项目和房地产项目的风险，同时加强项目管控平台建设，努力提高项目盈利能力。

三是继续加强"两金"清欠，采取分类量化管理、动态跟踪督促、强化责任落实、建立考核问责制度等多重措施压降"两金"，提升资产质量，保证企业健康发展。

四是加强资金管理，强化"现金为王"的意识，对经营现金流实施季度管控，进一步降低融资成本，优化融资结构和资金运用，减少带息负债和利息支出，强化资金的集中管控与统一调度，提高资金使用效率，密切关注利率、汇率变动，防范资金风险。

五是深入研究区域公司的布局，坚持"到有鱼的地方撒网，到有草的地方放羊"的市场原则，坚持混合所有制的方向，结合国家政策和经济热点区域规划，规范设立区域公司，最大限度发挥区域公司的作用。

六是加大海外市场开拓力度，加快国际化人才队伍建设，大力推进属地化管理，充分调动内外部的积极性，强化顶层设计，完善机制体制，在成熟市场深耕细作的同时积极布局新兴市场，大力推动产品和技术的创新，多措并举推动海外业务快速发展。

七是加强公司市值管理，高度关注市值管理工作，坚持以提升内在价值为核心的市值管理理念，提高企业的可持续发展能力和竞争能力。

重组五年来，中国中冶荣获各类奖项近30项。2017年6月，中国中冶A股被首批纳入MSCI明晟新兴市场指数；2017年11月，国文清董事长上榜《哈佛商业评论》中国百佳CEO榜单，位列上榜央企CEO前五名；2017年6月，公司被评为上海证券交易所信息披露A级（最优级）上市公司，公司近年来再次晋升A级；2017年11月，国文清董事长荣获第十七届中国上市公司百强论坛"中国百强杰出企业家"奖；公司荣获"中国百强道德企业"奖。2018年1月，中国中冶荣获2017年度中国融资大奖"最佳投资者关系"及"最佳可持续发展表现"两个奖项；2018年6月，上证公司治理板块的评选，中国中冶成功入围2018年上证公司治理板块；2018年8月，公司被评为上海证券交易所信息披露A级（最优级）上市公司，连续两年保持A级水平；2018年10月，公司荣获"金翼奖·最佳投资者回报港股通公司"，张孟星总裁荣获"金翼奖·港股通公司领军人物"两项大奖；2018年11月，公司荣获第十八届中国上市公司百强论坛"中国百强上市公司最佳科技创新"奖，是公司近年来第二次荣获相关奖项；2018年12月，公司荣获中国证券金紫荆"改革开放四十周年杰出贡献奖"。2019年1月，中国中冶董事会荣获"金圆桌·最佳董事会"

雄安国内首个采用隐藏式设计的垃圾综合处理项目

奖项；2019 年 4 月，中国中冶荣获证券时报社评选的"中国上市公司高质量发展先锋"殊荣；2019 年 6 月，中国中冶荣获"最具投资价值"及"最佳可持续发展报告"大奖；2018 年 8 月，公司被评为上海证券交易所信息披露 A 级（最优级）上市公司，连续三年保持 A 级水平。2019 年 12 月，荣获 2019 年度"双百"论坛"中国百强明星企业"奖；2019 年 12 月，荣获 2019 年度金紫荆"70 周年杰出贡献公司"和"最佳社会责任公司"奖。2020 年 1 月，中国中冶董事会再次荣获"金圆桌·最佳董事会"奖项；2020 年 5 月，荣获第 11 届中国上市公司投资者关系天马奖"最佳董事会奖""最佳投资者关系公司奖"两大奖项；2020 年 8 月，公司再次获得上交所信息披露 A 级（最优级）评价；2020 年 11 月，荣获《新财富》最佳 IR 港股公司奖项、第二十届中国上市公司百强高峰论坛"二十年特别贡献企业奖"；2020 年 12 月，荣获第十届中国证券金紫荆奖"最具社会责任感上市公司"和"最佳投资者关系上市公司"两项大奖。

### 3. 中冶集团建立起符合自身特点的产业体系

2012 年"9·5"会议以来，中冶集团以习近平新时代中国特色社会主义思想为指引，不忘初心、牢记使命，加速推进"冶金建设国家队"再拔尖、再拔高、再创业，"基本建设主力军"再定位、再培育、再升级，"新兴产业领跑者"再提速、再扩容、再创新，迈上了高质量发展的新阶段，不断为新中国五矿打造"中国第一、世界一流"金属矿产企业集团贡献了中冶智慧与中冶力量。

首先，精耕传统核心主业，按照"世界第一"标准保留和匹配高精尖资源，推进传统优势再拔尖、再拔高、再创业，创造出更高质量的新供给，确保冶金领域的绝对引领地位，冶金建设核心主业的创新力、品牌影响力、核心竞争力大幅提升，一个完全依赖于钢铁的传统老企业浴火重生，焕发出勃勃生机。湛江钢铁、广东韶钢、越南河静钢铁、马来西亚关丹钢铁等一系列国际一流、国内顶尖的经典冶金工程从中冶人手中诞生，成为中国乃至世界新的标杆。

其次，积极参与基本建设，并紧紧围绕国家发展需求主动培育新兴产业，依托传统优势形成产业发展新方向。中冶集团以"去、扩、升"三级跳，快速推动企业从相对单一的冶金工程占比60%—70%逐渐转变为非钢业务占比超过80%的新格局，冶金建设国家队、基本建设主力军、新兴产业领跑者全面发力。

与此同时，中冶集团充分挖掘冶金领域的先天优势基因和资源禀赋，把在冶金工业领域的技术优势以及规划、设计、建设等全产业链系统集成优势，在合理作战半径内，移植、转化到市场前景更广阔的基本建设和新兴产业领域，在地下综合管廊、大型体育场馆建设以及污水处理、垃圾焚烧、钢渣处理、钢结构等领域大展身手，创造了新的增量发展空间，既丰富了钢铁冶金的内涵，又扩大了外延，快速推动企业从相对单一的冶金业务转变为"一业为主、多元支撑"大冶金发展格局，有效抵御了经济波动带来的伤害和冲击，实现了企业的转型换挡和持续稳定增长，在基本建设和新兴产业方面取得了巨大成就。

在基本建设方面，珠海横琴新区市政基础设施项目、北京雁栖湖会展中心、深圳大运城、珠海十字门会展中心、上海世博会场馆、雄安新区垃圾综合处理设施一期工程勘察设计项目、雄安新区南拒马河防洪治理工程水土保持及环境监测项目等一批基本建设领域重点项目和精品工程，展示了中冶集团强大的综合实力，锻造成为国家基本建设的主导力量。在新兴产业方面，上海迪士尼、北京通州环球影城、

珠海十字门中央商务区项目

西安地下综合管廊、冬奥会雪车雪橇中心、曹妃甸高镍三元前驱体项目等一系列新兴产业项目，正焕发出勃勃生机和无限活力，全面展示了当前国企改革的巨大成就和国企发展的坚实步伐。

中冶集团以国家队的姿态助力中国钢铁工业发展，全面向世界展现中国力量，同时不断发展壮大基本建设和新兴产业，锻造成为国家基本建设的主导力量和新兴产业的领跑者，令人印象深刻、深受鼓舞，为其他行业企业、为中国转型升级、新旧动能转化提供了很好的经验和借鉴。中冶集团在实战实践中培育和成长起来的改革经历不仅是弥足珍贵的宝贵财富，也将为我们在新时代开启新征程积蓄不竭的动力。

**4. 中冶集团以创新驱动高质量发展成效显著**

近年来，中冶集团坚定不移自主创新，牢牢瞄准技术第一，不断加大研发投入力度，着力加速核心技术再拔尖，始终保持独占鳌头，努力为实现高质量发展占据"桥头堡"和"制高点"，在以创新驱动中冶集团高质量发展取得显著成效的同时，也有力推动了中国五矿的高质量发展。

中冶集团立足长远，在技术创新上投入了大量的资金和人力，弥补了在核心工艺技术、装备技术和自动控制技术方面的短板，拥有了大量具有自主知识产权的核心技术，打造了以工艺设计为龙头、核心技术和产品制造为依托、工程项目管理和施工为支撑的全产业链钢铁工程系统集成能力。同时不断将业务范围由单纯的工程建设向生产运营服务延伸，形成了为钢铁企业提供全生命周期服务的能力。中国钢铁工业对国外技术的依赖度越来越低，自主创新能力越来越强，中冶人为我国冶金工业整体技术水平迈入世界先进行列、提升在国际上的地位和影响力做出了重要贡献。

处于冶金建设第一梯队的子企业始终瞄准世界第一的目标精准发力，确保在钢铁冶金各部位、各单元和整体产业链的核心技术体系处于国际先进水平。截至目前，公司拥有25个国家级科技研发平台，2000年以来累计获得包括国家科技进步一等奖在内的国家科学技术奖48项，累计有效专利已突破3.2万件，有效专利数、科技研发平台数和国际标准数位居央企前列，承担国家级研发项目数量和获得国家科技奖励数量位居建筑类央企前列。

与此同时，中冶集团紧紧围绕钢铁工业转型升级、绿色智能、节能环保的迫切需求，坚持以降低制造成本、提升运营效率、提高产品品质为目标，在集成创新基础上强化基础研究、原始创新和前瞻性研究，针对"卡脖子"问题，集中资源重点攻关，抢占未来科技创新的战略制高点。

由中冶自主研发的环保型原料场、无料钟炉顶、大型长寿高炉、7.63米大型焦炉和500平方米大型烧结机等关键技术以及烧结烟气多污染物协同治理等绿色钢铁技术打破了国外公司垄断，在300吨大型转炉、绿色环保电炉、特厚板连铸机、特大圆坯连铸机、高拉速小方坯连铸机等方面取得重大突破。

中冶科技成果的市场引领和支撑力持续增强，继2015年成功助力中冶承担全球最大在建高炉项目——印度TATA钢铁之后，2019年再次获得全球最大钢铁企业阿赛罗米塔尔乌克兰克里沃罗格5000立方米特大型高炉设计和供货合同，同时基本包揽国内大中型钢铁厂环保搬迁、节能减排和产业升级等战略性项目，为推动中国钢铁在绿色发展领域的长足进步做出了重要贡献。

智能制造技术的应用，正在推动着全球钢铁产业发生深刻变革，面对新一轮的技术竞争，中冶集团充分整合资源、加大投入，加快推进智能制造与传统制造的深度融合，占据智能制造技术创新的制高点，打造全球领先的智能化整体解决方案，进一步构建起面向生产全流程、管理全方位、产品全生命周期的新的绿色智慧制造集成技术体系，从工艺、设备、安全、物流、能源、产品等方面提供运营系统优化服务。

中冶集团积极发挥国家级重点实验室和科技平台的最大潜能，带动科技创新难题的突破。国家级重点实验室和科技创新平台数量、累计有效专利数等主要科技创新指标屡创新高；国家级奖项、标准等科技成果量质齐升，科技创新整体水平位居冶金类与建筑类央企前列，为"美好中冶"内涵式增长提供了强劲动力。

在国家级实验室和平台建设上，中冶集团总部既重申报，又重建设、重管理、重考核，形成闭循环管理。对科研设计类子企业将加大对其技术研发能力、技术团队建设能力、成果转化率及产业化率、标准体系建立等方面的考核。针对平台的不同发展情况，对一些没有收入来源、可持续运行难以为继、有名无实的平台加以改革调整甚至取消。

在国家级重点实验室和科技平台功能的发挥上，紧扣战略导向，推动科技创新。国家级重点实验室和科技平台坚持"小核心、大协作"的创新理念集智攻关，加强联盟协同，依托最有优势的创新单元，整合企业内外资源进行研发、产业、项目等多维度合作，推进源头创新、成果转化、市场开发齐头并进，将国家重点实验室和科技平台打造成融突破型、引领型、平台型为一体的战略发展科技力量。六大技术研究院与涉及相关细分专业的子企业共同参与技术研发、标准体系建设和推广应用，协同攻关缩短开发周期。

与此同时，坚持市场导向，把科研项目与市场需求对接起来，在市场中接受检验、创造效益；加速推进核心技术的产品化产业化，把核心技术搭载到装备和产品上，把技术装进"保险盒"，在市场中培育、应用、训练，通过核心技术创新的持续迭代升级再拔尖，始终保持独占鳌头，牢牢占据技术制高点，引领中国钢铁不断走向更高水平。

## ◎ 中冶集团推动高质量发展的经验与启示

中冶集团高质量发展，是从摆脱各类包袱、风险开始的，面对当前的经济形势，稳字当头、严控风险仍然是高质量发展要坚持的首要原则。与此同时，还必须聚焦主业，突出自身品牌，把自身发展与国家使命联系起来，争做本行业的国家队。而具体到企业高质量发展，必须推进企业治理现代化，提高企业治理能力和水平。只有提高企业治理能力和水平，突出精细化管理，着力提高资产运营和资源配置效率，才能更有效地推动企业高质量发展，这也是总结中冶集团历史发展经验教训得出的重要结论。推动中冶集团实现高质量发展，还必须有一支勇于担当的实干家队伍，中冶集团的领导干部认真做好新时代的实干家，带领实干团队苦干实干、奋斗拼搏，为企业高质量发展提供了坚实保障。

### 1. 始终把稳字当头、严控风险作为首要原则

面对2020年的特殊形势，习近平总书记审时度势、超前布局，明确提出要加快形成以国内大循环为主体、国内国际双循环相互促进的新发展格局。这是在中国经济迈向高质量发展关键阶段的强国方略，为未来一个时期经济发展指明了方向，也为中冶集团未来一个时期如何推进高质量发展指出了新方向。

2017年,国文清出席五矿 MMG 澳大利亚杜加尔河锌矿项目投产仪式,并检查杜加尔河锌矿选矿厂浮选设备运行情况

中冶集团明确提出，要更加突出长富久安，始终把"稳字当头、严控风险"作为中冶高质量发展的首要原则。"稳字当头，严控风险"这一重大经营原则一直贯穿在中冶转型发展历程中。过去，中冶集团之所以跌入低谷，就在于没有坚持这一原则，而正是因为坚持了这一原则，中冶集团才重新生存了下来，并实现了高速增长。现在，中冶集团仍然坚持这一原则，其目的是为了发展、为了长富久安。在今后一个时期，中冶集团必须在"聚焦中冶主业，建设美好中冶"既定的发展道路上乘势而上、奋发有为，实现能力与发展的双提升、双突破，构建起更高质量、更可持续、更有活力的企业发展后劲，在危机中育新机、在变局中开新局。

应当看到，虽然目前的国际形势波谲云诡、周边环境复杂敏感、改革发展稳定任务艰巨繁重，但我国经济稳中向好、长期向好的基本趋势没有改变、也不会改变。中冶集团在冶金建设、基本建设、新兴产业领域都有诸多利好和广阔的市场空间。中冶集团始终头脑冷静，深刻把握国文清关于"机遇与挑战并存，机遇大于挑战"的基本面判断，打好防范抵御风险的有准备之战、打好化险为夷转危为机的战略主动战。面对疫情过后众多项目的诱惑，中冶集团坚持稳字当头，稳中求进、稳中有为、稳中提质，在做好存量的基础上做强做优做大增量；坚持严控风险，严中求细、严中求实、严中求效，坚决守住不出现颠覆性风险的底线；坚持把好项目各道关口，"宁可少做一个项目，也绝不多捅一个窟窿"，深入分析国内国外各类项目风险，在此基础上选择对集团更加有利、风险切实可控的项目加以推进。特别是面对境外项目各类风险不断上升的严峻形势，中冶集团高度关注财务资金风险，加强投资风险管控，严控境外经营风险，下大力气抓好安全生产工作，坚决遏制生产安全事故的发生。

**2. 突出品牌担起推动高质量发展的国家使命**

中冶集团清醒地认识到，无论是顺境还是逆境，作为"冶金建设国家队"，只有在党和国家发展全局的坐标系中找准自己的方位，只有在钢铁强国的责任上有大担当、大贡献，才能充分彰显政治担当和价值所在，才是名副其实的"国家队"。

"冶金建设国家队"是中冶最大的品牌。冶金建设是中冶最具优势、在中央企业最叫得响、承担着国家使命的主责主业，是最能称得上世界一流的产业。引领中国冶金走向更高水平是中冶集团矢志不渝的国家责任和使命。无论身处顺境还是逆境，中冶人从未动摇过。正是基于这种坚定与执着，中冶集团不仅没有被压垮拖垮，而且挺过来、闯过来、蓬勃发展起来了。特别是在钢铁行业高度不景气的大背景下，中冶集团用逆势攀升的实实在在的业绩充分证明，他们选择的这条道路是正确的。

中冶集团矢志不渝地打造世界第一冶金建设国家队，推动冶金建设国家队再拔尖再拔高再创业，加快完善国家队组织体系优化布局。近年来，中冶集团明确了设计类子企业第一梯队以及与之相匹配的施工类子企业，打造了一支涵盖全流程、规模合理、层次分明、技术精湛的核心队伍，形成了冶金建设国家队的基本阵形，把"世界第一"的牌子打造得更加坚实，更加响亮。目前，中冶集团正在持续推进第一梯队阵容优化、补充、完善，完成国家队体系"2.0"版升级。

为此，中冶集团提出要更加突出品牌经营，把做强做优做大核心主业作为中冶高质量发展的内生动力。特别是要始终"坚持走高技术高质量发展之路"的品牌化经营不动摇，持之以恒推动冶金建设国家队以独占鳌头的核心技术、持续不断的革新创新能力、无可替代的冶金全产业链整合优势,矢志不渝承担起带动和引领中国乃至世界钢铁产业高质量发展的国家使命。要加快完善国家队组织体系优化布局,持续推进第一梯队阵容优化、补充、完善,完成国家队体系"2.0"版升级;要强力攻关八大部位19个业务单元181项核心技术,在引领行业未来发展方向和提升企业竞争力的绿色化、智能化技术上持续发力,始终牢牢占据技术的制高点;要加速推进核心技术产品化产业化,通过为钢铁厂服务、与装备制造企业的合作等联动发展,实现工艺工程技术、装备材料技术的深度融合,提升对整个产业链的控制力,切实成为支撑钢铁强国的"国之重器"。

科研设计类子企业承担着巩固工程技术世界第一地位的重任。可以说,中冶集团一系列重要成绩的取得都是在以设计为龙头的带动下完成的。例如,中冶集团承担了宝钢湛江、越南河静、马来关丹、印尼德信等一大批有全球影响力的钢铁工程项目,掌握了多项能够与国外竞争对手同台竞技的核心技术,首次牵头获得国家科技进步一等奖,成为唯一拥有两个国家级标准创新基地的央企,这些成绩与中冶集团把科研设计作为一面旗帜是分不开的。

面对钢铁行业高质量发展的需求,面对国内外激烈的市场竞争,中冶集团更加高举设计企业这面旗帜,充分发挥其前置、标杆和拉动的作用,带动整个冶金建设国家队走向更辉煌的未来。中冶集团要求所有科研设计类子企业要进一步加大投入,在国家重点实验室、科技平台、工程中心建设等方面取得新的突破,集团也将加大资金和政策支持力度。

### 3. 企业治理现代化是高质量发展的有效手段

第一,提升治理能力和水平助推高质量发展立治有体、施治有序。

中冶集团依靠管理变革大力"削山""控险""填沟",推动企业进入良性发展轨道后,依然需要集中力量办好自己的事,通过管理提升实现更大发展。近年来,中冶集团持续优化企业治理体制机制,进一步为集团高质量发展扫清体制机制障碍,激发了集团的活力。

中冶集团从内部入手,不断优化管理体制机制,形成良好的整体效应。一方面,中冶集团坚持集中力量办大事,抓好协同创新,改革阻碍企业科技创新的体制机制,推动各主体形成发展合力,让集团内部的各主体形成很好的整体效应。与此同时,为推动国有企业高质量发展,中冶集团还进一步规范子企业决策机制提高治理效能。通过下沉管理主体责任,压实子企业责任,增强市场主体活力,激发管理动能,让子企业真正实现自主经营、自负盈亏、自担风险、自我约束、自我发展,不断把企业的制度优势更好转化为治理效能。

另一方面,中冶集团还利用与五矿集团的重组带来的优势,充分利用五矿集团的科技创新金融资源,始终把完善创新体制机制摆在重要位置,建立容错机制,不断激发科技创新的新活力。五矿集团在拓宽科技研发投入来源,夯实政府专项资金、集团内部出资和向外部投资者募集资金等多元募资渠道,构建起系统性、多层次、全生命周期的科技金融体系。

中冶集团从外部入手,加强同各方面的合作,形成良好的多元合作效应,推动集团高质量发展。为此,中冶集团充分利用国内外创新资源,开辟多元化合作渠道,使外力为我所用,形成开放发展体系。具体来看,中冶集团积极通过加强与钢铁企业的合作,加强同全球顶尖科研机构、业务同行、上下游客户之间的交流和合作,积极参加各种国际产业与标准组织,组织参加学术研讨,在共研、共创中实现共享、共赢,使体制机制得到不断优化。与此同时,中冶集团还认真学习、悟透、用好国家相关科技创新激励政策,不断优化集团的管理体制机制。例如,2019年国务院国资委制定了《关于大力支持中央企业加快关键核心技术攻关若干激励政策的意见》,在业绩考核、薪酬分配、长效机制等方面出台了一揽子政策措施,这些措施对于改革中冶集团管理制度,提高治理能力和水平也有重要推动作用。

第二,树立过紧日子的思想突出精细化管理。要坚持精细化管理,牢固树立"省一分钱比挣一分钱容易"的过紧日子思想,强化全员、全要素、全过程的成本费用管控。早在2013年,中冶集团就提出了强化基础管理,提高企业精细化管理水平的重要任务。基础管理是企业的基本功,也是衡量企业管理水平的重要标志。强化基础管理始于制度建设,重在贯彻执行,关键在于有效落实。对于中冶集团而言,加强基础管理就是要紧紧抓住内部控制这个有效工具,从项目管理这个基本单元入手,将各项基础管理做细做实,改变企业管理粗放的现状,为企业发展上水平奠定基础。

中冶集团通过多种手段,加强精细化管理,对企业高质量发展起到了很大的促进作用。这些手段主要包括以下几个方面:一是大力压降可控费用支出。2020年中冶集团管理费用增幅低于收入增幅0.3个百分点,可控管理费用同比下降6.3%。二是以预算管理为硬约束,确保成本费用占营业收入比重不高于上年,严格落实可控管理费用同比下降10%的管控要求,特别是要从严从紧安排中介机构费、信息技术费用、诉讼费支出,确保每一分钱都用在刀刃上。特别是在疫情这一不可抗力的影响下,积极推进工程结算和收费,全面完成项目索赔。同时加强生产要素的管控,严控人员编制和人工成本,坚持薪酬与效益挂钩。三是在政策上找红利,充分利用疫情期间政府出台的金融支持、减税降费、援企稳岗、出口信保、科技研发、产业扶持、业绩考核等政策,确保各项优惠政策应享尽享。四是从严把控项目，提高项目精细化管理水平，切实解决毛利率下降问题；加强分包商管控，确保分包成本可控。加快低效无效资产处置，坚决退出投资价值低、长期亏损且扭亏无望的企业。各子企业要认真梳理年初管理费用支出预算，对原可控费用预算不符合压降要求的，要重新调整压缩并细化分解。集团将按季度对可控管理费用执行情况予以通报。五是继续大力压降融资成本。不断优化调整融资结构，坚持成本最低原则，持续扩大低成本资金来源，加快融资置换，严格审批高于基准利率的新增融资，研究探索项目股权融资渠道，完善项目融资模式，努力解决项目资本金问题，不断提高资金使用效率。

今后一个时期，面对不利的经济形势，中冶集团提出要更加牢固树立"省一分钱比挣一分钱容易"的过紧日子的思想，突出精细化管理，将挖潜增效作为最基础最有效的抓手。通过强化全员、全要素、全过程的成本费用管控，严格节约各类支出、降低各类成本，挖掘盈利点、堵塞亏损点，实现减少亏损、增加效益的目标，促进企业的高质量发展。

### 4. 打造一支实干家队伍是高质量发展的保障

大道至简，实干为要。崇尚实干、狠抓落实，这是习近平总书记反复强调的责任担当，也是党的十八大以来党和国家事业取得历史性成就、发生历史性变革的重要经验。实干才能跟上时代步伐，奋进才能抓住历史机遇。中冶集团高度重视实干担当，把打造新时代的实干家队伍作为中冶高质量发展的重要保障。中冶发展到今天靠的是长期不懈的苦干实干、奋斗拼搏，靠的是用心铸造世界的担当作为。

第一，中冶集团把实干担当写在自己的旗帜上。在2012年的"9·5"会议上，面对中冶集团的发展困境和领导干部的作风问题，集团就深刻认识到，如果"责任不能落实到位，不能涌现一批勇于奉献敢于担当的创先争优勇士，就不能在发展问题上统一思想，在重大问题上达成共识，在破解难题上步调一致"，这样就很难实现集团脱困的目标，这次会议上还专门对施工队伍提出了"苦干实干巧干"的要求。2013年，集团进一步提出"继续弘扬实干高效作风，努力打造风清气正团队"的要求，强调要真抓实干，勇于负责担当。2014年，集团强调要心有定力，敢于担当、善于担当，2015年进一步提出要用"国家队"的定位思考国家和企业的担当与责任，争当改革促进派、实干家，2016年明确提出"增强实干担当精神，肩负起新的改革图强重任"……我们不必再摘取中冶集团各个年份的重要会议精神，可以说中冶集团每年都会对实干担当提出要求。

2020年7月，国文清在2020年年中工作会议的讲话中，对以担当带动担当、以作为促进作为，打造新时代求实、务实、踏实的实干家队伍问题进行了系统的论述，进一步把实干担当摆在了推动中冶集团高质量发展的重要位置。在这次讲话中，他明确指出领导干部要"全力保障中央企业高质量稳增长任务落实落地，坚决扛起为党分忧、为国尽责的政治担当"，要真抓实干，而实干"说到底就是要不务虚功、不图虚名，以实际行动推动企业高质量发展"。可以说，实干担当已经与中冶集团的高质量发展密不可分。因而，培养一支适应新时代的实干家队伍，使中冶集团的领导干部及各类人才都成为实干家，为集团的高质量发展服务，就成为中冶集团的重要任务，而这样的实干家队伍也成为中冶集团取得骄人成就的原因。

2021年4月8日，国文清在中冶集团首期青年干部培训班开班式上强调指出，国有企业领导干部肩负着实干兴邦、实干兴企的崇高使命和历史重任，要始终坚持实字当头、干字为先，做新时代敢干事、善干事、干成事的实干家。年轻干部要坚决恪守"不做官油子、誓做实干家"的纯真本分，在大是大非面前旗帜鲜明，坚决与投机取巧、弄虚作假、溜奸耍滑等种种"官油子式"的行为作斗争，以良心对良心的负责涵养一心为公、真情干事的最高境界，以"老老实实做人、踏踏实实干事、清清白白为官"清晰可见的"形"筑牢实干初心。要坚持知行合一、真抓实干，为党交给的事业伸出肩膀扛起担当、举起双臂托起担当。要以"一天也不耽误、一天也不懈怠"的企业精神锤炼实干作风，对自己的职责知敬畏、求极致，把工作干出精彩、干出亮点。

第二，国有企业领导干部肩负着实干兴邦、实干兴企的崇高使命和历史重任，要始终坚持实字当头、干字为先，做新时代敢干事、善干事、干成事的实干家。这要求国有企业领导干部，首先要坚定理想信念、坚守初心使命，以信念忠诚和热血忠诚苦干实干。坚持以习近平新时代中国特色社会主义思想为指导，不断提高政治站位，增强"四个意识"、坚定"四个自信"、做到"两个维护"，在真学深思中厚植守初心担使命的思想根基，不断强化作为"企业家、经济家、政治家"复合型人才的角色意识，以实干精神办好一流企业，切实做到对党忠诚、勇于创新、治企有为、兴企有方、清正廉洁。坚决恪守"不做官油子、誓做实干家"的纯真本分，始终保持纯洁干净的内心，以"老老实实做人、踏踏实实干事、清清白白为官"清晰可见的"形"筑牢实干初心。其次，领导干部要以一天也不耽误、一天也不懈怠的企业精神锤炼实干作风。实干需要过硬的作风保障，要以一天也不耽误、一天也不懈怠的企业精神锤炼实干作风，始终保持攻坚克难的进取姿态，始终坚持只争朝夕的效率准则，始终发挥干在前面的表率作用，不断提升抓班子带队伍这个"第一能力"，打造合理有序的干部人才梯队，形成"一马当先"带动"万马奔腾"的生动局面。要以金属矿业护国报国、冶金建设国家队的大贡献交出实干答卷。实绩是实干最终的落脚点，实干最终要落实在干出实绩、出色完成党交给的事业，要保持长期战斗的定力，以恒心办恒业，以高质量发展新阶段的大贡献对党、对国家、对人民交出一份优秀的实干答卷。过去中冶所取得的成绩，正是因为中冶集团始终坚持树立靠实绩说话的鲜明选人用人导向，大力推动能者上、优者奖、庸者下、劣者汰，坚持用实绩实效检验干部。面向未来，集团各级领导干部要大力弘扬企业家精神，做创新发展的探索者、组织者、引领者；坚持苦干实干，老老实实做人、踏踏实实干事，清清白白为官；坚持诚信守法，坚持心无旁骛以恒心办恒业，争做新时代求实、务实、踏实的实干家，在实践实战中练就过硬本领，出色完成党交给的事业。

第三，形成一支求实、务实、踏实的实干团队。单丝不成线，独木不成林。中冶的事业不仅仅靠一个人实干，而是需要有一批干将闯将，需要一支求实、务实、踏实的实干家队伍。推动中冶集团高质量发展，离不开实干家队伍，甚至在一定程度上可以说，是否实干决定着企业发展能达到的水平和高度。中冶集团在人才管理方面采取针对性政策和措施吸引人才、培养人才、留住人才、激励人才，形成一支真正的实干家队伍，才能为集团高质量发展提供坚实保证。

中冶集团坚持正确选人用人导向，大力选拔干事创业、勇于改革、敢于担当、作风扎实的干部。严格规范选人用人程序，筑牢干部任免的规矩篱笆，党委严把人选政治关、品行关、作风关、廉洁关。加大年轻干部培养选拔力度，迅速打通年轻干部的成长通道，有序推动干部交流，让年轻干部在基层和不同岗位扎实历练、快速成长。近几年，中冶集团党委一直下大力为加强年轻干部选拔培养提供好政策、搭建好舞台。2021年4月8日，中冶集团首期青年干部培训班在中央党校

（国家行政学院）正式开班。中国五矿总经理、党组副书记、中冶集团董事长国文清出席开班式并作动员讲话，与60名青年骨干学员学习交流习近平总书记关于培养选拔优秀年轻干部的重要思想，共同分享企业扭亏脱困、抗击疫情、扶贫攻坚等一系列改革发展经验以及以"水口山工人运动"为代表的革命事迹和以马万水、齐锐新为代表的先进人物事迹，殷切勉励年轻干部志存高远、实干担当，在中冶集团高质量发展新征程上建功立业成长成才。目前，"75后"年轻干部占当年提拔总人数的比率逐年递增，已提高到2020年的1/2，近1/2的子企业和1/3的总部部门已配置了80后负责人。

中冶集团还注重积极稳妥推进干部交流。在考虑业务关联性与干部成长性的基础上，一方面常态化推动委派总会计师、纪委书记的交流，按计划有序对超过任职年限的子企业"一把手"进行交流，另一方面坚持干部交流与年轻干部培养相结合，新提拔干部跨单位交流的比重已提高到2020年的3/5，其中重点推动了7家子企业总经理的提拔交流任职。同时，进一步加大与五矿干部双向交流的力度，有力推动了子企业与子企业、子企业与总部、中冶与五矿之间管理经验的交流和融合，进一步盘活干部的"一池春水"、激发活力。

中冶集团以打造高层次人才为重点，夯实企业发展人才基石。"十三五"期间在岗职工规模总体稳中有降，本科及以上学历人员占比提升15个百分点。通过不断选优培强，高层次人才队伍不断壮大，3人获批全国工程勘察设计大师称号、3人荣获"杰出工程师"相关奖项、43人成为享受国务院政府特殊津贴专家、31名高技能人才摘得全国技术能手称号，国家级技能大师工作室增加到6个，中冶高技能人才勇夺世界技能大赛中国首金，成就焊接项目三连冠壮举，为国家争得荣誉。

未来，集团将继续认真贯彻新时代党的组织路线提出坚持德才兼备、以德为先、任人唯贤的方针，高度警惕"德不配位，必有灾殃"，严格把好政治关、廉洁关，严把素质能力关，及时把那些愿干事、真干事、干成事的干部发现出来、任用起来。坚持五湖四海、广开言路、集思广益，坚持民主集中制，以更大决心、更大力度持续推动优秀年轻干部选拔培养力度，优化领导干部队伍结构，真正将事业的发展、干部的成长放在最核心的位置。根据企业发展和班子建设实际，统筹领导干部交流、退出等机制，不断促进干部队伍年轻化，把有思路、有闯劲、有潜力的年轻人选拔使用起来，更好地实现干部队伍的有序衔接、薪火相传，更好地优化领导班子结构、提升整体功能。特别是在这次抗击疫情的斗争中，各条战线上涌现出了一大批优秀的年轻同志，对符合条件的可按照组织程序提拔使用。只有这样，才能形成一支求实、务实、踏实的实干团队，为集团高质量发展保驾护航。

第七章

# 科技创新篇

党的十八大以来，习近平总书记高度重视科技创新，把科技创新放在国家发展全局的核心位置，强调坚定不移走中国特色自主创新道路，努力在关键核心技术寻求突破。对此，必须加快科技创新体制机制改革，把集聚科技创新人才作为推进科技创新的关键。中冶集团积极响应党和国家的号召，切实将自身发展与国家发展的战略需要统一起来，将科技创新看作自身可持续发展的根本。近年来，特别是重组以来，中冶集团大力提高自主创新能力，始终做冶金行业关键核心技术的引领者，不断改革阻碍集团科技创新的体制机制，集聚科技创新人才努力发挥他们的创造力，在科技创新上取得了令人瞩目的成就。应当认识到，在科技创新中，企业要把自身科技创新与国家需要紧密结合起来，要找准科技创新的方向，避免出现方向性错误，要瞄准未来抢占科技发展的战略制高点，要将科技创新与市场需要结合起来，注重提高科技创新的效益。

## ◎ 新时代科技创新

党的十八大以来，习近平总书记反复强调科技创新的重要性，围绕实施创新驱动发展战略、加快推进以科技创新为核心的全面创新，提出一系列新思想、新论断、新要求。习近平总书记有关科技创新的重要论述，深刻阐明了新形势下推动科技创新，特别是加强自主创新的极端重要性，为国有企业加快科技创新步伐指明了前进方向、提供了根本遵循。

### 1. 把科技创新摆在国家发展全局的核心位置

早在 2014 年，习近平总书记就指出："在新一轮科技革命和产业变革大势中，科技创新作为提高社会生产力、提升国际竞争力、增强综合国力、保障国家安全的战略支撑，必须摆在国家发展全局的核心位置。"2020年10月，十九届五中全会公报指出，要"坚持创新在我国现代化建设全局中的核心地位"，这一新提法与我国即将开启全面建设社会主义现代化国家的新征程是一致的。可以说，创新对我国经济社会发展的各个方面都具有巨大推动作用，抓住了科技创新就抓住了牵动我国发展全局的"牛鼻子"。

大力推动科技创新首先是国内形势所迫。早在2013年，习近平总书记就指出："我国发展中不平衡、不协调、不可持续问题依然突出，人口、资源、环境压力越来越大。我国现代化涉及十几亿人，走全靠要素驱动的老路难以为继。物质资源必然越用越少，而科技和人才却会越用越多，因此我们必须及早转入创新驱动发展轨道，把科技创新潜力更好释放出来。"

大力推动科技创新还与世界情势变化密切相关。从世界形势来看，随着我国综合实力的巨大进步，以美国为首的一些西方国家在高新技术领域对我国加以限制和打压。特别是在当今世界经济下行的大背景下，面对中美贸易摩擦和全球新冠疫情的不利影响，如果不下大气力推动科技创新，就无法摆脱我们面临的被动局面。唯有坚持创新发展，才能在这场巨大的危机中更好地生存与发展。

正是国情世情的深刻变化，更加凸显了科技创新的重要性，要求我们把科技创新放在核心位置。当今世界处于新科技革命和产业革命的交汇点上，必须抓住这一重要历史机遇推动科技创新。创新如同逆水行舟，不创新不行，创新慢了也不行，必须勇于识变、善于应变、主动求变，牢牢把握战略主动，紧紧抓住发展机遇。

正如习近平总书记强调的那样，"历史的机遇往往稍纵即逝，我们正面对着推进科技创新的重要历史机遇，机不可失，时不再来，必须紧紧抓住"。只有抓住新一轮科技革命和产业变革的重大机遇，在新赛场建设之初就加入其中，甚至主导一些赛场建设，这样才能使我们成为新的竞赛规则的重要制定者、新的竞赛场地的重要主导者。

今天科学技术的发展日新月异，第四次工业革命已经来临，国与国之间的竞争、企业与企业之间的竞争，已经日益成为科学技术的竞争，科学技术从来没有像今天这样深刻影响着国家前途和人民福祉。抓住机遇推动科技创新，把科技创新摆在国家发展全局的核心位置成为一种必然。

**2. 要坚定不移走中国特色自主创新道路**

十八大以来习近平总书记多次强调"坚定不移走中国特色自主创新道路"。十九届五中全会公报进一步指出，要"把科技自立自强作为国家发展的战略支撑"，这一要求与坚定不移走中国特色自主创新道路的要求是一脉相承的。坚持走中国特色自主创新道路，把科技自立自强作为国家发展的战略支撑，既是我们的自主选择，也是由当今世界的竞争态势和国际环境决定的。

独立自主、自力更生一直是我国长期坚持的基本原则，坚定不移走中国特色自主创新道路，推动科技自立自强，是这一原则在科技创新领域的具体表现。习近平总书记指出："实践告诉我们，自力更生是中华民族自立于世界民族之林的奋斗基点，自主创新是我们攀登世界科技高峰的必由之路。"在科技领域没有强大的自主创新能力，就必然要受制于人，依附于人，就不可能真正实现中华民族的伟大复兴，不可能真正实现社会主义现代化。

与此同时，我国也具有走自主创新道路的能力和需求。经过长期发展，我国早已拥有了完整的工业体系，在一些领域已接近或达到世界先进水平,在某些领域已经由"跟跑者"逐步转变为"并行者"和"领跑者",具有在更多领域、更高层次上推进科技进步的能力和需求。

我国还具有走自主创新道路的制度优势,这一优势就是我国社会主义制度能够集中力量办大事。正如习近平总书记所指出的:"我国很多重大科技成果都是依靠这个法宝搞出来的,千万不能丢了!"过去我国"两弹一星"等系列科技成果就离不开这一法宝,今天我们抢占科技竞争和未来发展制高点,仍然离不开这一重要法宝。

从当今世界的竞争态势和国际环境来看,习近平总书记指出:"在日趋激烈的全球综合国力竞争中,我们没有更多选择,非走自主创新道路不可。我们必须采取更加积极有效的应对措施,在涉及未来的重点科技领域超前部署、大胆探索。"

过去一个时期,我国的发展主要是靠引进国外技术,这些技术往往是已经或即将过时的,并且由于重引进、轻消化问题的大量存在,技术引进并不能真正提高我们的科技创新能力。正如习近平总书记所说:"过去三十多年,我国发展主要靠引进上次工业革命的成果,基本是利用国外技术,早期是二手技术,后期是同步技术。如果现在仍采用这种思路,不仅差距会越拉越大,还将被长期锁定在产业分工格局的低端。"

特别是近年来,随着我国综合实力的极大提高,那些掌握先进科学技术的国家和企业,为维护自身的优势甚至垄断地位,并不希望为自己创造一个科技上强大的对手。这不仅导致我们的技术引进变得更加困难,甚至还使我们的先进技术在走出国门时也受到一些国家的限制,这更加要求我们坚持走中国特色自主创新道路,把科技自立自强作为国家发展的战略支撑。

当然,应当注意的是,坚持走中国特色自主创新道路,并不是关起门来搞创新,而是要坚持以我为主,尽可能利用各方面科技资源,使之为我们的科技创新服务。正如习近平总书记指出的:"自主创新不是闭门造车,不是单打独斗,不是排斥学习先进,不是把自己封闭于世界之外。我们要更加积极地开展国际科技交流合作,用好国际国内两种科技资源。"

### 3. 科技创新应着重于突破关键核心技术

虽然我国在科技创新上取得许多重大成果,但我国科技发展水平,特别是关键核心技术创新能力同国际先进水平相比还存在很大差距,核心技术受制于人的问题并没有得到根本解决,一些制约我国科技发展的瓶颈问题依然存在。特别是在当前贸易保护主义上升、逆全球化思潮抬头的形势下,由于我国在一些重要产业领域并不掌握关键核心技术,一些企业和行业已经感受到了巨大压力,甚至要面对生死考验。

习近平总书记反复强调,"关键核心技术是要不来、买不来、讨不来的","核心技术靠化缘是要不来的,只有自力更生"。如果我们总是跟踪和模仿其他国家和企业的科技成果,不能在关键核心技术上有所突破,那我们的路将越走越窄而不是越走越宽。从国家战略层面看,关键核心技术是国之重器。只有把关键核心技术掌握在自己手中,才能从根本上保障国家经济安全、国防安全和其他安全,推动我国经济社会持续健康发展。

只有打好关键核心技术攻坚战,加速科技成果向现实生产力转化,把创新主动权、发展主动权牢牢掌握在自己手中,才能彻底消除"卡脖子"隐忧,真正发挥创新引领发展的第一动力作用,化逆风逆水为动力,实现更高质量发展。对此,必须强化战略导向和目标引导,强化科技创新体系能力,加快构筑支撑高端引领的先发优势,加强对关系根本和全局的科学问题的研究部署，在关键领域、"卡脖子"的地方下大功夫，集合精锐力量，作出战略性安排，尽早取得突破。

要增强"四个自信"，以关键共性技术、前沿引领技术、现代工程技术、颠覆性技术创新为突破口，敢于走前人没走过的路，努力实现关键核心技术自主可控，把创新主动权、发展主动权牢牢掌握在自己手中。力争实现我国整体科技水平从跟跑向并行、领跑的战略性转变，在重要科技领域成为领跑者，在新兴前沿交叉领域成为开拓者，创造更多竞争优势。

企业作为创新创造的排头兵，具不具有核心竞争力、具不具备关键核心技术的创新能力，能不能把科技发展主动权牢牢掌握在自己手里，不仅是企业最大的命门，更是保障国家安全的最大命门。

### 4. 科技创新要加快相关体制机制的改革

习近平总书记指出，"实施创新驱动发展战略，提高自主创新能力是关键环节，而提高自主创新能力需要从体制机制等多方面来保证"，"要深化科技体制改革，坚决扫除阻碍科技创新能力提高的体制障碍，有力打通科技和经济转移转化的通道，优化科技政策供给，完善科技评价体系，营造良好创新环境"。

要加快建立主要由市场评价技术创新成果的机制，打破阻碍技术成果转化的瓶颈，使创新成果加快转化为现实生产力。要坚持科技面向经济社会发展的导向，着力推动科技创新与经济社会发展紧密结合。习近平总书记指出："科研和经济联系不紧密问题，是多年来的一大痼疾。这个问题解决不好，科研和经济始终是'两张皮'，科技创新效率就很难有一个大的提高。科技创新绝不仅仅是实验室里的研究，而是必须将科技创新成果转化为推动经济社会发展的现实动力。"

要加快形成科技创新协同机制。要聚焦国家战略目标，集中资源、形成合力，突破关系国计民生和经济命脉的重大关键科技问题。"随着科学技术不断发展，多学科专业交叉群集、多领域技术融合集成的特征日益凸显，靠单打独斗很难有大的作为，必须紧紧依靠团队力量集智攻关。要加强自主创新团队建设，搞好科研力量和资源整合，健全同高校、科研院所、企业、政府的协同创新机制，最大限度发挥各方面优势，形成推进科技创新整体合力。"

要着力加快完善基础研究体制机制，把基础前沿、关键共性、社会公益和战略高技术研究作为重大基础工程来抓，实施好国家重大科学计划和科学工程，加快在国际科学前沿领域抢占制高点。要着力以科技创新为核心，全方位推进产品创新、品牌创新、产业组织创新、商业模式创新，把创新驱动发展战略落实到现代化建设整个进程和各个方面。要着力加强科技创新统筹协调，努力克服各领域、各部门、各方面科技创新活动中存在的分散封闭、交叉重复等碎片化现象，避免创新中的"孤岛现象"，加快建立健全各主体、各方面、各环节有机互动、协同高效的国家创新体系。

要着力完善科技创新基础制度，加快建立健全国家科技报告制度、创新调查制度、国家科技管理信息系统，大幅提高科技资源开放共享水平。着力从科技体制改革和经济社会领域改革两个方面同步发力，改革国家科技创新战略规划和资源配置体制机制，完善政绩考核体系和激励政策。

## 5. 科技创新应把集聚科技人才作为关键

推进科技创新，人才是关键，没有强大的人才队伍作后盾，自主创新就是无源之水、无本之木。硬实力、软实力，归根到底要靠人才实力。世上一切事物中人是最可宝贵的，一切创新成果都是人做出来的。全部科技史都证明，谁拥有了一流创新人才、拥有了一流科学家，谁就能在科技创新中占据优势。

要按照人才成长规律改进人才培养机制，"顺木之天，以致其性"，避免急功近利、拔苗助长。大力培养造就规模宏大、结构合理、素质优良的创新型科技人才。注重培养一线创新人才和青年科技人才，培养宏大的具有创新活力的青年创新型人才队伍。

要广纳人才，开发利用好国际国内两种人才资源，完善人才引进政策体系。要坚持以用为本，按需引进，重点引进能够突破关键技术、发展高新技术产业、带动新兴学科的战略型人才和创新创业的领军人才。要广泛吸引海外优秀专家学者为我国科技创新事业服务。

要放手使用人才，在全社会营造鼓励大胆创新、勇于创新、包容创新的良好氛围，既要重视成功，更要宽容失败，为人才发挥作用、施展才华提供更加广阔的天地，让他们人尽其才、才尽其用、用有所成。

用好人才，首先要用好科学家，特别是在基础研究领域，也包括一些应用科技领域，要尊重科学研究灵感瞬间性、方式随意性、路径不确定性的特点，允许科学家自由畅想、大胆假设、认真求证；用好人才，重点是科技人员。科学家毕竟是少数，数量庞大的科研人员是创新的主力军。用好科研人员，既要用事业激发其创新勇气和毅力，也要重视必要的物质激励，使他们"名利双收"；用好人才，还要用好企业家，企业家是推动创新的重要动力。

要完善促进人才脱颖而出的机制，完善人才发现机制，不拘一格选人才，培养宏大的具有创新活力的青年创新型人才队伍。要鼓励人才继承中华民族"先天下之忧而忧，后天下之乐而乐"的传统美德，把个人理想与实现中国梦结合起来，脚踏实地，勤奋工作，把自己的智慧和力量奉献给实现中国梦的伟大奋斗。

要通过改革改变以静态评价结果给人才贴上"永久牌"标签的做法，改变片面将论文、专利、资金数量作为人才评价标准的做法，不能让繁文缛节把科学家的手脚捆死了，不能让无穷的报表和审批把科学家的精力耽误了。

## ◎ 中冶集团对科技创新的认识

近年来，中冶集团深刻领会习近平总书记关于科技创新的重要论述，将科技创新看作中冶集团可持续发展的根本，高度重视自主创新，把加快冶金行业关键核心技术攻关作为科技创新的重点，深刻认识科技创新体制机制改革的重要性，把集聚科技人才，发挥科技人才创造力放在关键位置。

### 1. 科技创新是中冶集团可持续发展的根本

长期以来，中冶集团高度重视科技创新在企业发展中的作用，即使在2012年的困难时期，科技问题也同样受到重视。在国文清2012年的"9·5"会议讲话中可以看到，中冶集团的设计类企业各项指标均较好，中冶集团为设计类企业发展制定了目标和发展方向，"继续扩大规模，在高技术研发、核心能力打造、新兴市场拓展等方面扬长避短"。而对于依靠核心技术生产或者作为技术研发中试基地的制造企业，中冶集团则提出"在规避风险的同时，应突出技术成果转化"。此外，中冶集团还提出"要特别重视科技拔尖人才的选拔"等措施促进自身的科技创新。

2013年，中冶集团开始全面推进改革创新，在九大方面进行改革。

其中，在综合业绩考核改革中，中冶集团将"科技创新"作为四个侧重点之一，在配套制度改革中提出要"重视科技体制改革，依靠科技进步增强企业活力"。虽然这里的科技创新只是中冶集团众多改革中的一小部分，但同样说明了中冶集团对科技创新的重视。

2014年，中冶集团明确提出要"大力推动科技创新"，科技创新在此以后日益成为中冶集团的核心任务。这一年，中冶集团深刻认识到自身在科技创新方面存在的诸多问题，如没有把冶金行业关键技术和核心技术牢牢掌握在自己手中并予以灵活运用，没有在传统领域和新兴领域占领制高点并持续攀升，并且存在科技成果向现实生产力转化不力、不顺、不畅的痼疾。对此，中冶集团认识到必须增强自主创新能力，迅速破除科技创新链条上存在的诸多体制机制障碍。

2015年，中冶集团进一步提出要"着力加强科技创新管理"，推动各子企业，特别是科研设计类子企业加强科技创新，推动产学研一体化，推动集团形成科技创新的热潮。

2016年，中冶集团明确提出"始终坚定走技术领先型发展道路"，认识到科技创新最根本的是增强自主创新能力，要突出抓好核心技术升级、实用技术普及、高新技术创新；最关键的是做到"天下人才为我所用"，营造科技人才脱颖而出的环境。同时，科技创新必须跟市场需求紧密结合，跟提高生产力、竞争能力、价值创造能力紧密结合，这样的科技创新对企业才有实际意义。

2017年，中冶集团进一步认识到高技术资源禀赋是中冶能够生存发展的核心要素之一，也是中冶再造新优势赢得未来的决胜力量，进而明确提出"长期坚持走高技术建设之路"的战略。中冶认为，任何竞争力优势都是暂时的，甚至是脆弱的。过去拥有并不等于现在拥有，现在拥有并不等于永远拥有，企业更重要的是及时不断地创造出新的竞争优势，以科技创新的体系化、高端化引领企业的转型升级、提质增效。

2018年，中冶集团加速培育世界第一冶金建设运营服务"国家队"，更加重视科技创新问题，提出"坚定核心技术引领，抢占未来科技创新的战略制高点"新目标。此时的中冶集团比以往任何历史时期更需要强化科技创新的引领作用，特别是面对科技创新从点的突破向系统能力提升的阶段特征，中冶集团坚持找准方向，定神凝气、心无旁骛地潜心研究，稳扎稳打，真正落实创新是第一动力。

2019年，中冶集团提出要"牢牢占据技术尖端、迈向产业链高端""加速推进核心技术的产品化产业化"的任务，提出要始终做冶金行业核心技术的引领者，要坚持科技创新的市场导向，在装备制造核心技术的产品化上有新突破，深挖技术创新成果的商业价值，要坚持资源整合优化配置，要持续优化科技创新体制机制，激发创新活力。

进入2020年，科技创新仍然是中冶集团面临的重要问题，但面对当前的新形势，中冶集团认识到只有把科技创新的"软实力"有效转化为产业和市场竞争的"硬支撑"，才能引领企业未来的高质量和可持续发展。因此，必须聚焦发展瓶颈，突出关键核心技术攻关，必须突出市场导向，有序推动科技成果转化，必须完善开放格局，突出协同创新。

2021年，中冶集团提出要着力提升科技创新能力，锻造新发展硬实力。一是要系统谋划好创新布局。要紧紧围绕产业链部署创新链，让科技创新真正成为推动企业发展、提升综合实力的"关键变量"。二是要重视应用基础研究和原始创新。要坚决破除思想依赖、路径依赖，着力提升应用基础研究和原始创新能力，实现科技创新自立自强，继续支撑未来高质量可持续发展。三是要着力完善协同创新机制。要进一步打破科研院所、设计企业、施工企业科技研发的"企业墙"，在多领域、多专业加强内部合作,形成创新链上优势互补、价值链上合理分配的协同高效发展格局。四是要大力营造创新生态氛围。要进一步加大科技投入,最大力度争取五矿双创基金、科创基金支持,积极参与"双百行动""科改示范行动"等改革,创造良好环境和基础条件。

### 2. 要坚持自主创新构建中冶的核心竞争力

要以"世界第一"的实力和底气,成为中国钢铁工业转型升级和世界钢铁工业发展的引领者,这是中冶责无旁贷的责任与使命。这就要求中冶集团必须瞄准钢铁行业高质量发展需求,紧紧围绕结构调整、产业升级、智能制造、绿色制造、新工艺、新流程、新材料、新制造方法八个关键词,以智能化、绿色化、产品化、国际化等为重要抓手,在系统化技术创新上大展作为,构建起新的核心竞争力。

越是浪高越向前,越有压力越昂扬。"国家队"要有"国家队"的样子,要以"国家队"的自信、"国家队"的底气走上国际市场舞台。要不畏艰险、不惧挑战,在与强大的竞争对手同台竞技、对标赶超中实现发展壮大,成为在国际资源配置中占主导地位的领军企业;要勇挑创新重任,着力在自主创新,特别是原始创新上下功夫,成为引领全球行业技术发展的领军企业;要在自己的优势业务领域瞄准"世界第一"再拔尖,占领未来产业发展的制高点,成为在全球产业中具有话语权和影响力的领军企业。这是打造具有全球竞争力的世界一流企业的应有之义,是中冶必须扛起的国家责任与使命。

但中冶也清醒地认识到,目前中冶的基础性技术研究还不牢,自主创新,特别是新工艺、新流程、新装备的原创力还不强,面对日益激烈的国际竞争,越是向前发展,遇到的阻力和压力就会越大,而未来的机遇稍纵即逝,必须要始终牢记总书记的教导加快补齐短板,把核心技术牢牢掌握在自己手中，才能赢得先机，抢占世界第一冶金建设国家队的主动权。同时在绿色化方面，必须有满足国家超低限排放要求，高效低成本的有竞争力的环保核心技术；在钢铁企业和城市融合方面不断创新并提供系统解决方案；最重要的是要形成面向生产全流程、管理全方位、产品全生命周期的新的绿色制造创新链条；在智能化方面，各部位的第一梯队必须尽快找到自己的切入点，建立和完善智能制造方法和体系。

在基本建设领域，新型城镇化是一个复杂的系统，涉及人口、资源、环境、产业、空间、交通、住房等多个方面，且诸多因素又相互关联、错综交缠。这恰恰能发挥中冶多专业、跨学科的整合一流技术资源的综合集成优势。中冶必须深入挖掘新型城镇化的"新型"的本质和内涵，要知道新型城镇化"系统提升"的真正需求，不仅要知道"是什么"，更要知道"为什么"的原理与逻辑，只有这样，才能在新型城镇化发展中找准发挥自身比较优势的切入点，才能改变科技创新跟随盲从的被动局面。同时，一定要健全完善科学化、信息化的项目管理体系，加快智慧工地的信息化管理技术的研发，加快研发、应用、再提升的产品迭代步伐，通过信息化手段，切实提升中冶的工程管理能力和水平。

在新兴产业领域，新兴产业的基本特征就是创新性突出，进入者普遍都拥有或是采用了先进的科学技术，是科技创新最为集中的领域，也正是因为此，其对关键核心技术的掌控对于形成价值链的高端控制力更是至关重要。新兴产业的各大技术研究院要以技术为引领，以规划设计咨询为龙头，紧扣产业需求，致力于成为"专家型品牌＋产业平台公司"的联合体。做专家型品牌，就是不要使自己成为"无所不能"的综合型品牌，同时精耕细作自己的细分市场，拥有独到、独特的核心技术，打造自主品牌，同时不断开发出新的技术、新的产品和生产工艺，持续保持自己技术的垄断领先优势。在此基础上，致力于成为细分产业的平台公司，整合政府、客户、伙伴、资本、消费者和项目融合发展，实现产业价值链引领，对价值链形成高控制力，以此实现规模效应和品牌效应。

需要强调的是，中冶集团在夯实和创新迭代工程技术的同时，也要求各子企业一定要着眼未来，聚焦数字中国、智慧社会等国家重大部署，加快发展智能化信息化能力，推动互联网、大数据、人工智能同实体经济深度融合，推动制造业加速向数字化、网络化、智能化发展，推动智能化信息化技术与基础设施建设服务、节能环保技术服务、新兴产业技术服务相结合，推动智能化信息化产品的广泛应用，在建立现代化经济体系中发挥引领作用。

### 3. 要始终做冶金行业关键核心技术引领者

科技创新不能四面出击，中冶集团聚焦制约发展的痛点和瓶颈，紧紧围绕核心主业确定合理半径，突出关键核心技术攻关。而对于中冶集团来讲，冶金业务领域是传统主业，中冶集团必须牢牢瞄准技术第一，着力加速核心技术再拔尖，始终保持独占鳌头。

从历史来看，伴随着中国钢铁工业的发展，中冶集团的冶金工程技术经历了从恢复重建到引进消化吸收，再到自主创新三个大的发展阶段。纵观世界钢铁工业160多年的发展历程，我国钢铁工业当前产业结构调整所面临的重重挑战，也是发达国家钢铁工业的经历与过往。中冶集团既从过往发展历程中找寻规律、借鉴经验，更是紧紧抓住新一轮科技革命带来的独特机遇，实施转型升级，与钢铁工业同频共振，共同迈向全球产业链价值链中高端，真正实现这一轮的引领担当。

站在新的历史时期，中冶集团看到企业发展到现在，在传统冶金业务领域，装备制造高端产品供给能力不足的问题已经成为制约冶金建设迈向新的制高点的关键瓶颈。面对这一不利情况，中冶认识到不能总是指望依靠跟随性研发、技术模仿来实现技术突破，永远跟在别人的后面亦步亦趋；认识到企业没有别的选择，必须瞄准钢铁工艺世界科技的前沿，加大对前瞻性、原创性和关键性技术的研发，在新的竞争赛场上成为核心技术的引领者；认识到要针对已梳理出来的"卡脖子"问题，集中科技资源进行重点攻关、各个击破。

对此，中冶集团牢牢瞄准世界第一，加速补齐还存在的少部分技术短板，缩短自身在核心技术装备，尤其是在非高炉炼铁和薄板连铸连轧领域的差距，提升集团的整体竞争力。在实现一大批核心技术装备替代进口的基础上，以时不我待的高度责任感和使命感加速研发，争取尽快打破被国外技术垄断的局面。

要以核心技术的迭代升级再拔尖，始终保持独占鳌头。科技创新是冶金建设国家队的关键，也是企业可持续发展的根本所在。我们要牢牢把握住市场需求的方向，紧盯全球钢铁工程技术的发展动态，遵循技术创新的规律，充分利用集团内外的各种资源，坚定不移地推动冶金工程技术不断向前发展。

突出抓好自主创新，必须做到核心技术的绝对引领。在科技创新的道路上，来不得半点虚假，不能将科技创新停留在口头上，要真投入、科学精准持续投入。中冶集团从政策、市场、资金等方面支持各子企业的科技创新工作，不断梳理科技短板、制定攻关清单，分梯次、分门类、分阶段推进。在关键领域和"卡脖子"的地方集合精锐力量，把核心技术的"硬骨头"一点一点啃下来，努力掌握更多具有自主知识产权的关键核心技术。同时，着力解决"人有我无"的领域不断迭代升级，做到"人有我优"，并努力实现"人无我有"，引领产业发展和技术潮流。

集中抓好重点技术攻关。中冶集团在引领行业未来发展方向和提升企业竞争力的绿色化、智能化技术上持续发力，在无头轧制、薄板坯连铸连轧等部分"卡脖子"的关键核心技术上强力攻关，不断梳理"卡脖子"技术清单，成立攻关课题小组，制定技术攻关路线图，集中资源，落实责任，真抓实干，力争取得更多突破性进展，再造竞争新优势。

精准把握核心技术的主攻方向，做到独占鳌头。中冶集团深入研究当前和未来一段时间国家战略和钢铁企业需求的发展方向，按照国家队体系分工主攻第一梯队核心技术，始终瞄准世界第一的目标精准发力，确保在钢铁冶金每个部位、业务单元都有与世界第一冶金建设国家队相匹配的核心技术，构建起新时期具有绝对引领地位的专业链条核心技术体系。同时不断增强企业自主创新能力，在重视应用性技术研究的同时，强化基础性、前沿性、原创性技术研究能力的培养；加快在新材料、新工艺、新流程、新装备等领域的关键核心技术布局；重点跟踪绿色冶炼、连铸连轧以及智能制造等技术新进展，积极参与国内钢铁企业共同研发合作的机会，抢占未来冶金建设核心技术制高点。

### 4. 要改革不利于科技创新的各种体制机制

首先，中冶集团认识到，必须加强集团内部改革，加强集团对外合作，着力完善协同创新体制机制。对此，国文清在中冶集团暨中国中冶2021年度工作会议的讲话中指出，要进一步打破科研院所、设计企业、施工企业科技研发的"企业墙"，在多领域、多专业加强内部合作，形成创新链上优势互补、价值链上合理分配的协同高效发展格局。要将中冶集中力量办大事的好经验好做法固化，建立有效的内部协同创新机制，共同打造更多"国之重器"。要积极参与国家级科技平台优化重组，主动承担国家重大科技任务。充分利用现有科技平台吸引高校、钢铁企业、装备制造企业等产、学、研、资、用的各类创新主体广泛集聚，开辟多元化合作渠道，实现融合创新。积极参加各种国际产业与标准组织，组织参加学术研讨，在共研、共创中实现共享、共赢。这样，一方面从集团内部入手，不断优化科技创新体制机制，形成良好的整体效应，发挥集团内部科研院所、设计企业、施工企业等创新主体的优势，另一方面从集团外部入手，加强同各方面的合作，形成良好的多元合作效应，充分利用国内外创新资源，开辟多元化合作渠道，使外力为我所用，形成开放创新体系。

其次，中冶集团认识到，要形成有利于核心技术产品化产业化的体制机制，促进科技创新成果的转化，使科技创新转化为实际产品获取效益。科技创新，必须坚持技术产品化和产品产业化的原则，将科技创新成果真正应用起来。对此，中冶集团在推动科技创新时，坚持研发出一批、产品化一批、产业化一批，把有效专利转化为产品，把产品推向市场，转化为实实在在的效益，不断增强企业核心竞争力。

核心专利技术产品化、产业化始终是中冶最为突出的薄弱环节，要把中冶具有自主知识产权的核心技术、核心工艺、模型控制技术搭载到装备上，快速转化为高端产品，产品快速进入市场，市场快速扩大规模，规模快速形成品牌，实现中冶的先进技术、先进管理、先进装备的深度融合，保持中冶在技术上的持续领先优势，形成中冶集团参与"一带一路"建设的整体技术、装备、产品及工程优势。这样才能把技术装进"保险盒"，在市场中培育、应用、训练，通过核心技术创新的持续迭代升级再拔尖，始终保持独占鳌头，牢牢占据技术制高点，引领中国钢铁不断走向更高水平。

在科技转化过程中，中冶集团注重对科技成果的具体分析，通过反思研究 33000 余件有效专利成果取得的效益、目标与实际的差距采取具体措施,进一步找准科技成果转化的薄弱环节和努力方向,切实提高科技成果的转化率和收益。

### 5. 要集聚科技创新人才发挥他们的创造力

推动国有企业科技创新离不开人才,甚至在一定程度上可以说,人才决定着科技创新所能达到的水平和高度。面对中冶在科技创新人才队伍建设上存在的诸多问题,中冶集团认识到科技创新人才的重要性,提出要从多个层面整体提升中冶集团集聚科技人才的能力,使科技创新人才的创造力得到有效发挥。

高度重视科技创新人才的培育。中冶集团提出要从三个层面加强人才培养:一是努力培养造就一批能够把握科技发展大势、产业转型升级方向、具有行业影响力的战略领军人才,以解决技术创新"干什么"的问题;二是培养一批善于凝聚力量、统筹协调的科技专家,以解决"怎么干"的问题;三是注重培养一批既懂业务又懂管理的组织型人才,以解决"谁来管"和"如何管"的问题,促进科技创新工作健康快速发展。

特别重视国家级行业大师的培育。这对于中冶业务发展和业务结构优化具有非同寻常的意义,是实现高端人才接续和年轻人才成长的重要通道。通过培养更多的国家级行业大师,让一个大师带起一个学科,形成一个专业品牌,进而大大提高企业在专业化领域的影响力和控制力。中冶提出集团要强化对专业技术领域首席专家的使用、考核与管理,切实发挥首席专家的引领和带动作用。首席专家要对标世界第一技术,紧跟科技前沿,把握住本专业技术领域的发展方向,确保我们始终保持独占鳌头的核心技术优势。要立足长远,坚持梯队式人才培养方式,逐步形成技术骨干—学科带头人—子公司专家—集团首席专家—国家及行业领军人才的人才梯队,要持续保证人才团队的完整、传承和优化。

目前，中冶集团拥有中华技能大奖获得者1人，世界技能大赛金牌选手3人，全国技术能手65人，国家级技能大师工作室6个，省级（行业）技能大师工作室14个。

中冶集团要积极改进科技创新人才评价机制。应当说科技创新并不是一朝一夕就可以成功的，一个重大的科技创新往往是十年磨一剑，面对集团出现的科研人员浮躁之气蔓延的情况，中冶集团积极关心、激励科技创新人才，宽容他们的失败，为科技创新创造良好的环境。要建立健全以创新能力、质量、贡献为导向的科技人才评价体系，形成并实施有利于科技人才潜心研究和创新的评价制度。

加大对科技人才的激励力度。科技人才是中冶集团的宝贵财富，对于科技人才，特别是在自主创新和科技成果转化中发挥关键作用的核心技术人才，中冶集团探索建立科研人员薪酬与科技成果转化适度挂钩的机制，逐步提高科研人员成果转化收益分享比例，吸引人才、稳定团队。同时完善骨干人才的激励约束机制，通过员工持股、虚拟股权、成果分红等激励分配机制，激励科技人员聚焦战略需求、勇攀科学高峰，增强骨干人才的获得感和稳定性，让他们在中冶安心、安身、安业。同时，中冶集团总部也积极深入研究相关政策，改进对于科技人才的薪酬激励机制，并要求各子企业要积极探索，把各类科技人才用活用好，让他们施展才华、发挥作用、实现抱负。

对此，中冶集团首先认识到全面加强冶金人才队伍建设的必要性，并提出了确保"一个稳定"、做到"三个优化"、建设"六支队伍"的重要目标。"一个稳定"：要继续保持"国家队"八大部位十九个业务单元的人力资源配置，总体基本稳定在2万—2.5万人左右。"三个优化"：一是学历结构优化，硕士研究生及以上学历人员占比提高到18%，尤其加大博士引进力度，力争突破200人。二是职称结构优化，高级职称人员在专业技术人员中的比重力争提升至40%。三是知识结构优化，冶金从业人员知识结构由传统知识结构独大向智能化、信息化、绿色化知识结构比例不断增加转变。"六支队伍"：一是冶金高层次人才队伍。集团要强化对冶金八大部位、十九个业务单元首席专家的评选、使用、考核与管理，充分发挥首席专家的引领和带动作用；争取用3年左右时间在冶金领域国家级百千万人才工程专家、享受国务院政府特贴专家等领军人才新增20人左右；要在院士、大师等品牌人才力争实现新突破，保持中冶在冶金建设领域人才的制高点。二是冶金科技研发人才队伍。加强设计类子企业"国家队"第一梯队科技研发力量，研发人员数量力争翻一番。三是冶金高技能人才队伍。全国技术能手、中央企业技术能手、省部级（冶建行业）"工匠"、技术能手新增30人左右。四是冶金项目管理人才队伍。冶金领域相关专业一级建造师证书持证数力争突破7000人次，冶金项目精细化管理能力实现显著提升。五是冶金国际化人才队伍。驻外机构人员中属地化率不低于50%，营销人员比例不低于50%，海外业务人员语言能力、商务能力、管理能力进一步提升。中冶要进一步解放思想、大胆探索，采取积极有效措施，把这些人才用活用好，让他们在打造世界第一冶金建设国家队的征程中充分施展才华、发挥作用、实现抱负。六是复合型党群人才队伍。七是国际标准化人才队伍。着力培养一批懂专业、精外语、熟规则的国际标准化复合型人才队伍。

## ◎ 中冶集团在科技创新上的成就

重组五年来，中冶集团积极融入中国五矿科技创新体系，在推动科技创新上成绩显著，自主创新能力稳步提升，在关键核心技术上取得了重要突破，涌现出一批重大创新成果，形成了推动科技创新的更为有效的体制机制，建立起一支规模庞大的优秀人才队伍，有效推动了中国五矿的科技创新。

**1. 中冶集团在推动科技创新上成绩显著**

重组五年来，中冶集团将科技创新工作积极融入五矿科技创新体系，并对科技工作的重点管控事项进行了梳理和明确，进一步提升中冶集团科技管理水平。而中冶集团在国家科技奖、有效专利及中国专利奖、科技平台、国际标准等主要科技指标方面都取得了重要的成绩，大大提升了五矿集团在中央企业的整体科技实力和科技影响力，为集团"做冶金建设国家队、基本建设主力军、新兴产业领跑者，长期坚持走高技术高质量发展之路"做出了积极贡献。

国家科技进步一等奖

依托国家、集团、子企业的 26 个国家级重点实验室和国家级科技创新平台、80 个省部级科技创新平台等各级平台，中冶集团紧紧围绕钢铁冶金工业调整结构、转型升级、节能环保的迫切需求，开展核心技术攻关。

一是首次作为第一完成单位荣获国家科技进步一等奖，取得历史性突破。2018 年，由中冶焦耐牵头完成的"清洁高效炼焦技术与装备的开发及应用"项目荣获国家科技进步一等奖，这是自 1999 年《国家科学技术奖励条例》颁布实施以来，中冶集团首次作为第一完成单位荣获国家科技进步一等奖，取得了历史性突破，为集团赢得重大荣誉，表明集团科技创新与成果总体水平达到了一个新高度，充分体现了冶金建设国家队独占鳌头的技术领先水平。2016 年以来，集团共计获得国家科技奖 16 项，中冶集团获奖数量及等级均位居央企前列；荣获中国钢铁工业协会、中国金属学会冶金科学技术奖 70 项，其中特等奖 1 项，这也是集团首次以第一完成单位获得冶金科技奖特等奖，获得一等奖 19 项；荣获中国有色金属工业协会科技进步奖 31 项，其中一等奖 15 项。2018 年，"中冶集团科学技术奖"在国家科技部社会力量设奖第三方机构评价考核中，在"材料、能源、环境资源类分组"中位列第 2 位，在全部参评的 103 家社会力量设奖中位列第 12 位，排名大幅领先于同行相关社会力量设奖。

二是有效专利数连续多年位居央企前列，并成为国内唯一一家连续三年荣获中国专利金奖的企业。重组五年来，集团专利申请数、授权数和累计有效专利数均保持持续稳定增长，专利持有量在央企仍然保持比较优势。截至 2020 年 12 月底，集团累计有效专利超过 33000 件；2015—2017 年，集团连续三年荣获中国专利金奖，成为国内唯一获此殊荣的企业。此外，重组以来，中冶集团还获得中国专利奖银奖 2 项、优秀奖 49 项。2018 年，中冶集团被评为国家知识产权示范企业，目前，集团国家级知识产权示范企业已增至 16 家。

三是获批 9 个国家级科技创新平台，国家级科技平台数量继续位居央企前列。重组五年来，集团积极支持、引导子企业，特别是施工类企业结合特长业务申报国家级科技平台，力争在基本建设和新兴产业领域取得重大突破。重组以来，集团共有 7 个企业技术中心被国家发改委认定为国家企业技术中心；集团还获批承担了 2 个国家技术标准创新基地（冶金工程国际标准化、有色金属）。至此，中冶集团拥有的国家级科技创新平台总数跃升至 26 个，继续位居中央企业前列。此外，重组以来集团还获批了多个专项中心。这些平台的建设进一步夯实了中冶集团科技创新平台体系，有利于提升集团科技创新能力和科技创新水平，并为集团"做冶金建设国家队、基本建设主力军、新兴产业领跑者，长期坚持走高技术高质量发展之路"的战略定位提供了更好的技术支撑平台。

四是成为国家第一批 6 家国际标准化创新基地之一，国际标准化工作整体水平位居央企前列。当前，国际标准越来越成为提升企业核心竞争力与国际竞争力的关键所在。2018 年 3 月，由中冶集团作为承担单位的"国家技术标准创新基地（冶金工程国际标准化）"获批筹建（2020 年 9 月已通过验收），中冶集团成为国家第一批国际标准化创新基地（全国共 6 家），这也是首次以集团名义获批的国家级科技平台，表明中冶集团推动中国冶金技术、标准及装备走出去的工作业绩得到了国家市场监管总局（国家标准委）的充分肯定，创新基地的建设将为中冶集团做"冶金建设国家队"和推动国际钢铁产能与装备制造合作提供更好的技术支撑平台。2017 年，中国恩菲获批承担国际标准化组织固体回收燃料技术委员会（ISO/TC300）国内技术对口单位；2019 年 4 月，中国恩菲又获批筹建国家技术标准创新基地（有色金属），中冶集团成为国内唯一一家筹建两个国家技术标准创新基地的企业。重组以来,集团共计发布国际标准16项,荣获2018年"IEC1906奖"1项,获得2016年中国标准创新贡献奖(项目奖)一等奖2项,(个人奖)突出贡献奖1项。这是近年来中冶集团积极落实国际标准化战略取得的积极成效,大大提升了集团在国际标准化工作中的知名度和品牌影响力。此外,重组以来,集团还获批发布主编的国家标准106项,这将进一步巩固集团在冶金建设、基本建设和新兴产业领域的话语权和规则主导权。

五是获批牵头承担12项国家重点研发计划项目。2016—2020年,中冶集团积极组织申报国家重点研发计划项目,共计获批牵头承担国家重点研发计划项目12项,并获得数亿元国拨专项经费支持。通过牵头承担国家级研发项目,大大提升了集团在国家和行业的影响力和话语权,有利于进一步提升集团冶金建设国家队、基本建设主力军和新兴产业领跑者的地位。

六是积极打造世界第一冶金建设"国家队"升级版。重组以来,中冶集团积极推进落实加速培育世界第一冶金建设运营服务"国家队"相关工作部署:(一)"自上而下"地组织科研立项,突出集团科研立项战略引领作用,分批组织召开科技创新专题座谈会,召集集团内行业专家、集团首席专家专题研讨重大研发项目方向、"卡脖子"环节及引领未来发展的方向;(二)梳理出八大部位、十九个业务单元的"卡脖子"环节,确定"高质量、高效、绿色化、智能化"为集团科研立项的重点方向;(三)召开中冶集团技术创新"2020计划"实施大会,发布了"烧结竖式冷却及污染物超低排放关键技术及装备研究"等冶金建设国家队重大研发项目25项,以及"底吹炉"等核心技术产品;(四)积极启动"181计划"立项工作,首批启动工艺流程、绿色发展、智能制造领域核心关键技术32项,前沿关键技术5项;(五)组织评选了19名冶金建设国家队专业技术领域首席专家,并由集团首席专家牵头,瞄准世界先进水平编制了冶金建设国家队十九个业务单元技术发展规划;(六)积极打造全球最大最强最优冶金建设运营服务"国家队"体系建设升级版,根据专家意见多次修改完善,形成了冶金建设国家队体系升级研究报告。(七)制定实施《中国冶金科工股份有限公司重点研发项目暂行管理办法》,加大对集团重点研发项目的支持力度。

七是积极促进示范工程建设和BIM技术推广应用。重组以来,共完成中冶建筑新技术应用示范工程验收136项,新批准立项253项。中冶建筑新技术示范工程是集团创新孵化模式的重要抓手,也是科技成果推广应用的重要载体,更是开展自主技术创新与攻关的重要环节,持续推动中冶建筑新技术应用示范工程的建设,为中冶集团带来了可观的经济和社会效益,提升了中冶的市场竞争力,打造了中冶的品牌形象。同时,大力推广BIM技术应用,不断推进BIM高质量发展。积极组织集团BIM大赛,2016—2020年共评选出191项获奖项目,其中一等奖53项、二等奖74项、优秀奖64项。大赛充分体现了鲜明的中冶特色,生动地展示了BIM技术在智慧钢铁、节能环保、智慧城市、绿色建筑等领域发挥的重要作用。

在未来的发展中,中冶集团的科技工作将再接再厉,继续推进落实国家创新驱动发展战略和集团发展战略,力争占领更多冶金建设、基本建设和新兴产业的技术制高点,积极推进核心技术的产品化和产业化,以技术引领再造企业新优势。

### 2. 中冶集团的自主创新能力在稳步提升

中冶集团坚持"创"字为本,长期坚持自主创新,构建了以技术研究院为主平台、以引领世界冶金技术发展为目标的较为健全的自主科技体系，为提升中冶的核心竞争力做出了巨大贡献。特别是2012年"9·5"会议以来，面对钢铁产业新技术供给不足和低端技术供给过剩的结构性矛盾，中冶集团以专业化分工、专注于核心技术的组织模式，按照钢铁工业八大部位、十九个业务单元保留和匹配高精尖资源，明确了设计类子企业第一梯队以及与之相匹配的施工类子企业，打造了一支涵盖全流程、规模合理、层次分明、技术精湛的核心队伍，形成了冶金建设国家队的基本阵形，全力打造以工艺设计为龙头、核心技术和产品制造为依托、工程项目管理和施工为支撑的全产业链钢铁工程系统集成能力，自主创新能力越来越强。世界上仅有的两个千万吨级全新绿地钢铁联合企业——宝钢湛江基地和台塑河静钢厂，均由中冶总体规划、设计并承担了主要工艺单元的设计、供货、施工和生产运营服务工作，一大批核心装备和自有技术得到应用，指标达到国际领先水平，自主创新能力得到充分体现。

以湛江钢铁为例，可以说，中冶集团70多年积淀形成的独占鳌头的核心技术、无可替代的冶金全产业链整合优势、持续不断的革新创新能力，在湛江钢铁项目中得到了充分展示。中冶把国际一流的工程技术和自主开发的国内外最先进的工艺技术、节能环保、核心装备等核心技术运用到湛江工程中，提高了工程的整体技术水平和国产化率，中冶技术支撑项目国产化率大于97%，成功打造出"全球排放最少、资源利用效率最高、企业与社会资源循环共享"的绿色钢铁基地。

中冶赛迪自主研发的封闭式环保料场、清洁化转运、新型无料钟炉顶、转底炉固废处理等大量自主知识产权技术，工艺、环保、能耗等指标整体达到世界领先水平。在湛江钢铁宏伟原料场的一角"D型"煤场，同以往煤灰四散的原料场不同的是，湛钢煤场非常整洁，煤输送、堆存、处理全部都在封闭型的料场内进行，对周围的厂区环境没有任何影响。

大宗粉料的封闭环保贮存，具有节约占地、空间利用率高、减少扬尘、节能降耗、稳定原燃料品质、稳定生产、降低生产运营成本等诸多优点，成功实现了"用煤不见煤、用矿不见矿、运料不见料"的绿色清洁生产。封闭式环保原料储存技术、低能耗粉尘治理技术、清洁化生产系列技术、固废回收和综合利用技术、全行业首次成功研发应用的原料物流仿真分析技术、智能化环保原料场技术等系列先进技术在本项目中的成功应用，为打造工程投资最省、运营成本最低、环保与社会效益最佳的多赢标杆示范工程项目发挥了显著作用。此外，高炉工程采用中冶赛迪自主研发的新型无料钟炉顶技术，打破了国外垄断，大大降低投资成本，使用了在宝钢 3 号高炉中成功应用的大型高炉长寿命综合技术，在国际特大型高炉建设中独占鳌头。

中冶焦耐自主研发的干熄焦及煤气精制工程，是湛江钢铁响应国家号召实现节能环保的重要一环。在焦炉煤气精制处理规模上，本项目在全球焦化行业首次采用了中冶焦耐具有全部国内自主知识产权、自主创新和集成的煤气处理能力为 170000 立方米 / 小时的大型化单系统，与现有最大单系统煤气处理能力约 130000 立方米 / 小时相比，设计处理能力提高了 31%。湛江钢铁全部采用干法熄焦，在干熄炉顶部装焦处、槽底出焦处、出焦口皮带、循环风机放散口处设置烟尘捕集装置，将其产生的烟尘收集后送至干熄焦地面除尘站。在干熄焦地面除尘站设 1 套大型脉冲布袋式除尘器，除尘效率大于 99.9%，烟尘经净化后，经高度为 27 米排气筒排放，其排放口粉尘、二氧化硫排放浓度均符合标准要求。此外脱硝除尘热解一体化装置作为焦炉的核心设备，兼具低温脱硝、脱硫除尘、催化剂原位再生功能。整套工艺流程无废水产生，脱硫副产物可由相关化工厂家回收或直接排放，符合当前环保要求和烟气治理的技术发展趋势，引起了新华社、《世界金属导报》

等国内外主流媒体的强烈关注。

中冶长天和宝钢共同自主研发的活性炭多污染物协同治理技术是当前烧结烟气净化领域最先进的烟气净化技术，该技术能同时脱除二氧化硫、氮氧化合物、二噁英、重金属及粉尘等多种污染物，且能回收硫资源并制成浓硫酸产品，是一种资源回收型综合烟气治理技术。一次投资费用仅为同等进口设备的60%，可实现污染物的综合协同处理，产出的副产品为98%的优质浓硫酸，回收的活性炭粉可作为燃料使用；烟气处理中无废水、自产固体废弃物产生，实现了多污染物的协同治理。2015年，湛江钢铁烧结烟气净化一期工程投产，标志着由中冶长天和宝钢共同自主研发、自主工程设计及主机技术装备国产化的活性炭烟气多污染物协同治理技术首次实现了工业化应用。经过近5个月的运行，各部分系统运行正常，经检测，各项污染物排放标准均优于国家标准，实现了多污染物的协同治理。该技术各项指标先进，实现了多污染物协同治理、副产物综合利用的目标，是我国大气治理技术具有里程碑意义的重大突破，成为我国钢铁行业大气治理的标杆。

中冶建研总院自主研发的"熔融钢渣热闷处理及金属回收技术与装备"获得2012年国家科技进步二等奖，其主要通过高温钢渣和水作用一定时间后充分消解钢渣中的游离氧化钙，有效规避了其他钢渣处理技术处理钢渣加工的建材产品中因游离氧化钙产生膨胀，致使建材制品出现裂缝进而影响建筑物的安全稳定性的问题；同时，经过热闷的钢渣粉化程度高，易磨性也增强，使得钢渣中残留的大块金属铁易分离，加之中冶建研总院开发的棒磨加磁选的技术，能有效提高钢渣中的金属回收率，增加了高品位渣钢的回收量。此外，湛江环保BOO项目除尘生产区域还采用了中冶建研总院自主研发的除尘工艺专利，应用了集成9项专利并获得了环保部环境保护科学技术二等奖，大大降低了系统建设的投资和运行能耗,实现了环境保护和经济效益的最佳融合。

### 3. 中冶集团在关键核心技术上不断突破

依托国家、集团、子企业的 26 个国家级重点实验室和国家级科技创新平台、80 个省部级科技创新平台,中冶集团紧紧围绕钢铁冶金工业调整结构、转型升级、节能环保的迫切需求,开展核心技术攻关。同时加强产学研合作,与国内外顶尖科研院所、大学等外部创新资源,特别是与钢铁企业建立联合实验室开展联合攻关,加快核心技术的研发速度。通过长期不断努力,中冶集团八大部位、十九个业务单元在核心技术方面取得了较大突破,在冶金全流程的技术水平、工程业绩、生产效果方面处于绝对领先地位。在铁前区域,原料贮存/转运、烧结、焦化和高炉单元的工艺技术、装备技术、控制技术上都已达到与国际竞争对手同台竞争的水平。其中,中冶自主研发的环保型原料场、无料钟炉顶、大型长寿高炉、大型焦炉和 500 平方米大型烧结机等关键技术实现了广泛应用,打破了国外公司的垄断。在炼钢区域,转炉炼钢、电炉炼钢和连铸技术具备了一定的与国际竞争对手竞争的实力,在 300 吨大型转炉、绿色环保电炉、特厚板连铸机、高拉速小方坯连铸机方面取得了重大突破。在轧钢区域,热轧、冷轧、长材、钢管等工艺单元在单体设备、系统集成和控制技术上取得了突破。

中冶建研院拥有钢铁工业环境保护国家重点实验室、工业环境保护国家工程研究中心、国家环境保护钢铁工业污染防治工程技术中心 3 个国家级平台,覆盖创新链各环节,具有依靠创新链打通产业链、价值链的天然优势。近年来,中冶建研院自主研发的第四代熔融钢渣高效罐式有压热闷处理技术与装备,首次研发了熔融钢渣辊压破碎处理工艺及技术,首创熔融钢渣高效罐式有压热闷处理技术与关键装备,

冶金报国十策 ▶ 重组五周年中冶集团打造冶金建设国家队的经验与启示

巴布亚新几内亚瑞木镍钴项目

第七章 科技创新篇

开发了钢渣高效处理成套工艺及装备,与钢渣磁选工艺技术、钢渣粉磨工艺技术等资源化利用相结合,已形成一整套钢渣资源化利用体系,极大提升了我国在钢渣处理领域的国际竞争力,广泛应用于宝武集团、鞍钢、首钢、河钢、沙钢、建龙、越南河静、马来西亚联合钢铁等国内外多家大型钢铁企业,国内市场占有率达到90%以上。同时,中冶建研院在水处理及资源化技术、大气污染防治、噪声防治、环境影响评价与检测、环保能源现状评估、工业节能和生态环境修复等节能环保领域同样建树颇多,具有钢铁企业综合污水处理及回用技术、高效低阻脉冲袋式除尘技术及设备、低温烟气循环流化床脱硫脱硝技术、转炉一次干法除尘技术(LT法)等多项代表性成果;同时以技术突破支撑模式创新,推广应用钢铁企业环境污染第三方治理BOO模式,以全新市场化运行模式,走出冶金建设全生命周期的绿色智能化新路。

中冶设备院致力于冶金行业的绿色化和智能化发展,通过将信息技术和装备技术深度融合,形成以智能化工业控制装备、智能化电能质量装备、工业大数据与工业安全防护、智能传感器与仪器仪表、工业机器人与3D工装装备提升和智能装备运维服务为核心的智能战略矩阵。铁水脱硫技术具有智能扒渣与一键脱硫功能,目前已完成近百套业绩。以静压式水平电镀槽为核心的带钢连续电镀锌工艺技术及装备打破了我国依靠进口国外电镀锌技术的格局,极大降低了电镀锌工艺生产线的工程造价。该技术与设备具有运行稳定可靠、镀层质量好、电流密度大、电耗低和设备结构简单紧凑等优点。

中国恩菲掌握几乎所有有色金属品种的冶炼加工工艺,自主研发了多项具有自主知识产权的重大科技成果,掌握了多项核心专长技术和专利技术,形成了独具特色的技术服务体系。拥有自主知识产权的氧气底吹冶炼技术是中国具有世界领先水平的有色冶金技术,能耗、回收率等指标世界领先，被中国九部委联合发文指定为首选冶炼技术，被英国金属导报誉为"世界冶金史上的奇迹"；超大型焙烧炉及湿法清洁高效综合利用技术的焙烧炉处理能力国际领先；红土镍矿和精炼镍全套处理工艺的核心专长 RKEF 镍铁冶炼技术填补了我国镍铁冶炼技术空白，成功应用于缅甸达贡山镍矿项目，改变了世界镍资源格局；HPAL 技术堪称湿法工艺上的明珠，已成功应用于巴布亚新几内亚瑞木镍钴项目，树立了新的行业标杆。侧吹熔炼技术已在多个固体废物和有价金属回收领域实现了工业化应用，对于有色冶金、节能环保领域的技术进步起到了重要的推动作用，同时延伸到城市矿产资源利用、危险废弃物综合利用和处置等新兴产业领域，推动我国环保领域的发展。

中冶京诚拥有包括智能化料场、高效长寿高炉、全系列转炉、超高功率电炉炼钢系统、真空精炼系统装备、特殊钢冶炼连铸生产线、世界最大断面（φ1000 毫米）圆坯连铸机、世界最大厚度（450 毫米）直弧型板坯连铸机、宽厚板全线装备和控制、酸轧联合机组、世界首条高速（120 米/分）静电粉末彩涂机组、世界最大规格（φ219 毫米）CPE 顶管机组、棒材全线装备和控制、110 米/秒高线精轧机组和控制等一批具有自主知识产权、达到国际先进水平的专业产品。其中，自主研发中国首个高炉煤气微晶吸附精脱硫技术，经净化后的高炉煤气总硫含量从 120—128 毫克/立方米降至 0—0.6 毫克/立方米，该技术已成功应用于中新钢铁，实现二氧化硫排放量低于国家超低排放限值 40%—60% 的良好效果；首创世界最大断面的 Φ1000 毫米圆坯连铸成套技术，至今仍保持断面最大的世界纪录；首创国内最高轧制速度 45 米/秒高速棒材成套技术，2018 年已成功在山西晋钢投产运行，成功填补国内全连续式 45 米/秒高速棒材轧制系统关键技术依赖进口的空白，主要技术指标均达到国际先进水平。与此同时，公司还创新性提出了钢铁工业新一代智能制造整体解决方案,用"一个中心、一张地图、一个平台"核心理念,融合新一代智能制造信息化系统。2019年1月,中冶京诚打造的国内首套钢铁企业智能制造大数据质量分析系统在济源钢铁正式上线,并入选"工信部制造业与互联网融合发展试点示范项目"。通过产品在线跟踪,异常逐级追溯,智能预警和自动评价,年减少不合格成品轧材达6000吨,提高产品合格率0.2个百分点,经济效益和社会效益显著。

中冶赛迪实现钢铁全流程在工艺技术、装备技术、模型技术、材料科学方面的完全自主,推动整个行业的能源转换效率、资源转换效率、成本竞争力、绿色发展水平、智能化水平走在世界前列。首先是钢铁系统设计方法和能力全球领先,以五项流研究为基础,构建了系统性、经济性、可持续发展相结合的高端咨询模型和方法论,支撑了湛江钢铁、台塑越南河静钢厂、马来西亚关丹联合钢铁等具有全球影响力的绿地钢铁联合项目。其次是原料系统、高炉系统实现了当之无愧的世界第一,形成了具有全球竞争力的赛迪环保智能料场系统解决方案,行业市场占有率第一;在大型高炉技术领域,掌握完整覆盖工艺理论、设计体系、国产化核心装备及智能控制的关键核心技术,过去十年承建的4000立方米以上特大型高炉超过全球总量的50%。牵头完成的"高效低耗特大型高炉关键技术及应用"获国家科技进步二等奖。在炼钢技术领域,四点下悬挂转炉技术在国内率先打破大型转炉核心装备技术依靠引进的局面,完全具备和国际一流企业同台竞争的能力,开发了国际首创的阶梯连续加料 CISDI-AutoArc 绿色电炉技术,荣获2019国家科技进步二等奖。在连铸技术领域,开发出475mm世界纪录的特厚板连铸机,建设了目前国内连铸质量最高的湛江钢铁2300mm板坯连铸机,实现160mm×160mm小方坯稳定浇铸速度达到4.2m/min的国内纪录。在热

第七章 科技创新篇

宝武韶钢智慧中心——中冶赛迪总承包建设的钢铁行业首座铁前智慧集控中心，首次将物联网、移动互联、大数据、云计算在钢铁行业集中化、规模化应用，实现了生产方式的变革和生产效率质的飞跃，打造了中国钢铁智能制造领域里程碑式的标杆。

轧技术领域，成功将轧机的核心装备输出到欧洲，改造和替换了一批国内热轧自动化控制模型，为热轧领域的全国产化和核心技术的对外输出做出了重要贡献。在冷轧技术领域，是国内唯一一家提供全国产化冷轧设备和控制模型的企业。在热连轧管技术领域，自主开发的三辊连轧管技术打破无缝管热轧核心技术国外垄断局面，特别是在小口径连轧管机各项关键技术指标达到国际先进水平，承担了林州凤宝世界最小口径（Φ89mm）六机架机组，并先后在 12 项国内外工程中得到推广应用。在长材技术领域，形成了具有国际先进水平的 BDCD 系列开坯轧机等一批核心装备产品，在国内外市场推广应用 2000 多台套，并出口到马来西亚、印度、巴西等国。在智能制造方面，突破平台、方法、大数据分析、云计算能力，率先打造行业首创的智能化标杆项目，率先在全球范围内实现了长流程钢厂的智能制造，自主开发了行业首个落地应用的工业互联网平台；在宝武韶钢建立的全球首个钢铁行业跨工序铁前大数据平台——"韶钢智慧中心"，在业内引起强烈反响，成为钢铁行业智能制造的标志性工程。在绿色制造方面，钢铁企业含锌固废处理技术各项指标均处于国际领先地位，在国内市场占据绝对垄断地位。超低排放、废水零排放、智能配电网等绿色环保技术行业领先。

中冶南方聚焦冶金国家队建设，紧盯关键核心技术的创新与迭代升级，打造出一批独占鳌头的核心技术。近年，依托青山克罗美尼不锈钢冷轧项目，建成了全长 700 米、处理速度达 2m/s 的世界最大不锈钢连续生产机组，实现了 18 辊 5 机架轧制退火酸洗机组的全国产化突破，巩固了冷轧技术领先地位；自主研发的 RH 等真空精炼技术达到国际领先水平，并开创了大吨位 RH 集成全干式机械真空泵的国际先例；持续研发高效连铸技术，依托柳钢防城港方坯连铸项目，实现方坯最高拉速超过 5m/s，达到世界领先水平；持续攻克混酸再生技术难题，依托福建鼎信混酸再生项目，打破国外公司技术垄断，成为全球第二家掌握该技术的企业，迅速抢占国内全部市场，并走向海外；持续推进高效煤气发电技术的迭代升级，成为全球首个掌握全系列高温超高压煤气发电技术的企业，并实现亚临界煤气发电技术的突破，获得国内首个亚临界煤气发电项目，煤气发电效率提高 40% 以上。近年先后获得国内首个机电液设备成套自主集成的不锈钢热连轧带钢总承包工程——广青科技不锈钢深加工技改项目；国内首套真正解决超高强热轧板平整生产难题的工艺装备——涟钢 2250 热轧板厂高强平整机；全世界同期新建板坯铸机台数最多的丰南钢铁板坯总承包工程；依托高炉长寿及系列核心技术，承接乌克兰高炉项目；依托领先的冷轧硅钢技术，承接俄罗斯高端电工钢项目。

中冶华天在大型环保封闭料场、特大型烧结机及智能控制、高炉长寿与诊断、智能炼钢、不锈钢冶炼、蓄热式燃烧等技术上拥有独特优势。轧钢专业的新工艺、新技术、新装备的研发能力和技术集成能力独树一帜，在棒材、高线/大盘卷、连轧型钢、H 型钢、板带、金属制品领域的工艺设计方面处于国内领先地位；烧结专业在大型环冷机、特大型烧结机等方面独具特色，设计的国内最大型烧结机之一 550 平方米烧结机，各项技术参数和性能指标在行业中处于领先地位。土耳其 3000 立方米高炉和喷煤工程是到目前为止国内冶金设计院在国外设计的容量最大的高炉。炼钢专业拥有丰富的竖炉、量子电炉、水平连续加料等各种形式的废钢预热工艺技术；250 吨以下转炉具有丰富的设计经验，并在工艺方案、转炉结构形式及重量等方面形成了自己的特色技术；不锈钢冶炼方面拥有自主知识产权的全国产化大型 AOD 炉机电成套技术，打破了国外技术垄断。

中冶焦耐拥有的大容积焦炉及其配套的大型焦炉煤气净化技术、干熄焦技术处于国际先进水平。2008年，中冶焦耐联合北京科技大学、鞍山钢铁集团，依托科技部863计划"新一代清洁高效炼焦工艺与装备开发"重点项目，从理论研究、技术研发、装备研制等课题入手，历经10余年联合攻关，在清洁高效炼焦工艺、核心装备、智能生产等方面取得重大科技创新，研发了降低优质炼焦煤资源消耗和能源消耗相协同的新一代绿色炼焦及装备技术，形成了清洁高效炼焦技术体系和技术规范。项目针对NOx的控制和$SO_2$及颗粒物的治理开发了清洁炼焦关键技术，实现大气污染物减量排放；同时研发符合中国炼焦煤特征的高效炼焦技术，突破资源瓶颈；此外，项目自主研发了高效关键装备和炼焦生产智能化管理系统，在保证完全自主知识产权的基础上实现了对国外炼焦技术的全面领先，打破了国外技术垄断。2019年1月8日，中冶焦耐工程技术有限公司组织申报的"清洁高效炼焦技术与装备的开发及应用"荣获2018年度"国家科技进步一等奖"殊荣，实现了中冶集团"国家科技进步一等奖"零的突破，为中冶集团建设高技术高质量"美好中冶"注入了强大动力。

中冶长天致力于铁前领域绿色发展，努力实现烧结生产从源头、过程到末端全流程的高效节能减排。经过多年自主攻关，中冶长天研发了具有完全自主知识产权的活性炭烟气净化技术，实现烧结烟气末端治理的关键技术突破。该技术从2008年实验室基础研发阶段到当前工业化验证及推广阶段，一路完成了活性炭脱硫脱硝脱除二噁英机理研究，证明了活性炭工艺用于烧结烟气行业的可行性；完成了烟气处理量为$60Nm^3/h$的适应性研究，发明了多室活性炭流速分别控制、多段多级喷氨、清洁高效再生活化等技术，初步构建了烧结烟气多污染物净化工艺流程；完成了$30000Nm^3/h$烟气的治理研究，研究了不同工况条件下烟气净化效果，研制了吸附反应塔与再生反应塔关键设备，为构建完善的吸附-再生工艺流程、合理的工艺参数及可靠的装置系统提供了有力支撑。2015年11月，首套单级多污染物协同高效净化技术示范工程在宝钢湛江投产运行，此项技术装置污染物去除指标全面优于设计值，达到国际先进水平，部分指标可达国际领先水平，且实现了多污染物协同治理的目标，真正做到了污染物处理后的100%回收利用，实现副产物的"零排放"。该技术被列入工信部发布的"国家鼓励发展的重大环保技术装备目录"且位列大气防治类首位，获得冶金科学技术一等奖，是当前烧结烟气净化领域最先进的技术，也是钢铁行业超低排放首选技术，并已广泛应用于宝钢、安钢、永洋等钢铁公司。

中冶北方凭借"深部金属矿床安全高效开采关键技术""露天转地下相互协调安全高效开采技术"及"数字矿山技术"领跑采矿行业。"微细粒复杂难选红磁混合矿选矿技术"开创了微细粒赤铁矿选矿的先河，标志着我国选矿技术达到国际领先水平。作为球团领域"第一梯队"，中冶北方"大型全赤铁矿链箅机-回转窑高品质球团工艺及装备"打破了国外在该技术上的长期垄断，其整体技术及装备达到了国际领先水平；"大型带式球团焙烧工艺及成套装备"，解决了焙烧炉寿命短、热效率低、焙烧机漏风率高等一系列问题。在巩固发展、做优做强传统工程设计和总承包业务的同时，中冶北方还大力开拓冶金环保业务板块。目前，已成功开发了烧结烟气循环、活性焦烟气净化、环冷机余热资源高效回收与利用、集成式环保筛分系统、烧结优化系统、高效烧结除尘、料场环保封闭技术等多项冶金行业节能环保新技术、新工艺，可以为钢铁企业提供环保改造"定制化"服务。此外，中冶北方还将以数字化矿山技术为依托，打造远程专家中心，通过网络远程解决客户的问题及需求，拓展互联网＋及高端咨询等的新型业务模式。

### 4. 中冶集团推动体制机制改革成效突出

中冶集团始终把完善创新体制机制摆在重要位置，建立容错机制，不断激发科技创新的新活力。近年来，中冶集团采取系列措施，一方面为科技创新扫清内部体制机制障碍，另一方面与外部建立更广泛的合作机制，激发了集团的创新活力，改革成效突出。与此同时，中冶集团把创新方向的选择看得无比重要，坚持以市场为导向，找准科技创新的着力点，有力地推动了科技创新。

积极打破科技研发的"企业墙"，加强内部协同合作，形成在创新链上合理分工、优势互补、协同高效的发展格局，围绕关键核心技术开展联合攻关。积极支持处于冶金建设第一梯队的子企业始终瞄准世界第一的目标精准发力，确保在钢铁冶金各部位、各单元和整体产业链的核心技术体系处于国际先进水平。中冶集团坚持集中力量办大事，抓好协同创新，改革阻碍企业科技创新的体制机制，推动各主体形成科技创新的合力，让集团内部的各创新主体形成很好的整体效应。

中冶集团还利用与五矿集团的重组带来的优势，充分利用五矿集团的科技创新金融资源，借助五矿集团拓宽科技研发投入来源，夯实政府专项资金、集团内部出资和向外部投资者募集资金等多元募资渠道，构建起系统性、多层次、全生命周期的科技金融体系。中冶集团加强统筹布局、超前谋划、精准施策，全方位加大指导与推进力度，结合五矿的双创基金和科技创新发展基金，研究制订了中冶集团科技经费支持实施方案，确保子企业对技术创新的支持落地，有力推动了科技创新。

中冶集团积极通过加强与钢铁企业的合作，加强同全球顶尖科研机构、业务同行、上下游客户之间的交流和合作，积极参加各种国际产业与标准组织，组织参加学术研讨，在共研、共创中实现共享、共赢，使自身的科技创新体制机制得到不断优化。与此同时，中冶集团还认真学习、悟透、用好国家相关科技创新激励政策。例如，2019年国务院国资委制定了《关于大力支持中央企业加快关键核心技术攻关若干激励政策的意见》，在业绩考核、薪酬分配、长效机制等方面出台了一揽子政策措施，这对于中冶集团不断优化科技创新体制机制有重要推动作用。

### 5. 中冶集团科技创新人才队伍日益壮大

中冶集团在科技创新人才队伍建设上采取了多种措施，在吸引人才、培养人才、留住人才、激励人才上下功夫，取得了良好效果。特别是在完善科技人才评价机制方面，建立了以创新质量、创新贡献、创新效率为导向的分类评价体系，对开展基础研究的科技人才要突出中长期目标导向。这有利于让科研人员坐得住冷板凳，耐得住寂寞，远离外界诱惑，踏踏实实地在科研道路上进行不懈探索与追求，为科技创新人才创造了更好研究环境。

重组以来，中冶集团以工程院院士、全国工程勘察设计大师为重点，大力推进高层次领军人才队伍建设。在集团上下的共同努力下，集团1人当选中国工程院院士，1人入选国家百千万人才工程，3人获批全国工程勘察设计大师，30人获批享受国务院政府特殊津贴专家。集团技术工人凭借精湛技艺享誉国内，扬名世界，焊接选手在2015年第43届世界技能大赛上勇夺中国参加世赛以来的首金，并在2017年第44届和2019年第45届世赛上实现该项目的三连冠，焊接项目也是我国参加的全部56个世赛比赛项目中仅有的两个实现三连冠的项目之一。

曾正超荣获第 43 届世界技能大赛焊接项目金牌

宁显海荣获第 44 届世界技能大赛焊接项目金牌

赵脯菠荣获第 45 届世界技能大赛焊接项目冠军

目前,"冶金建设国家队"形成了稳定、精干、高效的人才队伍。一是人才总体规模基本稳定。近年来,19个事业部和11家结对子施工企业"国家队"的人力资源配置基本稳定在1.5万至2.3万人之间,其中:事业部人才队伍0.4万至0.5万人之间,施工企业人才队伍1.2万至1.8万人之间。二是人才基本阵形合理。目前,有工艺、公辅、设备、研发、项目管理等各类专业人才共计18790人。拥有国家级、省部级设计大师十余名,继续保持了冶金建设领域人才的制高点。专业研发人员达5000人,形成了一支层次分明、技术精湛、勇于创新的科研队伍,人才队伍力量进一步加强,专业配置更趋合理。

下一步,中冶集团将继续聚焦高层次人才培养和选拔,不断完善高层次人才梯队建设,努力实现各类国家及行业顶尖人才的加速涌现,不断扩大集团在行业内的影响力和话语权。以打造世界第一冶金建设国家队为目标,加强优秀人才的引进力度,持续推动冶金领域人才结构的持续优化和改善。坚持高端定位,以项目管理人才、国际化人才以及高技能人才为重点,持续开展系统性教育培训,不断提升人才综合素质和专业技能,为企业高质量发展提供坚实人力资源支撑。

## ◎ 中冶集团推动科技创新的经验与启示

近年来,中冶集团在科技创新上成就突出,取得了丰富的经验。概括起来主要是,要把科技创新与国家需要结合起来,要找准科技创新的方向,避免方向性错误,在瞄准未来抢占科技创新的战略制高点的同时,坚持科技创新的市场导向和效益导向,这样才能更好地推动企业科技创新。

**1. 要把科技创新与国家的需要结合起来**

我国进入了新时代,经济由高速增长转向高质量发展阶段,经济潜在增速降低,中冶业务发展的波动性、脆弱性增强。只有结合时代特点,将企业自身发展与国家需要紧密结合起来,不断推动科技创新,才能使企业长期保持生机和活力。中冶集团之所以取得如此巨大的成绩,与自身积极响应党和国家的战略要求是分不开的。

对于中冶来说,引领中国冶金走向更高水平是中冶矢志不渝的国家责任和使命。无论身处顺境还是逆境,中冶人从未动摇过。正是基于这种坚定与执着,中冶集团不仅没有被压垮拖垮,而且挺过来、闯过来、蓬勃发展起来了。特别是在钢铁行业高度不景气的大背景下,中冶集团用逆势攀升的实实在在的业绩充分证明,选择的这条道路是正确的,引领中国冶金走向更高水平是中冶集团义不容辞的担当,更是当之无愧的国家责任。

近年来,中冶集团积极按照习近平总书记的要求,"进一步突出企业的技术创新主体地位,使企业真正成为技术创新决策、研发投入、科研组织、成果转化的主体",发挥自身的主体作用,积极投入到科技创新领域,取得了一项又一项突破,为国有企业高质量发展乃至整个国民经济高质量发展做出了重要贡献。国有企业要"不断增加创新研发投入,加强创新平台建设,培养创新人才队伍,促进创新链、产业链、市场需求有机衔接,争当创新驱动发展先行军","变'要我创新'为'我要创新'",发挥好科技创新的主体性作用,走中国特色自主创新道路,才能更好地推动我国的创新发展,推动我国经济的高质量发展。

对于国有企业来讲,创新发展之所以必要,不仅在于市场竞争的压力,还在于国有企业是党执政兴国的重要支柱和依靠力量。只有坚持创新发展,推动以科技创新为核心的全面创新,更好地发挥自身在科技创新当中的主体作用，坚定不移走中国特色自主创新道路，才能使国有企业在市场竞争中立于不败之地，才能进一步巩固中国特色社会主义的物质基础和政治基础。

从市场视角来看，一方面，科技创新为企业发展提供动力，是企业生命得以长期延续的必要条件，企业没有了创新就必然要被淘汰。正如习近平总书记所说，"企业持续发展之基、市场制胜之道在于创新，各类企业都要把创新牢牢抓住"。因而，企业自身的持续发展要求把创新作为自身的重要任务。对于企业这一经济主体来讲，科技创新具有核心地位，只有把科技创新放在核心位置，掌握先进的科学技术，才能在市场竞争中占据有利地位。另一方面，企业作为市场主体，将科技创新与市场需求联系了起来，企业对科技创新和市场需求都更为敏感，不能创造或满足市场需求的创新是难以长期维系的。发挥好企业在科技创新中的主体作用，能够更好地带动相关科研机构、科技人才等创新主体更好地投入到科技创新当中。正如习近平总书记指出的，"要推动企业成为技术创新决策、研发投入、科研组织和成果转化的主体，培育一批核心技术能力突出、集成创新能力强的创新型领军企业"。

从国企的特殊地位来看，作为国民经济重要支柱的国有企业，更需要加强科技创新，做创新型领军企业。国有企业只有更好地发挥科技创新的领军作用，才能进一步使我国的企业不仅做大，更能做强做优，才能更好地促进我国经济的高质量发展，推动我国从富起来向强起来转变。对于国有企业科技创新来讲，必须下好先手棋，打好主动仗，对国家和民族具有重大战略意义的科技决策，想好了、想定了就要决断，不然就可能与历史机遇失之交臂，甚至可能付出更大代价。科技竞争就像短道速滑，我们在加速，人家也在加速，最后要看谁速度更快、谁的速度更能持续。

中冶赛迪总承包建设的中国宝武武钢铁区智慧操控中心

**2. 科技创新要找准方向避免方向性错误**

推进科技创新，首先要把方向搞清楚，否则花了很多钱、投入了很多资源，最后也难以取得好的成效。对此，必须牢牢把握科技进步大方向，牢牢把握产业革命大趋势。当前，新一轮科技革命正在孕育兴起，一些重要科学问题和关键核心技术已经呈现革命性突破的先兆，带动了关键技术交叉融合、群体跃进，变革突破的能量正在不断积累。科技革命必然引发产业革命。科技创新及其成果决不能仅仅落在经费上、填在表格里、发表在杂志上，而要面向经济社会发展主战场，转化为经济社会发展第一推动力，转化为人民福祉。要坚持产业化导向，加强行业共性基础技术研究，努力突破制约产业优化升级的关键核心技术，为转变经济发展方式和调整产业结构提供有力支撑。

要以培育具有核心竞争力的主导产业为主攻方向，围绕产业链部署创新链，发展科技含量高、市场竞争力强、带动作用大、经济效益好的战略性新兴产业，把科技创新真正落到产业发展上。只有找准科技发展方向，面向未来瞄准新兴产业，才能使科技创新具有前瞻性。

在基本建设和战略性新兴产业技术创新上关键是突出自身特色，掌握引领细分市场行业未来变革方向的系列化的技术群，真正形成几招鲜。同时要在"绿色中冶"上大展作为，致力于满足最高级别的行业环境标准，以此作为创造新的收入流和控制成本的推动力。特别是在战略性新兴产业领域，中冶不能仅仅局限于污水处理、固废处理、土壤修复等单个点的技术突破，要围绕从进到出的城市功能系统，从监测、治理再到运营的整体需求，进行谱系化的技术创新，并以此带动商业模式创新，成为客户离不开的服务资源提供商。

中冶集团在科技创新中坚持找准新兴产业的发展方向，将智能化、绿色化作为中冶集团科技创新的两个重要方向。从目前来看，以智能制造为核心的新一代信息技术与制造业加速融合,已成为全球先进制造业发展的突出趋势,也是钢铁工业转型升级的必由之路。中冶集团加快推进智能制造与传统制造的深度融合,进一步构建起面向生产全流程、管理全方位、产品全生命周期的新的绿色智慧制造集成技术体系。与此同时,面对钢铁行业绿色循环低碳的转型发展大势,加快形成钢铁工业绿色发展的技术支撑体系,也成为中冶集团科技创新的重要方向。

从目前来看,中冶集团在绿色化智能化方向上取得了重要成就。例如,中冶赛迪率先面向钢铁行业发布智能制造整体解决方案和产品体系,打造了 CISDigital 工业互联网云平台。中冶南方,将深入推进系统性节能减排作为重要发展方向,积极推进废弃物高效综合利用技术的迭代升级。中冶长天以钢铁工业绿色发展为机遇,集中优势资源开发高效节能环保烧结技术及装备,努力实现烧结生产从源头、过程到末端全流程的高效节能与减排。中冶京诚,以冶金行业全方位方案解决专家为核心战略,为钢铁企业提供智能化、绿色化全面技术服务。

### 3. 科技创新要瞄准未来抢占战略制高点

伴随着中国钢铁工业的发展,中冶集团的冶金工程技术经历了三个大的阶段,从恢复重建到引进消化吸收,再到自主创新。70 年来,中冶集团深深体会到,任何时候,核心技术都是实现钢铁强国梦和担负起引领中国钢铁向更高水平发展历史使命的基石。

例如,保护环境是我国的一项基本国策,2019 年 4 月底,国家生态环境部等五部委联合印发了《关于推进实施钢铁行业超低排放的意见》,地方也密集推出钢铁产业超低排放实施方案,我国钢铁行业正在掀起一场史无前例的绿色革命,超低排放的实施也推动了全球钢铁行业大气污染治理技术的全新变革。过去几年,中冶集团开发了封闭

2018年12月25日，国文清在株钻公司数控刀片厂体验产品外观检测

式环保原料场、活性炭烧结烟气治理、固废资源循环利用等一批在行业内有重大影响的环保技术，取得了良好的社会效益和经济效益。但作为冶金建设国家队，中冶集团不能躺在过去的成果上沾沾自喜、吃老本。要加快技术的迭代升级，在降低环保的投资成本和运营成本方面狠下功夫，使我们的技术始终保持独占鳌头，为国家的生态环境保护和提升中国钢铁工业的全球竞争力做出更大贡献。

又如，随着云计算、大数据、物联网、移动互联网、人工智能、5G等相关智能化技术的飞速发展，传统钢铁产业也迎来了新的跨越式发展的重大机遇。美国大河钢厂通过智能化技术实施，实现了人均年产钢3200吨的世界纪录，我们在宝武集团韶钢实施的铁前智能集控中心使操作管理岗位减少40%，全球领先的钢铁企业也正在积极推进数字化钢厂、黑灯工厂、智慧物流等一系列的智能制造技术应用。智能制造技术的应用，正在推动着全球钢铁产业发生深刻变革。中冶一定要在新一轮的技术竞争中，占据智能制造技术创新的制高点。集团冶金建设国家队第一梯队的企业一定要充分整合资源、加大投入，打造全球领先的智能化整体解决方案。

中冶集团认清当前形势，准确把握钢铁行业未来发展的趋势，充分认识到绿色制造和智能制造是关系未来钢铁企业生死存亡的两大关键技术发展领域，充分认识到新的技术发展，尤其是智能化技术发展给全球钢铁带来的巨大变革和冲击。紧紧围绕钢铁工业转型升级、绿色智能、节能环保的迫切需求，在集成创新基础上，强化基础研究、原始创新和前瞻性研究，着力构建以新旧动能转换为特征的高质量动力系统，针对"卡脖子"问题，集中资源重点攻关核心技术，抢占未来科技创新的战略制高点。

**4. 科技创新要坚持市场导向和效益导向**

习近平总书记强调，科技是第一生产力，创新是引领发展的第一动力。实践反复告诉我们，只有把科技创新的"软实力"有效转化为产业和市场竞争的"硬支撑"，才能引领企业未来的高质量和可持续发展。

首先，要突出市场导向，有序推动科技成果转化。要将科研项目与市场需求对接起来，在市场中接受检验、创造效益。中冶集团在科技创新中坚持以市场为导向，"到有鱼的地方撒网、有草的地方放羊"，一系列改革举措梯次铺展，夯实了发展根基，构建起以市场为导向的体制机制。任何时候，科技创新工作都要坚持市场导向，坚持实战化导向，研发出一批、产品化一批、产业化一批，在市场中接受检验、创造效益，不断打造新的产业增长点，加速形成市场科技和效益科技。

特别是在核心技术的创新方面，中冶集团瞄准市场搞研发，这样的科研项目更有活力，由此获得的科技成果更有生命力，能够更好地对接市场需求完成科技成果的转化应用。那种关在实验室里、办公室里、厂房里的科技成果，只能用来展示，是没有活力、没有生命力的。中冶集团要求每个子企业去切实研究哪些科研、哪些业务是钱袋子、台柱子、命根子，并根据市场确定研发的正确方向，形成企业自身独特有效的研发体系。

中冶集团有效专利在数量上和质量上都取得了很大进步，为市场开拓、经营许可、产品转化、技术储备等起到有力的支撑引领作用。要紧紧围绕核心主业推动专利布局，不断形成具有战斗堡垒作用的专利网、技术群；对获得中国专利奖金奖等高技术高附加值的专利，加大宣传和经营力度，持续提高市场影响力和竞争力。

在科技创新的市场导向方面，中冶南方在环保领域、中冶恩菲和华天在水处理领域、中冶赛迪在智能化领域、中冶京诚在自动化产品方面等取得了众多成绩,这些成功的案例对于集团的发展具有重要意义。中冶集团也在这些方面给予多种支持,推动子企业将这些业务做强做优做大。

其次,要突出协同创新,提高科技创新投入的效益。中冶集团充分对接中国五矿的科技金融体系,解决科技长效投入问题;通过组织相关部门进行专题研究,制定对子企业直接研发经费的投入标准、考核制度,以及税收减免优惠反哺科技投入形成良性循环的方案,确保科技投入落地生根、开花结果,使创新真正成为引领中冶集团发展的第一动力。通过加强集团内子企业间的技术交流,互通成果有无,互相学习和促进;构建创新资源共享的有效机制,打造产业链价值链优势互补、深度融合的体系内协同创新和共享链条。中冶还充分发挥好科技平台的集聚效用、协同效用和服务支撑效用。集团总部要对已建有的国家级、省部级等科技创新平台进行系统地规划整理,形成梯度协同效应;鼓励子企业充分利用现有平台吸引产、学、研、资、用等各类创新主体广泛集聚,实现融合创新,打造共享、开放、富有活力的协同创新生态。

最后,要大力营造技术创新的氛围。对于企业科技创新来讲,形成良好创新氛围十分重要。中冶集团认识到科技创新的路没有止境、没有捷径,必须下苦功夫、硬功夫。中冶集团通过竭力为子企业创造条件、搭建平台、提供资金和资源,营造鼓励创新的环境,通过下属企业,特别是处于第一梯队的子企业不断完善科技创新和创新成果产业化的体系,推动集团科技创新。坚持始终瞄准世界第一的目标,勇于创新,最大限度发挥各种科技创新平台的作用深化与内部其他子企业、钢铁企业、科研院所联合创新模式,找准着力点和突破点,一项一项打好"攻坚战"、一项一项打好"歼灭战"。这对其他企业推动科技创新具有重要意义。

第八章

# 国际战略篇

习近平总书记统筹国内国际两个大局，深刻观察和思考世界形势，顺应时代潮流和发展规律，首倡"一带一路"，得到国际社会，特别是沿线国家积极响应，对国有企业"走出去"具有重要战略意义。2020年，随着经济危机和全球新冠肺炎疫情的发展，国内外形势发生了剧变，习近平总书记审时度势，提出要"推动形成以国内大循环为主体、国内国际双循环相互促进的新发展格局"。"双循环"新发展格局是应对国内国际新形势的主动谋划、主动调整，对国有企业未来发展具有重要指导意义。近年来，中冶集团服务国家战略，积极推进"走出去"，构建了良好的海外市场布局，国际影响力逐步提升，同时借助与五矿重组带来的国际市场优势，进一步拓展了海外市场。2020年以来，中冶集团积极应对新冠肺炎疫情，统筹国内循环和国际循环，为新发展格局的构建做出了积极贡献。中冶集团"走出去"的实践告诉我们，国有企业要更好地走出去，要进一步推行属地化战略，更加突出特色品牌经营，注重核心技术"走出去"，要高度重视海外党建工作，为海外业务发展提供坚强组织保障，还要积极融入当地社会，履行好社会责任。

## ◎ "一带一路"与"双循环"

习近平总书记在国内国际多个重要场合，对"一带一路"建设的重大意义、丰富内涵、路线方法，"一带一路"提供的世界机遇以及如何通过"一带一路"进行国际合作等进行深刻阐述，为推动共建"一带一路"走深走实、行稳致远指明了正确方向，为国有企业践行"走出去"战略提供了重要遵循。2020年，突如其来的新冠肺炎疫情使得全球经济社会发展格局发生了重大变化。习近平总书记着眼国际国内发展大势，提出"要推动形成以国内大循环为主体、国内国际双循环相互促进的新发展格局",进一步为国有企业指明了前进道路。

**1. "一带一路"倡议具有重要的国际战略意义**

2013年,习近平总书记提出了共建丝绸之路经济带和21世纪海上丝绸之路的倡议,引起了国际社会的广泛热议和沿线国家的普遍支持。此后,习近平总书记从理念到规划、从原则到方案、从历史到未来等方面对"一带一路"倡议作了全面深刻论述,初步形成了共建"一带一路"的基本框架。作为习近平新时代中国特色社会主义思想的重要组成部分,"一带一路"倡议具有重大理论与实践价值,不仅描绘了新时代中国改革开放再出发的壮丽前景,也对当今经济全球化和世界发展具有重要意义。

"一带一路"倡议是我国基于自身发展需要作出的战略抉择,是我国实行新一轮对外开放的宏大战略,是科学谋划我国全方位开放、增强对周边区域经济辐射力、强化与周边国家外交和安全合作、推动形成以我为主的区域经济分工合作体系的新思维和新举措,也是实现中华民族伟大复兴的中国梦的具体重大实践和行动指南,对于开创我国全方位开放新格局、促进各国经济繁荣和区域经济合作、推动世界和平发展、互利共赢具有划时代的重大意义。

"一带一路"倡议是我国在新的历史条件下实行全方位对外开放的重大举措,是我国参与全球开放合作,推行互利共赢的重要平台,为改善全球经济治理体系、促进全球共同发展繁荣、推动构建人类命运共同体提供了中国方案。过去40年中国经济发展是在开放条件下取得的,未来中国经济实现高质量发展也必须在更加开放条件下进行。针对中美贸易摩擦和国际社会对中国开放的疑虑,习近平总书记坚定表示,中国坚持对外开放的基本国策,坚持打开国门搞建设,中国开放的大门不会关闭，只会越开越大。特别是在世界经济复苏乏力、贸易保护主义抬头的背景下，中国坚定不移坚持对外开放，坚持走开放融通、合作共赢之路，坚定维护开放型世界经济和多边贸易体制，反对保护主义、单边主义，大力推进"一带一路"国际合作，无疑将为振兴世界经济增添新动力，为全球化发展走深走实做出新贡献。

近年来，在习近平总书记的指导下，"一带一路"倡议已经完成了总体布局、绘就了一幅"大写意"，正在向聚焦重点、精雕细琢，共同绘制好精谨细腻的"工笔画"阶段迈进。作为当今世界规模最大的国际合作平台和最受欢迎的国际公共产品，共建"一带一路"倡议和共商共建共享的核心理念已经写入联合国等重要国际机构文件之中，已有103个国家和国际组织同中国签署118份"一带一路"方面的合作协议。国际社会高度评价共建"一带一路"的早期成果和重大意义，认为共建"一带一路"是中国致力于加强国际合作、完善全球治理的切实行动，是中国主动开放、扩大开放的务实之举，是习近平总书记提出的人类命运共同体理念的生动实践。

"一带一路"倡议七年来的实践表明，共建"一带一路"不仅是经济合作，也是完善全球发展模式和全球治理、推进经济全球化健康发展的重要途径，是一个开放包容的合作平台，是各方共同打造的全球公共产品，有力地推动了沿线各国政治互信、经济互融、人文互通。如今，"一带一路"合作涉及领域正在不断延伸，其重要意义不仅在于促进世界各国间的产能合作、互联互通，更在于构建一个全球化、开放型、包容性的全球发展体系。

### 2. 把国企"走出去"与"一带一路"倡议结合起来

作为中国特色社会主义的物质基础和政治基础，国有企业要坚定不移地实施"走出去"战略,加快促进自身做强做优做大,成为具有全球竞争力的世界一流企业,特别要在"一带一路"建设中发挥重要作用,为中国走向世界舞台中心、实现中华民族的伟大复兴担起时代重任。

当今世界局势下,国有企业"走出去"既面临巨大的机遇,也面临着严峻的挑战。二战后建立起的世界经济秩序,抑制了新兴市场国家参与全球经济治理。从国际货币基金组织(IMF)和国际复兴开发银行再到八国集团,均是以美国为主导、符合西方发达国家利益的全球经济治理框架。然而,长期形成的全球生产体系与国际产业分工格局,导致世界经济出现结构性的生产过剩,全球经济失衡必然出现。随着发达国家大多进入"后工业时代",传统制造业向更具比较优势的国家转移,从而出现了本土产业凋零、就业困难、资产泡沫化等问题。

作为世界第二大经济体,中国如果不能以更深远的经济影响力存在于全球经济链条中,那么经济繁荣是不可持续的。因此,国有企业不仅要加快"走出去",更要在维护中国经济战略性安全、巩固中国经济引擎式地位的实践中做出积极贡献。从"一带一路"倡议与国有企业"走出去"的关系来看,"一带一路"倡议是中国经济发展到新阶段,积极参与经济全球化,推进人类命运共同体建设的中国方案和伟大实践,对国有企业"走出去"具有重要战略意义。反过来,如果没有国有企业的强大支撑,"一带一路"倡议的目标也难以实现。

国有企业作为对外经济合作的重要市场主体,在共建"一带一路"中承担着重要责任和使命,要把自身发展融入"一带一路"建设中去。近年来,国有企业坚持"走出去"战略,围绕"一带一路"主骨架,积极拓展中国与沿线国家经济共荣的新版图,在基础设施建设、能源资源开发、国际产能合作等领域承担了一大批具有示范性和带动性的重大项目和标志性工程,为推动共建"一带一路"从理念转化为行动、从愿景转变为现实做出了积极贡献。

随着"一带一路"建设的深入推进，国有企业要发挥更加积极的作用，共同绘制好精谨细腻的"工笔画"，就要进一步加强与相关国家和企业沟通协作，以国有企业的自身优势，帮助更多国家实现经济发展，推动共建"一带一路"走深走实、造福人民。正如习近平总书记指出的，"'一带一路'建设不应仅仅着眼于我国自身发展，而是要以我国发展为契机，让更多国家搭上我国发展快车，帮助他们实现发展目标。我们要在发展自身利益的同时，更多考虑和照顾其他国家利益"。

### 3. 从"一带一路"到"双循环"的战略机遇与挑战

2020年，突如其来的新冠肺炎疫情造成了全球环境更大的不确定性，加速了传统国内国际循环模式的终结。2020年5月14日，中央政治局常委会会议首次提出，要充分发挥我国超大规模市场优势和内需潜力，构建国内国际双循环相互促进的新发展格局。此后，习近平总书记在多个场合，进一步阐释了"双循环"发展格局的内涵与要求。2020年10月，在十九届五中全会上，习近平总书记进一步强调，"构建新发展格局，是与时俱进提升我国经济发展水平的战略抉择，也是塑造我国国际经济合作和竞争新优势的战略抉择"，"构建新发展格局，要坚持扩大内需这个战略基点"，"新发展格局绝不是封闭的国内循环，而是开放的国内国际双循环"。2020年12月，中央经济工作会议要求，"构建新发展格局明年要迈好第一步，见到新气象"，为"十四五"开端之年明确了任务。会议还指出，"产业链供应链安全稳定是构建新发展格局的基础"，"形成强大国内市场是构建新发展格局的重要支撑"，"构建新发展格局，必须构建高水平社会主义市场经济体制，实行高水平对外开放，推动改革和开放相互促进"，为构建新发展格局指明了方向和路径。

推动形成以国内大循环为主体、国内国际双循环相互促进的新发展格局是以习近平同志为核心的党中央根据我国发展阶段、环境、条件变化作出的战略决策，是事关全局的系统性深层次变革。构建"双循环"的新发展格局，要把满足国内需求作为发展的出发点和落脚点，但这并不是要搞封闭，中国开放的大门永远不会关闭，只会越开越大。要认识到，构建"双循环"的新发展格局的目的是通过发挥内需潜力，使国内市场和国际市场更好联通，更好利用国际国内两个市场、两种资源，实现更加强劲可持续的发展。

从世界大势看，经济全球化仍是历史潮流，各国分工合作、互利共赢是长期趋势。国际经济联通和交往仍是世界经济发展的客观要求。中国致力于推动建设开放型世界经济，推动构建人类命运共同体。要坚持深化改革、扩大开放，加强科技领域开放合作，习近平总书记一再强调，"我们要站在历史正确的一边"。新冠肺炎疫情的暴发直接导致了贸易保护主义抬头、逆国际化的抬头。一些西方国家，尤其是美国搞贸易保护主义甩锅中国，给我国贸易国际化带来了很大影响。

当前，我国一方面要继续与美国加强沟通交流，同时，也要把欧洲、日本、韩国等与我国经贸往来密切国家的工作做好。但是变化是客观的，我国更需要新的"双循环"增长极，而这新的增长极可能就是"一带一路"沿线国家。"一带一路"倡议提出7年来，国有企业通过"走出去"战略打了非常好的基础，而且这些沿线国家经济在快速发展，虽然受疫情影响经济发展减缓，但在后疫情时代这些国家的经济会快速崛起。对于走出去的国有企业来讲，要看好这些重要机会，一定要重视"一带一路"增长极。

从我国发展看，我国经济持续快速发展的一个重要动力就是对外开放。对外开放是基本国策。习近平总书记在经济社会领域专家座谈会上谈了六方面重要问题，其中之一就是"以高水平对外开放打造国际合作和竞争新优势"。他强调，我们要全面提高对外开放水平，建设更高水平开放型经济新体制，形成国际合作和竞争新优势。要积极参与全球经济治理体系改革，推动完善更加公平合理的国际经济治理体系。习近平总书记还指出，在推进对外开放中要注意两点：一是凡是愿意同我们合作的国家、地区和企业，包括美国的州、地方和企业，我们都要积极开展合作，形成全方位、多层次、多元化的开放合作格局。二是越开放越要重视安全，越要统筹好发展和安全，着力增强自身竞争能力、开放监管能力、风险防控能力，练就金刚不坏之身。

从"一带一路"到"双循环"，其战略目标都是要培育新形势下我国参与国际合作和竞争的新优势。我国拥有超大市场规模优势，是参与重塑全球竞争格局的重要优势与关键支撑。我们越早形成这样的良性循环，越是更快地推动中外经济循环的规模发展，在与各国的竞争中我们就越能处于更有利的战略位置。百年未有之大变局与百年未有之大疫情相互叠加，"一带一路"建设将面临新的任务和重要合作机遇，不仅要继续深化国际产能合作，而且更要在此基础上将其与国内价值链相互衔接，在沿线国家积极引入国内价值链上本土龙头企业的品牌和标准，塑造以中国技术、中外合作为主的国际生产体系。

## ◎ 中冶集团"走出去"的重要意义

**1. 积极开拓国际市场更好地服务于国家战略**

中冶集团作为全球最大的冶金建设承包商和运营服务商，是"走出去"最早的央企之一。凭借独占鳌头的核心技术、无可替代的冶金全产业链整合优势、持续不断的创新能力，中冶集团承担了全球冶金建设市场60%以上的份额，同时，业务还覆盖至矿山、房建、交通、市政、建材、电力、化工、环保、房地产等多个领域，遍及亚洲、非洲、欧洲、美洲等六大洲的90多个国家和地区，在30多年的"走出去"过程中，积累了丰富的经验，为促进我国对外合作和所在国的经济发展做出了积极贡献。

长期以来，中国企业大多处于国际分工低端，产业集中度不高，国际竞争力不强。未来中国经济发展和民族复兴，迫切需要培育形成一批具有产业带动力、市场影响力和国际竞争力的大型企业集团。从国家战略层面，国有资本将更多地向关系国家安全、国民经济命脉和国计民生的重要行业和关键领域、重点基础设施集中，向前瞻性战略性产业集中，向具有核心竞争力的优势企业集中。中国五矿与中冶集团的战略重组便给中冶集团的跨越式发展带来了崭新的机遇。

面对"一带一路"带来的广阔市场空间，中冶集团深入贯彻落实党中央、国务院和国资委的部署，顺势而为，借势发力，多管齐下，全面出击，加快"走出去"步伐，使海外业务成为中冶的新优势、新支撑、新亮点。"一带一路"倡议提出后，中冶集团结合多年来海外业务开展情况，明确了未来3年至5年中冶海外业务发展的方向和重点，即紧随"一带一路"建设，紧抓国家加快经济转型升级和结构调整、富余产能转移的重要机遇期，坚持以中冶强大的冶金工程技术"国家队"实力为依托，实施"三轮驱动"（即工程总承包、资源开发、推进装备制造和国际产能合作），进一步优化海外市场布局，以冶金为重点同步抓好冶金和非冶金两大市场。

近年来，中冶集团围绕"一带一路"涉及的区域市场以及基础设施欠发达的六大经济走廊，在西亚、南亚、东南亚、非洲、南美、俄罗斯和中亚这六个区域重点部署了 25 个驻外机构。同时，中冶集团构建了各驻外机构与所在国家和地区政府及相关机构沟通联络的体系，为项目前期运作、中期实施、后期运行维护创造良好条件。中冶集团充分发挥自身的看家本领和突出比较优势，掌握竞争主动权，争取尽可能多地承揽"一带一路"沿线国家钢铁产能转移项目。

在"一带一路"沿线，中冶集团承接的台塑越南河静钢铁项目工程，是迄今为止中国在海外承建的最大钢铁建设项目。中冶集团从西门子奥钢联、日本三菱重工、德国斯坦因和伍德等国际一流工程公司中脱颖而出，承担了从前期咨询、总体设计到主要设备供货、主要工程施工，以及客户的技术总顾问工作，树立了海外钢铁工程的全流程、全功能、全周期服务的标杆。

在新形势下，为尽快适应海外业务发展的需要，中冶集团着力构建国际化经营的立体营销体系，打造海外业务蓬勃发展的强有力运作平台，构建了平台公司、驻外机构、子企业各司其职的"三位一体"市场开发体系，形成平台公司负责营销与商务、各子企业依靠"技术实力＋项目管理"优势负责项目运营、驻外机构扎根区域市场与子企业共同开发的营销体系。

全球新冠肺炎疫情发生以来，习近平总书记反复强调"推动形成以国内大循环为主体、国内国际双循环相互促进的以新发展格局"，应对市场挑战，实现了国际、国内两个市场联动和相互促进的新局面，国际社会和国内各方面都给予很高的关注。纵观中冶集团的发展之路可以发现，从"一带一路"到"双循环"的战略谋划，中冶集团始终紧跟党中央战略部署，坚持聚焦主业，在海外工程总承包、资源开发、推动中国装备和国际产能合作等三大领域里做到齐头并进，并带动我国技术、标准走出国门，做到成规模、成体系地"走出去"，努力增

# 冶金报国十策 ▶ 重组五周年中冶集团打造冶金建设国家队的经验与启示

▲ 2019年9月18日,国文清在日本会见住友商事株式会社社长兵头诚之

强自身的国际影响力和控制力。中冶集团的"走出去",实际上是建立在国内发展良好、国内大循环的背景之下的,而这正与"双循环"的战略调整不谋而合。

### 2. 以国际产能合作积极推动当地现代化进程

中冶集团作为全球最大最强的冶金建设承包商和冶金企业运营服务商,承担建设了鞍钢、武钢、包钢、太钢、攀钢、宝钢等国内几乎所有大中型钢铁企业主要生产设施的规划、勘察、设计和建设工程,是构筑新中国"钢筋铁骨"的奠基者,其占国内冶金市场90%以上份额、全球60%以上份额;是国家确定的重点资源类企业之一、国务院国资委首批确定的以房地产开发为主业的16家中央企业之一,也是国家基本建设和海外工程承包的主力军。

中冶集团因钢铁而生,自诞生之日起,就以钢铁强国为己任,忠实服务于国家战略,在整个中国钢铁工业发展进程中发挥了无可替代的作用。伴随着新中国从建立独立完整的冶金工业体系,到实现冶金工业现代化,再到迈入世界一流钢铁工业强国行列,钢铁成为我国重工业中最具国际竞争力的行业,中冶从无到有、从小到大、从弱到强、从中国走向世界,而且已经走上世界舞台中央。

与中国五矿重组以来,中冶集团顺应"一带一路"相关国家建设和发展需求,依托冶金工程全产业链优势,积极推进国际产能合作。

在"一带一路"倡议的发展机遇期,充分依靠"专业化精、产业链强"的核心竞争力,以全产业链的集成整合优势和高效率,打造了越南河静钢厂、马来西亚关丹产业园、印度TATA钢厂、新加坡环球影城、斯里兰卡"国门"高速公路等一大批叫得响、数得着的国际知名项目,充分彰显了中冶集团国家队的硬实力。

中冶集团的"出海"历程，实际上也推动了当地国家的现代化发展进程，带动了项目所在国的产业发展，是共同富裕的有益实践。例如，被外交部赞誉为"中巴经济合作的典范工程"的中冶铜锌山达克铜金矿项目，显著促进了巴基斯坦俾路支省经济发展，改善了当地基础设施条件，拓宽了就业渠道，提高了当地人民生活水平等。十几年来，数千名通过中冶集团系统培养的巴基斯坦技术（技能）人才离开山达克项目，加入巴基斯坦的社会建设中去，推动了巴基斯坦的现代化发展进程。

除山达克项目外，中冶建研院历时 18 个月建设完成的新加坡环球影城，创造了世界 A 级主题公园建设史上的奇迹；中冶集团设计建设的台塑越南河静钢铁基地与马来西亚关丹 350 万吨钢铁基地，在国际上成功打响了"冶金建设国家队"的金字招牌，为中冶集团走向世界舞台中央奠定了坚实的基础；中冶国际斯里兰卡高速公路项目、中冶海外印尼塔岛项目、中国三冶马来西亚 W 酒店项目、中国华冶巴基斯坦杜达铅锌矿项目、上海宝冶柬埔寨吴哥国际机场项目等一系列海外重大项目，为带动"一带一路"周边国家现代化进程发展，实现共同富裕做出了积极贡献。

### 3. 有助于提高国际竞争力打造世界一流企业

中冶集团是国内发展最早、规模最大、影响最广的冶金企业运营服务商，具备高端咨询、检修协力等综合运营服务的技术、管理和人力资源优势。近年来，中冶集团致力于为钢铁企业提供全流程、全生命周期的专业化运营服务。

在"一带一路"国际产能合作中，凡是中冶集团以 EPC 等方式主导参与的项目，均鼓励中冶子企业积极参与项目建成后的生产运营，既助力企业提高经济效益、降低运营成本，同时再造中冶市场，提升中冶品牌价值，实现以工程建设促进运营服务外包业务拓展，带动包括技术、产品、标准、人才、备品备件等要素参与到钢铁产业"走出去"过程中。"互联网＋"给未来的运营服务提出了新的要求，也将改变运营服务的模式。中冶集团鼓励有这方面能力的子企业率先实现两化融合，开辟新市场，作出新业绩，使中冶集团的运营服务由国内走向全球。

从全球战略层面看，各国综合实力的竞争，本质上是产业巨头之间的比拼，国力竞争大企业的话语权、影响力、控制力更为凸显。产业巨头的发展与转型在过程中无一例外地采取过大规模战略性并购。2015 年"世界 500 强"中有 128 家美国企业，均是美国各行业的龙头企业。美国先锋、道富、黑岩、富达、资本世界等 20 多家金融财团，以交叉持股、母子公司相互持股、联手持股等方式，掌控关乎国家核心利益的科技、军工、金融、能源、电信等龙头企业。

随着国企改革力度将进一步加大，国有资本投资、运营公司组建步伐在加快。中冶集团与中国五矿战略重组已搭建起具有先机优势的国家战略性行业发展平台，率先成为国有资本投资公司试点。中冶集团的发展前景和发展平台将更为广阔，政治地位、市场地位、品牌影响力将大幅提升。同时，根据上市公司治理准则等要求，中国中冶作为上市公司的独立性和完整性不会受到影响，现有组织架构和管理体制会保持稳定。公司工程建设、房地产开发等业务的规模效应和协同效应会逐步显现。在海外市场，将打造更高层次的国际化经营平台，在实施"走出去"和"一带一路"国家战略中，推进钢铁和有色金属国际产能与装备制造合作，大力拓展国际工程承包业务等方面取得新的突破。

**4. 能够以系列经典工程为国家塑造亮丽名片**

以 2012 年的"9·5"会议为转折点，中冶集团开启了发展的新篇章，"冶金建设"国家队的战略逐步落地，不断抢占钢铁行业的技术制高点，企业的影响力和控制力进一步提升。智能化环保料场就是一个典型的例子。过去传统的钢铁企业原料贮存料场，不但占用大量的土地，而且粉尘污染严重、工作环境差、工作效率低，原料在转运和贮存过程中还有不小的损耗。通过针对性研究，中冶集团提出了绿色化和智能化结合的智能环保原料场解决方案，一经推出就在国内外市场得到了大量应用，获得了市场的高度认可和好评。

全新的智能化环保原料场技术，降低环境的粉尘污染 90% 以上，土地利用效率增加 40%，物料损耗减少 80% 以上，现场设备实现无人化操作，工作环境大幅改善，工作效率大幅提升。智能化环保料场技术不但在国内市场快速得到应用和推广，还吸引了国际上钢铁企业的广泛关注。目前该项技术已经在巴西、印度、越南、马来西亚等多个海外市场有全球影响力的钢铁项目中得到应用。除了相关技术成果，中冶集团更是打造了一批精品工程，充分彰显了冶金建设"国家队"的竞争力。

面对中国钢铁转型升级的大调整、大变革，中冶集团第一次从国家责任的高度明确提出"要站在国际水平的高端和整个冶金行业的高度，以独占鳌头的核心技术、持续不断的革新创新能力、无可替代的冶金全产业链整合优势，承担起引领中国冶金建设走向更高水平、走向世界舞台中央的国家责任"的更高奋斗目标，果断实施了既瘦身更健体的供给侧结构性改革，按照"世界第一"标准保留和匹配高精尖资源，确保了中冶在冶金市场的绝对引领地位。

与此同时，中冶集团充分挖掘冶金领域的先天优势基因和资源禀赋，把在冶金工业领域"水电气"等技术优势以及规划、设计、建设等全产业链系统集成优势，在合理作战半径内，移植、转化到市场前景更广阔的基本建设和新兴产业领域，在地下综合管廊、大型体育场馆建设以及污水处理、垃圾焚烧、钢渣处理、钢结构等领域大展身手，创造了新的增量发展空间，既丰富了钢铁冶金的内涵，又扩大了外延，快速推动企业从相对单一的冶金业务转变为"一业为主、多元支撑"大冶金发展格局，有效抵御了经济波动带来的伤害和冲击，实现了企业的转型换挡和持续稳定增长。

当前，中冶集团依托冶金建设"国家队"的实力，引领着世界钢铁建设的步伐，在全球冶金建设市场牢牢占据60%以上份额，成为中国钢铁工业走向海外的"引领者"、国际钢铁产能和装备制造合作的"主导者"，牵引全球钢铁结构调整。中冶集团基于业务的多元化、企业类型的多样性及科技实力等综合竞争优势，彰显出良好的成长性、强劲的发展潜力与后劲。

湛江钢铁、广东韶钢、越南河静钢铁、马来关丹钢铁等一系列国际一流、国内顶尖的经典冶金工程从中冶人手中诞生，成为中国乃至世界新的标杆；珠海横琴新区市政基础设施项目、北京雁栖湖会展中心、深圳大运城、珠海十字门会展中心、上海世博会场馆、雄安新区垃圾综合处理设施一期工程勘察设计项目、雄安新区南拒马河防洪治理工程水土保持及环境监测项目等一批基本建设领域重点项目和精品工程，展示了中冶集团强大的综合实力，锻造成为国家基本建设的主导力量；上海迪士尼、北京通州环球影城、西安地下综合管廊、冬奥会雪车雪橇中心、曹妃甸高镍三元前驱体项目等一系列新兴产业项目，向世界全面展示了中冶集团在改革发展中的巨大成就。

## ◎ 中冶集团"走出去"的实践成效

**1. 以明晰的战略定位构建良好海外市场布局**

2012年"9·5"会议之后，中冶集团成立了海外工程管理部。在2013年海外市场推进会上，国文清对中冶集团海外业务作出定位：海外业务是中冶主营业务板块的重要组成部分，是集团业务最大的新增长点，要在控制好风险，提高经营质量的前提下继续扩大规模，形成新优势新亮点。随着"一带一路"倡议的提出，中冶集团认识到：这是推动中冶新一轮发展的新机遇，将给中冶提供很多发展机会，要瞄准"一带一路"布局谋篇，紧跟"一带一路"倡议、积极推进本土化管理，推动海外业务集团化、区域化、属地化发展。

伴随着国家"一带一路"倡议的实施，中冶集团深入贯彻落实党中央、国务院和国资委的指示要求，不断从集团层面强化海外战略部署，顺势而为，借势发力，多管齐下，全面出击，加快"走出去"步伐，使海外业务成为中冶的新优势、新支撑、新亮点。2014年中冶突出强化国际化经营战略，努力破解海外发展困境；2015年提出牢牢把握海外发展大机遇、实现海外发展大突破大跨越；再到2018年、2019年海外市场专题会上，提出要按照"海外优先"的原则加大支持投入力度，争分夺秒迅速掀起海外市场开发新高潮；扎实落实"海外优先"战略、奋起直追"走出去"。

为适应新形势下海外业务发展的需要，中冶集团不断探索创新商业模式，防控好风险，提升国际化水平，真正做到合作共赢。中冶集团着力构建国际化经营的立体营销体系，打造海外业务蓬勃发展的强有力运作平台，构建了平台公司、驻外机构、子企业各司其职的"三位一体"市场开发体系，形成平台公司负责营销与商务、各子企业依靠"技术实力+项目管理"优势负责项目运营、驻外机构扎根区域市场与子企业共同开发的营销体系。中冶集团还积极寻求合适机会，探索通过兼并收购方式，加强与目标市场优质资源的深度合作，形成利益共同体，共同开发当地市场。面对"走出去"过程中的风险，中冶集团围绕重点市场和重点项目，协同整合各方面资源，在市场化运作、利益共享基础上形成优势互补、分工协作的新模式，各施所长，抱团作战，联合出海。为加强海外风险管控，集团还专门成立了海外项目风险决策审查委员会，以管控海外风险。同时，对在手项目进行全面清理，依据风险程度对预盈项目、预亏项目分别采取不同的监管举措，加快资金周转，既要追求项目的高效益，更要追求项目的高效率。

经过不懈努力，2013—2019 年 7 年平均海外合同占比为 7.86%，平均海外营业收入占比 6.6%，比之前有了较大提高。截至 2021 年 3 月中旬，中冶集团各级子企业在全球 59 个国家和地区设立了 161 个境外机构，其中在"一带一路"沿线国家设有 98 个驻外机构。目前，中冶集团海外在建工程项目 326 个、海外运营矿山 3 座，分布在 54 个国家和地区。境外人员总数 27821 人（中方人员总数 7494 人，外籍人员总数 20327 人）。其中，中冶员工 8710 人（中国籍员工 2742 人，外籍员工 5968 人），协作单位人员 19111 人（中国籍人员 4752 人，外籍人员 14359 人）；境外人员主要集中在印尼、越南、柬埔寨、科威特、巴基斯坦、马来西亚、巴布亚新几内亚、新加坡、沙特、阿尔及利亚等国家。

从市场布局来看，在冶金建设领域，中冶集团深入扫描全球冶金工业，对全球冶金市场增长点和全球前 50 家钢铁客户进行深度分析，摸清摸准不同地区、不同客户、不同项目需求，形成海外钢铁项目数据库，提前锁定目标，套牢压实责任，精准对接，从被动式营销向主动式营销转变，将分散的信息系统化，确保"一带一路"沿线国家钢铁产能的重大工程项目一个都不能丢。各子企业则聚焦重点地区、重点国家、重点客户发力，在紧跟国内钢铁客户"走出去"步伐的同时，将重点放在海外战略客户的拓展上。

目前，中冶集团冶金建设主要布局"一带一路"沿线的东南亚、南亚及独联体市场，已承建了多个具代表性的综合钢铁项目，树立了良好的口碑和声誉。中冶集团依托冶金工程技术"国家队"的实力，正努力成为中国钢铁工业走向海外的"引领者"、钢铁国际产能和装备制造合作的"主导者"，不断扩大中央企业的国际影响力和控制力。

在基础设施领域，中冶集团主要布局"一带一路"沿线的中东、南亚及非洲市场，其中在某些国家具有市场引领地位，例如在科威特建筑市场，中冶集团是央企在建合同最多的公司；在斯里兰卡，承接了多个高速公路项目，包括科伦坡机场高速公路、外环路等，是承担公路交通基础设施最多的中资企业；在马来西亚，中冶是在建高层建筑项目数量最多的中资公司。

### 2. 坚持"三轮驱动"推动国际影响力逐步提升

在"走出去"战略中，中冶集团坚持聚焦主业，通过"三轮驱动"（即工程总承包、资源开发、推进装备制造和国际产能合作）带动我国技术、标准走出国门，做到成规模、成体系地"走出去"，努力实现习近平总书记对中央企业"增强国际影响力和控制力"的指示要求。

从工程总承包来看，中冶集团在 2020 年 ENR 全球承包商 250 强排名中位居第 8 位，在 2020 年 ENR 全球最大 250 家国际承包商排名中位居第 41 位。中冶集团是承包商会和机电商会副会长单位，在两个商会的信用评级均为 AAA 级别（最高级）。从具体实施的项目来看，中冶集团作为"一带一路"倡议的坚定践行者，近年来不仅在冶金领域，而且在非冶金领域的工程总承包上获得和完成了一系列重大标志性项目。

例如，在冶金领域，2020年3月，由中冶南方总体规划、EPC总承包建设的印尼德信350万吨钢铁项目1号产线全线投产。该项目是迄今为止，由中冶集团单一工程公司在海外整体承接、实施并一次建成的规模最大、工艺流程最完整的系统性工程总承包项目，也是中国冶金建设"国家队"在"一带一路"上打造绿色环保、高效节能的现代化钢铁生产基地的成功实践。项目全部建成投产后，将成为中国企业在印尼投资建成的第一个长流程普碳钢生产基地。中冶南方在项目建设过程中，通过输出中国标准和中国先进的普碳钢生产技术、装备和生产管理体系，培养印尼员工和技术人员，推动了印尼钢铁行业技术水平、建设水平和生产管理水平的提升，带动了印尼相关产业链的提质升级。项目投产后，将为印尼及周边市场提供高品质普碳钢产品，有力支撑印尼的基础设施建设和城市化建设，促进当地社会经济建设与发展。

在非冶金领域，中冶集团抢抓机遇，突出"大环境、大客户、大项目"的设计与运作，进入到海外房地产、交通基础设施等领域，成功完成了巴基斯坦300兆瓦EPC光伏电站工程、马来西亚W酒店项目、被誉为斯里兰卡"国门第一路"的科伦坡机场高速公路等重大项目，形成了较强的影响力。以巴基斯坦300兆瓦EPC光伏电站工程为例，中冶集团子企业中国一冶于2015年5月成功签约中兴能源巴基斯坦50兆瓦光伏电站项目施工合同，并于当年7月进一步取得了3个100兆瓦的EPC总承包合同，合同额4.85亿美元，合同工期8个月。2017年6月8日，巴基斯坦300兆瓦光伏电站EF升压站一次受电成功，标志着该工程全面受电并网。该项目是"中巴经济走廊"建设优先实施项目，也是国家"一带一路"建设重点开局工程之一，总体建成后，成为世

冶金报国十策 ▶ 重组五周年中冶集团打造冶金建设国家队的经验与启示

中国中冶总承包建设的斯里兰卡"国门第一路"CKE 高速公路项目

界上单体最大光伏发电项目。该项目是走廊项目中最早投产的能源项目，得益于超高的安装速度和标准、优秀的环保和属地化措施，该项目于2017年11月获得了中国建筑行业工程质量最高奖项——鲁班奖，这也是中巴经济走廊提出以来第一个获得这一奖项的项目。

在资源开发方面，在全球矿业持续低迷的大环境下，"一带一路"建设的实施，将给海外矿业开发带来良好的发展机遇。中冶集团作为国家确定的重点资源类企业，借势而上，稳步推进海外资源类项目的开发。目前，中冶集团在海外5个国家拥有六大矿山项目，以镍、铜、铁、铅、锌、钴等金属资源为主，其中投入运营阶段项目3个。

在推动中国装备和国际产能合作方面，中冶集团高度重视前期高端咨询，争取有效放大和提升出口带动效应。在投标和合同谈判时，依托总体设计和总体规划能力，推荐和说服业主接受中国技术、标准，采用中国装备和产品；通过建立符合国际惯例的财务分析评价方法和经济模型以及结合全厂能源和物流优化等咨询技术，在工程项目前期和客户深度融合，为客户创造价值，赢得客户的尊重和信赖。近年来，中冶集团依托强大的冶金工程技术实力，实现了以工程总承包、国际产能合作、直接投资等方式带动中国装备大量走向海外，形成了广泛而深远的影响力。以越南台塑河静钢铁项目为例，中冶集团作为冶金建设的国家队，成功获得了包括项目整体规划、高炉EPC工程、炼钢连铸施工工程、烧结工程、维修车间、棒线材和焦炉施工工程和钢渣工程以及客户的技术总顾问和维保工作等几乎全部重点项目，总合同额约为24亿美元。该项目所用设备除少量采用国外进口设备外，几乎全部采用中冶集团自有核心技术及国产核心装备，大大推动了中国装备走向海外。

### 3. 中冶与五矿的重组带来"走出去"的新优势

重组以来，中冶集团在借助五矿集团海外力量发展海外业务的同时，也为五矿集团海外业务发展做出了贡献。按照中国五矿内部协同的统一要求，在重组初期中冶集团与五矿发展就多次组织业务对接会，就海外业务发展、驻外机构布局、驻外机构管理、驻外机构人员配置和联系方式等方面进行了深入交流和对接。双方利用在海外市场上的优势进行互补和通力合作，积极开展包括海外工程信息共享、现有工程的工程物流合作、境外物流园区和工业园区的建设合作以及境外机构结合（包括党建工作）等四方面的交流与合作。

中冶集团境外在产矿山在氢氧化镍钴、铅精矿、锌精矿、粗铜等产品销售过程中，充分与五矿有色等单位开展内部业务协同合作，利用五矿集团的全球贸易网络、物流网络进一步拓宽市场销路、畅通产品销售，逐年增大合作规模、增加合作效益。

中冶集团还组织了同五矿国际 – 澳大利亚 MMG 的业务交流对接，邀请了中冶国际、中国恩菲、中冶铜锌和中冶西澳等有关子企业参与对接。双方就矿山勘探、找矿、矿山采矿、选矿和冶炼技术等方面进行了深入交流，并就潜在合作的 4 个项目〔加拿大、刚果（金）、老挝、秘鲁〕进行了初步讨论。MMG 专程前往中国恩菲，考察中国恩菲在矿山采选冶方面的能力和业绩。还通过和 MMG 的技术对接，对方充分了解了中冶集团在矿山勘探、设计、建设、运营等方面的综合能力。目前，中冶国际与中国恩菲正与 MMG 在刚果（金）铜矿项目上进行可研合作。

除此之外，中冶集团还进行了各类业务对接工作。2019 年 3 月 15 日，中冶集团召开海外市场推进会，会后及时将海外市场推进会情况、工程简报、子公司海外业务联系簿等相关资料报送给五矿集团国际部，并通过国际部得到原五矿集团驻外机构联系簿，后及时发送给各子公司，旨在推动海外市场上的内部协同。2019年4月9日，中冶集团与五矿保险经纪进行了交流对接，旨在加强业务对接，为集团内部业务提供保险服务。2019年6月26日，中冶集团派团赴德国杜塞尔多夫参加了全球冶金展，并在展会期间与五矿德国进行了交流对接。2019年10月8日，在中冶集团为五矿德国提供了中冶集团与蒂森克虏伯合作情况后，五矿德国与蒂森克虏伯进行洽谈时，协助对中冶集团进行再次推介。2019年11月9日，组织召开中冶集团海外业务培训会。期间，邀请五矿保险经纪给所有参加培训人员进行了业务宣讲。2020年1月15日，中冶集团与五矿发展进行了业务对接，深入讨论境外合作的新方式。

除交流合作外，重组五年来，中冶集团还与五矿集团海外相关业务进行了整合，取得了一系列新成效。其中，五矿工程公司由五矿矿业整合至中冶国际，是业务整合的主要代表。这一整合自2018年8月开始，到2019年1月1日五矿工程已全员搬入中冶大厦与中冶国际合署办公，在中冶国际党委的领导下，整合工作取得了阶段性进展，海外业务取得了新成就。例如，为加大对俄罗斯、乌克兰等俄语区以及巴西、印度等市场俄项目开发力度，以五矿工程公司的俄语区和英语区市场开发团队为班底，中冶国际新成立了市场开发三部。三部充分发挥人才优势，重点推进上述市场冶金、矿山工程项目的开发。目前，俄石油远东五米宽厚板轧钢项目（已完成可研）、俄罗斯INTERGEO集团阿克苏格铜矿项目、俄罗斯车州钒钛磁铁矿冶金综合体、巴西淡水河谷新型炼铁项目（已签署基本设计合同）等作为中冶国际重点跟踪的大项目的推进均取得了重要进展。

在中冶国际的统一管理下，原五矿工程公司存量业务的收尾有序推进，在手执行的3个项目中，印度热回收焦炉项目已成功投产，越南热回收焦炉项目有望在 2021 年 10 月底开始点火热试，委内瑞拉连铸机项目进度也已超过 91%。上述 3 个项目的资金管理完全处于中冶国际财务监管体制下运行，有效地规避了项目执行过程中的风险。

**4. 积极应对疫情助力"双循环"新格局的构建**

海外疫情的蔓延给中冶集团海外业务带来了不利影响，对此中冶集团高度重视海外疫情防控工作，在狠抓疫情防控的同时，中冶集团始终保持"两手抓、两手都要硬"，想方设法，积极推动复工复产。

在疫情防控方面，中冶集团始终一招不落地紧跟党中央、国务院、国资委及五矿集团的部署和要求，以"一天也不耽误、一天也不懈怠"的企业精神应对疫情，以战时状态积极应对境外疫情防控，并利用现代化信息手段、多次紧急召开视频会，及时传达各项要求，做到落实工作任务"不过夜"，在工作布置后加强督导与巡检，狠抓落实。早在 2020 年 2 月 5 日，国文清就主持召开了五矿集团 2020 年第 4 次总经理办公会暨海外生产经营调度会，对海外疫情防控和项目实施作出重要指示；随着海外疫情形势日趋严峻，又多次召开了海外疫情防控与生产经营专题会议，对海外疫情防控进行再部署。为贯彻落实国务院国资委会议精神，中冶集团也多次召开专题会议和视频巡检，检查疫情防控工作落实情况，部署海外疫情防控工作，旨在切实保障海外员工的生命健康安全。

具体来看，中冶集团主要从以下几个方面加强疫情应对：一是按照"一个都不能少"的原则对所有境外人员进行精准造册，并建立人员动态日报制度，实施精准管理。二是按照"宁可备而不用，不可用而不备"的原则进行防疫物资和生活物资储备。三是按照"生命重于泰山，责任高于一切"的防控原则，组织所有海外在建项目的经理（负

## 冶金报国十策 ▶ 重组五周年中冶集团打造冶金建设国家队的经验与启示

中冶南方总承包建设的印尼德信 350 万吨钢铁基地

第八章　国际战略篇

责人）签订疫情防控和维稳责任书。四是国内后方积极提供支援帮助，做好指挥协调和后勤保障工作。五是加强与中国驻外使馆的联动，做好工人稳定工作。这些深入细致的应对工作，在中冶应对境外疫情防控中起到了很好的效果，为复工复产打下了良好基础。

在疫情防控的同时，中冶集团同样采取了诸多有力措施，有效推动了复工复产。一是对于有多家子公司参与的重大项目群由集团指定总协调人，负责协调、调度所在项目的所有子公司，强化项目现场统一指挥协调。疫情初期，中冶集团对印尼德信钢铁项目群、印尼小K岛镍铁项目群以及越南和发钢铁项目群采取指定总协调人、统一协调和统一指挥的做法。面对项目分部多、人员多的复杂局面，各项目总协调人做到守土有责、守土担责、守土尽责，进一步强化责任担当，加强指挥协调，切实扛起疫情防控与生产指挥的重任。在加强人员调度的同时，加强了物资调度，实现了内部资源最大化。

二是加大疫情所带来的法律层面的研究工作。为子公司解读商务部《对外承包工程企业使用不可抗力规则应对新冠肺炎疫情影响指引》，特别是项目因疫情影响造成工期和成本增加的，提醒子公司应当加强自我保护意识，梳理项目合约关系与商务条件，对于项目在不可抗力条件下产生的额外支出要提前为未来的损失分担或损失索赔做好准备。同时，中冶集团还就疫情下的项目执行合规性进行了深入研究和部署。

三是创造条件推动复工复产，落实疫情常态化防控。受全球疫情影响，部分项目也出现了现场人员不足、完工项目人员滞留等情况。为解决项目面临的实际困难，中冶集团采取多种方式推动复工复产，包括多次转机、陆路加飞行以及申请包机等。2020年6月6日，中冶集团组织巴基斯坦山达克项目78名技术骨干乘坐包机飞往巴基斯坦，以缓解项目人员严重不足的问题；同年8月15日至16日，又分别组织两架包机从沙特运回完工人员469人。此外，还多次组织项目人员搭乘包机返岗或回国，并正在推进中冶瑞木项目人员包机回国事宜，为项目和人员的稳定保驾护航。

四是维护好项目基本经营盘，做好风险防范。按照五矿集团总经理、党组副书记、中冶集团董事长国文清的部署，在做好长期抗疫准备的同时，要高度关注维护好项目基本经营盘，确保项目有序推进、进度履约、不出问题。针对海外矿山项目在疫情扩散风险、市场下跌风险、采购及销售风险、资金短缺风险、员工队伍不稳定的管理风险、安全恐怖风险、极端情况风险等方面，进行了风险分析和应对预案，以确保在这些风险发生时有预案、有安排，可以沉着应对，保护好国家和员工利益。

五是总结经验教训，苦练内功，提升基础管理水平。疫情表面考验的是应急，实则考验的是基础管理。2020年5月，中冶集团更新并发布了《中冶集团暨中国中冶海外突发事件信息报告指引（试行）》，以确保报送信息及时、准确、有效。2020年6月1日，集团通过视频会议方式组织了FIDIC合同条件与应用培训，逾600人参加了培训。中冶集团还在疫情期间狠抓基础管理，梳理境外机构、清理超长周期项目等。通过不断提升基础管理水平，中冶集团不仅夯实了各项工作基础，也为做好疫情防控奠定了基础。

中冶集团以坚定的政治担当，切实担当主体责任，针对新情况、新变化、新问题，及时细化、完善各项措施，继续抓好、抓实、抓细海外疫情防控各项工作，把"两稳""两争""两保"要求真正落实到位、真正落实到海外一线项目上，切实保障海外员工的生命健康安全，有效助力了海外市场开发和项目执行，为"双循环"新格局的构建提供了有效助力。

2021年1月26日，在中冶集团暨中国中冶年度工作会议上，国文清强调要时刻绷紧安全发展这根弦，确保企业稳定稳健、风险可控，并对下一步如何做好海外风险防控提出了具体要求，以更好助力新发展格局的构建。一方面，要进一步增强境外疫情防控工作的针对性，持续做好境外重点国家、重点项目、重点人群疫情防控，切实保障海外员工生命健康安全，努力实现"两稳两争两保"目标。另一方面，在统筹推进疫情防控和生产经营工作的基础上，在严控"走出去"风险的前提下，要正视困难、坚定信心、找准差距、练好内功，为后疫情时期推动海外业务新发展做好充分准备。要高质量推进"一带一路"重大项目建设，优先布局与中国关系友好、邻近、风险可控的国家。以大客户、大项目为中心，集中承揽中冶的优势项目；以重点市场为依托、优化境外机构设置、加强境外机构力量，推进本土化合作、区域化和属地化经营；创新业务模式，找到新的、可靠的业务增长点，在"助力畅通国内国际双循环"中展现新作为。

## ◎ 中冶集团"走出去"的经验与启示

### 1. 国企"走出去"要进一步推行属地化战略

中冶集团始终坚持将企业发展与业务所在地的可持续发展结合起来，关注民生和社会进步，与当地分享发展机遇和价值，积极履行社会责任、参与社区建设，做当地优秀的企业公民。通过实施属地化战略，设立本土化机构、实行本地化聘用、开展当地化采购，持续推进区域中心和海外机构建设。2020年，属地化员工数量达18715人，本地化雇佣率为68.18%。

按照属地化原则，中冶集团注重加强对驻外分子公司能力建设，逐步建立与国际标准相承接、与当地环境相适应的治理体系,实现产品、服务和生产要素的全面国际化,大力推进本土化管理,积极引入当地员工,努力培养一批能够支撑公司在当地长期发展的优秀人才队伍。中冶集团要求驻外子公司吃透当地的法律规定、政策要求、交易习惯和文化传统,注重规避项目实际运营中容易出现的公平竞争、劳动用工、环境保护等风险,以自身的硬功夫应对严格的市场环境。

中冶集团的属地化管理原则可以分为管理模式属地化、分包模式属地化及人力资源属地化等。中冶集团颁布了属地化管理制度,并结合安全管理规定及运营地区项目情况,编制了《安全文明标准化手册》,统一海外项目安全管理标准。对第一次走向海外的优秀分包资源,集团协助其海外"落地"。同时,根据不同分包的工作特点,要求分包队伍提高作业人员属地化比例,优化分包作业人员构成。

在人力资源配备方面,集团通过当地招聘网站、社会招聘、属地化校园招聘、猎头公司推荐等多种渠道,加强当地人力资源输入。同时,安排境外机构内部培训,以及国内总部、境外机构多地连线互动培训,提升属地员工工作技能。注重提拔表现优异、持续稳定的外籍员工,加强属地员工的荣誉感和归属感。

中冶集团的属地化运营切实促进了当地就业和社会发展。例如中冶建研院新加坡公司持续推进属地化管理,不断促进本地市场与中资企业的深度融合。2020年,公司共有员工404人,来自全世界11个国家和地区,而由新加坡公司从北京总部派出各类人员仅16人,属地化程度达96%;中冶铜锌巴基斯坦山达克项目中的巴方员工1126名,是中方员工的接近5倍,有效解决了当地千余家庭的生计问题;中国一冶巴基斯坦光伏项目除了提供电能,缓解当地的能源危机,光伏项目还为当地创造了3300个就业岗位,并专门对巴基斯坦员工进行技能培训；由中冶集团多家子企业承担的台塑越南河静钢铁厂项目解决越南当地就业约 6000 人，培养专业技术人员约 3000 人次，为越南当地发展做出了突出贡献，得到当地政府和民众的欢迎。

## 2. 国企"走出去"要更加突出特色品牌经营

国有企业"走出去"，要更加突出特色品牌经营，把做强做优做大核心主业作为中冶高质量发展的内生动力，有了特色品牌才能更好地打入国际市场，成为国际市场的引领者。中冶集团始终"坚持走高技术高质量发展之路"的品牌化经营不动摇，持之以恒推动冶金建设国家队以独占鳌头的核心技术、持续不断的革新创新能力、无可替代的冶金全产业链整合优势，矢志不渝承担起带动和引领中国乃至世界钢铁产业高质量发展的国家使命。

"冶金建设国家队"是中冶集团最大的品牌。冶金建设是中冶集团最具优势、在中央企业最叫得响、承担着国家使命的主责主业，是最能称得上世界一流的产业。引领中国冶金走向更高水平是中冶集团矢志不渝的国家责任和使命。无论身处顺境还是逆境，中冶人从未动摇过。正是基于这种坚定与执着，中冶集团不仅没有被压垮拖垮，而且挺过来、闯过来、蓬勃发展起来了。特别是前些年在钢铁行业高度不景气的大背景下，中冶集团用逆势攀升的实实在在的业绩充分证明，他们选择的这条道路是正确的。

目前，中冶集团在世界 26 个国家和地区有冶金建设项目。2012 年以来，中冶集团通过 EPC 工程承包、国际产能合作等方式，带动了大量钢铁产品和成套设备"走出去"，重塑了冶金建设"国家队"的竞争力，不仅引领了中国钢铁工业的转型升级，还进一步提升了中国钢铁工业的国际影响力和控制力。在"一带一路"建设中，中冶集团不断提升全球冶金市场占有率，让"中冶模式"引领世界钢铁行业发展。

2012年12月2日，台塑越南河静钢厂正式动工兴建。这是中国国家战略和世界经济深度融合的一次拥抱，是海峡两岸同胞携手合作的一个典范，更是记录中冶集团打造全球最大最强最优冶金建设运营服务"国家队"的一页崭新篇章。中冶集团上万名员工集结，为台塑河静钢厂提供一体化全过程运营服务，以冶金建设"国家队"的军容集体亮剑。2015年11月27日，台塑越南河静钢铁新建炼焦项目1号焦炉顺利出焦投产，这是中冶集团研发的7米大容积顶装炼焦技术首次成功输出海外，项目建成后将成为东南亚乃至世界钢铁建设与运营的标杆和样板工程。

2015年9月25日，世界在建的最大钢铁项目宝钢湛江钢铁基地一号高炉顺利点火投产，这是中冶集团用两年时间创造出的世界钢铁工业奇迹，向世界展现了中国钢铁业界的最高能力和国家改革开放带来的巨大成果，对我国从钢铁大国走向钢铁强国起到至关重要的作用，也成为中国乃至世界钢铁工业新的标杆。

2015年10月，中冶赛迪独立获得世界最大新建高炉——印度TATA钢铁KPO钢厂5870立方米高炉的设计和技术服务合同中标通知书，打破了发达国家工程公司在印度大型高炉领域的垄断局面。这标志着中冶集团在印度钢铁市场开拓中再次取得重大突破，同时也奠定了中冶高炉技术世界第一的地位。正是中冶集团与世界级钢铁企业TATA、JSW等印度顶级钢企的成功合作，改变了印度人对"中国制造"的旧有看法。

2018年6月6日16时16分，由中冶集团设计施工的马来西亚关丹联合钢铁项目1号高炉成功点火，并于7日上午8时36分顺利出铁，进入试生产阶段。该项目采用了环保型原料场、紧凑式"一罐制"铁水运输、能源高效回收利用、冶金固体废弃物循环利用、水资源高效循环利用等一系列国际领先节能和环保技术，成为东南亚绿色高效的钢铁示范企业。该项目成为中国与马来西亚在共建21世纪海上丝绸之路中产能合作的创新和探索，对落实"一带一路"建设来说具有广泛示范效应。

2020年2月21日，由中冶集团总承包的印尼德信350万吨钢铁厂项目通过内部有效调剂、统一防控和协同互补，克服了疫情带来的重重困难，确保了1号高炉顺利烘炉。随后，中冶集团再接再厉，3月一号线投产、9月棒线投产、12月转炉投产，2021年2月二号线投产、6月全线投产，得到了项目业主、园区领导的高度赞赏。这个项目再次推进了自主技术的整体输出，项目的顺利投产彰显了中冶集团作为冶金建设"国家队"的实力，是中冶集团在海外打造的又一个绿色环保、高效节能现代化钢铁生产基地。

### 3. 国企"走出去"要注重核心技术"走出去"

中冶集团在冶金工程技术上具备核心技术优势和独特的全产业链的系统集成能力，在冶金工程领域拥有绝对的竞争优势和领导地位，是全球最大的冶金工程承包商和冶金企业运营服务商，具备了做全球最优最强最大冶金建设运营服务"国家队"的能力和条件。中冶集团作为我国专业化经营历史最久、专业设计能力最强的冶金工程承包商，拥有13家甲级科研设计类子企业、11个国家级科技创新平台，共有冶金技术专利2741项，位列世界冶金企业前三名。在钢铁冶金领域的高端咨询及总体设计能力具有国际领先水平，在原料场、烧结、焦化、高炉、炼钢、连铸及轧钢领域达到国际先进水平，这为带动中国钢铁产业和装备"走出去"提供了有力的技术保障。

中冶集团设计类企业围绕产业链部署创新链，把创新真正落到推动产业转型升级上，努力向产业链和价值链的高端攀升。在钢铁渣处理、节能环保、污水处理、垃圾焚烧、清洁能源等战略性新兴产业，再造企业竞争新优势。大力加强BIM技术，大跨度钢结构体系与设计体系、桥梁等基础设施建设新技术，绿色建筑与施工、智能化等房屋建筑工程新技术研究；积极推广住宅钢结构技术开发与应用等，巩固和提升企业主业在国家和行业中的地位和话语权。

冶金建设业务是中冶集团目前唯一已经牢牢占据世界第一位置的核心主业。按照钢铁冶金的8大部位、19个业务单元，中冶集团已经形成了2.3万人的高精尖冶金建设国家队基本阵形，在技术方面，累计获取有效专利超过29000件，国家科学技术奖51项，成为冶金行业核心技术引领者，确立了全球唯一的全产业链、全流程、全功能、全生命周期的集成整合优势。作为中央企业，科技创新已成为中冶实现提质增效和发展升级的新引擎新动能，5.3万名工程技术人员，26个国家级创新平台及国家级重点实验室确保了中冶集团的科技创新水平位居中央企业第一方阵。

面对钢铁产业智能化、绿色化、品质化、服务化、国际化的发展趋势，中冶集团大力推动冶金建设国家队再拔尖再拔高再创业，一方面引领国内钢铁工业转型升级，基本包揽了国内环保搬迁、节能减排和产业升级的大型项目，为推进钢铁绿色发展的长足进步做出了重要贡献。今天的中国钢铁企业在环保、节能和生产效率等方面已经超过了欧美发达国家。另一方面大力推进国际产能合作，成功拿下一批超大型、高端化、有国际影响力的海外综合钢铁冶金工程项目，为海外钢铁企业提供最新鲜的钢铁工艺技术和装备、最严格的环保技术以及高效的工程建设和运营服务。

## 4. 国企"走出去"要融入当地履行社会责任

习近平总书记指出:"只有积极承担社会责任的企业才是最有竞争力和生命力的企业。"中冶集团把承担社会责任融入企业战略,秉承"持续创新发展,共筑世界未来"的社会责任理念,坚持对投资者、客户、员工、合作伙伴、政府等利益相关方负责,有效管理对经济、社会和环境的影响,努力成为各利益相关方认可的企业。中冶集团坚持依法经营诚实守信、不断提高持续盈利能力、加强资源节约和环境保护、推进自主创新和技术进步、保障生产安全、维护职工合法权益和参与社会公益事业。

作为最早践行"走出去"战略的中央企业之一,中冶集团充分发挥集团整体优势,加大海外市场开发力度,特别是"一带一路"沿线国家的市场开发,业务领域涉及资源开发、冶金工程、高端房建、矿山建设与矿产开发、中高端地产、交通市政基础设施、特色主题工程等多个领域,遍及全球 90 多个国家和地区,为促进我国对外经济合作、带动"一带一路"周边国家产业发展,实现合作共赢做出了积极贡献,被盛赞为"负责任的中央企业"。

中冶铜锌在巴基斯坦的山达克铜金矿项目,作为国家"走出去"发展战略的成功实践者,始终秉承"建设一方,造福一方"的发展思路,积极履行社会责任,为项目当地民众生活水平的提高和科教文卫事业的发展做出了巨大的贡献。山达克项目所在地察盖地区的自然条件和经济条件较差。例如,该地区土地盐碱化十分严重,人畜用水一直是当地难以解决的一个难题;2005 年前当地居民只能使用煤油灯照明;当地教育资源、医疗资源极度匮乏等。通过山达克项目,其所在地察盖地区民众长期用水、用电、教育、医疗等民生问题得到了有效解决。

中冶集团在巴布亚新几内亚马当省的瑞木项目既是南太平洋地区

最大的投资项目，也是巴布亚新几内亚最大的在建项目。中冶瑞木提出的"同一个瑞木，同一个社区"社会责任理念赢得了广泛的社会效应，受到当地土著人的拥戴。中冶瑞木还协助并支援当地政府深入现场抢险救灾，保护当地民众生命财产安全。2013年11月1日，马当省发生重大交通事故，中冶瑞木积极迅速回应了当地村民的求助，要求各相关作业区做好各项救灾准备，在第一时间抽调精干人员，安排部署赶赴受灾现场进行救灾，得到当地民众的高度赞扬。

新冠肺炎疫情暴发初期，各种防疫物资国内全面告急。中冶集团全面发动驻海外企业，积极采购口罩、护目镜等医护用品，减少国内社会供给压力，驰援武汉地区。中东分公司、沙特分公司、斯里兰卡分公司、巴基斯坦分公司、印尼代表处以及中冶国际马来西亚公司、柬埔寨公司等驻外机构立即行动、火速安排，积极拓展海外医疗物资供货渠道，向疫情重灾区紧急输送医用物资。2020年春节后，中冶集团制定针对项目复产复工疫情防控指导手册以及安全生产的通知，海外项目在做好自身疫情防控的基础上确保重大项目如期履约、在建项目确保不停工、已停工的项目有序开工。2020年3月，鉴于全球疫情的蔓延，中冶集团从中国采购相关抗疫物资，发往有疫情的项目所在国家和地区，捐赠当地政府及社区，守望相助，共克时艰。

不仅如此，中冶集团还不断优化体制机制，建立并完善了社会责任组织体系和制度体系，规范了社会责任工作的职责和流程，以科学有效的社会责任管理，深入推进社会责任实践。公司董事会是社会责任的决策机构，对公司社会责任工作全面负责；公司经营层负责领导公司社会责任方面的日常工作；党群工作部是社会责任工作的归口管理部门，负责统筹协调和日常管理；各分公司、子公司确定归口管理部门及社会责任工作联系人。中冶集团综合考虑宏观环境、行业发展趋势、内外部相关方的期望及公司自身特点，参考国际社会责任标准、指南要求，识别公司对经济社会影响的关键领域及相应的社会责任议题，建立与利益相关方的和谐发展关系，将企业发展成果与利益相关方共享。

第九章

# 强根固魂篇

习近平总书记明确指出，坚持党的领导、加强党的建设，是我国国有企业的光荣传统，是国有企业的"根"和"魂"，是我国国有企业的独特优势。推动国有企业强根固魂，有助于国有企业的改革发展，有助于更好地发挥国有企业的独特优势，国有企业要采取多方面措施，有效推动强根固魂。重组以来，中冶集团不断推进强根固魂，创造性地提出了"两个忠诚"，并用"两个忠诚"把"两个维护"落到了实处，坚定不移听党话、跟党走，书写着国有企业爱党报国为民的时代新篇章。在强根固魂的具体实践中，中冶集团把政治建设摆在首要位置，积极推动党建工作责任制的有效落实，突出抓牢基层党组织建设，全面加强干部队伍建设，切实推进党风廉政建设，使集团党的建设得到根本性加强。同时，中冶集团还进一步推动党建与业务的深度融合，实现以党建促业务，以业务促党建的良性循环。中冶集团还勇于担当社会责任，以党建工作引领脱贫攻坚和应急救援工作，产生了良好的社会效果。在党建工作引领下，中冶集团涌现出一批先进典型，起到了很好的示范作用。中冶集团强根固魂的鲜活经验，对国有企业推进强根固魂具有重要启示意义。

## ◎ 国有企业的"根"与"魂"

党的十八大以来，习近平总书记十分重视国有企业党的领导与党的建设工作，在一些重要的会议、座谈会上对国有企业党的领导和党的建设工作做了一系列论述，发表了一系列具有远见卓识的新思想新论述新观点，丰富和完善了国有企业党的领导和党的建设思想，共同构成了新时代国有企业党的领导与党的建设工作的根本指南。

## 1. 坚持强根固魂不断推进国有企业改革发展

国有企业党的领导和党的建设工作是全面加强党的领导和党的建设工作中的重要组成部分,是党要管党、全面从严治党的重要领域之一。国有企业必须高度重视,从思想认识上、行动上与党中央的各项决策部署保持高度一致,把强根固魂贯穿于国有企业改革发展的全过程,不断激发国有企业党建活力、引领国有企业新发展新作为、创建一流党建工作和一流企业。

具体来看,推进国有企业强根固魂,主要体现在以下三个方面。一是坚持党对国有企业的全面领导。正如习近平总书记在党的十九大报告中所说,"党政军民学,东西南北中,党是领导的一切的",要把党的领导贯彻到国有企业改革发展的全过程之中,实现党对国有企业政治领导、思想领导和组织领导的有机统一。二是发挥国有企业党组织"两个核心"作用,即国有企业党组织的领导核心与政治核心。习近平总书记指出:"国有企业党组织发挥领导核心和政治核心作用,归结到一点,就是把方向、管大局、保落实。"要持续强根固魂,发挥好企业党组织的核心作用。三是紧紧抓住国有企业党建工作"三个着力点",即提高企业效益、增强经济实力和促进保值增值。坚持党的领导必然要求加强和改善党的建设,特别是在党要管党、全面从严治党的要求下,将国有企业党组织建设得更加坚强有力、更加清正廉洁,是国有企业改革的重要组成部分。

对此,习近平总书记创造性地提出了新形势下国有企业党建工作的新要求,继承和发展了马克思主义党建学说,开辟了国有企业治理的新境界,提出了国有企业改革发展的新思路。这一思路集中表现为习近平总书记提出的两个"一以贯之"原则。两个"一以贯之",即坚持党对国有企业的领导是重大政治原则,必须一以贯之;建立现代企业制度是国有企业改革的方向,也必须一以贯之。这两个"一以贯之"是对国有企业改革发展方向的根本规定和要求,是习近平总书记全面系统地总结党领导国有企业的实践探索经验,科学吸取了其他国家企业治理的有益经验,结合我国特殊国情创造性地提出的。两个"一以贯之"站在历史、实践和现实的基础上,回答了新时代国有企业应该"如何坚持党的领导"这一根本问题,解决了国有企业的旗帜方向问题、道路走向问题。这是国有企业在改革发展中必须始终不渝地坚守的原则和方向,事关国有企业的生死存亡问题,事关中国特色社会主义伟大事业的发展问题。

从目前的形势来看,在国际国内面临严峻压力的背景下,加强国有企业党的领导和党的建设具有深刻的迫切性和必要性。从国际方面来看,形势复杂、风险隐患多变是一大特征,不确定性和不稳定性增大,逆全球化的浪潮汹涌。从国内方面来看,改革处于"深水期",许多新老问题叠加,国有企业党建工作存在一些压力。这要求国有企业在进一步加强和完善党对国有企业的领导、加强和改进国有企业党的建设过程中,必须坚持两个"一以贯之"的原则,把国有企业改革与国企党建工作紧密联系在一起,让强"根"固"魂"永远走在路上。国有企业要不折不扣地将两个"一以贯之"重要论断落地生根开花结果,做出实效,将强"根"固"魂"始终贯穿于国有企业改革发展的全过程。

### 2. 坚持强根固魂发挥好国有企业的独特优势

坚持党的领导和加强党的建设是国有企业改革发展的优良传统。十八大以来,习近平总书记接过历史的"接力棒",大力推动"两个一以贯之"落地生根开花结果,理顺了党的领导和企业治理之间的关系,让二者在相互融入、彼此促进中发挥出各自独特的优势,成为"珠联璧合"的典范之作。在全面深化国有企业改革过程中，国有企业坚持强根固魂，不断向建成世界一流企业稳步迈进。

历史和事实告诉我们，党的领导和党的建设在国有企业改革发展中发挥着关键作用，持续不断地为国企注入动力、活力和实力，引领着国有企业创业、创新和创造事业，使国企更具战斗力和凝聚力。只有在党的坚强领导下，国有企业才能攻坚克难、砥砺奋进，沿着正确的方向稳步前进。国有企业的发展历史，就是坚持党的领导、加强党的建设的历史，在新时期只能加强，不能削弱。

坚持党的领导和加强党的建设是国有企业的独特优势，为国有企业的改革发展发挥保驾护航的重要作用，是国有企业在新形势下改革发展的内生动力，是国有企业改革发展的重要法宝。持续强根固魂，解决国有企业党的领导和党的建设工作中存在的一系列问题，将有力促进国有企业现代化治理体系的完善和治理能力的提升。

中国特色社会主义制度的优势之一是集中力量办大事，国有企业在党的领导下能够集中企业的精锐集中攻坚克难，走好国有企业自主创新之路。在国有企业实现发展模式转变、实现创新驱动等方面，只有在党的领导下，才能克服困难，获取主动地位。在党的集中统一领导下，党员发挥先锋模范作用、弘扬真诚奉献精神，不怕艰难险阻，锻造一支高素质的创新之师。通过发挥党的领导与党的建设这一独特优势，大力整合各方力量和技术创新链条，不断打造产学研相结合的、具有中国特色的创新体系，尤其在事关国民经济体系、国计民生和国家安全等领域成为创新的核心力量和主力军。

当前，我国国有企业呈现给世界的是风清气正、廉洁高效的形象，具有强大的全球竞争力，正在向世界一流企业的宏伟目标迈进，而党的领导和党的建设为实现这一目标提供了强大的政治保障。同时，国有企业坚持党的领导和加强党的建设突出体现了我国社会主义制度的优越性，展现了具有中国特色的现代企业治理和发展路径，为其他国家企业发展提供了中国智慧和中国方案。

### 3. 采取多方举措全面推动国有企业强根固魂

习近平总书记不仅强调了强根固魂的重要性，还对进一步强根固魂提出了详细要求。习近平总书记在全国国有企业党的建设工作会议上发表的重要讲话，为如何做好国有企业党建工作指明了详细方案，对全面推动国有企业强根固魂具有根本性指导意义。习近平总书记提出了"四个坚持"的总体要求，"四个坚持"即坚持党对国有企业的领导不动摇，发挥企业党组织的领导核心和政治核心作用；坚持服务生产经营不偏离，以企业改革发展成果检验党组织的工作和战斗力；坚持党组织对国有企业选人用人的领导和把关作用不能变；坚持建强国有企业基层党组织不放松。"四个坚持"与国有企业牢固树立"四个意识"、增强"四个自信"、做到"两个维护"的要求是紧密联系在一起的，是对国有企业开展党建工作的战略性安排。

习近平总书记还特别重视国有企业领导人对党的领导和党的建设的重要作用，对国有企业领导人员的选拔要求、选拔方式和培养形式、培养目标等都进行了详细阐述，指明了对国有企业中"关键少数"的政治要求、业务要求。可以说，选择优秀的国有企业领导人员是强根固魂的具体要求，也是党的领导和党的建设水平的体现。党始终要牢牢控制人事工作的领导权和对重要干部的管理权，真正选出政治合格、作风过硬、廉洁不出问题的人担任国有企业领导职务。

这就要求国有企业领导人员首先要饰演好自身的角色，做"党在经济领域的执政骨干"和"治国理政复合型人才的重要来源"，担负起经营管理国有资产、实现保值增值的重要责任。其次，国有企业领导人员还要具备相应的素质。习近平总书记还指出，国有企业领导人员要做到"对党忠诚、勇于创新、治企有方、兴企有为、清正廉洁"，这是国有企业领导人员必须具备的素养和政治要求。同时，在国内外市场日趋激烈的外部环境下，国有企业领导人员还应该具有与时俱进、因时而变的能力。最后，国有企业领导人员必须时刻树立"四个意识"，把党的各项主张落实到企业治理的方方面面，始终牢记为党工作是自己的第一职责，在党的领导下开创新事业新局面新未来。

习近平总书记还从国有企业政治生态、选人用人、基层党组织等多个方面论述了新形势下如何做好国有企业党建工作，从而有助于国有企业发挥好"顶梁柱"作用，为实现"两个一百年"奋斗目标贡献更多力量。首先，从政治生态来看，习近平总书记指出："做好各方面工作，必须有一个良好政治生态。"国有企业要做强做优做大，也必须在企业内部形成风清气正的良好政治生态，毫不留情地整治权欲熏心、阳奉阴违、结党营私、团团伙伙、拉帮结派等一系列问题。其次，在国有企业选人用人问题上，要做到"两个坚持"，一是坚持德才兼备、以德为先；二是坚持严管和厚爱结合、激励和约束并重。"两个坚持"的目的是完善适应中国特色现代国有企业制度要求和市场竞争需要的选人用人机制，真正选出忠诚党和人民事业、做人堂堂正正、干事干干净净的干部，在国有企业内部营造风清气正的良好政治氛围。最后，在基层党组织建设上，习近平总书记强调："要坚持党对国有企业的领导不动摇，坚持建强国有企业基层党组织不放松，为做强做优做大国有企业提供坚强组织保证。"国有企业要不折不扣地贯彻全面从严治党的各项要求，加强国有企业基层党组织的思想、制度、组织和队伍建设，做好各项对接工作，确保党对企业的领导和企业党建工作开展顺畅,将国有企业基层党组织建设成真正的战斗堡垒,在各项企业经营活动中发挥党员的先锋模范作用。

## ◎ 中冶集团以"两个忠诚"推进强根固魂

"我们要以骨子里的信念忠诚和激情澎湃的热血忠诚,出色地把工作干好、把党交给的事业干好,这是对党最大的忠诚。""两个忠诚"是中冶集团为坚持党的领导,加强党的建设而提出的响亮口号,也是融入企业改革发展全过程的企业精神和灵魂。中冶人提出了"两个忠诚",用"两个忠诚"将"两个维护"落到实处,走出了一条新时代具有中冶特色的实干道路。

**1. 坚守实干初心是做到"两个忠诚"的必然要求**

习近平总书记在党的十九大报告中提出,中国共产党人的初心和使命,就是为中国人民谋幸福,为中华民族谋复兴。中冶集团创造性地提出了"两个忠诚",将其贯穿于企业改革发展的始终,熔铸于中冶人干事创业的每一个环节,是中冶人特有的政治特质。"两个忠诚"是融入中冶人骨子、血脉中的基因,是中冶人对党的忠诚的具体展现。中冶集团作为国有大型企业,始终站在服务国家战略大局的高度上,用具有中冶鲜明特色的"两个忠诚"书写着实干初心。

坚决做到党中央提出的"两个维护",既是根本政治任务,也是根本政治纪律和政治规矩,是牢固树立"四个意识"的集中体现。中冶集团带着"两个忠诚",以昂扬向上的斗志将"两个维护"做真做实做透。中冶集团用风清气正的作风建设确保各项任务落地见效,以良好的作风践行对党的忠诚。心定则有恒,志坚则不惑。中冶集团一以贯之地打造风清气正的中冶"名片",崇德向善、崇尚清风、崇俭戒奢,走向风清气正新征程,谱写着中冶人始终坚定"两个维护"的中冶篇章。

中冶集团通过全面加强党的建设,坚持党的领导,将"两个维护"在企业全体干部职工的生产生活中落地生根、开花结果。坚持以党的政治建设为统领,始终坚持把政治建设摆在首位,树牢"四个意识"、坚定"四个自信",增强了践行"两个维护"的思想自觉和行动自觉。中冶集团全体干部职工深入做好学习贯彻习近平新时代中国特色社会主义思想的学以致用、融会贯通,增强贯彻落实习近平总书记重要指示和党中央决策部署的自觉性、坚定性,增强严守纪律规矩的自觉性、坚定性,在任何时候、任何情况下都坚决听从党中央号令、服从党中央指挥、完成党中央交给的任务,坚决做到令行禁止。

为此,中冶集团采取了全方位、多层次的举措不断加强党对国有企业的全面领导,层层压实管党治党政治责任,以高质量党建引领企业高质量发展,始终保持一份担当、一股激情、一种志向,心无旁骛干工作,以"骨子里的信念忠诚和激情澎湃的热血忠诚"出色完成党交给的事业,在党的领导下满怀激情地干事创业,不断将企业做强做优做大,为实现"聚焦中冶主业,建设美好中冶"的发展愿景注入源源不断的力量。

回顾中冶集团的历史,"实干"二字显示出了厚重和深沉。实干是党的优良传统,也是中冶集团企业文化中的鲜明基因。从身处内忧外患生死边缘到扭亏增利额度位居央企第一,从"聚焦中冶主业,建设美好中冶"的战略愿景,到提出"做冶金建设国家队、基本建设主力军、新兴产业领跑者,长期坚持走高技术高质量发展之路"战略定位,从"活下来"到高速发展、再到高质量发展的转型换挡,中冶集团用实干精神创造了一个个奇迹,实现了一次次腾飞,彰显着中冶集团践行"两个忠诚"的坚定决心。

伟大的事业成于实干，中冶集团创造的成绩源于实干。在以"两个忠诚"出色完成党交给的事业的过程中，中冶人身上流淌着实干的"血液"，以实际行动全力保障高质量稳增长。中冶集团的实干初心内在地蕴含着对党的无限忠诚，取得的一切成绩都是在党的领导下实现的。在企业改革发展的每一个阶段，党的领导贯穿始终，实干精神一脉相承，一代代中冶人接续奋斗，以信念忠诚和热血忠诚苦干实干，以实际行动书写了毫不动摇地做强做优做大国有企业的中冶篇章。

**2. 锤炼实干作风是践行"两个忠诚"的生动实践**

从走出了中央企业 7+2 改革脱困企业名单到实现从 D 级到 A 级的质的飞跃，从经营效益一度巨额亏损到成为当之无愧的具有国际竞争力的世界级"矿业航母"，中冶集团带着实干精神实现了一次次历史性跨越。在中冶人苦干实干的生动实践中，锤炼了实干作风，用实际行动践行着"两个维护"。

中冶集团在践行"两个忠诚"的生动实践中锤炼了实干作风，保障在党的领导下，各项改革发展举措能够迅速落地生根。实干必须以过硬作风作为保障，在中冶集团生动的改革发展实践过程中，中冶人创造了内涵丰富、意蕴深刻的实干作风，形成了"马上就办、真抓实干"的优良作风，培养了一大批敢干事、善干事、干成事的实干家。

中冶集团以攻坚克难的进取姿态克服了一个又一个难题，实现了一次又一次腾飞。从头顶上压着恒通、纸业、葫芦岛有色"三座大山"到拉开攻坚克难、奋力自救的改革大幕，从企业改革进入"啃硬骨、涉险滩"的攻坚期到"让僵尸企业入土为安"等一系列改革举措精准发力，解决了一批长期想解决而没有解决的问题，办成了一批过去想办成而没有办成的大事。

企业全体干部职工始终坚持只争朝夕的效率准则是中冶集团的实干作风最明显的体现，既有"抢"的意识，也有"快"的速度，是二者的有机结合和辩证统一。国文清在《国有企业领导干部要做新时代的实干家》中提出："抢"，就是要抢市场抢机遇；"快"，就是要快部署快落实。中冶集团始终把市场作为生命线，坚持到"有草的地方放羊、有鱼的地方撒网"的原则，形成了企业发展新动力和新增长点，促进了企业稳健发展。在疫情期间，中冶集团迅速出击，响应党中央号召，坚持"人民至上、生命至上"的根本理念，实现疫情防控与生产经营"两手抓、两手硬"，展现出了"顶梁柱"在关键时刻能够"顶得住"的央企担当。

在选人用人方面，中冶集团着力锻造新时代的国有企业新型实干家，将那些始终保持绝对忠诚的政治品质、政治站位高的人才及时补充到企业领导队伍中，充实新鲜的血液。坚持做到第一时间学习传达上级精神，突出抓好班子、带好队伍，突出选人用人机制创新，大力推行"严格的干部考核制度""适度的干部交流制度"和"后备干部梯队培养制度"，注重干部动态考核与过程调整，注重干部队伍的有效衔接与良性发展，构建了"能上能下、能进能出、公开公平公正"的干部管理机制，营造了清朗的选人用人风气和环境，企业面貌和队伍作风呈现新气象新气派新风光。

为了锤炼实干作风，中冶集团始终坚持全面从严治党，打造铁一般忠诚干净担当的干部团队，把从严管党治党责任刻在心里、扛在肩上。中冶集团着力打造了一支对党忠诚、坚强有力的干部团队，让"关键少数"切实发挥实干家的带头示范作用，不断提升抓班子带队伍这个"第一能力"，确保改革落地千秋基业，不断提升企业的人才竞争力。

打造一支对党忠诚、坚强有力的干部团队，关键是要适应新时代要求,持续提升理想追求力、执行力、活力、正气力。中冶集团遵循这一思路,在企业改革发展中锻造了一支具有持之以恒提升对党忠诚、激情创业的理想追求力,持之以恒提升务实高效、追求卓越的执行力,持之以恒提升能者上、庸者下的队伍活力,持之以恒提升公道正派、风清气正的正气力的钢铁之师,为企业发展提供了强劲的人才干部支撑。

中冶集团全体干部职工始终讲政治、讲担当,把纪律和规矩挺在前面,实干在企业蔚然成风。中冶集团不折不扣地贯彻执行党的各项重大决策部署,用铁一般严明的纪律确保世界第一"国家队"目标的实现。通过强化使命担当,永葆中冶人的战斗定力。中冶集团各级领导干部始终保有忠党报国的使命和担当,千方百计、绞尽脑汁地想出干成事的办法,出色地把工作干好、把党交给的事业干好,努力实现企业的高质量发展和长富久安,不断把建设"美好中冶"推向新的更高水平。

### 3. 实干答卷彰显中冶忠党报国为民的担当作为

习近平总书记提出:"要脚踏实地、真抓实干,敢于担当责任,勇于直面矛盾,善于解决问题,努力创造经得起实践、人民、历史检验的实绩。"实绩是实干最终的落脚点,扎扎实实做好每一项工作,才能够取得优异成绩。中冶集团在干事创业的过程中始终坚持从政治的高度和角度去看问题、想问题、抓问题,把习近平总书记系列讲话和党中央的要求贯穿到工作的全过程和生产生活的全方面。中冶集团在改革发展的每一个阶段、在面对不同的形势、解决不同的难题中,始终以实干精神奋力书写实干答卷,出色地完成了党交给的事业,这是中冶集团作为大型国有企业爱党报国为民的担当作为。

回顾过去,中冶集团在打造"世界第一冶金建设国家队"的实践中,精准研判行业发展大势,树立世界眼光,牢牢掌控了发展主动权,形成了自身核心竞争力,实现了一次次跨越式的发展,交出了一份份满意的实干答卷,为建设"美好中冶"奠定了坚实的基础。中冶集团从无到有、从小到大、从弱到强、从中国走向世界,从"快速扩张、风险积聚"阶段到"聚焦中冶主业,建设美好中冶",从"二次聚焦主业,再拔尖再拔高再创业"到"打造世界第一冶金建设国家队",从拉开与中国五矿互补式战略重组的大幕,到两家企业实现产业和资产层面的"结构之变",中冶集团的实干答卷有目共睹。

当前,面对以国内大循环为主体、国内国际双循环相互促进的新发展格局,中冶集团继续扮演好"主力军"的角色,聚焦主责主业,坚决扛起金属矿业护国报国的责任担当。通过积极获取对外依存度较高的战略性资源,有效缓解了国内供应紧缺局面;大力整合稀土等中国具有优势的金属资源,有效推动了优势资源价值沿着产业链不断放大;按照"战略上有竞争优势、管理上有成本优势"的基本原则,不断加强全球资源配置和产工贸一体化能力,有效保障国家金属矿产资源安全与供给。

2021年1月26日,在中冶集团暨中国中冶年度工作会议上,国文清强调,要坚持实干担当,以恒心恒力打造风清气正干部团队,以实干实绩成就事业。他指出,中冶集团要立足新发展阶段、贯彻新发展理念、构建新发展格局,聚焦主责主业不动摇,不断增强产业链供应链自主可控能力,瞄准重点关键环节,拉长长板、补齐短板,切实把经济指标完成好,把世界第一冶金建设国家队名副其实打造起来,把钢铁报国强国的责任担当起来,确保企业奋勇向前、长富久安,确保干部职工收入稳定、生活幸福,以更大担当更大贡献交出实干的精彩答卷。

展望未来,在党的坚强领导下,中冶集团将继续以"聚焦中冶主业,建设美好中冶"为发展愿景,继续秉持"一天也不耽误,一天也不懈怠"

埋头苦干的精神，继续保持谦虚谨慎、戒骄戒躁的作风，继续保持"不用扬鞭自奋蹄"的敬业精神和强烈进取心，脚踏实地、苦干实干，用骨子里的信念忠诚、激情澎湃的热血忠诚干事担当，以优异成绩向党和人民献上了一份实干答卷，继续彰显着中冶集团爱党报国为民的担当作为。

## ◎ 中冶集团强根固魂实践的具体举措

重组以来，中冶集团深入贯彻落实习近平总书记关于国有企业强根固魂的重要论述，全面加强党的领导和党的建设，把政治建设摆在首要位置，积极推动党建工作责任制的有效落实，突出抓牢基层党组织建设，全面加强干部队伍建设，切实推进党风廉政建设，集团党的建设得到根本性加强，为建设高技术高质量美好中冶提供了坚强保证。

### 1. 把政治建设摆在首位有效提升引领力

坚持党的领导、加强党的建设，是中冶集团始终不渝遵循的重大原则，更是中冶集团的光荣传统和独特优势。党的十九大提出了新时代党的建设总要求，首次把党的政治建设纳入党的建设总布局，强调以党的政治建设统领党的建设。把政治建设摆在首位，旗帜鲜明讲政治，这是加强党的建设的根本遵循。中冶集团始终把加强政治建设，旗帜鲜明讲政治作为最基本和第一位的要求，将其贯穿于党性锻炼、日常工作的各方面、全过程。

一是旗帜鲜明讲政治，强化政治引领。政治建设决定党的建设方向和效果，关系党组织政治引领力的强弱。为牢固树立"四个意识"，坚决维护习近平总书记作为党中央的核心、全党的核心，坚定维护党中央权威和集中统一领导，自觉在思想上政治上行动上同党中央保持高度一致，集团党委始终坚持第一时间传达学习、贯彻落实中央精神和上级党委各项决策部署，抓好《中共中央政治局关于加强和维护党中央集中统一领导的若干规定》的学习贯彻，制定并下发《中共中国冶金科工集团有限公司委员会暨中共中国冶金科工股份有限公司委员会关于加强和维护党中央集中统一领导的规定》，坚决做到"两个维护"。与此同时，中冶集团进一步严明政治纪律和政治规矩，坚决执行党中央决策部署，始终做到党中央提倡的坚决响应、党中央决定的坚决执行、党中央禁止的坚决不做，在重大政治原则和大是大非问题上保持头脑清醒、立场坚定；进一步严肃党内政治生活，严格尊崇党章，严格按照党内政治生活准则办事。

二是加强政治学习，强化思想引领。近年来，中冶集团各级党组织把深学笃用习近平新时代中国特色社会主义思想作为一项重大政治任务抓实抓牢抓深；切实学懂弄透做实党的十九大精神，深入学习贯彻习近平新时代中国特色社会主义经济思想、习近平总书记关于国有企业改革发展和党建的重要思想以及全国国有企业党建工作会议精神，在入脑入心上持续深化、在引领实践中持续深化，确保落地见效。通过制订具体学习计划，会前印制学习资料做好自学，会上进行导读和交流研讨，会后印发文件要求全系统学习贯彻，进一步提高了学习质量，确保党的基本理论、基本路线、基本方略在集团落实落地。中冶集团还以学习强国平台、智慧党建 APP 等信息化手段为载体，认真开展政治理论学习与宣传教育，提高支部党员的政治敏锐性和理论素养。此外，中冶集团还通过邀请相关领域专家学者讨论的方式，加强政治学习。通过持之以恒的理论学习，全面提升党员干部的理论修养，确保生产经营、改革发展各项工作始终与党中央保持高度一致。

三是坚定理想信念，强化使命引领。初心指引方向，使命引领未来。中冶集团坚定共产主义远大理想信念，毫不动摇地坚持党的领导，坚持社会主义方向。始终初心不改，无论顺境逆境，矢志不渝地保持70年来对冶金产业的坚定和执着，持续推进冶金优势再拔尖、再拔高、再创业，加速培育世界第一冶金建设运营服务"国家队"，担负起引领中国冶金走向更高水平、走向世界舞台中央的国家责任和使命。中冶集团各级党组织坚持高起点谋划、高标准推进"不忘初心、牢记使命"主题教育，持续抓好"两学一做"学习教育常态化制度化，自觉为实现新时代党的历史使命不懈奋斗，推动集团沿着正确方向奋勇前进。

### 2. 积极推动党建工作责任制的有效落实

全面从严治党，重在落实责任。中冶集团目前共有所属二级子企业党组织43个，截至2020年底，中冶集团全集团共有党员47108名，共有基层党组织3365个，其中党委313个，党总支141个，党支部2911个，集团党委管理的干部约370名。从这些数据可以看出，中冶集团党建工作具有点多、线长、面广的特点，要在这种情况下做好党建工作，离不开党建工作责任制的有效落实。对此，中冶集团党委坚决落实全面从严治党主体责任，高度重视党建工作责任的落实，采取多种措施把党建责任落到实处，推进党建工作取得实效。

一是班子带头示范。党委书记以上率下，坚持严抓细抓党建工作，多次召开党委常委会及专项会议研究讨论公司党建工作；制定党建工作要点，统筹谋划全年重点工作，分解细化任务清单，进一步明确工作事项、目标任务、责任单位及完成时限，层层压实压紧责任落地；认真贯彻执行党委研究企业重大事项作为前置程序的要求，执行民主集中制原则。企业"三重一大"事项决策前都经过党委常委会研究；

根据领导班子调整情况及时调整党建工作联系点，严格落实党员领导干部结合分工抓党建的"一岗双责"要求。班子成员在检查指导子企业工作时，坚持做到既关注企业生产经营，也检查督促党建工作，促进子企业找准党建工作与生产经营相融互动的有效切入点，明确"改革走到哪里，党的建设就跟到哪里"，使企业改革发展和党的建设相互促进。

二是强化顶层设计。深入贯彻落实全国国有企业党建工作会议精神，结合《中冶集团暨中国中冶2019—2021年滚动规划》，全面规划党建工作。严格落实把加强党的领导和完善公司治理统一起来的要求，持续推进新设立公司，所属三级、四级企业党建工作要求进章程工作。开展党内制度对标工作，修订出台党委（常委）会议事规则、党委中心组学习规则等制度，从制度体系上确保公司党委领导作用和政治核心作用的充分发挥。注重党建工作与生产经营工作的同步考核，将党建指标纳入子企业综合业绩考评体系，直接与企业负责人薪酬挂钩。严格执行党组织报告年度党建工作制度，要求子企业上报管党治党责任落实情况。制定中冶集团年度党建工作考核评价体系，推动管党治党"第一责任人"主动担责、履职尽责，促进子企业班子成员切实履行"一岗双责"。

三是突出检查指导，"抓细抓早抓实"党建工作的落实在党建工作中，年初就召开党建工作推进会，部署安排全年工作，强化责任落实；同时，还结合党建考评要求，按季度开展党建督查工作，督促子企业严格按照考评内容和任务清单抓好工作落实，及时发现问题、查找不足，并据此不断完善工作；督促子企业深化问题整改、及时纠偏；充分发挥巡察工作协同效用，巡察工作中将党建工作作为重要内容，对发现的"四化"问题逐一梳理、及时反馈、督促整改，并要求总部有关部

第九章　强根固魂篇

2014年，国文清在成都双流机场含泪迎接从越南河静项目救助撤回的受伤员工

门跟踪落实。

### 3. 突出抓牢基层党组织建设提升组织力

党的基层组织是党的全部工作和战斗力的基础，中冶集团把抓基层强根基作为重中之重，以提升组织力为重点，坚持夯实打牢党建基础工作，推动集团基层党建工作取得新成效。

一是推进基层党组织标准化建设，发挥基层党组织战斗堡垒作用。按照"四同步、四对接"要求，全面整治"应建未建"及软弱涣散党组织。针对基层党支部建设水平参差不齐的情况，从提升支部工作规范化、标准化入手，作为强化"三基建设"第一招。通过广泛宣传《中国共产党支部工作条例》，制定印发《党员应知应会手册》《党支部工作手册》，完善党员党组织管理、党费收缴使用管理等制度，健全党员领导干部党建基层联系点和统战成员联系制度，基层党组织按期换届督促提醒、组织生活会和民主评议等工作机制，规范"三会一课"、主题党日活动，持续推进基层支部建设常态化、制度化。中冶集团党委始终坚持"项目干到哪里，党组织就建到哪里，党的活动就开展到哪里，党组织和党员的作用就发挥到哪里"的原则，依托项目建立党组织，同步抓好党组织的建立、健全工作，配备党务人员，把党组织建设延伸到项目施工经营一线，确保党组织正常开展工作和有效发挥作用。

二是强化支部建设，基层党建进一步优化。树立党的一切工作到支部的鲜明导向，强化政治功能，提升支部组织力，抓好"三会一课"，持续推进"两学一做"学习教育常态化制度化。精心编制并在全集团推广使用《中冶集团党支部工作手册》，进一步提升基层支部工作的规范化、标准化。做好发展党员工作，制定分配指标，开展总部机关第十五期入党积极分子培训班，重视在生产经营一线、产业工人和青年职工中发展党员，努力把业务骨干培养成党员、把党员培养成业务骨干、把党员骨干输送到重要岗位。为确保基层党组织的组织活动有效开展，年初计提工资总额的1%作为党组织工作经费，确定总部各支部党组织工作经费使用额度，下发《关于党组织工作经费管理使用有关问题的通知》，严格执行党组织工作经费和党费有关使用要求。加强对基层支部典型经验的总结梳理，甄选党支部书记典型案例，持续加大宣传与推广力度。加快推进基层党建信息和党员APP信息的采集完善，及时准确掌握一手信息，为更好推动工作提供基础数据保障。同时，持续加大党支部书记培训培养力度。每年开展对劳模模范、科技工作者、困难党员、老党员的慰问帮扶工作，由集团领导亲自带队，在全集团开展走访慰问活动，送去党组织的关怀和温暖。

**4. 坚持党管干部原则全面加强干部队伍建设**

集团党委坚持党管干部、党管人才原则，坚持正确的选人用人导向，强化选人用人工作中党的领导，突出选人用人的政治要求，坚持并深化了"德才兼备，以德为先"的选人用人标准，着力打造一个对党绝对忠诚、团结稳定、干事创业、业绩突出、风清气正的领导班子，着力建设一支高素质专业化干部人才队伍，使中冶干部管理工作更加符合新时代工作要求。

一是把好"选人关"。治企兴企重在选贤任能，中冶集团坚持正确的选人用人导向，匡正选人用人风气，突出政治标准，注重专业能力、专业精神；严格规范选人用人程序，落实"凡提四必"制度，把好人选政治关、品行关、作风关、廉洁关；改进推荐提名考察方式，坚持全面、历史、辩证地考察识别干部，重在考准考实，选优配强各级领导班子，使一批政治强、懂专业、善治理、业绩优、敢担当、作风正的干部脱颖而出。近年来，中冶集团按照两个"一以贯之"的总要求，通过完善法人治理结构、"双向进入、交叉任职"的领导体制，推动干部有序交流，探索建立专职董、监事队伍"四位一体"，推动了领导班子建设。中冶集团还突出抓好基层党组织书记队伍建设，注重把懂党务、懂业务、懂管理优秀党员选拔到基层书记岗位。在党员队伍建设上，坚持把政治标准放在首位，注重从产业工人、生产一线发展党员，深化"双培养一输送"机制。

二是把好"用人关"。人才是企业兴盛之基、发展之本。中冶集团坚持精准科学用人、不拘一格用人，持续推进干部队伍年轻化，精心培养和大胆起用优秀年轻干部，配备优秀的"80后"年轻干部逐步充实到各级领导班子，推动干部队伍老龄化问题得到根本性改善。近年来按照对优秀年轻干部工作的部署要求，中冶集团精心组织、周密安排，改进并制订了翔实的工作方案，分组、分片区对21家勘察、设计、施工子企业优秀年轻干部进行了专项调研，经综合研判选拔多名优秀年轻干部进入了子企业领导班子，还有一些优秀年轻干部交流到困难企业、新兴企业进一步历练。同时，中冶集团还把优化干部队伍结构与建立健全干部退出机制、完善企业法人治理结构、建立专职董事监事队伍等工作系统有机地结合起来，进一步做好子企业主要领导、纪委书记、总会计师等常态化干部交流，坚持问题导向、高端引领，大力培育、挖掘、引进高精尖战略领军人才，进一步优化人才资源结构，使其与企业战略定位、业务结构、市场结构有效匹配。

三是把好"管理关"。好干部是选出来的，更是管出来的。中冶集团坚持严管厚爱相结合，一方面，继续从严管理干部。不断加强各级领导班子建设和领导干部个体领导力建设，全面增强治企兴企本领；

加强对中冶集团所属企业党建工作部门负责人和党务工作骨干的经常性、专业化培训；强化干部日常管理监督，完善考核评价机制，以全面治庸治懒治不作为，推动干部能上能下。另一方面，建立容错纠错机制，落实"三个区分开来"要求，旗帜鲜明地为敢于担当、踏实做事、不谋私利的干部鼓劲撑腰，严厉惩治造谣生事、颠倒是非、恶意诬陷的"内鬼"，营造清朗的干事创业环境。

四是把好"激励关"。用好党内表彰评选，激励党员立足岗位争当先锋、争做表率。通过建立科学公平合理、具有较强市场竞争力的激励机制，完善人才评价体系，畅通人才成长"立交桥"。强化薪酬激励，破除"铁工资""大锅饭"，合理拉开收入分配差距；加大对科技人才的激励，特别是在自主创新和科技成果转化中发挥关键作用的核心技术人才，逐步完善创新人才合理分享创新收益的激励机制，构筑企业与员工利益共享、风险共担、事业共创的"命运共同体"。

### 5. 推进党风廉政建设营造良好发展环境

全面从严治党永远在路上，中冶集团持之以恒正风肃纪，着力营造正气充盈、风清气正的发展环境，为企业稳健发展、长富久安保驾护航。

近年来，集团党委全面扛起党委的主体责任，通过组织召开党风廉政建设和反腐败工作会议，与公司全体领导班子成员和各分公司和子公司党委签订《党风廉政建设责任书》，组建巡察组对17家子公司开展常规巡察并进行巡察"回头看"，组织开展自查自纠活动推动各级党组织进行自我"政治体检"，建立廉洁风险监督联动机制等多种方式，不断推进党风廉政建设。

在纪委监督责任的落实中，集团纪委每季度召开子公司纪委书记、监察部负责人例会,并形成惯例。同时,还推动各级纪委在重要节假日前夕以提醒通知、微信、短信、邮件等形式向广大党员干部作廉洁提醒,为广大党员干部树立底线、划出界线、明确红线;推动各级纪委以"知敬畏、重操守、强作风"为主题,组织开展反腐倡廉宣传教育月活动,在企业内部营造不想腐的氛围;推动各级纪委落实"两个为主"的要求,各级纪委会同组织部门提名考察所属单位纪委书记、副书记、审核把关监察机构负责人。在加大治本力度的同时,推动各级纪委注重标本兼治,巩固治标成果,持续保持惩治腐败的高压态势。

具体来看,中冶集团通过四个持之以恒,坚定不移推进党风廉政建设,有效保障了企业的健康发展。

一是持之以恒狠抓作风建设。以钉钉子精神继续巩固拓展落实中央八项规定精神成果,健全作风建设长效机制,驰而不息管出习惯、抓出成效、化风成俗。要继续紧盯内部相互走访和宴请、公款吃喝、赠送节礼等老问题,严肃查处顶风违纪行为,密切关注"四风"问题新动向新表现,坚决防止"四风"回潮复燃。通过坚守一个个节点、突破一个个具体问题带动干部作风持续改进。

二是持之以恒全面加强纪律建设。各级党委纪委切实把全面从严治党主体责任、监督责任真正担负起来,坚持挺纪在前,在严肃纪律教育上使长劲,使广大党员干部明是非、养正气,知敬畏、守底线,始终绷紧廉洁自律这根弦。准确运用监督执纪"四种形态",深化分类处置,把握好各形态之间的转换条件和要求,抓早抓小、防微杜渐,惩前毖后、治病救人。

三是持之以恒健全企业监督体系。持续推动子企业内部巡察全覆盖,推动巡察力量向基层延伸、向境外延伸,着力解决基层、业务末端和境外的"微腐败"问题,适时开展机动式巡察,使巡察"回头看"

成为常态，认真做好巡视巡察问题整改。要强化组织监督，改进民主监督，促进同级相互监督，深化干部日常管理监督，强化过程监管和权力监督，整合纪检、巡察、审计、财务、法律等监督力量，构建党统一指挥、全面覆盖、权威高效的监督体系，形成"大监督"工作格局。

四是持之以恒保持高压反腐态势。激浊扬清、固本培元，深化标本兼治，打好反腐"歼灭战"。坚决减存量、重点遏增量，定期对信访举报线索集中清理，实现问题线索"零存放"。坚持无禁区、全覆盖、零容忍，坚持重遏制、强高压、长震慑，把"三类人"作为重点，重点查办领导人员和重要岗位人员侵吞国有资产、贪污受贿等案件以及违规决策造成重大资产损失等失职渎职的案件；严肃查处向民营企业输送利益，虚增工程量套现，违规设立"小金库"，亲属子女凭借影响力在本企业从事经营活动谋取私利等突出问题；紧盯工程分包、物资采购等重点领域、关键环节，关注长期亏损、长期闹不团结的企业，关注长期占用资金、长期应收账款收不回来的项目；严肃查处群众身边不正之风和腐败问题。

## ◎ 中冶集团以党建促发展勇担社会责任

在中冶集团改革发展的每一个阶段，党建始终是引领中冶集团走好前进道路的"法宝"，指引着中冶集团紧跟国家步伐，自觉坚持中国特色社会主义道路和国有企业改革发展道路不漂移、不偏离。近年来，中冶集团全面落实新时代党的建设总要求，坚持服务企业生产经营不偏离，坚决贯彻中央决策部署，勇担社会责任，在脱贫攻坚、应急救援等方面做出重要贡献，在企业各方面工作中涌现出一批先进典型。

## 1. 党建与业务深度融合更好服务企业发展

中冶集团坚决贯彻落实习近平总书记指示要求，全面提升和加强党的建设，坚持党的建设服从服务于企业改革发展的中心任务，把党建工作融入企业生产经营全过程，持续推动党建与业务同频共振、同题共答、互促共进，实现了党的建设与改革发展同向聚合，把党建优势真正转化为了企业的发展优势和竞争优势。中冶集团坚持党建工作和业务工作一起谋划、一起部署、一起落实、一起检查，着力推动党建工作和生产经营业务紧密结合，推动企业更好发展。2020年，中冶集团所属子公司党组织建立党员责任区3092个、党员示范岗7073个、党员突击队1376个、志愿服务队92个，各级党组织和广大党员主动扛起最危险、最繁重的工作，充分发挥战斗堡垒和先锋模范作用。此外，通过开展"两优一先"、劳动模范和先进工作者评选，突出党员先锋模范作用，带动全集团群众员工共同为企业奋力拼搏。

可以说，中冶集团在加强党的建设过程中，始终坚持发展是治企兴企第一要务不动摇，始终坚持党的领导，以党的建设为引领，既登高望远，将企业发展置于党执政兴国、国民经济发展全局、全球政治经济变革的大环境、大格局之中，在大势中谋准企业方位，又脚踏实地，以步步相扣的有力举措确保战略落地做实，通过党建与业务的融合大大推动了企业发展。中冶集团各子企业不断探索党建工作形式，将党的建设与业务工作紧密结合起来，出现了一批特色鲜明的党建案例，这里仅选取中国一冶、中国五冶、上海宝冶、中冶华天四个典型案例，以展示中冶集团用党建凝聚企业发展的磅礴力量。

### （1）以"书记保障工程"将党建与项目结合起来

近年来，中国一冶集团党委坚持"围绕项目抓党建，抓好党建促项目"的思路，以实施"书记保障工程"为抓手，把项目施工和经营管理中的重点、难点问题作为党建工作的着力点,把提升项目经营效益和管理水平作为党建工作的主要检验标准,充分发挥基层党组织书记带头人作用,为高标准、高质量建设好重点工程提供了坚强的组织保障。从具体项目实施过程来看,中国一冶集团各单位党组织书记在切实耕好基层党建"责任田"的同时,把推动重点项目施工进度作为"分内之事",亲自上阵,蹲点指挥,党组织书记既挂帅,又出征,有力地保障了项目工期要求。

例如,在中国一冶集团承接的巴基斯坦旁遮普省30兆瓦光伏发电项目建在一片沙漠中,高温、暴雨、沙尘暴、食材单一、居住在集装箱里,条件非常艰苦,工期异常紧张,人员组织困难。该工程很快被中国一冶集团党委定为"书记保障工程",时任中国一冶集团冶建公司党委书记程柏超驻扎到施工现场。他发挥自身优势,迅速从冶建公司各项目部抽调精兵强将奔赴巴基斯坦,短时间组织近300名专业技术人员投入紧张有序的施工中。虽然现场条件艰苦,但程柏超坚持与施工人员同吃同住同劳动,每天早上最早到项目部准备一天的工作安排,最晚一个离开,晚上继续分析协调当日施工过程中遇到的问题。在他的带领下,现场施工人员工作热情高涨,加班加点拼抢工期,用"中国质量"和"中国技术"3个月完成50兆瓦光伏电站并网,6个月完成300兆瓦光伏项目建设,创造了"中国速度",并荣获了中国建设工程鲁班奖。

**(2)项目党群文化建设"量体裁衣"新模式**

近年来,中国五冶党委坚持"对内把项目作为团结和凝聚职工队伍的基地,对外把项目作为彰显企业政治素质和综合实力的窗口"的工作思路,创造性地实施了项目党群文化建设"量体裁衣"新模式,即为每个项目定制《党建工作方案》,并配套相应的管控措施,确保了项目党群文化建设有计划、有支撑、能落地，实现了党建与生产经营深度融合，相关成果荣获国务院国资委中央企业党建思想政治工作优秀研究成果二等奖。

首先，中国五冶项目党群文化建设"量体裁衣"的重点在于把项目党建工作管理与项目生产经营管理有机结合，但各项要求和愿景能否真正落实，关键看定制的《方案》。经过深入调查研究，中国五冶党委采取了"上下联动"的制定方式，"上"是定原则，"下"是促落地，通过"上下联动"确保方案既符合党的方针政策和上级党委部署，又符合项目的实际情况。目前中国五冶项目党建工作方案覆盖率已达100%。

其次，在"上下联动"确保方案制订方式科学性的基础上，中国五冶在项目党建具体内容的策划上采取按需"点菜"，在确保"规定动作"不走样的前提下将项目对党建工作的需求作为考量的重点，突出方案的针对性和唯一性。

最后，为确保"量体裁衣"的方案在执行过程中不走样，中国五冶集团党委还在管控上下功夫，通过责任制、信息化、考核等多重手段确保管控到位。在执行过程中，项目党建工作方案中的每一项内容、每一个活动都分别落实到项目的广大党员和积极分子身上，发动大家共同参与做好党建工作。同时，中国五冶集团两级公司党建工作部门还运用内部 OA 平台、微信、QQ 等各种手段对各项目党建工作方案的执行情况进行适时动态跟踪，加强过程控制，发现执行中存在的问题及时加以指导、督促、帮助，当项目客观条件发生变化的时候，还及时对《项目党建工作方案》进行相应调整，始终保持其针对性和实效性。

### （3）以"党员之家"为平台推动党建融入生产经营

上海宝冶党委积极鼓励和倡导基层党组织与地方党委、与业主开展党建工作交流,互相学习,互相提升,尤其是在重大工程项目中,以"党员之家"建设为契机,积极开展党建共建,进一步创新党建工作形式,激发项目党支部的战斗力和影响力,取得了良好的效果。上海宝冶党委按照"有统一的场所,有统一的设施,有统一的标识,有统一的学习资料,有统一的工作制度,有统一的活动安排"的工作要求,结合项目标准化管控体系建设实际,对党员之家建设进行统一安排,统筹推进。同时,上海宝冶党委还立足区域化文化差异,鼓励各基层党支部因地制宜开展工作,以"党员之家"为载体,全面开展"一个支部一个特色,一名党员一面旗帜"创建活动,不断提高党建水平。近年来,在上海宝冶的诸多项目中,"党员之家"推动党建融入生产经营的重要作用得到了很好的展现。

在冬奥会国家雪车雪橇项目中,与延庆区、北控集团等联合成立了北京2022年冬奥会和冬残奥会延庆赛区核心区联合党委、联合工会,构建了产业联建党组织的新格局,拓展了党建工作的新途径。以联合党委为载体,以"党员之家"为平台,进一步凝聚各方力量,强化政治引领,强化沟通协调,带领全体员工形成一个强有力的战斗集体,更好地在冬奥项目建设过程中起到战斗堡垒作用和保驾护航作用,促进工程建设的质量、安全、进度的提升,以保证工程建设按既定目标按期完成;在浦东国际机场项目中,与上海机场集团积极开展党建联建,双方深入开展了"让党旗在工地上飘扬""青春喜迎十九大,立功竞赛在空港"主题青年立功竞赛等活动,激发了项目党建活力,促进了与业主的交流合作;在郑州报业大厦项目中积极与郑州报业集团开展共建活动,联合开展党课学习交流;在中国商飞民机示范产业园一期项目中,与业主中国商飞四川分公司签订了《中国商飞民机示范产业园一期项目反腐倡廉暨"双重双优"

共创共建协议书》，深入开展共创共建活动，为打造"精品工程""廉洁工程"，确保"工程优质 干部优秀"起到了积极的推动作用。上海宝冶"六个统一"党员之家建设，是落实"把支部建在连上"，提升基层党建工作质量，发挥党支部战斗堡垒作用和党员先锋模范作用的有效举措，对探索党建工作融入生产经营，推动项目施工生产创新创效具有现实借鉴意义。

**（4）打造党建"微磁场"，为生产经营注入新活力**

中冶华天党委以"党建强企，科技报国"为己任，注重问题导向和效果导向，创造性地实施了"四强四有""三面旗"党建主题实践活动，打造党建"微磁场"，把各基层党组织建设成为"政治引领强、推动发展强、科技创新强、凝聚保障强"的"四强"坚强战斗集体，把党员队伍建设成为"有使命担当、有形象感召、有工匠追求、有关爱传递"的"四有"骨干力量，让每个党员、每个基层党组织都以自身的实际作为如同磁石一般把干部员工牢牢团结在一起，聚合成推动企业高质量发展的红色力量。"微磁场"，切口在"微"，每一位党员，不论职级高低、年龄大小，都从小处入手，从自身做起，以实际行动感染人、引领人、带动人，做"四有"共产党员；核心在"磁"，像磁石一样把党员、群众牢牢团结在党组织周围，形成强大的战斗集体，把党的政治优势、组织优势转化为企业的发展优势；着眼在"场"，通过加强党的建设，形成良好的学习氛围、工作氛围，让每一位党员、职工身处其中，都能在潜移默化下凝聚一心、奋发作为，激发内在动能。

具体来讲，一是着眼基层，拉近"微距离"，高扬党员干部先锋旗。各级党员领导干部始终牢记自己的第一身份是共产党员，第一职责是为党工作，"撸起袖子"主动深入基层调查研究，"甩开膀子"在急难险重的紧要关头一马当先、冲锋在前。2018年，中冶华天领导班子在"两金"压降攻坚战中，想方设法、攻坚克难，盘活了川威集团拖延长达8年之久的4亿元历史旧账，打响了胜利的第一枪。二是立足项目，建强"微网格"，织密战斗堡垒全域网。每个党员都是一个"微网格"，通过党员的率先垂范把党旗插到生产经营第一线，形成贯通全公司各个业务板块的坚强战斗集体。设立了223个党员先锋岗、30个党员责任区、40个党员突击队、45个党员先锋项目，明确党员的职责任务，严格考核方法。在复工复产的关键阶段，700多名党员主动放弃周六休息时间，赶图纸、抓工期、带头加班加点，吹响了争分夺秒、大干快上的集结号。三是注重创新，聚焦"微党课"，唱响学思践悟立体声。充分发挥"微党课"形式新、时间短、接地气、效果好的特点，营造党员自我教育、相互启迪、共同提高的良好氛围。开展了"不忘初心，牢记使命"朗诵比赛、"五四之火，永不停熄"演讲比赛、"用最美文字描绘我心中的党"创意大赛等一系列活动，将党员教育融入日常学习工作当中，变"一言堂"为"党员讲坛"，极大提高了党员的参与热情和学习成效。

**（5）强化宣传思想工作**

宣传思想工作是党的一项极端重要的工作。中国特色社会主义进入新时代，踏上新征程，履行新使命，必须把统一思想、凝聚力量作为宣传思想工作的中心环节，扎实履行好"举旗帜、聚民心、育新人、兴文化、展形象"的使命任务。而要完成这项中心工作和使命任务，就需要全面提升宣传思想工作的质量和水平，进一步推动宣传思想工作强起来、实起来、暖起来。这既是政治要求、时代要求，也是领导方法、立场态度和职业精神。中冶集团党委宣传部围绕中心、服务大局，为集团改革发展提供强大精神力量和文化支撑，以"五位一体"立体化宣传平台为主阵地，紧紧围绕党和国家方针政策、企业党建和改革发展等开展主题宣传、成就宣传、典型宣传，统一思想、凝聚共识，充分展示企业新风貌、新形象、新业绩。

中冶集团党委宣传部充分发挥传统媒体与新媒体的突出优势，形成了"一报一刊一网站一简报一微信"（《中国冶金报》、《美好中冶》月刊、中冶官网、《中冶工作简报》、"美好中冶"官微）五位一体宣传平台，不断增强传播效果，增强话语体系建设。重组以来，中冶集团宣传思想工作成效凸显、喜报频传：策划组织的"十九大精神·走进新国企"之贵州春光美中冶党建扶贫主题宣传活动，得到了国务院国资委的高度肯定和赞扬。国务院国资委党委书记郝鹏对此次活动的成效作出重要批示："活动讲政治，有创意，要坚持做好！"国务院国资委新闻中心致以感谢信表示，中冶集团在此次活动中，精心组织、周密安排，活动主题突出、形式新颖丰富，得到了参与活动的党报党刊及各大主流媒体的高度关注与重点报道，为宣传贯彻党的十九大精神营造了浓厚的舆论氛围。中冶集团报送国资委网站信息采用量在中央企业排名第4位；"美好中冶"微信公众号在国务院国资委新闻中心发布的全国企业类微信公众号传播指数榜位列央企前15名并曾排名央企第二位，点赞指数第一位。

2017年，中冶宣传入选全国国资系统"十大新闻创客"，获国资委国企好新闻评审3项大奖，在国务院国资委《国企一线故事》发布活动中丰收五项大奖，摘取了最高奖项——"十大故事"，并被评为"优秀组织单位"，成为全部央企中获奖最多单位；2018年10余家单位宣传工作者获得工程建设行业优秀通讯员的光荣称号，14项新闻作品获得冶金记协好新闻评奖；2019年，在国务院国资委与人民日报社《首届"一带一路"百国印记短视频大赛》成为两大优秀组织单位之一，获得七项大奖并摘得"优秀组织单位奖"桂冠；在国务院国资委第五届"国企好新闻"评选中，荣获优秀组织奖并在首次开辟的国际传播评选中获奖；在全国冶金记协好新闻评审中，中冶集团报送的19件作品获奖，包揽全部文字新闻作品一等奖，实现了自参评以来获奖数量的最大丰收。2020年，集团党委宣传部指导报送的6件作品在国务院国资委《第二届"一带一路"百国印记短视频大赛》中脱颖而出，获得大赛突出贡献奖、人气短片奖和优秀作品奖；34件作品入围"全面小康 央企担当"第三届中央企业优秀故事征集展示活动；51件新闻宣传作品在中国施工企业管理协会举办的首届工程建设行业传媒作品大赛中获奖；7件作品入围中国外文局中国网2020"讲好中国故事"创意传播大赛决战脱贫攻坚主题赛。

2018年，编著我国第一本全景式记录中央企业在过去"极不平凡的五年"中推进供给侧结构性改革的纪实报告《中国力量》，用新时代的语言体系认识与解读中冶集团改革发展史，被认为是反映新时代的精品力作，引起首都理论、新闻与经济学界的一致好评。

2019年度，中冶集团党委宣传部开展企业开放日大型主题宣传活动，共组织各子企业的126个工程项目开展，新闻稿件转发量超4000余次。该系列活动通过对工程项目重大节点亮点进行宣传策划，主动对接项目驻地政府业主与媒体，助力企业属地化发展及市场开拓，充分调动起一线项目部宣传积极性。"七一"期间，中冶集团党委宣传部策划举办13场党建主题企业开放日宣传活动，讲述"不忘初心、牢记使命"特色党课，选取《习近平关于"不忘初心、牢记使命"重要论述选编》中13篇重要文章作为党课选题，组织11家子企业通过情景剧、音乐剧、戏剧、朗诵、舞蹈等多种丰富多彩的文艺形式创新党课表现方式，阐释文章核心要义与内涵，发动广大员工"筹智"讲党课，让党课内容更加生动，党课教育更加入脑入心。80余家党报党刊、社会主流媒体及本单位党员约4200余人聆听特色党课，报道转载达300

余次，引发社会强烈反响和好评。

自2020年新冠肺炎疫情发生以来，中冶集团党委宣传部不等不靠、冲锋在前、主动作为，充分发挥宣传思想工作优势，第一时间打响疫情防控舆论宣传主动仗，迅速挖掘报道集团及各子企业抗击疫情与复工复产措施成效，生动讲述防疫抗疫一线的感人事迹，进一步凝聚共识、鼓舞士气、振奋人心，为疫情防控与复工复产营造了良好舆论氛围。面对国内疫情防控整体积极向好、多向发力推动复产复工的形势，宣传部门通过运用大数据、人工智能和信息化等科技手段推出"企业开放日云端宣传活动"、原创宣传MV、"复工抗疫"宣传表情包、数码宣传版画等多种宣传创新作品，生动讲述防疫抗疫一线的感人事迹。策划开展"企业开放日云端宣传活动"，指导发动一线项目部采用互联网方式远程视频会议技术做好工程项目宣传展示，主动设置议题创造新闻亮点吸引媒体，助力集团市场开拓与品牌传播。《求是网》、《党建网》、《中纪委网》、中央工委《旗帜网》等党报党刊以及《中央人民政府网》多次对中冶集团抗击疫情先进事迹进行报道。由国务院国资委与中央新影联合推出的纪录片《担当——中央企业抗击新冠肺炎疫情纪实》，第一集《大国先锋》、第二集《基建狂魔》、第三集《背水"医"战》中，分别播出了中冶集团援建多家防疫医院以及子企业医护人员紧急驰援武汉等专题影像；在央企抗击疫情专题纪录片《超级医院》《前线后方两地情》中对中冶集团先进事迹进行展播，充分彰显了中冶集团"顶梁柱"关键时候"顶得住"的央企责任与担当。

为充分发挥舆论宣传优势，疫情期间宣传工作不止步不停歇，在做好防控安全的前提下进一步展示企业经营发展成果中冶集团党委宣传部。主动创新宣传模式，借助企业开放日宣传活动成效，开展"企业开放日云端宣传活动"。2020年上半年，全集团共在113个项目工程开展企业开放日云端宣传活动,获得了政府和业主对中冶集团开展复工复产与支持地方社会经济发展的认可,为下一步的市场开拓创造条件。国庆前夕,特别策划23场"牢记初心使命 矢志忠党报国"主题企业开放日冶金建设国家队品牌宣传活动,起到了形势任务教育、爱国主义教育、品牌传播、企业文化宣讲等多重效果。下半年,为积极服务集团中心工作,展示央企担当形象,冲刺万亿营销目标,组织开展130余场"国企顶梁柱"精准营销宣传活动,获得集团市场开拓不菲成效。

2021年,为进一步开展好党史学习教育,庆祝伟大中国共产党100周岁华诞,传承弘扬革命精神,坚定理想信念,激发工作热情。中冶集团党委宣传部组织开展探寻红色记忆唱响时代旋律"百年辉煌·薪火相传"专题企业开放日宣传活动,通过发扬遍布全国的三千余个工程项目所在地的红色传统,传承红色基因,赓续共产党人精神血脉,进一步激发全体项目员工始终保持革命者的大无畏奋斗精神,积极服务地方经济社会发展,建设人民满意的精品工程。活动紧紧围绕红色精神的内涵和外延展开,共分学党史、悟思想、办实事、开新局四个环节,内容丰富、流程紧凑、形式多样,追溯我们党的根脉,探寻共产党人的初心,让广大党员干部积传承红色基因,汇聚起推动企业高质量发展、建设人民满意工程的强大合力,该活动得到了合作客户、媒体记者以及社会各界的强烈好评。

**2. 党建工作引领企业做好脱贫攻坚工作队**

脱贫攻坚是一场输不起的战争,是我们党向世界和中国人民作出的庄严承诺。中冶集团坚决贯彻执行党中央、国务院、国务院国资委以及中国五矿定点扶贫工作的统一部署,自2012年起积极承担对贵州省铜仁市沿河土家族自治县和德江县的定点扶贫任务。中国五矿总经理、党组副书记、中冶集团董事长国文清在贵州省沿河、德江两县调研、指导、督查定点扶贫工作时表示，打赢脱贫攻坚战，在中华民族历史上整体解决贫困问题，是以习近平同志为核心的党中央向国内外做出的庄严承诺，具有重大政治意义和深远历史意义。作为中央企业，中国五矿、中冶集团将继续深入学习贯彻习近平新时代中国特色社会主义思想，在习近平总书记关于精准扶贫、精准脱贫的重要论述指引下，坚持"扶贫与扶志、扶智相结合"，将助力对口帮扶地区打赢脱贫攻坚战作为履行政治责任、经济责任、社会责任的重要任务，聚焦精准扶贫，在教育扶贫、产业扶贫、解决优秀贫困大学生就业等方面加大投入力度，努力解决贫困地区长远发展问题。经过不懈努力，2019年底贵州省德江县已率先宣布摘帽出列，2020年11月贵州省沿河县也实现脱贫摘帽。

在干部扶贫方面，中冶集团选派挂职扶贫干部到最艰苦、急需人才支持的地方去，既体现了党中央决战决胜脱贫攻坚的决心，也为广大干部提供了施展才干的舞台和机会。根据扶贫工作需要，中冶集团及各子企业积极响应国家政策，从企业内部遴选"政治素质高、综合能力强、工作作风实、熟悉农村基层工作"的优秀中青年干部助力脱贫攻坚。自2012年起，中冶集团总部共派出熊伟、牛高、陈昱、徐贻、郭晓春、冷绪中等3批6名员工到定点扶贫县挂职副县长，杨聪、周沛橙2名驻村第一书记；各子企业落实属地政府扶贫任务，也相继派出近百名扶贫干部到基层锻炼，充分发挥干部的桥梁作用、带头作用、"娘家人"作用，积极探索依靠自身努力脱贫致富的新方法、新路子，提升贫困户脱贫致富的信心。

在产业扶贫方面，中冶集团加大产业、消费、技能等扶贫投入力度等方式方法，以高度的责任感、强烈的使命感、前所未有的紧迫感，一鼓作气向着脱贫攻坚最后堡垒发起决胜冲锋，让普惠众生的暖阳，洒向最后的贫瘠之地。一方面，中冶集团充分发挥自身"基本建设主力军"优势，以技术带项目、以项目带产业、以产业带扶贫，为加快推进地区脱贫致富开拓出了一条阳光大道。另一方面，切实解决扶贫农畜牧产品滞销问题，组织好产销对接，开展消费扶贫行动，利用互联网拓宽销售渠道，多渠道解决农产品难卖问题。截至2020年11月，中冶集团各子企业消费扶贫金额就达到2771.86万元，在定点扶贫县外的国家级贫困县直接购买农产品544.892万元，所购买的特色农产品既解决了扶贫县农副产品滞销的难题，调动贫困人口依靠自身努力实现脱贫致富的积极性，又满足了企业员工日常消费选择的多样性。与此同时，中冶集团还坚持将扶贫与扶志、扶智相结合，让贫困家庭孩子接受更多教育，让贫困劳动力接受职业技能培训。通过大规模开展职业技能培训和实用技能培训，努力培养合格产业工人，推动贫困劳动力向技能型、稳定就业型劳动力转变。

在工程扶贫方面，中冶集团深入贯彻落实"五个坚持""六个精准""五个一批"等扶贫政策，充分发挥基本建设主力军作用，聚焦聚力易地搬迁工程、村村通工程、贫困地区学校建设等扶贫工程，高效精准扶贫，成为当地脱贫攻坚的坚实力量。中冶建工、中国一冶、中国五冶、中国十七冶、中国二十冶、上海宝冶、中冶天工、中冶南方等单位在贵州、云南、广西、河南、山东、青海、内蒙古、湖南等地大力推进易地扶贫搬迁和扶贫工程建设，累计施工项目建筑面积约400万平方米，有近20万人搬出祖祖辈辈居住的大山，搬进了舒适亮堂的新楼房，开启了幸福新生活。重点精准实施一批交通通畅工程，在贵州、云南、四川、西藏、广东累计修路约2300公里，助力贫困地区公路网完善，在重山叠嶂中，于悬崖鸿沟之上，中冶人苦干实干加油干，精心铺筑一条条"发

2018年10月17日，国文清赴贵州省沿河县调研指导督查定点扶贫工作，在沿河县沙子街道渔塘村与贫困户亲切交谈

展快速路""脱贫致富路",引领贫困地区群众在脱贫致富的道路上加速前进。与此同时,中冶集团深度参与地方脱贫攻坚工作,加大对贫困地区、贫困人口的教育扶持力度,加快实施教育扶贫工程建设,让贫困地区的孩子们能在基础设施完备的学校接受公平、高质量的教育,阻断贫困代际传递。诸多教育工程为孩子们点燃"心灯","拉齐"人生起跑线。

在捐赠扶贫方面,中冶集团坚决贯彻执行党中央、国务院、国务院国资委以及中国五矿定点扶贫工作的统一部署,积极履行社会责任,倡议各子企业情系贫困地区,把爱心捐助作为一个重要手段,助力精准扶贫,彰显央企风范。在"六一"国际儿童节期间,中冶集团党委宣传部积极组织中国十七冶、中冶天工、中国五冶、中国二冶、中冶建研院、中国二十二冶、上海宝冶、中国二十冶等八家单位开展"扶贫扶智"主题宣传活动,分别邀请中央及地方媒体陪同贫困地区优秀学生代表和优秀农民工子弟代表参观中冶承建的主题公园、高校大学城、图书馆博物馆大剧院等大型文化综合场馆项目,感受祖国伟大的建设和发展,感受政府和社会各界给予的温暖和关爱。对于教育资源缺乏的贫困地区,中冶集团把发展教育扶贫作为治本之计,积极组织捐资助学,用知识来改变孩子们的命运。对于社会上的困难群体,中冶集团加大精准帮扶力度,为他们切实解决衣、食、住、行等现实问题,用爱的力量照亮他们前方的路。

"脱贫攻坚战不是轻轻松松一冲锋就能打赢的,从决定性成就到全面胜利,面临的困难和挑战依然艰巨,决不能松劲懈怠。"2020年是脱贫攻坚战的最后一年,收官之年又遭遇疫情影响,各项工作任务更重、要求更高。中冶集团矢志不渝、坚定不移把党中央决策部署落实好,克服新冠肺炎疫情影响,坚持目标导向、问题导向和结果导向,强力推进，压实责任，结合实际创造性地开展工作，确保如期高质量完成脱贫攻坚任务，向党和人民交出合格答卷。

**3. 党建工作引领企业做好应急救援先锋队**

近年来，中冶集团以党建引领企业在关键时刻挺身而出，在抗击疫情以及推动复工复产方面，在防汛抗洪方面，在抗击台风方面，充分发挥好党组织和广大党员干部的战斗堡垒作用和先锋模范作用，勇于担当国有企业政治责任和社会责任，成为一支优秀的应急救援先锋队。

**（1）在防控疫情最前沿建起牢固的钢铁长城**

2020年初，新冠肺炎疫情的肆虐蔓延牵动着亿万中国人民的心。面对这场惊心动魄的抗疫大战和艰苦卓绝的历史大考，在以习近平同志为核心的党中央坚强领导下，全国人民万众一心、同舟共济、众志成城，夺取了抗击新冠肺炎疫情的重大战略成果，实践再次证明中国共产党的伟大、中国特色社会主义制度的伟大、中国人民的伟大。中冶集团听从号令、服从指挥，步步紧跟习近平总书记指示要求，一招不落贯彻落实党中央的决策部署，以骨子里的信念忠诚和激情澎湃的热血忠诚干事担当，让鲜红的党旗高高飘扬在中冶防控疫情最前沿。早在1月23日农历腊月二十九，中国五矿总经理、党组副书记、中冶集团董事长国文清就审时度势快速反应，第一时间发出紧急"动员令"，武汉地区各级企业迅速行动起来；1月26日大年初二紧急召开防控疫情电话会议，要求领导干部在非常之时尽非常之责；2月5日召开海外企业生产经营调度会议，超前部署海外疫情防控和生产经营工作；之后又结合疫情形势变化紧锣密鼓地先后召开11次专题会、开展3次调研，为全系统统筹做好疫情防控与复工复产工作坚定了信心、指明了方向。

在这次抗击疫情阻击战中，中冶集团3200多个党组织和5.2万余名党员挺身而出、英勇奋斗、扎实工作，把投身防控疫情第一线作为共产党员践行初心使命、体现先锋模范作用的"试金石"和"磨刀石"，以舍我其谁的勇气、坚如磐石的信念、敢死拼命的精神、高严细实的作风，筑起了一座座抗击疫情的钢铁长城，谱写了一首首感天动地的生命赞歌。其中7家子企业4600余名干部职工第一时间紧急驰援24家用于疫情防控医院的有关设计建设及改造任务；分布在60个国家158个驻外机构1万余名海外员工积极拓展海外医疗物资供货渠道，完成近74万件防护用品采购；6家转制医院2000余名医护人员逆行而上，用自己的血肉之躯筑起一道阻止病魔的坚固防线，在建项目正全力以赴有序推动复工复产，全面彰显了中央企业"顶梁柱"关键时刻"顶得住"的责任与担当。

在武汉火神山医院、雷神山医院、金银潭医院、"方舱医院"、鄂州雷山医院以及各子企业驻地防疫工程需要紧急驰援设计建设的时候，中国一冶、中冶南方、上海宝冶、中冶天工、中国十七冶等多家子企业当仁不让，挑重担、扛重托，坚决扛起疫情防控政治责任。在各级党组织及党员突击队的带领下，全体参战人员夜以继日、申旦达夕，与时间赛跑、与疫情抗争，全力以赴为传染病人高效救治创造条件。

在武汉重灾区紧急需要医护人员前去驰援医治的时候，中冶医务工作者逆行而上、冲锋在前、舍生忘死，以科学严谨的精神、顽强不屈的毅力、坚韧不拔的意志，全身心投入到这场战"疫"中。上海中冶医院呼吸内科护士长王燕娇、呼吸内科"90后"护士钱莉，中国十七冶医院重症医学科护士长王静、血液净化中心副主任汪朝阳、肿瘤科护士长程娟、外二科主管护师王慧纷纷告别家人从千里之外赶到武汉，与武汉普仁医院（原中国一冶职工医院）223名奋战在防疫一线的医护人员一起，用自己的血肉之躯筑起一道阻止病魔的坚固防线，成为与死神争分夺秒抢救生命的新时代英雄！

在各类救灾医疗物资严重紧缺、各医院接续告急、防控形势日益严峻的形势下，一大批中冶志愿者逆行在抗"疫"第一线，以饱满热情的精神状态和扎实有效的实际行动，与全国人民一道守望相助、共克时艰。这中间不乏自告奋勇连续往返飞行近30个小时从沙特护送口罩到首都机场的新入职员工，不乏以最快速度把消毒液免费送到战斗一线的团委副书记，不乏自告奋勇到武汉物资中转站帮忙卸货转运的退役军人和年轻党员，不乏紧急驰援物资生产一线的中冶技校学生……

与此同时，中冶集团认真贯彻落实习近平总书记关于疫情防控和经济社会发展重点工作的部署和要求，一手抓防疫不放松，一手抓经济不动摇，通过召开现场办公会、党委常委扩大会、海外重大工程项目协调会等会议，对扎实有力做好疫情防控、科学有序推动复工复产作出全面部署，全力以赴确保"正在建设的项目要确保不停工，已停工的企业要有序开工；国内力量上不去的国外力量要上，武汉力量上不去的国内其他力量要上"。截至2020年4月1日，中冶集团工程项目开工率达到95%，已开工项目现场人员超过56万人。其中北京环球影城、西安东北部330KV架空输电线路落地迁改工程项目等重点项目节后第一时间复工；北京冬奥会雪车雪橇项目、西藏玉龙铜矿改扩工程、广西防城港钢铁基地项目、第十四届全运会配套工程——西安国际港务区管廊项目、天津茱莉亚学院项目、沙特YAMAMA水泥厂项目、科威特大学城等项目工作人员一直坚守岗位，向世界传递了中国企业践诺履约的决心和实力，为促进全球产业链稳定、供应链畅通做出了应有贡献。

第九章 强根固魂篇

中国一冶鄂州雷山医院党员突击队合影

经历抗疫斗争的洗礼，这种生命至上、举国同心、舍生忘死、尊重科学、命运与共的伟大抗疫精神已经深深融入中冶人的血脉，成为激励中冶集团不断从胜利走向新的胜利的宝贵精神财富。在这种伟大抗疫精神的引领下，中冶集团从最坏处着眼、向最好处努力，倒排任务时间节点，层层传导责任压力，千方百计夺回疫情造成的损失，奋力夺取抗击疫情和生产经营"双胜利"。2020年，中冶集团经营业绩实现逆势高速增长，新签合同额、营业收入、利润总额、净利润等指标均创历史新高，资产质量类指标持续优化，企业继续保持持续稳定增长的良好态势，充分彰显了中冶人敢于担当、敢于迎接挑战的精神风貌，体现了中冶集团各项工作抓得紧、抓得早、抓得准的管理成效。

（2）在无情洪水中筑牢防汛抢险的红色堤坝

2020年6—8月份，我国南方暴雨不断，长江水位不断攀升，我国全面进入汛期，防汛形势异常严峻。严峻汛情又遇新冠肺炎疫情影响，"考卷"难度更大，肩上压力更重。面对洪水灾情，中冶集团在做好项目防汛抗涝工作的同时，再次以党建为引领组织子公司及项目所在地员工加入项目所在地抢险防汛工作当中，为保护人民群众生命和财产安全筑牢红色堤坝贡献中冶力量。

一是抗"汛"抢险，全面彰显央企责任担当。上海宝冶坚决完成防汛抗洪任务，全力保障地方人民群众生命安全。为助力浙江富阳"九孔泄洪"，上海宝冶先后派出300余人奔赴抗洪第一线，共计装填、转运沙包16000余个，24小时无死角、无间歇地加强对江边防洪堤的巡视力度，在富春江边筑起了一道坚固的防洪堤。为助力广州地铁13号线涉水抢险，上海宝冶第一时间组织150余人迅速集结赶赴现场，努力克服了时间紧、现场环境条件差、交叉抢险作业干扰多等诸多困难，为抢修抢险提供坚强的物资保障和人力保障。为应对湖北黄冈"五连暴",上海宝冶紧急停工抢险冲到第一线,调动3台装载机、30名工人及项目部全体管理人员,快速对长河左岸堤坝进行加高加固,并在下班时间利用装载机运送行人渡过积水区域。中国一冶提前部署,迅速成立防汛指挥部,并制定防汛工作预案,5家在汉主力单位共预备1500人梯队,随时投入抗洪一线。按照武汉市青山区防汛指挥部要求,中国一冶承担起武丰闸至天兴洲大桥段1.4公里堤防巡堤任务,全体防汛人员三班两倒24小时不间断值班、巡查。武汉洪山江滩项目部组织430余人,投入机械设备10余台套、编织袋4万余个、彩条布24000平方米,连夜冒雨完成江滩压浸台打草、堤顶防汛道路清理、迎水面护坡沙袋加固等工作;武汉东西湖片区项目部组织人员100名,投入水泵20余台,对溃堤处进行筑坝、抽水、截流,杜绝安全隐患。中国十九冶重庆开云高速公路项目部及时响应重庆凤鸣镇政府移民办防汛救灾请求,快速进行塌方及孤石清理,助力恢复道路通行。截至7月13日,项目部累计出动装载机8个台班、34人次,共清理坍塌土石349立方米,清理涉险地点多达16处,获得当地政府及沿线人民群众的高度认可。中冶华天在接到马鞍山市防汛动员令后,第一时间组织600多人奔赴抗洪一线,协助地方政府防汛抗洪,出资出物出人巡堤抢险,为受灾群众搬运物资,倾注爱心帮助受困病人,在防汛抢险的紧要关头坚决扛起防汛抗洪"央企责任"。

二是逆"汛"而上,坚决筑牢防汛"安全堤坝"。中冶建工芜湖市鸠江区新建安置房项目部紧急成立党员突击队,迅速支援当地防汛抢险工作,坚决筑牢防御洪水最后屏障。根据统一部署,项目部共集结精干应急救援力量53人,筹备应急救援物资包含挖掘机9台、平板拖车5辆、粉喷桩机2台、物资运输设备2台、排涝设备8套、救援车辆11台及其他防汛物资若干,火速赶赴芜湖市鸠江区二坝翟湾开展堤坝抢险加固工作。在4个多小时的救援工作中,项目部防汛救援小组以人拉肩扛的方式装袋运送1200袋防汛沙包,使堤坝巩固加高约60厘米,圆满完成了230余米长防洪堤坝加固任务。中国二十冶武汉东西湖雨污分流与改造工程项目现场施工人员联动出击,及时筑起一道道"防洪堤坝";武汉阳逻之心项目部紧急抽调挖机2台、铲车2台和20多名人员快速组建抢险队,连夜奋战,全力以赴在长江阳逻港防汛墙上助力抗洪。中冶华天经过数月以来的昼夜奋战,总承包的马鞍山雨山河2号泵站改建工程泵机于7月12日调试完毕,通水成功。这将有效保证汛期尾水正常抽排,增强城市防洪泄洪能力,确保居民安全度汛。目前,雨山河2号泵站正在紧张有序进行,为当地的防汛抗汛提供了重要保障。

三是闻"汛"而动,做好项目防汛应急处置。中冶南方有序开展项目防汛抗涝工作,迅速组建防汛突击队,对谌家矶项目所在辖区堤防安全逐一巡查,24小时分段轮班值守。值班人员密切关注天气及水位变化情况,认真记录详情、巡察并及时上报。同时公司紧急支援武汉市武金堤陈家山闸防汛抗灾应急工作,调动一切可用资源,迅速开展驻守板房帐篷安装和物资运输,并紧急抽调设计人员组成防汛志愿应急救援队值班。从接受任务到统筹部署,再到人员进场到位,整个过程不到半天便火速完成。中国十七冶作为长江沿岸企业,多个项目位于防汛中心地带,防汛抗汛形势非常严峻。公司成立了四支抗洪抢险队伍,储备大量防汛物资麻袋、土工布、砂石料、钢管材以及救生衣、铅丝、桩木,随时准备整装待命。中冶京诚江西景德镇项目部提前配备充足的防汛物资,准备了大量沙袋、十余台大功率排水泵、两台发电设备、一台挖掘机,并将施工地块内原有需要移位抗洪暗渠及时改道施工并在降雨前投入使用,大大降低了项目防汛压力。中冶武勘派出10名员工组成的党员民兵先锋（突击）队，自7月13日下午起开始防汛应急值班工作，"三班倒"守护公司附近建设四路到建设六路路段的安全。

**（3）在猛烈的台风中让党旗高高飘扬**

2015年10月4日，正值国庆佳节，得知"彩虹"台风将要来袭时，中冶宝钢第一时间启动应急预案，驻守湛江钢铁的第四分公司100多名党员干部主动放弃休假留守值班，在他们的感召下广大员工也纷纷主动从家里赶回工作岗位值班保驾，严阵以待准备抗击台风袭击。当天14时，超强台风"彩虹"在湛江市坡头区沿海登陆，中心附近最大风力达到18级，为1949年有台风气象记录以来10月份登陆我国的最强台风。尽管之前已经启动了应急预案，但台风的威力远远超出预期。第四分公司大临基地还是有相当部分的员工宿舍门窗、围墙遭到损坏，房间里面凌乱不堪，检修站部分墙体也出现了倒塌，生活区域的供水、供电、工作餐供应等后勤保障工作都面临着严峻挑战。关键时刻，第四分公司机关党支部及时向广大党员发出倡议，号召大家为需要帮助的员工捐献衣物，同时还安排骨干党员组成电力抢修小分队昼夜加班，仅用12小时就恢复了生活区域的供水、供电，为紧急集结上千人的抢修力量、全面打响湛江钢铁抢修复产攻坚战提供了坚实的后勤保障。

更为严重的是，"彩虹"来势凶猛，使湛江市供电线路受损，导致湛江钢铁全厂停电，刚刚点火投产不到10天的湛江钢铁1号高炉被迫停炉。处于停炉状态的高炉必须要靠柴油发电机输出的电力对炉胆进行应急保温，才能防止其内部的高温铁水降温凝固，造成高炉报废。险情就是命令，向高炉紧急运送大量柴油成为当时摆在第四分公司面前最最紧急的任务。在员工们犹疑和畏难情绪蔓延时，第四分公司工程机械大队党支部给出了响亮的回答，支部的所有党员纷纷挺身而出，经过综合衡量，冯浩川带领2名身体素质好的年轻党员，开着身边最重的沃尔沃装载机满载着柴油冲入了暴风骤雨之中，10吨的庞然大物在狂风暴雨面前宛如海面上的一叶扁舟摇摆不定，几次发生大角度倾斜，险些翻车。但他们毫不退缩，沉着冷静地观察路况、艰难前行，这条平时只需要3分钟的路他们仿佛开了几个小时，每前进一米都是那么惊心动魄。最终，在他们锲而不舍的努力下，第一批柴油成功送到了高炉炉前，炉胆总算保住了。几个人满是泥污和雨水的脸上露出了欣慰的笑容。在他们的感召下，工程机械中心的许多员工都纷纷加入运输柴油的行列中，源源不断的柴油被送到了高炉，彻底解决了高炉的燃"油"之急，打通了确保高炉设备安全的"绿色"通道。

台风过后，中冶宝钢第四分公司党委以大局为重，主动表示不计代价、不计成本，全力支援湛江钢铁抢修复产。全体党员技术骨干们昼夜讨论，根据码头现场作业空间有限，高空和立体交叉作业多，拆除作业时间紧、涉及水上作业的诸多特点，以及湛钢业主的进度要求制订了详细的施工方案，对每一钩的吊点、吊索具都进行精确的计算和预判。在施工中，广大一线党员干部更是亲力亲为、日夜坚守、坐镇指挥，"再多干一会儿""这个让我先上"成为他们常说的口头禅，在他们的带领和感召下，广大一线员工不但没人抱怨工作辛苦，反而踊跃加班加点奋战在抢修一线。最终，他们超预期地完成了一个又一个"不可能完成的任务"，创造出一组组令世界同行都瞠目惊叹的"中冶速度"，赢得了湛江市政府和宝武集团领导的高度好评，展现了"国内第一、国际一流"冶金运营服务商的担当和风采。

### 4. 党建工作引领企业涌现出一批先进典型

新中国成立71年来，一代代中冶人前赴后继、肩负责任、不辱使命，用心铸造中国人自己的冶金强国梦，书写着冶金建设从无到有、从小到大、从弱到强、从中国走向世界的波澜壮阔奋斗历程和辉煌成就。从响应党提出的"为鞍钢就是为全国"号召开始，广大冶金建设者们便翻山越岭、跋山涉水，风餐露宿、肩扛人挑，一座座钢厂在他们的手中拔地而起，一项项工程建设奇迹在他们手中屡次创造。"天当被盖地当床""三块石头支口锅、帐篷搭在山窝窝"是冶建人的生活写照；"勒紧裤腰带也要打好志气仗"是冶建人的革命气概。"扛着红旗不放，站在排头不让"的马万水精神成为全国冶金矿山战线上永不褪色的一面旗帜；"一天也不耽误、一天也不懈怠"朴实厚重的中冶精神成为中冶人的责任担当、效率准则、改革状态和使命追求。这种精神是中冶人战胜艰难险阻、应对风险挑战的不竭力量，这支队伍是中冶集团事业发展进步、由一个胜利走向另一个胜利的最宝贵财富。

先进典型是有形的正能量，也是鲜活的价值观。在这个过程中涌现出来的无数个既鲜活又生动、既平凡又伟大的先进基层党组织与优秀共产党员，集中彰显了中冶人信念坚定、对党忠诚、担当作为、干事创业的优秀品格，生动展现了中冶人把理想信念化为行动力量的先锋模范形象。目前，中冶集团共有"全国劳动模范"26人，"全国五一劳动奖状"8个，"全国五一劳动奖章"35人，"全国工人先锋号"24个，"全国三八红旗手"2人，中国五矿"百强班组"49个。在这些榜样精神和力量的感召与激励下，在集团各级劳动模范、先进工作者带头发挥示范作用与先锋作用下，全体中冶人凝心聚力、勇挑重担、真抓实干，不仅全面实现了"美好中冶"阶段性画像目标，更是走上了稳健发展的快车道，实现了涅槃重生、腾笼换鸟、精彩蝶变。

中冶武勘测绘地理信息公司湛江项目部肩负着三代武勘人"建设精品宝钢工程"的使命，该团队曾获多项国家级、省部级和行业优秀工程奖项。从十六年前湛钢选址开始，该团队便扎根湛江，立足湛钢，为其提供全生命周期的服务。2013年初，项目部接到要埋设基岩标和深桩水准点标组的任务，其中有2组基岩标埋设深度达到400米。因湛钢地处海滨区域，地质条件复杂，使得该工程成为国内该类施工项目中难度最大的一项。为此，项目部采用"5+2、白+黑"的工作模式，不断优化方案，严控每个细节，仅用半年的时间，优质完成了这个被称为"定海神针"的项目。尤其值得一提的是，在全厂施工控制网测量任务中，率先采用国际先进的测量机器人，配合公司自主研发的"中冶数码-控制数据平台系统"，开发了基于全站仪控制测量数据处理软件，实现了从外业数据采集到内业处理全过程的自动化，对提高全站仪常规控制测量效率和精度具有显著的意义，在冶金行业尚属首次。

中国十七冶冶金工程技术分公司电调班组在参与的江阴兴澄特钢、常州中天钢铁、甘肃酒钢、张家港浦项不锈钢、湖南湘钢、新疆八钢、宝钢湛江钢铁等重点工程项目中全部高质量高效率地完成了多项重要调试任务，被中国五矿评为"百强先进班组"。湛江炼钢项目拥有全国最大的350吨转炉，全国最大的520吨冶金铸造起重机。在面临着工期紧的情况下，电调班组成员克服重重困难，顺利完成多项调试任务。先后参与了7座10KV高压配电室共计200多台高压柜的调试以及送配电工作，为项目部制定的每个施工节点提供了有力保障。在宁夏回族自治区石嘴山市地下综合管廊一期工程施工过程中，电调班组研究图纸发现，图纸提供的通风机系统控制图集比较老旧，操作方式烦琐、高能耗且智能化程度不高。而综合管廊内部是一个相对密闭的空间，管廊通风系统对管廊的正常运营起着至关重要的作用。为了能够使整条管廊的智能化系统完美融合，班组专门针对管廊通风系统翻阅查找相关技术资料，对图纸进行优化创新设计，把环境气体检测系统和通风系统相融合，系统可根据管廊内的环境气体检测仪表的实时反馈数据对通风机进行变频调速通风，实现了管廊通风的智能化。这将对地下管廊的安全运营提供保障，同时又起到了良好的节能效果。

中冶宝钢马迹山项目部日勤作业长李伟伟于2013年成立李伟伟创新工作室。从2014年至2020年，多年来工作室团队累计将70余条合理化建议应用到生产一线，并且完成企业内现场改善课题项目并创造经济效益700多万元，参与获得市级以上科技创新奖项10项，省部级以上科技创新奖项11项，专利授权1项、受理4项，国家及行业期刊上发表论文3篇。完成现场生产一线师徒带教员工109名，66人取得高级工技能等级并且工作室经过多年的孵化培养，其中团队成员2人已经获得浙江省"百千万"优秀技能人才、2人获得"舟山市技术操作能手"，2人取得技师技能等级，为工作室整体综合实力提升再上一个台阶，发挥了"长三角劳模工匠工作室"的高技能人才培养孵化效应。2020年1月，该工作室研发的首个智能运维系统《千万吨级散装码头智能运维系统》正式上线，首次实现了散货料港口无人机估料操作，填补了行业空白。李伟伟于2013年10月荣获舟山市技能大师称号，2017年获得上海市五一劳动奖章，2019年获得全国五一劳动奖章，同年，李伟伟创新工作室获得首届长三角地区劳模工匠创新工作室称号，2020年荣获全国劳动模范称号。

张绍勇作为中冶建工混凝土公司安监部科员，在企业实现高质量发展过程中，充分发挥共产党员的先锋模范作用，用自己力量服务企业、服务城市建设。2017年3月15日，中冶建工成立张绍勇劳模创新工作室，依托中冶预拌混凝土工程技术中心，主要对公司混凝土板块产品研发、工艺改造、设备维修、生产管理等方面进行技术攻关。一年内，张绍勇劳模创新工作室共在省部级期刊发表论文11篇，取得专利受理2件、省部级科技成果2项，主编、参编混凝土国家标准、地方标准8项。

同时，工作室所配制的高性能饰面清水混凝土，已成功运用于中冶·铜锣台工程。张绍勇本人先后于2012年荣获"重庆市优秀共产党员"称号，2015年被授予"全国劳动模范"称号，2017年作为党代表参加重庆市第五次党代会，2018年当选了全国人大代表。

周树春作为中国十九冶焊接技师，自参加工作以来，勤奋学习，刻苦钻研，通过近百项工程、上万条焊缝的磨炼，从一名普通工人快速成长为中国冶金建设行业焊接领域里的领军人物，相继获得"全国五一劳动奖章""中华技能大奖""全国优秀教师""全国技术能手""全国青年岗位能手""四川省十大杰出青年岗位能手""攀枝花市有突出贡献技术工人""全国冶金建设高级技能专家""全国冶金建设行业技术能手""攀枝花市有突出贡献专家""攀枝花市十佳技术能手""中冶集团劳动模范""中冶集团技术能手"等荣誉和各类奖项50余次，成为国家塑造新时代知识创新型工人的典范。自2011年开始，周树春连续五届担任世界技能大赛焊接项目国家教练组组长，培养出曾正超、宁显海、赵脯菠3名世界技能大赛焊接项目冠军，成功实现了中国在世界技能大赛焊接项目上的"三连冠"，此外还培养出16名全国技术能手，为企业和国家培养高技能人才做出了重要贡献。在巴布亚新几内亚瑞木镍钴矿浆管道敷设工程中，周树春主动承担起全球最大口径长输矿浆管道X60管线钢的焊接工艺科研任务，经过查阅上千份资料和数百次试验，结合现场地理、气候条件，成功研发出新工艺，不仅填补了国内该类工程焊接技术的空白，而且节约工程资金800余万元。

# 第十章

# 领导力提升篇

习近平总书记关于国有企业领导力的重要论述，为新时代中冶集团如何提升领导力，打造一支高素质领导队伍指明了方向。国文清深刻领会提升领导力的必要性，在实践中不断锤炼和提升领导力，引领企业不断迈上新台阶。今天，中冶集团全面进入到高质量发展新阶段，新坐标新任务呼唤更强领导力。为此，中冶集团全力将领导力体系的建构融入企业的各项工作之中，发扬"一天也不耽误，一天也不懈怠"中冶精神与"只做实干家，不做官油子"干事创业精神，打造出具有中冶特色的领导力品牌。中冶集团领导力提升的实践告诉我们，提升领导力要以提升战略掌控力为核心，注重以改革创新激发企业活力，要不断提升抓班子带队伍能力，注重以严明纪律加强约束力，努力实现"一马当先"带动"万马奔腾"的良好局面。

## ◎ 新时代国有企业领导力

习近平总书记向来高度关注国有企业党的领导与党的建设工作，在一系列座谈会、会议和活动上发表了具有指导性和深远意义的讲话。其中，习近平总书记对抓住国有企业的"关键少数"——领导干部，从政治素养、业务能力、综合素质等多个方面提出了建设高素质国有企业领导干部队伍的要求，尤其是在全国国有企业党的建设工作会议中对国有企业领导人的要求和培养国有企业领导人员的原则，是新时期国有企业领导干部必须始终不渝遵循和追求的根本标准。习近平总书记主持召开的中央全面深化改革委员会第二次会议，审议通过了《中央企业领导人员管理规定》，为在新时代国有企业面临一系列新任务新挑战的背景下，进一步加强国有企业领导干部队伍建设提供了指南。

## 1. 领导力提升是推动国企发展壮大的重要保障

"在我国,把国有企业做强做优做大靠什么?宏观政策支持、市场环境很重要,正确的发展战略、科学的管理体系、有竞争力的技术和产品很重要,但最重要的还是要有一种为国家为人民真诚奉献的精神、一个坚强有力的领导班子、一支勇于攻坚克难的高素质干部队伍、一支充分组织起来的职工队伍。没有精神,没有领导力,没有队伍,任何国有企业都是办不好的。"在国有企业深化改革的关键时期,提升企业领导人员领导力刻不容缓。国有企业领导人员要扛起肩上的责任,加强和改进国有企业党的建设工作,践行做大做强国有企业的企业家使命。

领导力是提升企业核心竞争力的重要手段,是决定企业可持续发展的最重要的软实力,也是化解危机最不可缺的要素。提升领导力是加快做强做优做大国有企业的根本遵循,国有企业提升领导力必须坚持目标导向,首要举措就是调动企业家、创新人才、各级干部的积极性、主动性和创造性,让他们满怀激情地承担起重任。同时,提升领导力也是加强企业党的建设的根本保证。

国有企业的领导力集中体现在国有企业的"关键少数"——国有企业领导人员的能力,尤其是"一把手"的能力和素质。国有企业要在复杂严峻的经济形势中乘风破浪、稳健前行,领导人员的领导力是企业成功的保障。国有企业领导人员的领导力既表现在党的领导和党的建设工作中,也表现在企业的经营管理工作中,是做好这两方面工作的领导能力和水平。国有企业领导人员的领导力的内容十分丰富,但是都是紧紧围绕这两方面工作的。

国有企业领导人员要有超凡的思想引领力,能够凝聚起企业全体干部职工的思想,产生强大的思想和精神感召力,促使全体干部职工一条心、一个目标,带领全体干部职工在经济大潮中稳健前行。立即行动的执行力是领导力的一个核心构成内容,国有企业领导人员要深刻透视经济市场发展规律,抓住发展机遇,在激烈的竞争中立刻行动,提高企业竞争力和综合实力。创新是领导力的关键内容,国有企业领导人员树立创新意识,不断推动企业改革,始终做创新的引领者。

"共产党人的一切言论行动,必须以合乎最广大人民群众的最大利益,为最广大人民群众所拥护为最高标准。"国有企业领导人员领导力的衡量标准同样是人民利益标准。国有企业领导人员领导力高低直接体现在企业对整个社会的服务质量和水平,国有企业领导人员发挥领导力时要把企业全体职工和广大人民群众"拥护不拥护""赞成不赞成"和"答应不答应"作为企业经营管理过程中的出发点和最终归宿,要深刻认识到自身在企业经营管理过程中的领导行为和管理理念符不符合企业职工和人民群众的根本利益、愿望和要求。国有企业领导人员提升领导力要进一步加强和巩固党对国有企业的领导,提高党组织在国有企业中的地位和发挥领导和中流砥柱作用,提高国有企业党的建设科学化水平和企业的核心竞争力。

国有企业领导人员必须有坚定的理想信念。"信念坚定、为民服务、勤政务实、敢于担当、清正廉洁"是新时期培养选拔好干部的基本标准,其中,"信念坚定"排在首位,是判断干部是否属于好干部的首要标准。国有企业领导人员也要以此为标准,始终坚定对马克思主义的信仰,坚定为共产主义事业奉献和奋斗的决心,自觉把党和国家的大政方针与企业的战略发展目标结合起来,让企业在世界经济大潮中始终保持正确的方向。而一旦领导人员理想信念这个"总开关"动摇失修,"对共产主义心存怀疑,不信马列信鬼神,世界观、人生观、价值观全面蜕变",那么领导人员必将走向歧途,领导力提升问题也将无从谈起。

国有企业领导人员要坚守坚定的群众观点，扮演好人民和企业干部职工的"公仆"角色，在企业经营管理过程中始终践行全心全意为人民服务的宗旨和群众观点，多渠道满足干部职工要求，扛起国有企业的社会责任，保护好人民群众的核心利益。国有企业领导人员要具备廉洁的政治品质，把廉洁自律的政治品质作为党基本的价值准则，严守党的政治纪律和政治规矩。

国有企业领导人员在企业里起着带动示范作用，只有自身具备廉洁自律的政治品质，才能在企业营造良好氛围、在社会形成良好的风尚。在企业经营管理过程中，坚决不能触摸腐败红线，不允许让国有资产流失，以正确的权力观、地位观和利益观正视本职工作，用党规党纪国法严格要求自己，让党放心，让人民放心。只有这样，才能加快将国有企业做强做优做大。

### 2. "二十字"标准规定国企领导干部的素质标准

在 2016 年召开的全国国有企业党的建设工作会议中，习近平总书记高屋建瓴地提出了对国有企业领导人的要求和如何培养国有企业领导人员的方针、原则。国有企业领导干部扮演着双重角色，既是党在经济领域的执政骨干，也是党治国理政复合型人才的重要来源，承担着为党和国家当好"管家"的重大责任，要坚定地做好经营管理国有资产、实现保值增值的工作。在这次会议上，习近平总书记对国有企业领导人员素质标准提出了详细、具体的要求。国有企业领导人员必须做到"对党忠诚、勇于创新、治企有方、兴企有为、清正廉洁"。这短小精悍的"二十字"标准突出强调了国有企业领导干部的总要求，是新时期国有企业领导人员带领企业干部职工做强做大做优国有企业的总方针。

对党忠诚，就是要求国有企业领导人员必须旗帜鲜明、理直气壮地讲政治，把讲政治始终摆在首要位置。作为国有企业领导人员的首要担当，讲政治要求国有企业领导人员不断加强自身党性修养，永葆共产党人的政治本色。勇于创新，要求国有企业领导人员树立创新意识，通过实施一系列创新举措和落实创新驱动发展战略，引领国有经济稳健发展。党的十八届五中全会提出了新发展理念，而"创新"是首位的，要求国有企业领导人员勇于创新，旨在以"关键少数"的和创新意识作为企业发展的发力点，营造出浓厚的创新氛围。治企有方是要求国有企业领导人员增强"四个意识"，找到企业发展的正确方向，以科学有效的企业管理促进企业在激烈的竞争环境中赢得主动权。兴企有为要求国有企业领导人员敢于担当、敢于斗争、迎难而上，以高度的责任感做强做优做大企业。清正廉洁则要求国有企业领导人员时刻保持清正廉洁的价值追求，塑造好清正廉洁的为民、为企形象，加强党性修养，陶冶道德情操，做党和人民信赖的好干部。

习近平总书记要求国有企业领导人员必须始终牢固树立"四个意识"，强调国有企业领导人员必须旗帜鲜明地讲政治，始终牢记自己的第一职责是为党工作，以坚定的理想信念和任事担当铸就大业。国有企业领导人员要将爱党、忧党、兴党和护党具体落实到企业经营、管理的各个环节和细节之中。国有企业领导人员必须将政治属性放在第一位，一切企业经营和管理都要坚持正确的政治方向，坚决维护"两个核心"，提升政治领导能力。党干部工作的根本原则是党管干部原则，必须牢牢坚持。在培育具有全球竞争力的世界一流企业的过程中，企业领导人员的党性修养和理想信念发挥着至关重要的作用。在国有企业选人用人方面，必须将政治性放在首位。

国有企业的党组织要充分发挥领导和把关作用，将政治标准和专业能力作为衡量选人用人的根本标准。国有企业领导人员必须发挥积极性、主动性和创造性，千方百计克服滚石上山、爬坡过坎的巨大压力，以百倍的热情投入到企业党建工作和经营工作中。国有企业领导人员要严格要求自己，自觉提高政治站位，加强自身作风建设，树立奉献和服务意识，牢记自己的初心和使命，增强自身的政治性、时代性、原则性和战斗性，营造良好政治生态。要不断自我提升、加强学习，积极适应新形势下国有企业改革要求和国内外经济发展带来的新机遇和新挑战。国有企业领导人员要积极主动接受党性教育、宗旨教育和警示教育，严明政治纪律和政治规矩，将忠诚意识融入企业管理、经营和发展的方方面面。

将国有企业领导人员的政治素质、经营业绩、团结协作、作风形象和党的建设工作等作为考核评价的主要指标，突出考察企业领导人员的政治素养。在培养、锻炼国有企业领导人员的内容上，着重加强政治建设和思想建设，不断强化企业领导人员的理想信念和党性锻炼，用红色文化引导企业领导人员自觉做共产主义远大理想和中国特色社会主义共同理想的坚定信仰者和忠实实践者，在世界面临"百年未有之大变局"中干事创业，带领企业全体干部职工在变换的经济形势下为党和人民做好工作。

### 3. "五点要求"是国企领导干部必备的领导素养

为了落实习近平总书记对国企领导干部素质标准的要求，相关部门出台了一系列配套措施。2018年5月习近平总书记主持召开了中央全面深化改革委员会第二次会议，审议通过了《中央企业领导人员管理规定》。该规定是在《中央企业领导人员管理暂行规定》的基础上形成的，全面体现了习近平总书记提出的国有企业领导人员"二十字"

要求，以党管干部为根本原则，规定了"选什么样的人、用什么样的人"的问题，营造了良好用人生态。在该规定中提出了考核评价国有企业领导人员的方式和内容，从综合、业绩、党建三个维度完善了考核评价体系。国有企业领导人员必须要认真贯彻落实党要管党、全面从严治党的方针。面对当前复杂严峻的经济发展形势，国有企业领导人员要加强自我学习、自我提高，增强在新背景下自身的能力和素养。

2015年颁布的《关于深化国有企业改革的指导意见》中明确要求："要以强化忠诚意识、拓展世界眼光、提高战略思维、增强创新精神、锻造优秀品行为重点，加强企业家队伍建设。"首先，要不断优化国有企业领导人员的个人素质，应该从政治素质、学习能力和战略意识等方面着手。国有企业领导人员要在企业经营管理过程中强化政治意识、提升党性修养，这是国有企业领导人员领导力的最本质的价值观要求。要树立明确且坚定的理想信念，将对马克思主义和社会主义的信仰作为一生的追求，始终保持对党忠诚，坚定"四个自信"，做到"两个维护"，增强自身的政治信念的坚定性、政治立场的原则性和政治忠诚的可靠性。要贯彻党的路线方针，坚定不移地带领国有企业切实服务社会、一心一意跟党走。

通过强化学习意识，不断丰富国有企业领导人员的理论知识，提升企业管理的能力和业务素质。要主动学习、善于学习、乐于学习，从学习中汲取养料、指导实践。对常识型知识要了如指掌，对专业知识要广泛涉猎，对党史国史的知识要熟记于心，真正做到"干一行懂一行，干一行爱一行"。同时，将理论学习和企业经营管理的实践结合起来，与企业的实际情况结合起来，做到用理论指导实践、从实践中积累经验，不断将企业做强做优做大。

最后，国有企业领导人员还应该强化战略意识，培养世界眼光，从实际出发，不断研究解决企业在改革、发展、稳定过程中的重大问题，善于观察世界大势和正确把握时代要求。国有企业领导人员要深刻把握和洞悉市场和企业发展所遵循的经济规律，立足当下、谋划长远，统筹协调好企业自身发展和国家战略全局的关系，以全球化视野和开放的心态带领企业参与全球市场竞争，以先进的经营管理理念和方法带领企业融入全球经济发展的大潮之中。

2020年7月，习近平总书记在企业家座谈会上提出了要弘扬企业家精神，对企业家提出了五点要求。一是要增强爱国情怀，必须对国家、对民族怀有崇高使命感和强烈责任感，把企业发展同国家繁荣、民族兴盛、人民幸福紧密结合在一起，主动为国担当、为国分忧。二是要勇于创新，大力弘扬创新精神，才能战胜风险挑战、实现高质量发展。三是要诚信守法，牢固树立法治意识、契约精神、守约观念。四是要承担社会责任，始终关爱员工、稳定就业岗位，真诚回报社会，切实履行好社会责任、反哺社会。五是要拓展国际视野，立足中国，放眼世界，提高国际市场开拓能力，带动企业在更高水平的对外开放中实现更好发展。在这次企业家座谈会上，习近平总书记从各个方面提出了新时代企业家应该具备的素质，不管是对民营企业家来讲，还是对国有企业领导人员来讲，这些素质都是必须具备的。

国有企业领导人员要有透过现象看本质的判断力，能够深刻把握国内外形势的变化和经济发展态势，能够精准预测未来经济的基本走势，作出合理的预判和提出科学的举措。在企业经营管理过程中，领导人员要有敏锐的思想、感觉和行动，善于抓住企业发展的新机遇，有自信、有勇气、有激情迎接挑战和困难，持之以恒、不断突破，以超强的意志力和毅力做经济大潮中的弄潮儿。率先垂范的形象影响力是领导人员发挥先锋模范作用，培养高超的学习能力、勇于实践，在实践中以处理复杂事物的能力、敢于突破的能力带领企业始终立于不败之地。同时，国有企业领导人员要始终做企业制度规范的建立者和自觉践行者，以知难而进的精神、积极进取的上进心和不断拼搏的精神、科学研判未来经济发展的逻辑带领企业干部职工创造新的业绩。

### 4. "三个原则"是国企领导干部培养的路径方法

国有企业领导人员的培养应当坚持以下三个原则：一是要将放到工作一线摸爬滚打锻炼成长、在实践中成长起来的人才选拔到领导岗位，大力发现、培养和选拔适应新时代要求的优秀年轻领导人员，用好各年龄段的领导人员，使企业领导班子构成合理。二是要从严管理，又要关心爱护，树立正向激励的鲜明导向。国有企业领导人员的选拔要始终坚持正确的选人用人导向，程序要统一规范，突出政治标准和专业能力。三是要大力宣传优秀国有企业领导人员的先进事迹和突出贡献，发挥好榜样示范作用，带动企业干部职工更加积极进取，为企业发展做出更大贡献。

在国内外竞争态势愈趋激烈、复杂的大背景下，国有企业领导人员要始终保持迎难而上、开拓进取的姿态，带领企业全体干部职工在危机中育新机、在变局中开新局，认清经济发展形势，遵循经济发展规律，不断开创新局面。国有企业领导人员要直面挑战、坚定信心，科学分析国内外形势、把握经济发展大势，保持经济稳中向好、长期向好的态势。在不稳定、不确定的世界大势中，国有企业领导人员要以担当精神做到因势利导、顺势而为，在"稳"和"保"的基础上积极进取。面对国内外发展环境的深刻变化，国有企业领导人员要适时抓住发展机遇，勇于面对发展过程中出现的一系列挑战和困难，以永不懈怠的精神迎难而上。

国有企业领导人员要不断锤炼自身的核心领导能力，团结和带领企业全体干部职工在习近平新时代中国特色社会主义思想的指导下，贯彻新发展理念，不断深化企业改革，始终把做强做优做大国有资本、培育具有全球竞争力的世界一流企业的责任扛在肩上，落实在具体的行动中。国有企业领导人员要发扬企业家精神和专业精神，以高度的责任感和使命感干事创业，不断开拓创新，实现企业高质量发展。国有企业领导人员要以企业党的建设工作为引领，充分发挥企业党组织的领导核心和政治核心作用，为企业稳健发展注入强大力量。

## ◎ 中冶集团打造特色领导力品牌的实践

中冶集团在推进国有企业改革、全面落实中央改革要求的过程中，始终以党的领导和党建工作为引领，始终坚持党的领导、坚持社会主义方向，不断提升企业现代化治理水平，在构建中冶"领导力"体系的过程中讲述了一个个鲜活的中冶"故事"，展现了中冶集团打造具有卓越领导力的一流领导干部队伍的生动实践。中冶特色领导力品牌是中冶集团全体干部职工始终保持"一天也不耽误、一天也不懈怠"的昂扬进取斗志的内在要求，是中冶人奋力踏上"聚焦中冶主业，建设'美好中冶'"新征程的力量之源，是中冶集团在经济发展新常态和新发展格局中不断做强做优做大的保障。

### 1. 中冶集团深刻领会提升领导力的必要性

企业自身发展一定要从国家发展、全球发展的大环境大格局出发加以认识。中冶集团加强领导力建设，首要的是由于世情、国情、党情对国企领导力建设提出了新的挑战。这就要求中冶集团从思想上提升政治站位,进一步加强对领导的认识和理解,并付诸具体实践,满怀激情地承担起历史赋予的重任。

提升领导力是主动适应、把握和引领新常态的必然要求。习近平总书记谈到,"世界历史上,大国地位总是变动不居的,没有永恒的强国,这种变化看似偶然,实则有其规律,是一种历史必然,起决定作用的是综合国力消长以及基于综合国力的领导力的增减"。习近平总书记将领导力建设上升到治国理政的战略层面,充分揭示出领导力建设在国家发展中的决定性意义。国家能否在百年不遇的大变局中站稳脚跟、赢得主动,一方面取决于综合国力这一硬实力,另一方面则是领导力这一软实力,两者缺一不可、相辅相成。对于企业也是同样道理。仔细研读习近平总书记关于经济新常态的精辟阐述,怎么看要做到"三个必须",怎么干要抓住"十个注重",可以说条条都在讲领导力建设的必要性、重要性和紧迫性。有关认识新常态、把握新常态、引领新常态的经济大逻辑无不有领导力这一主线贯彻始终。新常态的环境、内涵、条件变了,要求中冶集团充分认识到承担起新角色的复杂性、艰巨性,加强能力建设,加快知识更新;保持战略定力,既有所作为,又量力而行,在把握好度的前提下奋发有为。经济新常态下要啃硬骨头、涉险滩,考验着勇气,更考验担当。这些思想和理念既是主动适应新形势新变化的重要原则,也是加强领导力建设的指挥棒和方法论。

提升领导力是加快做强做优做大国有企业的必然要求。2016年7月4日,习近平总书记在国有企业改革座谈会上明确提出,国有企业是壮大国家综合实力、保障人民共同利益的重要力量,必须理直气壮做强做优做大,不断增强活力、影响力、抗风险能力,实现国有资产保值增值。2016年10月10日,他在全国国有企业党建工作会议上指出,要使国有企业成为党和国家最可信赖的依靠力量,成为坚决贯彻执行党中央决策部署的重要力量,成为贯彻新发展理念、全面深化改革的重要力量,成为实施"走出去"战略、"一带一路"建设等重大战略的重要力量,成为壮大综合国力、促进经济社会发展、保障和改善民生的重要力量,成为我们党赢得具有许多新的历史特点的伟大斗争胜利的重要力量。这既明确了国有企业在党的事业和国家建设中的战略性地位,也为国有企业提升核心竞争力指明了方向、提供了根本遵循。国有企业是中国特色社会主义的重要物质基础和政治基础,是我们党执政兴国的重要支柱和依靠力量,必须坚持的目标导向就是做好中国经济升级版的"国家队"、提质增效的"排头兵",以企业自身的做强做优做大,在实现"两个一百年"目标、实现中华民族伟大复兴中国梦的新征程中,发挥示范带领作用和骨干支撑作用,这是国有企业必须肩负起的历史使命和重大责任。而要实现这个目标,提升领导力是其重要保障和突破口。在这个进程中,注重调动企业家、创新人才、各级干部的积极性、主动性、创造性,满怀激情地承担起重任,更是实现国有企业做强做优做大之首要和关键。

提升领导力是加强企业党的建设的必然要求。习近平总书记强调:"坚持党的领导、加强党的建设,是国有企业的'根'和'魂',是国有企业的光荣传统和独特优势。""我国国有企业做强做优做大靠什么?宏观政策支持、市场环境很重要,正确的发展战略、科学的管理体系、有竞争力的技术和产品很重要,但最重要的还是要有一种为国家为人民真诚奉献的精神、一个坚强有力的领导班子、一支勇于攻坚克难的高素质干部队伍、一支充分组织起来的职工队伍。没有精神,没有领导力,没有队伍,任何国有企业都是办不好的。"我们党从成立之初的寥寥数人发展成一个拥有9000多万名党员、400多万个党组织的长期执政党,在波澜壮阔的历史进程中,团结带领中国人民为中华民族做出了伟大历史贡献，成功的秘诀就在于我们党拥有强大的领导力，正是这一核心力量使我们党焕发出旺盛的生命力。实现企业发展目标，必须坚持党对企业的政治领导、思想领导和组织领导，发挥党组织的领导核心和政治核心作用，把方向、管大局、保落实，把提高企业效益、增强企业竞争实力、实现国有资产保值增值作为党组织工作的出发点和落脚点，建班子带队伍、抓基层打基础，使党建工作严起来、实起来、强起来，为企业改革发展提供坚强保证。

**2. 中冶集团领导力随着实践发展不断提升**

领导科学告诉我们，领导力的提升需要一个长期的、有意识的自我学习和培育过程。中冶集团的领导力就是在实践中培育起来的，中冶集团的发展历程就是领导力不断提升、壮大的过程。回顾中冶集团近几年的发展，面对企业生死存亡改革脱困的考验与重压，中冶人在"聚焦中冶主业，建设美好中冶"的旗帜引领下，开启了攻坚克难、奋力自救的攻坚大战。短短几年时间，企业实现了逆势攀升、涅槃重生，实现了从 D 级到 B 级再到 A 级的跨越，新变化、新动力、新结构、新品质，前进的每一步，都在开创历史；前进的每一步，都在传递自豪。近几年来，中冶"稳"字当先，效益持续高速增长；"优"字发力，新的动力更为强劲；"创"字为本，科技实力更加雄厚；"为"字落地，供给侧结构性改革成效显著。

用历史的眼光看问题，用发展的眼光看未来，就会从对历史的比较、规律的观察和现实的把握中得到启示，更好地指导实践。这几年，国文清曾经从不同角度谈到过领导力建设的问题。在 2012 年 "9·5" 会议上讲道："要进一步强化干部管理，打造具有卓越领导力的一流领导干部队伍。" 2013 年 8 月 5 日，在中冶集团暨中国中冶企业负责人研讨班上提出了"一把手"能力建设的"五力模型",即:"一把手"持之以恒的学习力,把握方向、统领全局的决策力,抓班子、带队伍的表率力,公道正派、风清气正的正气力,干出一番事业的理想追求力。2014年1月9日工作会议上,讲到"一把手"的"四要":一要走正路,二要有思路,三要有胸怀,四要敢担当。2015年1月15日工作会上,提出主要领导干部既要努力成为优秀的企业家,也要成为合格的政治家。要做真学真懂真干的表率,要心有定力、敢于担当、主动作为。2016年又强调了领导干部能力"大提升"问题,即要实现"四个升级":思维方式升级、工作方法升级、干事劲头升级、作风形象升级。2018年,提出打造一支对党忠诚、坚强有力的干部团队,关键是要适应新时代要求,持续提升理想追求力、执行力、活力、正气力。2019年,提出领导干部既要会"领"更要善"导","领"要一马当先作表率,要有"本领";"导"要有智慧。2020年,提出要始终坚持党管干部、党管人才原则,选好人用对人、不断增强队伍竞争力战斗力活力,这是实现中冶高质量发展的必由之路。2021年,提出年轻干部要切实提高政治站位,增强"四个意识"、坚定"四个自信"、做到"两个维护",不断提升理论素养、锤炼坚强党性、增强能力本领,在新时代新征程中以青春之我建青春之功。此外,国文清还从领导力的特质培养、感召力、影响力、方法论等多个角度论述过领导力。

中冶集团领导力建设的实践使中冶集团深深体会到:

中冶领导力的形成,是基于对党和国家事业骨子里的信念忠诚、激情澎湃的热血忠诚。中冶始终毫不动摇地坚持党的领导,坚持社会主义方向,始终把党放在心中最高位置,从信念上认党、信党、忠党,在思想上政治上行动上与党中央保持高度一致,坚定时刻听党话、跟党走,任何时候都与党同心同德。我们对党和国家事业的忠诚,绝不是口头上的作秀,而是无条件的、熔铸于骨子里的信念忠诚、热血澎湃的激情忠诚、干事担当的行动忠诚。这种忠诚的基因已经深深根植于中冶人的血脉中,这种忠诚的品质体现在中冶人艰苦奋斗、激情干事、争创佳绩的责任担当上。出色地完成党交给的事业,是中冶集团对党最大的忠诚,最大的政治。

中冶领导力的形成,是源自正确战略引领下一个调子齐合唱的共同担当。从"回归主业"的盈利模式到"聚焦中冶主业,建设美好中冶",再到打造"四梁八柱"业务体系升级版和战略定位,"做冶金建设国家队、基本建设主力军、新兴产业领跑者,长期坚持走高技术高质量发展之路"的战略新定位,形成了有机统一、一脉相承、层层推高又与时俱进的企业发展战略框架体系。全体中冶人心往一处想,劲往一处使,"一年迈一步、三年跨大步",步步踩实踩准,实现了从生死边缘迅速崛起,冲出谷底精彩"蝶变"。

中冶领导力的形成,是在真抓实干敢抓敢管中带出来树起来的。中冶领导力既不是上级压下级压出来的,也不是靠处罚和处理吓出来的,而是在真抓实干敢抓敢管中带出来树起来的。面对前所未有的困难中冶人不逃避、不退缩,直击要害精准发力,责任套牢压力上肩,削平了"三座大山",彻底解决了事关中冶生死的老大难问题,使一个当时最困难的传统冶金老企业既没有被压垮也没有被拖垮,而是凤凰涅槃、浴火重生,走上了匀加速的发展轨道。中冶集团注重实战、追求实效、讲求效率,不来虚的,不来空的,一步一个脚印做好每项工作。冶金建设国家队从顶层设计、实施方案直至操作手册进行全链条部署;从战略、战术层面进行市场布局和调整,企业走出大山大沟、大型钢铁企业周边,到有草的地方去放羊、到有鱼的地方去撒网,在百舸争流、千帆竞发的市场竞争浪潮中勇立潮头。"一天也不耽误,一天也不懈怠"

已经成为中冶人追求效率、追求实战的最好诠释。

中冶领导力的形成,是在打造风清气正干部团队中锻造出来的。几年来,中冶集团"咬定青山不放松",聚焦作风建设,打造风清气正干部团队。各级领导干部既作表率又作推动,以"敢于向我看齐"的决心和底气,以超负荷工作和全身心投入,立标杆、作示范;一大批业绩突出、忠诚干净担当的好干部"站要位""把关隘""挑大梁";广大干部职工一门心思干工作,在中冶的大舞台上各尽所能、施展才华、竞相贡献,形成了"干部领跑、团队奋进、激情工作、心情舒畅、奋发有为"的企业大团结大发展格局,汇聚起催人奋进的正能量建设美好中冶。

这几年的奋斗历程,镌刻着全体中冶人顽强拼搏的意志品质;这几年的砥砺淬炼,熔铸成中冶领导力学思践悟的品格。每一次的进步都意味着升华,每一次的成功都昭示着新的出发。

## 3. 中冶集团新坐标新任务呼唤更强领导力

站在历史的台阶上眺望,过去的中冶,作为新中国最早一支钢铁工业建设力量,见证和书写了中国钢铁工业从无到有、从小到大的历史画卷,以中冶人"用心铸造世界"的品质,在国内90%、国际60%的冶建市场展现了中冶人的骄傲与自豪。现在的中冶,在"做冶金建设国家队、基本建设主力军、新兴产业领跑者,长期坚持走高技术高质量发展之路"的征程上阔步迈进,并在2020年全面进入到高质量发展新阶段。

这个新的战略高度,既是"美好中冶"的历史传承,又是主业内涵的丰富发展,更是再攀高峰的深化推进;是一个从量的积累向质的飞跃的新阶段,是一个从夯实基础到突破拔尖的新时期。中冶积极利用战略重组的机会，坚持"价值思维、效益导向"的核心理念，围绕核心主业，打造世界一流的核心技术，世界一流的专业化品牌，世界一流的城市和产业发展系统解决方案提供商、工程项目全生命周期服务商，把中冶建设成为具有国际竞争力的世界一流综合性工程公司。这是中冶的历史新坐标。

新坐标新任务需要中冶集团更加注重质量效益，更加注重结构优化，更加注重科技领先，更加注重提高效率，更加注重提升企业价值含金量和动态核心竞争力，实现中冶集团质量更高、效益更好、更可持续的稳健发展。这是久久为功才能做好的一篇大文章。中冶集团在实战实践中培育和成长起来的领导力不仅是中冶人弥足珍贵的精神财富，也为中冶人在新坐标开启新征程积蓄了不竭的动力。同时中冶集团也清醒地看到，还存在着一些问题制约着企业的发展。而且事业越是向前发展，新情况新问题就会越来越多，面临的风险和挑战就会越来越多，不可预料的事情就会越来越多，就不可避免地需要经历"爬雪山""过草地"的考验，而这种考验是长期的、复杂的、严峻的。

一是协调发展的考验。中冶效益持续向好创历史新高的同时，长期积累形成的"两金"规模也创历史新高，对中冶发展形成长期掣肘。在长期疲弱低迷的新常态下，企业需要同时承受速度下降的换挡和增长动力的转换接续两大挑战，需要同时面对拓市场和控风险两大任务，需要统筹当期增长与长远发展的问题，而这些任务和挑战短期内往往相互胶着。如何预见浪潮规避风险、看清浪潮抓住机会，实现企业长期的稳中求进，考验的是洞若观火的穿透力和把握引领的掌舵力。掌控得好，会为下一阶段的发展创造良好的起点；掌控得不好，则有可能打断发展进程，掉入"停滞陷阱"。

二是转型升级的考验。各子企业转型发展不均衡的趋势、愈加分

2009年9月16日,国文清为"全国著名劳动模范马万水"铜像揭幕

化的状态更为明显。有的企业战略转型没有明确发展方向和路径；有的企业对战略转型的产业选择与定位不合理，搭建了"小而全""大而全"的"四梁八柱"业务体系；有的企业只顾埋头拉车不顾抬头看路艰难无效地努力着；有的企业还处于转型焦虑期，犹豫徘徊等待观望。如何适应新一轮转型升级的发展要求，理清发展思路，找准发展路径，实现企业的内涵式增长，这一点知难行更难。

三是创新突破的考验。中冶的自主创新能力，特别是原创能力还需进一步提高，科技与市场的紧密结合度还有待进一步提升。特别是公司还存在着科技成果转化渠道不畅通的问题，在一些关键环节和关键部位一些核心专利技术还未能有效实现产品化、产业化应用。如何在独创独有上实现突破，加快把核心专利技术转化为企业主打的系列化的高端、高利润产品群和王牌产品，这是中冶保持领先优势必须解决的"卡脖子"问题。

四是长期执政的考验。中冶子企业主要领导正处于断档缺员、"青黄不接"的匮乏时期，老的一批在负重前行，新的一批还没有接续跟进。即使是老的一批，也面临着长期执政能力的考验。随着企业规模不断扩大，新业务新模式层出不穷，员工队伍思想观念、价值取向和利益诉求更加多元，有的干部"不会为"，老办法不管用，新办法不会用，硬办法不敢用，软办法不顶用；有的干部产生了小富即安、小富即满的思想，习惯于"四平八稳"过日子，缺少拼搏向上的精神和干事创业的激情；有的干部信守不干事、少干事、不出事的做人做事潜规则，只想当官不想出力、只想揽功不想担责；有的干部"家长制"作风严重，喜欢搞"一言堂"，听不进不同声音，民主集中制意识模糊淡化；有的干部急功近利，只顾眼前，不考虑长远，把问题留给后人。这些问题的存在严重侵蚀着企业的领导力。

面对这些新形势新挑战新机遇，中冶集团审时度势，精准把握经济发展大势，不断塑造适应新环境新背景的中冶领导力，全力将领导力体系的建构融入企业党的领导和党的建设工作、企业生产经营管理活动之中，为企业在国际竞争中争得主动权、赢得发展先机。同时，以开放包容的企业文化学习国外先进的企业经营管理经验和企业领导人培养模式，拓展国际视野，汲取有益经验，始终走在国际前沿，也为其他国有企业推进改革提供了有益的范本和借鉴。

### 4. 中冶集团领导力提升离不开"两种精神"

国有企业在经济发展中发挥着"顶梁柱"的作用，为推动经济社会发展做出了历史性贡献，而且发挥着经济稳定增长的"压舱石"作用。充分发挥出国有企业的"顶梁柱"和"压舱石"作用，必须有企业领导力的引领。

新时代有新任务，新形势有新要求，对企业领导力的要求同样如此。中冶集团在搏击世界经济的大浪中，稳妥应对不确定、不稳定因素，紧紧抓住发展机遇，发扬"一天也不耽误，一天也不懈怠"中冶精神与"只做实干家，不做官油子"干事创业精神，积极承担社会责任，主动在党和国家发展全局中找准自己的方位，不断将企业做强做优做大。通过全方位的深化改革，中冶集团已经形成了在行业竞争中的竞争力、企业关键领域的创新力、把握市场经济的控制力和解决各种风险挑战的能力，成为行业中的"佼佼者"。

"一天也不耽误、一天也不懈怠"是中冶人工作状态的真实写照，是中冶人处事风格的最佳诠释，充分展示了中冶人的责任担当、效率准则、改革状态和使命追求。"一天也不耽误"就是今天把今天的事做好，不要放到明天；"一天也不懈怠"，就是今天好好干，明天好好干，天天好好干。几年来,中冶集团班子成员以上率下,既作表率又作推动,始终坚持第一时间学习传达贯彻上级精神,与时间赛跑解决企业重难点问题,带头抓市场营造大环境,对一些濒临危险企业看得准、出手快,迅速扭转被动局面,以领导干部的"一马当先"带动全体职工的"万马奔腾"。各级领导干部、广大干部职工以"赳赳老秦、共赴国难"的坚强决心,积极投身企业改革发展,坚持一门心思干工作,讲敬业;坚持一个调子齐合唱,讲团结;坚持一天也不耽误,讲效率;坚持一件事情也不马虎,讲责任,致力于将中冶集团真正打造成"青年人理想向往的高地,中年人创业发展的平台,老年人休养生息的港湾"。各类先进不胜枚举,时时处处以榜样力量感召干部员工,凝聚起了推动企业改革发展的最强正能量。中冶精神已深深扎根在中冶人的内心,成为中冶集团凝心聚力、攻坚克难、基业长青的强大精神力量和制胜"法宝"。

"只做实干家,不做官油子"干事创业精神践行了习近平总书记在全国国有企业党的建设工作会议上提出的国有企业领导人员要敢于担当,做到"对党忠诚、勇于创新、治企有方、兴企有为、清正廉洁"的要求,贯彻了企业党员干部带领和推进国有企业改革中应该具备的能力素养。"只做实干家,不做官油子"是中冶集团响应习近平总书记提出的国有企业党员领导干部的标准和在新时代做强做优做大国有企业,履职尽责、担当有为的要求。作为新中国钢铁工业的开拓者和主力军,中冶集团走出了一条从谷底快速回升并持续向上的发展曲线,靠的正是在困境重压下激发出来的"只做实干家,不做官油子"干事创业精神。中冶人将实干精神融入中冶人的血液,选用和造就了一大批懂专业、能力强、年轻有为、踏实的实干家,把"世界第一冶金建设国家队"的牌子越擦越亮,锻造了"只做实干家,不做官油子"干事创业精神。在面对越来越激烈、越来越残酷的国际竞争中,"只做实干家，不做官油子"干事创业精神作为企业文化软实力，为企业赢得主动权和发展机遇注入了源源不断的力量，是中冶集团实现企业愿景和发展目标、展现企业社会责任和担当、彰显国有经济"两个基础"作用取之不尽、用之不竭的精神动力。

可以说，"只做实干家，不做官油子"干事创业精神与"一天也不耽误、一天也不懈怠"的企业精神是一脉相承的。正是"一天也不耽误、一天也不懈怠"的企业精神锤炼了"只做实干家，不做官油子"干事创业精神，发扬了"马上就办、真抓实干"的优良作风。中冶集团在推动企业改革发展过程中，大力弘扬企业精神和中冶精神，发扬实干作风，始终保持攻坚克难的进取姿态，争当改革发展的促进派和实干家。当前，中冶集团认真落实习近平总书记提出的"逐步形成以国内大循环为主体、国内国际双循环相互促进的新发展格局"要求，统筹好速度规模稳健与质量效益提升、国内产业链稳定和全球竞争力提升，主动参与全球产业链重构升级，加快提高产业链现代化水平和在全球价值链中的地位。这些举措充分彰显了中冶集团作为"世界第一冶金建设国家队"的突出贡献，展现了中冶人"只做实干家，不做官油子"的精神面貌和责任担当。

## ◎ 中冶集团领导力提升的经验与启示

面对复杂严峻的国内外经济形势，中冶集团能够始终在经济大潮中稳健前行，其特色鲜明的领导力体系发挥着关键作用。近年来，中冶集团始终坚持"聚焦中冶主业，建设美好中冶"的发展愿景不动摇，强化战略掌控、激发创新活力、加强团队建设、保持纪律严明，以领导干部"一马当先"的号召力，凝聚全体中冶员工，饱含激情、众志成城地投入到企业大发展中，紧紧围绕发展战略打造出中冶集团领导力品牌，引领中冶集团不断做强做优做大。

### 1. 战略掌控力是企业最核心的领导力

企业发展，战略先行。好的企业必须匹配好的战略，必须匹配最强有力的战略执行，既要仰望星空，更要脚踏实地。唯有如此，才能登高望远把准发展脉搏，确保企业沿着正确的发展方向行稳致远。

一是顺应发展规律加快科学转型。新常态的到来是经济规律发展的必然结果，企业仍固守原有的发展模式不抓紧转变，总有一天会走进死胡同。在这种不得不转的大背景下，子企业首要的是做好顶层设计，盲目的变理性、模糊的变清晰、失控的变可控。成长型企业与非成长型企业最大的区别不在于行业，而在于企业领导者的观念。可持续成长企业领导者的共同点之一就是每天一早醒来想的就是企业成长，即使这些企业成为市场翘楚的时候，他们也不会坐下来为自己庆功，而是在寻找更大的市场份额及更多可持续成长的机会。

在转型的问题上，国文清一直强调，一定要坚持有所为有所不为，在自身看家本领的"合理半径"内延伸。"大而全、小而全"，摊子铺得太大，会使转型失去准星，背上包袱。而我们有的子企业总有一种天然的扩张冲动，贪多求全、四面出击。凡是超出自身合理半径构建"八柱"业务体系的子企业，一定要精于核心主业，集中资源做自己擅长的事情。转型要与国家战略合拍，要进入最能发挥比较优势、具有良好发展潜力、具有持续成长性和盈利性的业务领域，而且要加快转型升级的步伐，早日形成企业新的强有力的连续增长点。

二是塑造专业化品牌做强做优主业。习近平总书记在中央经济工作会议上强调，要加强品牌建设，培育更多的"百年老店"，增强产品竞争力。世界顶尖的工程公司之所以称之为一流,一是在有限细分市场兢兢业业做专业,具有超强的专业竞争能力,并始终在行业内保持技术、产品和市场的绝对优势。二是专业特长有效协同组合,形成了一流的集投融资、规划、设计、建设及运营的全产业链一体化服务能力。

在冶金建设领域,中冶"国家队"的品牌已经树立,但离中国第一、世界一流的标准还有一定差距。中冶集团打造国家队的目标不是中冶、不是中国,而是世界;打造国家队的眼光不是过去,不是现在,而是未来。第一梯队的子企业要紧紧围绕市场,特别是海外冶金市场的突破好好谋划,关键是要见实效。有色院要立足于中央有色研究院这一定位,把有色工程设计、建设和研究这块业务做强做专,达到国内第一、国际一流、无可替代。集团要有效协同集团内的勘察、设计、制造等资源,形成高端咨询、核心技术、工程建设系统集成能力,为打造中国第一、世界一流的金属矿业集团提供强力支撑。

基本建设领域是目前中冶集团营业收入和利润的主要来源,施工类子企业是"台柱子"。但总体来看,核心的专业化细分业务还处于规模化发展阶段,还没有实现大而强、大而优、大而尖。面对未来高精尖的综合性建筑物和绿色、智能等新型建筑提出的更高的设计与设计优化目标、更复杂的施工工艺和更低的建筑能耗等需求,中冶集团的规划、设计、技术和项目的运营管理能力面临挑战,特别是规划、设计、技术能力单靠施工企业自身短时间内很难快速弥补。

在新兴产业领域,管廊、环保等业务盈利能力高,具有高附加值,但营业规模总体偏小。如何加大市场开拓力度,快速做大规模,提高行业市场占有率和影响力,是中冶子企业特别是科研设计类子企业需要着力解决的"瓶颈"。

经济新常态是加速分化更是加速优化的过程。大浪淘沙过后留下的是具有品牌实力和核心竞争力的企业。中冶集团要求各子企业紧扣各自特色，集中资源和力量做精主营业务，抓牢主打市场，打造细分市场高精尖的专业优势，走专业化、差异化发展特色之路。如基本建设领域要瞄准"高新综大特"做文章；新兴产业领域要做到独具特色。作为以技术和管理为龙头的工程公司，必须以做好人力资源管理为抓手，持续推进"基于员工个人知识转型、企业整体知识结构调整的企业转型"，这是提升专业化品牌的基础和保障。同时，各子企业要顺应一体化、系统化、高端化的市场需求合作共享，实现中冶天然具有的从勘察、设计、施工到运营的全产业链的无缝衔接、有效协同。

三是主业做精，多元发展。企业的可持续成长在时间维度上是企业寿命的延长，在价值维度上则是发展能力、盈利能力、偿债能力、资产管理能力的平衡与共进。科学的战略掌控力就是要做到各种能力相互促进齐头并进，而不是顾此失彼畸轻畸重，出现"木桶效应"，让今天的短板变成明天的"陷阱"。

一要有质量有效益地大力开拓市场。市场是企业生存发展面临的首要问题和最大问题，但企业规模增长决不能以牺牲增长的质量、效益、平衡性、协调性和可持续性为代价。尤其是对于资产质量不好、风险较大的企业，切不可再单纯地、一味地追求规模增长，要把发展的落脚点放在提升企业的质量和效益上。要更好地坚持"到有鱼的地方去撒网，到有草的地方去放羊，到最有活力的地方找市场"的市场开发原则，在经济发达地区和有潜力地区深耕细作，获取更多高质量、高附加值的合同。

二要坚持底线思维严控风险。世界上的"百年老店"在财务上都采取保守策略，坚持现金为王，良好的资金配置使其足以应付企业成长的需要。国文清要求中冶集团必须坚持"现金流第一"的思想，要把有限的优质资源合理配置到盈利性和流动性更强的业务或项目上，改善经营增长模式建立良性循环机制。必须下狠招有效盘活沉淀资产，提升企业的资产运营效率、资源配置效率和创现能力。对于"两金"各子企业要逐项分析，该出清的出清，该计提的计提，该问责的问责，这些隐患必须坚决消除。

## 2. 改革创新是最能激发活力的领导力

领导和管理的区别，就在于领导是变革创新的力量。创新包含方方面面的创新，但科技创新是永恒的。每一家"从平庸到卓越"的公司都把科技创新作为变革创新的重要内容，都精于技术，精心选择技术的领先应用，并尽力做得最好，从而加速了企业的飞跃。

中冶的高技术资源禀赋是中冶能够生存发展的核心要素之一，也是中冶再造新优势赢得未来的决胜力量。但中冶也清醒地意识到，任何竞争力优势都是暂时的，甚至是脆弱的。过去拥有并不等于现在拥有，现在拥有并不等于永远拥有，企业更重要的是及时不断地创造出新的竞争优势，以科技创新的体系化、高端化引领企业的转型升级、提质增效。

一是发挥国家级重点实验室和科技平台的最大潜能。对于国家级实验室和平台建设，集团总部既要重申报，更要重建设、重管理、重考核，形成闭循环。对科研设计类子企业将加大对其技术研发能力、技术团队建设能力、成果转化率及产业化率、标准体系建立等方面的考核。中冶要求国家级重点实验室和科技平台要紧扣战略导向，带动科技创新难题的突破。在冶金建设领域，必须改变以往"修修补补"式的科技创新，要以"未来决定现在"的思路塌下心来"钻厚木板"，加大原始创新和颠覆性技术创新，真正从"并随者"走向"领跑者"，切不可有丝毫懈怠，这是中冶高技术建设之路的"根"。基本建设和战略性新兴产业技术创新关键是突出自身特色，掌握引领细分市场行业未来变革方向的系列化的技术群，真正形成几招鲜。同时要在"绿色中冶"上大展作为，致力于满足最高级别的行业环境标准，以此作为创造新的收入流和控制成本的推动力。特别是在战略性新兴产业领域，中冶不能仅仅局限于污水处理、固废处理、土壤修复等单个点的技术突破，要围绕从进到出的城市功能系统，从监测、治理再到运营的整体需求，进行谱系化的技术创新，并以此带动商业模式创新，成为客户离不开的服务资源提供商。

同时要求国家级重点实验室和科技平台要坚持"小核心、大协作"的创新理念集智攻关，加强联盟协同，依托最有优势的创新单元，整合企业内外资源进行研发、产业、项目等多维度合作，推进源头创新、成果转化、市场开发齐头并进，将国家重点实验室和科技平台打造成融突破型、引领型、平台型为一体的战略发展科技力量。六大技术研究院要让涉及相关细分专业的子企业共同参与技术研发、标准体系建设和推广应用，协同攻关缩短开发周期。

二是重点解决核心技术产品化落地问题。核心专利技术产品化、产业化始终是中冶最为突出的薄弱环节，国文清要求中冶集团把中冶具有自主知识产权的核心技术、核心工艺、模型控制技术搭载到装备上，快速转化为高端产品，产品快速进入市场，市场快速扩大规模，规模快速形成品牌，实现中冶的先进技术、先进管理、先进装备的深度融合，保持中冶在技术上的持续领先优势，形成中冶集团参与"一带一路"建设的整体技术、装备、产品及工程优势。目前，有关中冶装备制造业的顶层设计已经完成，所有的装备制造企业都已经依附于具有技研发能力的科研设计类子企业,核心技术与产品紧密融合的组织架构体系已经搭建,具备了核心技术产品化的条件。接下来就是要扎扎实实落到实处,把核心专利技术产品化这一课坚决补上来,确定具体落实方案,把各项任务铆实钉紧。战略性新兴产业的六大技术研究院要做到技术研发与核心技术产品化同步走,在推出新技术的同时,以产品的形式提供给客户。

三是让科技人才活力竞相迸发。中冶集团高度重视国家级行业大师的培育,这对于中冶业务发展和业务结构优化具有非同寻常的意义,更是实现高端人才接续和年轻人才成长的重要通道。中冶集团致力于培养更多的国家级行业大师,让一个大师带起一个学科,形成一个专业品牌,提高企业在专业化领域的影响力和控制力。创新实践可谓是十年磨一剑,但现在出现了科研人员浮躁之气蔓延的情况。国文清要求中冶集团要多关心他们、激励他们,要宽容失败。各子企业要按照专业分工的原则,对市场人员、工程设计体系技术人员和科研开发人员、首席专家与技术专家等分类管理。完善科技人才评价机制,建立以创新质量、创新贡献、创新效率为导向的分类评价体系,对开展基础研究的科技人才要突出中长期目标导向。以此让科研人员坐得住冷板凳,耐得住沉默,远离外界诱惑,踏踏实实地在科研道路上进行不懈探索与追求。

## 3. 抓班子带队伍是关系事业成败的领导力

"为政之要,莫先于用人"。习近平总书记指出,面对复杂多变的国际形势和艰巨繁重的国内改革发展任务,关键在党、关键在人。关键在党,就要确保党在发展中国特色社会主义历史进程中始终成为坚强领导核心。关键在人,就要建设一支宏大的高素质干部队伍。中

第十章 领导力提升篇

中冶焦耐总承包建设的济宁盛发焦化集控中心

国五矿总经理、党组副书记、中冶集团董事长国文清也多次强调,抓班子带队伍是从严管理干部第一能力,离开了这个能力,其他各种能力都显得苍白乏力。中冶集团必须从企业长远发展出发,以更大的气魄选贤任能,以更严的要求管好队伍,打造一支活力四射、风清气正、坚不可摧的中冶干部团队。

一要坚持正确选人用人导向。选什么人用什么人是重要的风向标。中冶集团坚持好干部标准,抓住想干事、敢干事两个关键点,大力选拔干事创业、勇于改革、敢于担当、作风扎实的干部。坚持事业为上,把事业需要、岗位要求与促进干部成长、调动各方面积极性有机结合起来,看谁更优秀、比谁更合适,做到以事择人、依岗选人、人岗相适。在子企业"一把手"的选配方面,坚持好中选优、优中选强,注重选用政治素质过硬、驾驭全局能力强、勇于承担重任、善于抓班子带队伍、领导经验丰富的优秀干部。在领导班子的选配方面,注重补班子短板,实现优势互补、气质相容、搭配合理、结构科学,增强班子整体功能。国文清在多次场合强调指出,公平公正,靠公认的标准选干部,靠群众选干部,让那些忠诚干净担当、业绩突出、贡献最大的干部受重用;让那些不干实事、拉关系走门子、跑官要官的干部没市场;把那些老实厚道、踏实干事、不跑不要的干部用好用到位,防止"劣币驱逐良币"的逆淘汰现象。同时要加大治庸治懒力度,对能力、动力和担当不足的干部及时调整,让干部有压力、有动力,激活干部队伍一池春水。

二要严格规范选人用人程序。认真落实中组部印发的《党委(党组)讨论决定干部任免事项守则》,按照"凡提四必"和"三个不上会""两个不得""五个不准"的要求,筑牢干部任免的规矩篱笆。党委在选人用人上发挥好领导和把关作用,严把人选政治关、品行关、作风关、廉洁关。坚持全方位、多角度、立体式地考察识别干部,深入了解干部的见识见解、秉性情怀、境界格局、道德品质、综合素质，既知人之长又知人之短，把干部识透、选准。"一把手"在选人用人问题上，既敢于坚持原则，也注意听取各方意见，绝不把"党管干部"变成"一把手"管干部。子企业严格按照集团干部管理权限和制度办事，该报备的报备，绝不"先斩后奏"。

三要加大年轻干部、青年才俊的培养选拔力度。培养选拔年轻干部，事关企业发展薪火相传。中冶集团突出政治标准，树立正确选人用人导向，严把干部政治关、品行关、作风关、廉洁关，不断强化"凡提四必"的把关作用，规范开展选拔任用工作。有序推进干部交流，集团多年来坚持推动委派总会计师、纪委书记常态化交流，对超过交流任职年限的子企业"一把手"按计划有序交流。新提拔干部跨单位交流的比重由2018年的30%提高到2020年的60%。各单位领导班子的年龄结构、专业结构、知识结构、工作经历得到了进一步互补和优化，有力推动了中冶内部以及与五矿之间的交流融合，进一步盘活干部的"一池春水"。加强人才工作顶层设计，持续优化人才结构，创新人才评价方式，高层次人才培养取得新突破；拓宽各类人才发展通道，率先在总部实行职位体系，形成"纵向贯通、横向互通"的"职位"与"职级"多通道人才发展路径。强化干部监督，发挥好选人用人"一报告两评议"、巡视巡察、党建检查、因私出国（境）管理的联动作用。

四要从严管理监督干部。习近平总书记强调，党要管党，首先是管好干部；从严治党，关键是从严治吏。管理和监督都是领导的重要内容。对干部既要真诚关心爱护，更要严格管理监督。严管的标尺，是党章党规党纪和企业各项规章制度。严管的重点，是领导干部这个"关键少数"。领导干部身处关键岗位、掌握重要权力、承担重要责任，一旦出现问题，不仅可能给企业造成损害，也会影响一方风气。尤其是主要领导如果违纪违法，很容易产生催化、连锁反应。因此，中冶集团要求相关部门和各子企业要以常态化的监督管理让干部始终受到约束，时刻保持清醒。要加强和规范党内政治生活。党员领导干部要严格按照党章规定、党内政治生活准则办事，增强党性修养，砥砺政治品格，从思想深处拧紧螺丝。要强化党内监督，扎实推进企业内部巡察工作。落实好提醒函询诫勉、个人有关事项报告、谈心谈话等制度，既要管干部行为也要管干部思想，既要管理工作圈也要管理社交圈，做到"八小时之内严格要求，八小时之外提醒监督"，使干部随管理成长、管理伴干部一生。同时，要处理好约束与激励的关系，改变多干多出事、少干少出事、不干不出事的逆向激励，树立正向激励的鲜明导向，建立容错纠错机制，进一步促进干部创造性地开展工作。

### 4. 纪律严明是最具约束力的领导力

面临的形势越复杂，肩负的任务越艰巨，就越需要步调一致、队伍整齐。步调一致靠什么，靠"建设美好中冶"的共同理想和目标，还要靠严明的纪律和规矩做保证。

一是增强"四个意识"向核心看齐。在党心民心的强烈期盼下，党的十八届六中全会明确习近平同志是党中央的核心、是全党的核心。习总书记的核心地位是民心所向、众望所归，是党的意志的体现，是人民意愿的体现，是党的团结力量的体现。习近平总书记具有卓越的思想力量、领导力量和人格力量，是举世无双的大国领袖。有这样的党中央领导核心、有这样的总书记、有这样的领袖带领我们前进，是党之大幸、国之大幸、民之大幸。中冶集团各级领导班子和党员领导干部牢固树立"四个意识"，特别是核心意识、看齐意识，把坚决维护习总书记的核心地位作为最大的政治、最大的大局和首要的纪律，坚决以党中央的旗帜立场、决策、担当精神为标杆，坚持从政治上考量，在大局下行动，坚决维护党中央的权威，在思想上政治上行动上同以习近平同志为核心的党中央保持高度一致，不折不扣把党的路线方针政策落实到位，把爱党、忧党、兴党、护党落实到经营管理各项工作中。

二是把管党治党责任压实套牢。习近平总书记强调，管党治党不仅关系党的前途命运，而且关系国家和民族的前途命运，必须以更大的决心、更大的气力、更大的勇气抓紧抓好。从严治党，国有企业不能例外；管党治党，国有企业没有特殊。在全国国有企业党的建设工作会议上，习近平总书记尖锐地指出国有企业不同程度存在党的领导、党的建设弱化、淡化、虚化、边缘化问题，并强调这些问题决不能等闲视之，必须承认问题、正视问题、解决问题。中冶集团党委对照政治巡视相关要求，突出党的领导这个根本、抓住党的建设这个关键、聚焦全面从严治党这个重点，派出三个检查组对12家子企业进行了重点检查。从检查的整体情况来看，正是由于集团党委近几年把加强党的建设提高到前所未有的高度，并通过持续开展综合检查督促子企业党委落实管党治党责任，子企业党委对全面从严治党的认识更加深入，抓党建强党建的责任意识进一步增强。针对检查发现的问题，中冶集团要求集团各级党组织和党员领导干部要始终保持全面从严治党的使命感和紧迫感，须臾不忘管党治党这个最根本的政治责任。党委要认真负起主体责任，做到真管真严、敢管敢严、长管长严。党委书记要履行第一责任人责任，纪委书记要认真履行监督执纪问责的职责，班子成员要落实"一岗双责"，形成抓党的建设的合力。

三是从严从实把作风建设一抓到底。从党的历史看，在党和国家事业发展的每一个重要关头，党中央都高度重视作风建设，而每一次作风的大改进，都促进了党和国家事业的大发展。革命战争年代，我们党以"延安作风"打败"西安作风",赢得了天下。党的十八大以来,党中央全面从严治党从落实八项规定精神破题,把作风建设向纵深推进、向广度拓展,为党和国家各项事业发展积聚了强大正能量,成为十八届党中央向党的十九大呈现的亮丽名片。牢牢抓住作风建设不放松,是近几年中冶集团打造风清气正干部团队的一个鲜明主题。中冶集团从2009年就开始干部作风的大整顿、大提升,中冶集团正是依靠这支作风优良、敢打硬仗的团队,实现了逆势突围,企业效益、社会地位、品牌影响力逐步提升,中冶干部也在抓作风建设中受益。抓作风建设,贵在坚持、难在坚持,成也在坚持,作风一旦滑下来,再抓就很难。大家深刻认识到,落实中央八项规定精神、纠正"四风"是以习近平同志为核心的党中央从政治和全局高度作出的重大决策部署,是一场攻坚战、持久战。中央抓作风建设的决心和力度前所未有,对各类顶风违纪行为一律处分、一律通报、一律曝光,持续释放越往后执纪越严的强烈信号。作风问题本质上是党性问题,不良作风的背后是腐败,"微腐败"也可能成为"大祸害"。在已经形成的良好风气面前,必须以永远在路上的恒心和韧劲,在持续上下功夫,在"严"字上做文章,从细处着眼,从小处着手,从实处着力,一以贯之、驰而不息抓好作风建设。对越是自由散漫、越是不以为然的干部越要严加管束,对不收敛不收手不知止、顶风违纪的坚决从重处理。党员领导干部要把优良作风贯穿于小事小节的始终,时刻从细微处约束规范自己,不能以为是"小事"就放任自己,有毛病迅速改、有瑕疵就去掉,让新风正气成为常态。

四是把纪律规矩挺在前面。纪律和规矩既是党员的行为底线,也是管党治党的戒尺。中冶集团实践运用好监督执纪"四种形态",在搞清楚整个"森林"情况的前提下,把保持反腐败高压态势作为强大后盾，贯彻惩前毖后、治病救人方针，坚持抓早抓小，不等不靠，能做第一种形态的就先做第一种，能做第二种形态的就先做第二种，真正体现党要管党、从严治党。要在实践第一种形态上多下功夫，让红红脸、出出汗成为常态。同时，严格把握"四种形态"之间的转化条件，不能随意降低标准条件。运用监督执纪"四种形态"，主责在党委。党委书记及班子成员眼睛里要有"事儿"，脑子里要有情况、有问题，要当好"婆婆嘴"，发现干部有问题、有错误苗头，绝不能睁一只眼闭一只眼、听之任之，要及时谈话提醒、约谈批评、函询诫勉，防止小病拖成大病。抓早抓小、防微杜渐，是对干部最大的爱护；即查即纠、动辄则咎，是对干部最大的保护。

五是坚持有腐必反、有贪必肃。习近平总书记在十八届中央纪委七次全会上指出，经过全党共同努力，腐败蔓延势头得到有效遏制，反腐败斗争压倒性态势已经形成，不敢腐的目标初步实现，不能腐的制度日益完善，不想腐的堤坝正在构筑。他强调："要做到惩治腐败力度决不减弱、零容忍态度决不改变，坚决打赢反腐败这场正义之战。"党中央坚定不移反对腐败的旗帜立场既是政治也是警讯，惩治腐败这一手决不能放松。在惩治腐败的问题上，中冶集团党委立场坚定、态度坚决，坚持无禁区、全覆盖、零容忍，发现一起查处一起，发现多少查处多少，减少腐败存量、重点遏制增量，持续保持惩治腐败的高压态势。高度关注长期亏损的企业、长期闹不团结的企业、长期占用大额资金的项目以及有可能要不回来的长期应收账款，不能因为业绩高速增长掩盖本质问题。各级纪委聚焦"六大纪律"，把"三类重点人，特别是三类集于一身的人"作为惩治重点，狠抓执纪监督，严格用纪律这把尺子衡量党员干部的行为，严肃查处踩"红线"、越"底线"、闯"雷区"的违纪违规行为，严肃查处工程招投标、物资采购、改制重组、产权变更和交易等重点领域环节、关键环节的腐败案件，让纪律真正成为"带电的高压线"，持续强化不敢腐的氛围。同时，也注意保护干事创业者的积极性，树正气、刹歪风、打"内鬼"，对恶意造谣、诬陷、伤害干部的人严肃处理，为担当者担当、为负责者负责、为干事者撑腰。"正人先正己"，集团各级纪检监察干部，不仅要成为执行纪律的尖兵，更要成为严守纪律的典范。

### 5. "一马当先"是最有说服力的领导力

企业的领导力与领导干部的个体领导力密切相关。领导，顾名思义就是既"领"又"导"。"领"就是以身作则、引领示范；"导"就是遵循正确方向、施以明确导向。领导干部以身作则、以上率下是一种无声的命令和激励感召，"一马当先"必然带动"万马奔腾"。

领导干部要作信念坚定的表率。国企领导干部是执政骨干，是治国理政的政治家、经济家和企业家，要在理想信念、思想境界和价值追求上有更高的标准。任何伟大事业的胜利，归根结底是理想的胜利、信念的胜利。伟大长征的胜利，靠的就是革命理想高于天的坚定信念，不怕牺牲、排除万难、争取胜利的坚强意志。领导干部要坚守共产党人的信仰，不忘初心，对党忠诚，更好地服务国家、服务企业。要修身立德，重品行、正操守，提升道德境界，塑造人格魅力，以德的力量赢得人心、赢得事业成就。要讲觉悟、有境界，把培育优秀企业作为自己的神圣使命和无悔追求，而不是升官发财的跳板，无论经历多少坎坷与磨难，始终以一种笃定的信念和坚守的力量，为自己挚爱的事业奋斗拼搏。

领导干部要作担当有为的表率。有多大担当才能干多大事业，尽多大责任才会有多大成就。领导干部担当有为首先要提升领导智慧。智慧来源于学习、来源于实践。要原原本本、认认真真学习习近平总书记系列重要讲话,学深悟透精神实质和核心要义,并在企业实战实践中积极运用、贯通落实。企业的根本属性是经济组织,企业的中心任务是创造经济效益,所有工作都要围绕经济中心、围绕推动发展这条主线展开。领导干部要治企有方、兴企有为,善于登高望远、统揽全局,增强战略前瞻性眼力,走一步看两步想三步,谋划好企业发展的战略和思路,并根据经济运行中出现的新情况新问题,及时调整经营策略,切忌把企业带入"荒滩"和"泥坑"。要善于抓住重点,以重点牵引全局,防止眉毛胡子一把抓,防止忙而不当、忙而无序、忙而无用。要科学民主,提高集体决策水平,确保任何决策都经得起阳光照射,经得起时间和历史检验。要务实高效,把供给侧结构性改革、瘦身健体、提质增效的各项任务落实落细、取得实效。当前,企业改革进入深水区,我们面前不是水流清浅的小溪,也不是笔直平坦的林荫大道,要以敢闯敢试的精神、迎难而上的勇气,统筹兼顾、科学实施,把抓改革落实的战术打法弄清楚,以钉钉子精神推进改革任务落实。

领导干部要作团结和谐的表率。企业的发展不但需要良好的外部环境,更需要一个团结和谐的内部环境。企业就是一个大家庭,所有成员都要致力于团结,团结是一切工作的基础和战胜困难的力量。"一把手"作为企业的核心和主心骨,要当好"乐队指挥",积极营造团结和谐的班子氛围,与班子成员等距离工作,一把尺子待人、一个标准行事。班子成员之间要相互尊重、互相理解,勤沟通、多补台,按照各自的职责去定好位、卡好位,有利于团结的话多说,不利于团结的话不说。领导干部要胸襟宽广、为人大气,做事有度、处事有方。能容人之长,对别人的优点尊重吸纳;能容人之短,对别人的缺点包容提示;能容人之过,对别人的错误不传播放大。要诚实守信、真诚待人，对下属管理上从严、照顾上从宽，有成绩就表扬、有错误就批评、有困难就帮助，让大家有情有义、有声有色、心情舒畅工作。在五矿与中冶整合融合过程中，更要讲团结讲包容讲和谐，中冶集团领导干部带头维护新中国五矿利益就是最大的团结、最大的和谐。

领导干部要做清正廉洁的表率。习近平总书记指出："一个人能否廉洁自律，最大的诱惑是自己，最难战胜的敌人也是自己。"要谨慎用权。国有企业的领导人员，手中的权力是党和人民赋予的，经营的是国有资产，要时刻牢记自己是党的干部，第一职责是为党工作，权力要为企业服务、为员工服务，要在依法用权、正确用权、干净用权中保持廉洁，不能因为谋取私利而让权力这把"双刃剑"伤了自己。要交往有道。人际交往要有原则、有界线、有规矩，要自觉净化自己的社交圈、生活圈、朋友圈，慎交友、交好友，杜绝低俗的投桃报李行为。尤其是与民营企业接触交往，要牢记"亲""清"二字，做到坦荡真诚、清白纯洁，决不能昏昏然、飘飘然，忘记自己国有企业领导人员的身份，更不能牺牲中冶利益和资源为他人作"嫁衣"。要知足、知不足。知足，目的在"止"，有所不为；知不足，靶向在"行"，要有所为。在个人待遇上要懂得满足，知足才会快乐；在做人上要知不足，清醒认识差距，增强律己的紧迫感。要管好身边人。带头培育良好家风，廉洁修身、廉洁齐家，厘清亲情与权力的边界，"念亲不为亲徇私，念旧不为旧谋利，济亲不以公济私"，让清廉成为对家人和社会最好的馈赠。

# 附　录

## "冶金建设国家队"创造的行业之最

2021年，中冶南方设计供货的世界首条七机架不锈钢冷连轧机组青拓科技七机架冷连轧机一次热负荷试车成功。

2021年，中冶焦耐EPC总承包建设具有完全自主知识产权的全球最大260吨/时干熄焦装置在山西美锦华盛新材料焦化项目正式投产。

2021年，中冶南方设计供货的世界最长钢板辊底式热处理炉涟钢高强钢9-2#回火炉顺利出钢。

2020年，中冶建研院在湛江钢铁率先建成全国首个集钢渣生产和非工艺除尘为一体的智慧化生产管控中心。

2020年，中冶建研院湛江环保公司负责设计建设的国内首套最大350吨级转炉顶吸式清渣烟罩顺利改造完成。

2020年，中冶焦耐EPS总承包建设的印度JSW DCPL 300万吨焦化项目首次在全球焦化行业实现远程指导点火烘炉并成功投产。

2020年，中冶焦耐EPC总承包建设的山西美锦华盛新材料385万吨/年焦化项目建成的国内最大7.65米顶装焦炉正式投产。

2020年，中冶华天总承包国内第一条生产最大规格为

HN750X300 的 H 型钢生产线三钢集团（罗源闽光）产能置换 H 型钢项目完成主体设备安装，为同档产品设计产量世界最高、同类产线智能化水平最高。

2020 年，中冶赛迪总承包建设的业内规模最大、产线最多、集成度最高的铁前一体化智慧管控中心马钢炼铁智控中心建成投运。

2020 年，中冶长天中天钢铁天然气料面喷吹强化烧结项目在国内首次实现天然气料面喷吹强化烧结技术工业化应用。

2020 年，中冶天工天津茱莉亚学院项目打破了国内背景噪声 NC20 纪录，系国内最高声学标准音乐厅。

2020 年，中冶天工生产出新一代医用模块化隔离单元产品系全国首个新标准隔离舱。

2020 年，中冶天工深圳宝安环境治理技术应用示范基地项目系国内单体规模最大高浓度废水处理设施。

2020 年，中冶设备总院自主研发、设计、制造、安装的云端彩虹秋千系世界最高框架秋千，被载入吉尼斯世界纪录。

2020 年，中冶设备总院云端飞车系国内首台、世界体量最大跷跷板过山车。

2020 年，中冶赛迪永洋特钢轻轨轧线项目打造国产首条轻轨万能连轧生产线。

2020 年，中冶赛迪五矿营钢特厚板坯连铸机项目打造世界最厚垂直弯曲型板坯连铸机。

2020 年，中冶赛迪塔塔钢铁 TSK 钢厂 2 号高炉项目建造全球最大新建高炉。

2020年，中冶赛迪宝武湛钢铁水运输系统项目系世界首套智能铁水运输系统、行业首个钢铁人工智能项目。

2020年，中冶赛迪宝武武钢热轧操控中心项目首次打造世界领先的轧钢集中操控中心和决策中心。

2020年，中冶赛迪宝钢股份原料场改造项目系全球最大的环保原料场改造项目。

2020年，中冶建研院福清核电5号机组内层安全壳整体性试验系全球首堆国家名片"华龙一号"整体性试验。

2020年，中冶华天芜湖新兴铸管综合料场封闭工程系国内最大单拱管桁架工程。

2020年，中冶华天马钢炼焦总厂集装箱运输智能化环保改造工程打造国内最早无人化智能集装箱装卸焦生产线。

2020年，中冶国际科威特RA259路桥项目系科威特最大规模立交桥——IC-82号立交桥。

2020年，中冶贵州张家口市崇礼区二道沟热源厂煤改电项目系世界首例110kv固体最大电蓄热体锅炉。

2020年，中冶恩菲河池市生富冶炼有限责任公司年产1.5万吨锑金属及综合回收异地搬迁技改项目采用国内第一条脆硫铅锑矿"底吹+侧吹+烟化"三连炉生产线。

2020年，中冶北方太钢715平方米多功能高效环冷机改造工程系世界最大的烧结环冷机工程。

2020年，中国一冶广西玉林福绵机场系全国首个EPC模式建设的民用机场。

2020年，中国五冶沙特利雅得YAMAMA水泥生产线项目系全球日产能最大的现代化水泥生产线。

2020年，中国五冶成都天府新区创意路（原兴隆122路）等5个项目系全国最大单层多舱现浇混凝土城市综合管廊。

2020年，中国五冶成都大邑县晋原至安仁旅游基础设施空铁试验线项目系世界首条新能源空铁，填补我国交通行业无悬挂式列车的空白。

2020年，中国十七冶西安东北部330KV架空输电线路落地迁改工程东段一标段杏渭路附属设施安装工程系国内单体规模最大超高压供电附属安装工程。

2020年，中国十九冶重庆开云高速复兴长江大桥系重庆最大、国内排名第十、世界排名第十五悬索桥。

2020年，中国十九冶援阿富汗喀布尔公务员低造价住房项目系目前为止中国援阿富汗的最大项目。

2020年，中国二十冶浙石化4000万吨/年炼化一体化项目（二期）空分空压装置建安工程项目系全球等级最大整装空分设备。

2020年，中国二十冶沙钢五干河钢渣处理线搬迁项目采用国内产能最大的钢渣处理线。

2020年，中国二十冶固废综合处理、资源循环利用二期项目（沙钢2号转底炉项目）采用世界最大的30万吨/年转底炉处理固废生产线。

2020年，中国二十二冶石钢环保搬迁技术改造项目采用国内首个双竖井电炉。

2020年，中国恩菲德兴铜矿5号尾矿库项目系亚洲最大尾矿库。

2020年，上海宝冶郑州钢结构基地智能装焊中心项目打造了国内首条智能装配焊接生产线。

2020年，上海宝冶上海特斯拉超级工厂项目（一期）——联合厂房3A、3B以及附属工程总承包项目系全球汽车制造行业施工速度最快的工厂。

2020年，上海宝冶厦门天马第6代柔性AMOLED项目总包一标段项目系全球单体建筑面积最大的高科技电子厂房。

2020年，上海宝冶衢州市体育中心工程项目系世界最大的覆土建筑群、世界跨度最大的密肋薄壳结构、国内场馆首个罩棚双层膜（PTFE）体系。

2020年，上海宝冶宝钢2号高炉（第二次）大修工程创造高炉模块化推移大修中最大推移重量和最长滑移距离两项世界纪录。

2019年，中冶长天中南大学湘雅五医院项目系全球第一家JCI从建筑、方案流程设计、医院管理设置和运行进行全程指导和标准建设的大型综合性医院、湖南省设备设施最先进的大型综合三甲医院。

2019年，中冶长天湛江钢铁超高浓度氨氮活性炭制酸废水气态膜处理工程采用世界首例活性炭烟气净化制酸废水处理技术。

2019年，中冶长天盐亭优锂硅铝微粉EPC项目系国内首个硅铝微粉处理项目。

2019年，中冶设备院海城市恒盛铸业有限公司1×1350立方米高炉工程建造世界最矮的 1350 立方米级高炉。

2019 年，中冶赛迪深圳国际会展中心系全球最大会展中心。

2019 年，中冶赛迪广州万达茂滑雪场项目系亚洲最大、世界最先进的室内滑雪馆。

2019 年，中冶赛迪宝武湛钢水控中心项目系全球钢铁行业首个全厂水系统全流程集中管控工程。

2019 年，中冶赛迪宝武韶钢智慧中心项目打造全球首例钢铁一体化智能管控平台。

2019 年，中冶南方深圳宝安老虎坑垃圾焚烧发电工程项目系亚洲最大垃圾焚烧发电厂。

2019 年，中冶南方广州市李坑综合处理厂项目系中国规模最大的厨余垃圾处理项目。

2019 年，中冶焦耐山东浩宇集团新泰正大焦化项目打造当今世界最大的 6.78 米捣固焦炉。

2019 年，中冶华天主编的《污水处理用潜水推流式搅拌机能效限定值及能效等级》和《污水处理用旋转曝气机能效限定值及能效等级》两项强制性国家标准系国内污水处理领域最早的重大环保装备能效标准。

2019 年，中冶华天滁州市清流污水处理厂三期扩建项目系国内污水处理领域最早的不停水检修装备体系。

2019 年，中冶华天安徽长江钢铁股份有限公司 16.5 万立方米单段煤气柜工程打造世界最大单段式煤气柜。

2019年，中冶贵州三荔、三施、紫望高速公路系贵州首批三条PPP模式高速公路。

2019年，中国五冶重庆仙桃数据谷项目打造了全国首例全通透钢结构高空环廊。

2019年，中国五冶成都露天音乐公园项目系世界最大全景声半露天半室内双面剧场。

2019年，中国十九冶云南临沧永德（链子桥）至耿马（勐简）高速公路PPP项目系当期国内投资最大的高速公路。

2019年，中国十九冶深圳宝安江碧环保科技创新产业园工业废水集中处理厂新建工程项目系国内乃至亚洲第一座采用立体式废水处理创新工艺技术污水处理厂。

2019年，中国二十冶深圳空港新城启动区综合管廊及道路一体化工程系深圳市第一条实施预制叠合装配式的综合管廊。

2019年，中国二十冶山东钢铁集团有限公司日照钢铁精品基地1号5100立方米高炉工程系中国首个新旧动能转换综合实验区标志性项目。

2019年，中国二十冶河钢集团石家庄钢铁有限责任公司环保搬迁产品升级改造项目炼钢工程连铸主车间建安工程项目采用目前世界上截面最大的方坯连铸机，也是世界上建造深度最深的连铸机。

2019年，中国恩菲烟台国润节能技术改造项目采用世界已建成的第一套"富氧侧吹熔炼+多枪顶吹连续吹炼+火法阳极精炼"热态三连炉连续炼铜生产系统。

2019年，上海宝冶郑州国际金贸中心项目系河南省第一高楼。

2019年，上海宝冶芜湖新兴铸管综合料场钢结构工程承建了国内最大单拱双跨预应力管桁架。

2019年，上海宝冶厦门会展中心海峡大剧院创国内同类场馆施工速度最快纪录。

2019年，上海宝冶南京美术馆新馆项目施工总承包工程钢结构整体提升难度创全国之最，刷新了国内同类型项目整体提升技术纪录。

2019年，上海宝冶大连船舶项目建成了全亚洲最大的船用三辊卷板机。

2019—2020年，中国三冶吉林鑫达焦电项目焦炉工程打造国内首座第三代清洁环保全能量智能热回收焦炉。

2018年，中冶长天永洋特钢二期烧结烟气净化项目系钢铁行业超低排放标准发布后，我国首套达到超低排放标准的烧结烟气净化项目。

2018年，中冶长天安阳钢铁1、2、3号烧结机烟气脱硫脱硝工程项目采用自主研发的活性炭烟气净化技术，系我国钢铁冶金烧结烟气净化领域一次性环保升级改造最大规模的项目。

2018年，中冶新材料项目系全球最大的高纯氧化钪研发及生产基地、国内最大高镍三元前驱体项目。

2018年，中冶武勘武汉杨泗港长江大桥武昌侧锚碇地连墙工程采用了全国第一套五面LED CAVE虚拟仿真系统。

2018年，中冶天工蒙古OT宿舍楼模块化项目系当时体量最大的海外模块住宅项目。

2018年,中冶设备总院十一环过山车项目系世界上环数最多的过山车。

2018年,中冶南方印度克罗美尼不锈钢冷轧工程系世界最大不锈钢连续生产机组。

2018年,中冶南方迁安市九江线材烧结机机头烟气活性焦一体化干法脱硫脱硝工程系全国首批采用活性焦脱硫脱硝一体化工艺的项目。

2018年,中冶京诚晋城福盛钢铁有限公司高速棒材工程系中国第一条全国产化45米/秒高速棒材生产线。

2018年,中冶建研院武汉梦时代广场室内主题乐园项目系国内室内主题乐园最大单体。

2018年,中冶建研院马来西亚关丹350万吨钢铁节能环保项目应用世界首创的第四代熔融钢渣高效罐式有压热闷处理技术。

2018年,中冶华天成功研制出的国内首套远程监控太阳能水面曝气复氧装置系国内最早的"远程监控太阳能水面曝气复氧装置"。

2018年,中国一冶武汉北湖污水处理厂项目系国内一次性建成规模最大的污水处理厂。

2018年,中国五冶四川南充博物馆项目打造了西南地区最大钢结构屋盖,创下西南地区提升吨位之最。

2018年,中国五冶京东亚洲一号郑州经开物流园项目打造了国内最大物流及仓储集散基地。

2018年,中国五冶宝钢一期焦化干熄焦工程打造当时国内最大的现代化焦炉,系国内首次采用干熄焦新工艺。

2018 年，中国华冶大连体育中心体育馆项目系当时世界最大跨度的弦支穹顶结构工程。

2018 年，中国华冶本溪龙新矿业有限公司思山岭铁矿（SJ1）副井工程系当时国内第一条完工的双超（超深超大）竖井。

2018 年，中国二十冶张家港中美超薄带项目应用亚洲第一条具有世界领先技术水平的薄带铸轧生产线。

2018 年，中国二十二冶参建的沈阳宝能环球金融中心项目系当时东北第一高楼。

2018 年，中国二十二冶北京铁路枢纽丰台站项目系目前亚洲站房建筑面积最大、合同额最高的铁路交通枢纽。

2018 年，上海宝冶国家雪车雪橇中心项目系国内第一条高强度双曲面喷射混凝土成型雪车雪橇赛道。

2018 年，上海宝冶北京环球影城主题乐园项目系国内首个环球影城主题公园。

2018 年，上海宝冶宝钢高炉控制中心项目系全球首套大型高炉控制中心。

2018—2019 年，中冶长天连云港恒鑫通 500 万吨/年铁精矿物流总承包项目系国内最大的进口铁矿石加工项目。

2017 年，中冶长天西藏矿业罗布莎南部矿体及Ⅰ、Ⅱ矿群铬铁矿开采工程打造了中国规模最大的铬铁矿。

2017 年，中冶长天宝山钢铁股份有限公司一二烧结整合大修改造工程及其配套余热利用工程、烟气净化工程采用了在行业内首创的粉尘制粒新技术。

2017年，中冶赛迪重庆市江北城金融CBD智慧能源项目系国内最大的江水源热泵集中供冷供热工程。

2017年，中冶赛迪五矿营口小方坯连铸机项目创国内小方坯连铸机拉速的最高纪录。

2017年，中冶赛迪台塑越南河静钢铁厂在国内首次实现千万吨级绿地钢铁建设全系统输出。

2017年，中冶赛迪设计的银川韦斯德国际大厦系全国8.5度震区最高混凝土结构建筑。

2017年，中冶赛迪监理的广西文化艺术中心系当时国内颜值最高、国内声学效果最好、国内舞台变化形式最为丰富的艺术文化中心。

2017年，中冶赛迪国家大数据（贵州）综合试验区大数据广场智慧园区项目系全国首个国家级大数据综合试验区。

2017年，中冶赛迪凤宝连轧管项目打造世界首套最小口径的六机架三辊连轧管机组。

2017年，中冶南方广青科技不锈钢深加工技改工程系中国首个不锈钢热连轧带钢总承包工程。

2017年，中冶京诚山东华丰1420毫米酸轧联合机组项目打造中国第一条真正意义的高速国产化酸轧联合机组。

2017年，中冶华天中天钢铁10万立方米稀油密封型高炉煤气柜改为单段式橡胶膜密封型转炉煤气柜工程建造世界首座由稀油柜改造而成的单段式橡胶膜密封型煤气柜。

2017年，中冶宝钢生产的"中冶重机"380吨铁水车系亚洲第一PBC-380吨铁水车。

2017年，中冶宝钢"中冶重机"品牌亚洲第一380吨铁水车项目打造亚洲首批PBC-380吨铁水车。

2017年，中国一冶武青堤堤防江滩综合整治园林景观工程获得2017年全国唯一国际C40城市未来奖。

2017年，中国一冶武汉环东湖绿道系国内最长城市环湖绿道。

2017年，中国一冶宁波新船物资3万立方米LNG运输船储罐系国内最大液化天然气双体罐。

2017年，中国一冶鄂州樊口区域沿江路及江滩环境综合整治工程系湖北省长江大保护投资最大的单体项目。

2017年，中国五冶成都大魔方演艺中心项目系亚洲最大室内演艺中心，被誉为"亚洲第一舞台"。

2017年，中国十九冶印尼塔岛铁矿项目打造最长的无转运站管式胶带运输通廊。

2017年，中国三冶四平市地下综合管廊项目自行研发并应用了国内尺寸最大、自重最大的混凝土预制单体管廊构件。

2017年，中国三冶Tosyali阿尔及利亚400万吨球团工程系中国承建年产量最大的球团工程\非洲最大的球团工程。

2017年，中国华冶天津钢铁集团炼铁原料系统综合封闭工程系国内冶金行业跨度最大的管桁架工程。

2017年，中国恩菲厄瓜多尔米拉多铜矿项目系中厄首个矿业合作项目。

2017年，上海宝冶马来西亚关丹350万吨钢铁项目高炉工程打造马来西亚工艺最先进、容积最大的高炉。

2017年，上海宝冶合肥长信12英寸存储器晶圆制造基地项目打造了国内最大的存储器晶圆生产厂房。

2017年，上海宝冶国家存储器基地（一期）项目系全球单体面积最大的芯片生产制造厂房。

2017—2020年，中冶长天圭亚那马修斯锰矿200万吨/年采选工程系全球规模最大的锰矿选厂项目。

2016年，中冶长天总承包建设了我国出口发达国家首个大型海上选矿船项目——澳大利亚Amex斐济Mba Delta海砂矿选矿船项目。

2016年，中冶长天马来西亚联合钢铁项目烧结生产线设计及成套设备供货、全过程项目管理工程打造了马来西亚最先进、规模最大的烧结厂。

2016年，中冶长天活性炭烟气多污染物协同治理技术项目采用了我国烧结烟气净化领域最先进烟气净化技术。

2016年，中冶设备总院自主研发制造了国内首台旋转屋游乐设备。

2016年，中冶赛迪瑞丰原料场改造项目系世界首座ECIA环保原料场。

2016年，中冶赛迪宝武湛江钢铁基地项目系世界最高效率的绿色碳钢生产基地。

2016年，中冶赛迪宝武湛钢原料场项目系世界首套智能化无人原料场。

2016年，中冶赛迪宝武湛钢固废处置中心项目系世界首座钢厂自建综合含铁固废处置中心。

2016年，中冶南方规划设计的武汉市光谷中心城地下空间系世界规模最大的单个地下空间项目。

2016年，中冶南方福建鼎信科技不锈钢混酸再生项目应用了中国首套自主研发设计建设不锈钢混酸废液再生装置。

2016年，中冶南方俄罗斯MMK铁水脱硫EP工程系世界铁水容量最大的复合喷吹脱硫工程。

2016年，中冶京诚山东科瑞钢板有限公司年产10万吨粉末彩涂板生产机组项目打造了中国第一条高速连续粉末彩涂机组，系2016年"世界钢铁工业十大技术"。

2016年，中冶焦耐宝钢湛江钢铁焦炉烟气净化EP工程应用了世界首套焦炉烟气脱硫脱硝装置。

2016年，中冶建工银川绿地中心南塔楼钢结构系中国西北第一高楼。

2016年，中冶建工香格里拉白塔项目钢结构工程系世界最高最大的佛教白塔。

2016年，中冶华天山东寿光市城北中冶水务有限公司0.75MWp分布式光伏发电项目系国内最早的光伏发电污水处理项目。

2016年，中冶华天"离心自吸混合式倒伞型曝气机"获得美国发明专利授权，系国内首个获得美国专利的原创污水治理曝气装备。

2016年,中国一冶巴基斯坦旁遮普省300兆瓦光伏电站项目系全球最大单体太阳能发电项目。

2016年,中国十七冶西安城市地下综合管廊工程Ⅱ标段工程系当时全国规模最大地下综合管廊工程。

2016年,中国二冶兰州市西固柴家峡大桥至港务区大桥段联络线工程第三标段建设了国内曲率半径最小、跨度最大的双曲线斜拉桥。

2016年,中国二十冶青岛新机场综合管廊工程系全国第一个应用于大型国际机场的地下综合管廊工程,也是国内首次集地铁、高铁、公交、航空零换乘于一体的大型构筑物综合管廊项目。

2016年,上海宝冶制造全球最大桁架式双翼跨海架桥机DL——SE1740-50。

2016年,上海宝冶长春龙翔国际商务中心项目系吉林省第一高楼,打造了国内最长天幕。

2016年,上海宝冶深圳柔宇类6代柔性显示屏生产线系全球首条类6代柔性显示屏生产线项目。

2016年,上海宝冶清华大学深圳研究生院创新基地建设工程(二期)施工总承包项目系深圳市第一个公共建筑产业化PC项目。

2016年,上海宝冶华电银川集中供热项目系目前国内一次性规划供热面积最大供热项目。

2016年,上海宝冶合肥蓝科玻璃基板设施建设项目建设了全球第一条最高速玻璃基板生产线的生产厂房及动力配套设施。

2016年,上海宝冶承建的上海吴淞国际邮轮港系亚洲第一的邮轮母港。

2016—2019年，中国三冶山钢日照钢铁精品基地焦炉项目打造了国内首座炉内脱硫脱硝焦炉。

2015年，中冶长天宁夏天元锰业有限公司利用电解锰渣建设年产50万吨陶粒项目系国内首个电解锰渣制备陶粒工程。

2015年，中冶长天海南矿业480万吨/年铁矿选矿工程首次在冶金矿山生产中成功应用大型跳汰工艺。

2015年，中冶武勘在巴基斯坦山达克铜金矿靶区探矿项目中，钻孔深度达1500米，成为巴基斯坦勘探史上孔深之最。

2015年，中冶武勘承担了世界上最大的双层公路悬索桥——武汉杨泗港长江大桥武昌侧锚碇地连墙工程。

2015年，中冶天工深圳前海商务创新中心项目系国内首个办公类模块化建筑。

2015年，中冶赛迪重庆两江新区互联网产业园智慧园区解决方案项目系内陆地区第一个国家级开发开放新区和新兴科技产业互联网创新高地。

2015年，中冶京诚河北衡水滏南新区管廊工程PPP项目系中国首个装配式钢制综合管廊工程。

2015年，中冶建研院湛江钢铁非工艺除尘项目采用最高效的钢铁非工艺除尘技术。

2015年，中冶华天研制的国内首台"超微气泡"气浮装置面世系国内最早的"超微气泡"气浮装置。

2015年，中冶华天福建罗源闽光钢铁12万立方米单段式橡胶膜密封型煤气柜工程打造了国内储气容量最大、储气压力最高、活塞速度最快全国产化单段式橡胶膜密封型煤气柜。

2015年，中冶恩菲中原黄金整体搬迁升级改造项目系世界最大的氧气底吹造锍捕金项目。

2015年，中冶北方鞍钢眼前山铁矿露天转地下工程建造了中国最大的露天转地下开采矿山。

2015年，中国一冶福州城市森林步道系国内首条空中森林步道，荣获2017年国际建筑奖、"新加坡总统设计奖"。

2015年，中国十九冶纳米比亚MR125公路项目系纳米比亚自独立以来建设的最长公路。

2015—2017年，中冶长天印尼塔岛Ⅱ区300万吨/年采选工程项目设计了世界单条输送距离最长的管带机——印尼塔岛12公里长精矿管带机输送系统。

2014年，中冶天工神华宁煤400万吨/年项目101500标立方空分装置系国内最大的空分项目。

2014年，中冶京诚日照钢铁控股集团宽厚板生产线建设改造工程采用世界最大级别滚切剪。

2014年，中冶京诚江阴兴澄特钢450毫米厚板坯连铸机项目系世界第一台450毫米特厚直弧形板坯连铸。

2014年，中冶建研院湛江钢铁环保BOO项目系国内钢铁领域中首个以BOO模式运作的环保项目。

2014 年，中冶华天山东日照钢铁公司转炉炼钢车间工程采用了国内首台无线遥控悬挂式挡渣棒投放装置。

2014 年，中冶北方伊春鹿鸣钼矿采矿工程系亚洲最大的露天开采钼矿。

2014 年，中冶宝钢"中冶重机"品牌 HJZG 球底型焊接式渣包项目采用了国内首套 HJZG 球底型焊接式渣包。

2014 年，中国五冶包钢新体系 500 万吨带式球团工程系国内最大带式焙烧机球团生产线。

2014 年，中国十九冶援阿富汗喀布尔大学中文系教学楼项目系阿富汗首个孔子学院。

2014 年，中国三冶本钢冷轧高强钢改造工程酸轧机组设备安装调试及酸再生机组土建、设备安装调试工程打造了世界最宽的冷轧钢板。

2014 年，中国二十冶斯里兰卡机场高速公路 CKE 项目系斯里兰卡国门第一路，荣获 2014 年中国建设工程鲁班奖（境外工程）。

2014 年，上海宝冶深圳前海深港青年梦工场项目系国内首个深港合作的国际化青年创业社区。

2014 年，上海宝冶宝钢 4 号高炉大修工程创造了国内特大型高炉大修时间最短纪录。

2014—2017 年，中冶长天福建马坑铁矿二期 500 万吨/年采矿项目建造了国内单套设备提升能力最大的箕斗主井、水文条件复杂且水量极大的大型地下矿山。

2014—2015 年，中冶武勘在中国第 31 次南极科考中，打下了中国在南极大陆岩芯钻取的第一钻，完成了中国在南极大陆的第一份岩土工程勘察报告。

2013年至今，中冶北方首钢马城铁矿采选工程系中国最大的充填法开采矿山。

2013年，中冶长天宝钢广东湛江钢铁基地项目2×550平方米烧结工程及其配套余热利用工程、烟气净化工程系国内节能环保水平最高、技术最先进的特大型烧结工程之一。

2013年，中冶南方日钢300吨转炉总承包工程系国内外最大吨位的转炉总承包工程。

2013年，中冶恩菲广西金川防城港铜冶炼项目系世界上设计规模最大的"双闪"铜冶炼厂。

2013年，中冶北方中信泰富澳大利亚SINO铁矿选矿工程系世界设计规模最大的铁矿选矿厂。

2013年，中冶北方五矿营口660平方米烧结机工程打造了中国单机面积最大的烧结机，建造了中国装机容量最大的单台烧结余热发电站。

2013年，中国中冶斯里兰卡科伦坡国际机场高速公路项目建造了当时斯里兰卡第一条中国标准高速公路。

2013年，中国一冶四川绵阳某科研试验新区真空球罐系统项目打造出亚洲最大真空容器系统。

2013年，中国一冶湖北利川2500立方米LNG双层低温球罐项目建造了国内首台LNG双层不锈钢低温球罐。

2013 年，中国十七冶宝钢湛江炼钢主体工程打造了全国最大 350 吨转炉。

2013 年，中国十九冶成都二环路改造 EPC2 合同段工程系全国首条快速公交、快速车道合二为一的工程。

2013 年，中国二十冶斯里兰卡机场高速公路 CKE 项目首次采用中国标准设计、施工和验收的国外高速公路。

2013 年，上海宝冶上海迪士尼主题乐园明日世界项目打造出中国大陆第一个迪士尼主题乐园。

2012 年，中冶长天日照钢铁有限公司 1×600 平方米烧结机工程打造了当时全世界最宽 6 米烧结机台车和国内民营企业首台 600 平方米烧结机。

2012 年，中冶长天宝钢烧结系统节能环保综合改造工程系国内最早使用强力混合机用于混合烧结混合料、国内最早使用塑烧板除尘器用于混合机废气除尘的项目。

2012 年，中冶沈勘庆铁四线勘察工程修建了近 20 年内中国单次修建最长的原油输送管道。

2012 年，中冶赛迪梅钢 280 吨转炉项目建设了全国产化的最大下悬挂转炉。

2012 年，中冶瑞木的瑞木镍钴矿项目系当时中国在南太地区最大的投资项目，也是迄今为止中国企业在境外最大的镍钴矿投资项目。

2012 年，中冶南方原武汉染料厂生产场地重金属复合污染土壤修复治理工程系国家发改委在全国启动的第一个污染修复试点工程。

2012年，中冶焦耐鞍钢股份四期焦炉改造总承包工程采用当前全球领先的清洁高效炼焦技术，获得国家科技进步一等奖、冶金行业唯一特等奖。

2012年，中冶华天山东广富集团优特钢开坯及大棒工程使用国内最大国产化大棒核心设备。

2012年，中冶北方太钢袁家村铁矿采选工程建造中国最大的露天铁矿，获得国家科学技术进步二等奖、冶金科学技术奖特等奖。

2012年，中国二十二冶西安三角航空400兆牛模锻压机项目锻造出当时世界上最大的单缸精密模锻液压机。

2012年，中国二十二冶西安400MN模锻压机工程锻造了我国首台400MN重型航空模锻液压机。

2012年，中国二十二冶江苏丹阳220吨电炉工程采用当时亚洲最大的电弧炉。

2012年，中国二十二冶鄂尔多斯国泰商务广场项目建造了当时内蒙古第一高楼。

2012年，中国二十二冶4000吨多向模锻液压机项目设计了国内首条全自动化4000吨多向模锻液压机生产线。

2012年，中国恩菲山东恒邦复杂金精矿综合回收生产线项目系世界第一条氧气底吹造锍捕金项目。

2012年，中国恩菲巴布亚新几内亚瑞木镍钴采选冶联合项目系中资企业投资、一次性建成的最大海外有色金属采选冶联合矿业项目。

2012年，上海宝冶宝钢股份金太阳示范项目系国内首个大型屋顶光伏发电项目。

2011年，中冶赛迪新钢特厚板连铸机项目打造了世界首台420毫米特厚板连铸机。

2011年，中冶京诚江阴兴澄特钢 $\phi$1000 毫米大圆坯连铸机项目打造了世界第一台直径1000毫米圆坯连铸机。

2011年，中冶华天土耳其ISDEMIR钢厂4号3000立方米高炉项目系国内出口海外最大高炉及喷煤项目。

2011年，中冶华天马钢特种钢开坯及大棒工程采用国内最早国产化开坯连轧技术。

2011年，中国三冶沈阳市浑南新城南北轴人行天桥及地下通道工程打造了国内人行天桥耐候钢用量之最。

2011年，中国三冶沈阳浑南新区现代有轨电车一期工程1号线项目系我国首个现代有轨电车示范工程，目前全国里程最长、工期最短、最具示范意义的环保型现代有轨电车项目。

2011年，中国二十冶珠海市横琴新区市政基础设施BT项目地下综合管廊系当时一次性建设里程最长、纳入管线种类最多、智能化控制程度最高的综合管廊，获得中国首个综合管廊鲁班奖。

2011年，中国恩菲铜矿峪铜矿项目建成了中国第一座大规模采用自然崩落法开采的矿山。

2011年，中国恩菲缅甸达贡山镍矿项目系中缅矿业领域的最大合作项目。

2011年，中国恩菲济南生活垃圾焚烧发电厂项目建设了亚洲一次建成的最大生活垃圾焚烧发电厂。

2011年，上海宝冶新钢特厚板坯连铸机工程系世界第一特厚板坯连铸机工程。

2010年，中冶长天湖南三安矿业有限责任公司庙冲铁矿230万吨/年采选工程首次在冶金矿山生产中实现超细（-500目）磨矿分级、选择性絮凝脱泥工艺。

2010年，中冶天工蒙古奥尤陶勒盖大型铜金矿选矿厂项目系目前亚洲最大的铜金矿项目。

2010年，中冶南方珠海横琴综合管廊项目设计了中国一次性建设长度最长、一次性投资最大、体系最完整、纳入管线最多的综合管廊，是全国综合管廊重点参观学习的示范工程。

2010年，中冶南方湖北新冶钢4流425×530毫米大方坯合金钢连铸工程建成了世界最大断面方坯连铸机。

2010年，中国十九冶巴新瑞木镍钴矿项目设计了世界最大的长输矿浆管道。

2010年，中国华冶铁蛋山技改工程至今保持着冶金矿山竖井施工月成井205.6米的"中国企业新纪录"。

2010年，中国二十二冶天津津塔项目建造了当时天津第一高楼、长江以北第一高楼。

2010年，中国二十二冶40MN多向模锻压机项目锻造了世界第一台预应力钢丝缠绕的40MN多向模锻压机。

2010年，中国恩菲利比里亚邦铁矿项目系中资企业在非洲建成投产的最大项目。

2010 年，中国恩菲老挝东泰钾盐项目系我国首个境外钾盐项目。

2010—2011 年，中冶长天昆钢大红山铁矿扩产工程选矿系统熔岩铁矿 440+240 万吨/年选矿工程首次在冶金矿山生产中成功使用大型半自磨工艺。

2009 年，中冶长天深圳危险废物焚烧处置工程系国内首个采用欧盟大气污染物排放标准建设的危险废物焚烧处置工程。

2009 年，中冶长天攀钢白马铁矿二期项目系当时国内最大的冶金矿山总承包项目。

2009 年，中冶天工沙钢华盛炼铁厂 5860 立方米高炉项目系当前世界第一高炉。

2009 年，中冶赛迪地震灾区恢复重建工程——双流中小学工程建造了全国最大集中安置四川地震灾区孤困儿童基地。

2009 年，中冶赛迪宝钢一号高炉大修工程项目系中国第一座扩容大修至 5000 立方米以上的高炉。

2009 年，中冶京诚首钢京唐联合钢铁有限公司钢铁厂炼钢连铸工程系当时中国最大容量转炉双联工艺炼钢厂。荣获国家优质工程奖、中国建设工程鲁班奖、全国优秀工程勘察设计奖。

2009 年，中冶焦耐鞍钢鲅鱼圈钢铁焦化项目系我国第一座超大容积 7 米顶装焦炉。

2009 年，中冶建研院新加坡环球影城项目系最快完工国际顶尖主题公园项目。

2009年，中冶华天东方特钢50万吨不锈钢工程系国内最早全国产化最大吨位AOD炉不锈钢冶炼项目。

2009年，中冶国际巴西GERDAU ACOMINAS冶金成套设备工程系中国企业当时（2009年）最大对外黑色冶金设备和技术出口项目。

2009年，中冶北方宝钢湛江500万吨/年球团工程系当时全球设计产量最大的赤铁矿球团链篦机–回转窑工艺生产线。

2009年，中国二十二冶郑新黄河大桥（原郑州黄河公铁两用桥）项目打造了当时世界上最长的公铁两用大桥。

2009年，中国二十二冶首钢京唐一期焦化工程系当时世界规模最大焦化工程。

2009年，中国二十二冶首钢京唐300吨转炉炼钢工程建设了当时亚洲最先进、智能化程度最高的转炉。

2009年，中国二十二冶北重3.6万吨垂直挤压机项目锻造了当时世界上最大的垂直挤压机。

2008年，中冶天工太钢660平方米烧结机工程项目系世界上规模最大的烧结制铁生产线。

2008年，中冶天工神华包头煤制烯烃项目系全球首个煤制烯烃商业化工厂。

2008年，中冶设备院天津荣钢精品高线工程项目系国内最大断面圆坯精品高线工程。

2008年，中冶赛迪本钢8号高炉项目系国内首个4000立方米以上级特大型高炉总承包工程。

2008年,中冶赛迪宝钢集团浦钢公司搬迁工程COREX炼铁工程项目系世界最大COREX C3000熔融还原项目。

2008年,中冶南方武钢三冷轧热镀锌工程项目系中国第一条自主设计及成套的高档汽车板生产的热镀锌机组。

2008年,中冶南方沙钢5800立方米高炉工程项目系中国炉容最大高炉。

2008年,中冶京诚石钢京诚(营口)装备技术有限公司100吨电炉工程项目系中国第一座全国产最大的超高功率电弧炉。

2008年,中冶恩菲越南生权大龙冶炼厂项目系世界首座氧气底吹炼铜项目。

2008年,中国一冶武钢三硅钢六辊轧机工程项目系国内最先进硅钢生产线。

2008年,中国十七冶科威特亚奥理事会办公大楼项目系中东首个中国标准建设的超高层项目。

2008年,中国十九冶巴新瑞木河大桥工程打造了巴新境内目前最大最长公路桥。

2008年,中国三冶首钢京唐一期项目5500立方米高炉配套热风炉工程项目系当时国内最大高炉配套热风炉系统。

2008年,中国三冶本钢2300热连轧改造工程项目系当时世界最宽热轧钢系统,也是目前世界上唯一一套2300热连轧系统。

2008年,中国二冶包钢白云矿浆和供水管道工程系当时国内铁矿浆管道管径最大的浆体管道工程。

2008年，中国二冶包钢白云矿浆和供水管道工程建造了当时国际第一条同沟直埋敷设两条大管径管线，是国内铁矿浆管道管径最大的浆体管道工程。

2008年，中国二十二冶承钢4号2560立方米高炉工程建设了当时亚洲最长的皮带通廊。

2008年，上海宝冶深圳大运中心Ⅱ标段主体育馆工程设计了国内最大重量的累积旋转滑移。

2008年，上海宝冶上海世博会主题馆项目设计了世界最大单体面积太阳能屋面、生态墙。

2008年，上海宝冶广州亚运会自行车馆及轮滑场项目设计了国内最大的自行车场馆、最高标准赛道。

2008年，上海宝冶，上海老港生活垃圾卫生填埋场渗液厂扩建工程建造了亚洲最大、技术最先进的生活垃圾卫生填埋场。

2007年，中冶长天珠海裕嘉120万t/a球团EPC总承包工程项目系国内首个以赤铁矿为主原料的球团工程、国内首个赤铁矿EPC总承包工程。

2007年，中冶长天太钢不锈钢烧结系统改造项目系世界最大面积单台660平方米烧结机项目。

2007年，中冶赛迪巴西ACOMINAS 1750立方米高炉项目系中国高炉技术和核心产品第一次整体成套输出的大型高炉项目。

2007年，中冶华天南钢大盘卷生产线技术改造项目系国内首条系统集成创新大盘卷生产线。

2007年，中国一冶太钢150万吨不锈钢系统工程4号冷轧生产线工程系当时世界规模最大、自动化程度最高冷轧生产线。

2007年，中国十九冶深圳创业路街区改造中心天桥工程设计了当时亚洲第一大人行天桥。

2007年，中国二十二冶中国国际贸易中心三期工程建造了当时北京第一高楼，全球规模最大的世界贸易中心。

2007年，中国二十二冶蓝科200兆牛换热器板片成型专用液压机项目设计了国内第一台宽台面高精度的200兆牛换热器波纹板片成形液压机。

2007年，中国恩菲浙江春南污水处理厂项目系国内最大造纸废水处理项目。

2007年，上海宝冶湛江龙腾物流球团工程年产500万吨球团矿链箅机-回转窑球团生产线设计了全球设计产量最大的红矿球团链箅机。

2007年，上海宝冶山东省烟台来福士龙门吊安装工程安装了世界第一承载重力的桥式起重机。

2006年，中冶重机研制了具有自主知识产权的亚洲首台BGC-100吨抱罐车，并投入鞍钢使用。

2006年，中冶设备院天津荣钢精品高线工程研发了国内首台850吨大规格高刚度轧机。

2006年，中冶赛迪太钢新建150万吨不锈钢工程项目系单厂产能世界第一的大型不锈钢炼钢厂。

2006年，中冶南方广州李坑生活垃圾焚烧发电工程设计了中国首个采用次高压参数的焚烧发电厂。

2006年，中冶华天马钢新区20万立方米高压干式煤气柜项目系世界第一座10KPa以上的正多边形稀油密封型气柜。

2006年，中冶恩菲豫光金铅玉川冶炼厂项目系世界首个氧气底吹连续炼铜项目。

2006年，中冶宝钢旗下"中冶重机"品牌研制的具有自主知识产权的BGC-100吨抱罐车系亚洲首台BGC-100吨抱罐车。

2006年，中国三冶天铁15万立方米橡胶膜密封转炉煤气柜工程项目承建了当时国内最大的卷帘式密封型干式储气柜。

2006年，中国二十二冶内蒙古北方重工业集团的360兆牛垂直钢管挤压机机组项目设计了世界上最大的黑色金属挤压机。

2006年，中国恩菲会泽铅锌矿项目建设了中国充填线路最长的膏体充填矿山。

2006年，中国恩菲程潮铁矿项目建造了中国黑色冶金第一座深井矿山。

2006年，上海宝冶华能绿色煤电天津IGCC示范电站项目系国内首座自主开发设计制造并建设的IGCC示范工程。

2006年，上海宝冶宝钢二号高炉大修项目系国内第一个特大型高炉快速大修工程。

2005年，中冶长天安徽铜陵硫酸渣球团工业化生产示范工程项目系国内首个硫酸渣球团工程。

2005年，中冶南方马钢300吨转炉工程项目系中国最大吨位转炉设计工程，荣获全国优秀工程勘察设计奖金奖、冶金行业优秀工程设计一等奖。

2005 年，中冶华天莱钢 1500 热轧带钢工程项目系国内第一条国产化的 1500 毫米热轧带钢生产线。

2005 年，中国一冶山东兖矿 200 万吨焦炭及化产工程 1 号焦炉项目系当时亚洲最大焦炉。

2005 年，中国十九冶邯钢 1260 立方米高炉推移扩容改造工程项目系当时国内推移最重、推移时间最短、推移速度最快、偏差最小、推移高度最高、推距最长的高炉推移工程。

2005 年，中国三冶太原钢铁公司 30 万立方米 POC 型新型煤气柜工程项目系当时国内最大的 POC 型储气柜、创国内自行建造 POC 型储气柜容积新纪录。

2005 年，中国华冶鄂州 500 万吨球团厂链箅机—回转窑—环冷机系统工程项目系当时世界上仅有的四座最大规模球团厂，亚洲第一规模的球团厂，创造大型球团施工规模最大、工期最短的"世界纪录"的奇迹。

2005 年，上海宝冶河北泛亚龙腾纸业项目建造了亚洲最大新闻纸厂。

2005 年，上海宝冶国家体育场（鸟巢）工程建造了世界上跨度最大的钢结构建筑。

2005 年，上海宝冶宝钢浦钢搬迁罗泾工程项目系世界上最大的用于实际生产的短流程先进冶炼项目。

2004 年，中冶长天武钢鄂州 500 万 t/a 球团工程项目系中国最大、也是世界上单机规模最大的链篦机－回转窑球团工程之一。

2004 年，中冶焦耐马钢 5、6 号焦炉配套干熄焦工程项目系中国第一座自主设计建造的干熄焦装置，干熄焦国家示范工程、2009 年国家科技进步二等奖、2016 年中国专利金奖。

2004 年，中国一冶摩哈卡利立交桥项目建造了孟加拉国首都第一座立交桥。

2004 年，上海宝冶上海浦东国际机场第二条跑道主体工程建造了中国境内首条 4F 级机场跑道。

2004 年，上海宝冶上海海烟物流中心工程建造了国内规模最大的物流中心。

2004 年，中冶天工太钢新建 150 万吨不锈钢炼钢工程项目系当时世界上规模最大的不锈钢炼钢生产线，荣获新中国成立 60 年重大经典工程。

2003 年，中国一冶天津钢管有限责任公司二套技改工程项目系当时世界最先进 PQF 钢管轧机生产线。

2003 年，中国一冶厦门中闽大厦项目建造了全国第一座智能大厦。

2003 年，中国十九冶攀枝花保安营机场项目建造了国内回填深度最深的机场。

2003 年，中国恩菲依托具有自主知识产权的多晶硅生产技术，在国内率先建成多晶硅产业化生产示范线。

2003 年，上海宝冶南京奥林匹克体育中心项目建造了世界第一拱（屋盖主拱）。

2003年，上海宝冶佛山世纪莲体育中心工程系国内最大的膜结构工程。

2002年，中冶长天湖南国际会展中心项目系国内单体民用钢结构工程量最大的项目、中南地区首座最大跨度全钢结构建筑、湖南省规模最大的场馆建筑。

2002年，中冶天工宝钢5米宽厚板轧机项目系全球第一个5米级宽厚板轧机生产线，被誉为"中国轧机之王"。

2002年，中冶南方涟钢2200立方米高炉工程项目系中国首座以总承包模式承建的全系统性高炉工程，也是唯一一座获得工程总承包"金钥匙"奖的工程。

2002年，上海宝冶宝钢股份梅钢500吨级活性石灰竖窑项目打造了国内产量最大的环形套筒石灰竖窑。

2002年，上海宝冶宝钢5米宽厚板轧机及配套连铸项目系当时国内宽幅最大的宽厚板生产线。

2001年，中冶长天长沙市芙蓉路地下电缆隧道工程设计了国内长度最长、平均埋深最大的城市地下电缆隧道。

2001年，中冶长天鞍钢烧结总厂二烧车间技术改造工程和鞍钢集团公司东鞍山烧结厂烧结车间技术改造工程（EPC模式）项目系冶金工程中最早以设计为龙头的EPC工程，荣获中国首届工程建设总承包银钥匙奖。

2001年，中冶天工宝钢一钢不锈钢板坯连铸工程项目系规模最大的不锈钢精品建设项目、新中国成立以来投资最大的专项贴息技改项目，荣获国家优质工程奖。

2001年，中冶华天酒泉钢铁40万吨棒材改造工程生产了国内首条直径8毫米螺纹钢填补了国内空白。

2001年，中国一冶武汉长飞光纤光缆厂项目系全国最大光纤光缆生产项目。

2001年，中国华冶酒泉黑沟铁矿工程项目系中国境内海拔最高、装药量最多、剥岩量最大的冶金矿山露天大爆破工程。

2001年，中国恩菲宁波枫林垃圾焚烧发电厂项目系国内首个千吨级垃圾焚烧项目。

2001年，上海宝冶上海磁悬浮列车示范运营线工程设计了国内第一条磁浮线路。

21世纪初，中冶恩菲巴布亚新几内亚瑞木镍钴项目系中国国内投资的、一次性建成的最大海外有色金属采选冶联合矿业项目。

2000年，中冶南方深圳市大梅沙国际旅游区市政规划和设计工程系中国第一个海绵城市建设项目。

2000年，中冶南方鞍钢2号冷轧生产线工程项目系中国第一套自主集成的酸洗轧机联合机组，荣获国家科技进步一等奖、冶金行业科技进步特等奖。

2000年，中冶华天无锡钢厂合金钢连铸机技术改造工程项目系国内首条合金钢方坯连铸机。

2000年，中国恩菲赞比亚谦比希铜矿项目打造了中资企业境外投资建成的首座有色金属矿山。

2000年，上海宝冶武钢二热轧（武钢2250毫米热轧）工程项目承建了国内宽幅最大的热轧生产线。

2000年，上海宝冶上海洋山深水港建设工程建造了国内最大的集装箱深水港。

1999年，中冶设备总院三环过山车项目设计了中国首台出口三环过山车。

1999年，中冶华天上海宝钢梅山冶金公司150吨转炉工程项目系国内第一台国产化挡渣塞投放车。

1998年，中冶京诚宝钢二炼钢4#和5#250t转炉工程项目设计了中国第一座自主集成的大型现代化炼钢转炉。

1998年，中冶华天马鞍山钢铁股份有限公司第三炼钢厂异型坯连铸机工程项目设计了当时国内第一根异型连铸坯。

1998年，中冶华天马鞍山钢铁股份有限公司H型钢厂工程项目设计了中国第一条大H型钢生产线。

1998年，中冶华天大同机车厂车轮回火炉工程项目设计了国内首座悬链式铸钢车轮连续回火炉。

1998年，中冶北方鞍钢调军台选矿工程项目系当时中国选矿处理能力最大的选矿厂，中国第一座赤铁矿连续磨矿－弱磁－强磁－阴离子反浮选选矿厂。

1998年，中国二十冶沪嘉高速公路项目建造了中国大陆第一条高速公路。

1998年，上海宝冶上海通用企业金桥基地项目设计了国内第一条国际名车生产线。

1998年，上海宝冶厦门国际会展中心项目建设了国内第一个现代化国际会议展览中心。

1998年，上海宝冶宝钢马迹山港工程设计了国内最大矿山中转港。

1997年，上海宝冶福建漳州后石电厂项目建造了亚洲当时规模最大火电厂。

1997年，中冶南方宝钢1550毫米冷轧工程项目系当时世界最先进的冷轧厂。

1997年，中冶京诚宝钢一号高炉大修工程项目系中国第一座高炉大修工程，荣获全国第九届优秀工程设计金奖。

1997年，中冶北方太钢尖山选矿厂项目系中国第一条长距离精矿管道输送项目。

1996年，中国一冶武钢70万吨高速线材工程项目系世界最快线材轧制生产线，规模居当时国内同类工程之首。

1995年，中冶铜锌巴基斯坦山达克铜金矿项目生产出巴基斯坦第一炉合格粗铜，结束了该国不产铜的历史以及填补了有色工业生产的空白。

1995年，中冶华天在无锡锡兴钢铁公司设计了全国首条"电炉—全连铸—热送—热轧"短流程优质钢生产线。

1995年，中冶华天福建三明钢铁厂棒材轧钢厂工程项目设计了国产首套全连轧棒材生产线，荣获国家优秀工程设计金奖、冶金工业部优秀工程设计一等奖。

1995年,中国恩菲巴基斯坦山达克项目系中国首个有色海外采选冶联合项目。

1994年,中冶长天宝钢三期烧结工程(450平方米)设计项目系当时最先进水平、最高国产化率的烧结工程。

1994年,中冶华天武钢一炼钢精炼炉及大方坯连铸工程项目设计了国产最早8机8流大方坯铸机,荣获冶金部优秀设计工程一等奖。

1994年,中冶华天广州钢铁股份有限公司连续式轧钢厂项目系国内最早全连续现代化小型轧钢厂。

1993年,中冶长天深圳市"8·5"爆炸废物安全处置工程建造了国内第一座按国际标准建造的安全填埋场。

1993年,中国十七冶马钢2500立方米高炉项目系中国首个2500立方米高炉。

1993年,中国三冶建成山东省第一条成规模的高速公路,同时也是我国建设的第三条高速公路、第一条符合国际标准的高速公路。

1993年,上海宝冶上海耀华皮尔金顿二期工程创造了世界软土地基同类工程最快建设速度。

1992年,中冶京诚天津无缝钢管工程项目设计了中国第一条现代化电炉炼钢—精炼—连铸—轧钢一体化紧凑式钢管生产线,荣获国家优秀工程设计金奖。

1992年,中国十九冶宾川倒虹吸工程系当时西南最大、全国少有的倒虹吸工程。

1991年,中冶焦耐宝钢一二三期焦化项目规划设计了当时国内最大容积的6米焦炉,荣获国家设计金奖。

1991年,中冶建研院秦山核电厂安全壳结构首次整体性试验项目建造了国内第一座核电站。

1991年,上海宝冶宝钢三号高炉项目系当时国内容积最大、技术最新、国产化程度最高炉。

1991—1999年,中国十九冶二滩水电站工程建造了当时中国建设的最大水电站。

1990年,中冶华天凌源钢铁公司连铸工程项目生产了国内最早全国产化、拥有自主知识产权的MYF型方坯连铸机。

1990年,中国五冶西南航空公司886机库工程打造了当时我国规模最大飞机维修库。

1990年,上海宝冶上海合流污水治理工程4.1标彭越浦泵站工程建设了亚洲最大的污水泵站。

1990年,上海宝冶上海国际贸易中心大厦喷涂防火涂料工程系国内第一幢防火喷涂工程。

20世纪90年代至今,中国恩菲安庆铜矿项目打造了中国第一座大直径深孔采矿矿山。

20世纪90年代初,中冶武勘宝钢总图数据管理系统项目系国内工矿企业第一套总图数据管理系统。

20世纪90年代,中冶恩菲云锡公司个旧冶炼厂技改工程项目系中国首个顶吹炼锡项目。

20世纪90年代,中冶恩菲巴基斯坦山达克项目系我国首个有色海外采选冶联合项目。

1989年,中冶北方鞍钢200万吨/年带式球团工程项目系当时国内自主设计的规模最大的带式球团生产线。

1989年，中国二十二冶北京焦化厂5号焦炉工程项目系当时国内最大容积焦炉，创造当时大型焦炉砌筑最快速度。

1989年，上海宝冶上海地铁一号线工程建造了上海市第一条地铁。

1988年，中冶天工天津无缝钢管总厂项目系当时亚洲最大工业项目。

1988年，中冶设备院天津第二轧钢厂项目研制了国内最早的紧凑式连轧机。

1987年，中冶华天马鞍山钢铁公司高速线材工程项目系国内最早高速线材轧钢项目。

1987年，中冶北方本钢16平方米竖炉工程项目系世界上最大的竖炉球团工程。

1987年，中国十七冶马钢高速线材厂项目系当时国内生产速度最快、工艺最先进的高速线材厂。

1986年，中国一冶湖北龟山电视塔工程建造了全国第一座多用途混凝土结构电视塔。

1986年，中国十九冶深圳寰宇大厦主体工程打造了当时深圳特区第一高楼。

1986年，中国二十冶北仑电厂一、二期主厂房工程建造了中国首家利用世界银行贷款建设的当时我国最大火力发电厂。

1985年至今，中冶长天中信大锰大新锰矿采矿工程项目系中国规模最大的地下锰矿（露天转地下）。

1985年，中冶建研院国家建筑钢材质量监督检验中心项目建设了建筑钢材第一个国家级质检机构。

1985年，中冶华天无锡第二钢铁厂燃高炉煤气加热炉工程项目研制了国内首座燃高炉煤气的管坯斜底式加热炉。

1985年，中冶华天马鞍山钢铁公司51号变电所高次谐波滤波装置系统系国内最早高性能、国产化的大容量电力滤波装置。

1984年，中冶天工宝钢一期450平方米烧结机工程项目引进国内首台450平方米烧结机。

1984年，中冶华天洪都钢厂无缝钢管车间技术改造工程项目设计了国内首个超长高压锅炉管，获得冶金部优秀工程设计一等奖。

1984年，中国一冶武钢"四同步"大修改造项目系武钢历史最大规模大修改造。

1984年，中国十九冶广珠公路预制梁工程设计了当时国内最大、世界少见的桥梁构件。

1984年，上海宝冶沪嘉高速公路工程建设了国内第一条高速公路。

1983年，中国华冶锡铁山二矿项目开创了全国矿山生存模式的先河。

1983年，上海宝冶宝钢长江引水工程建设了国内第一个大型水库。

1981年，中国一冶深圳国际商业大厦项目系全国第一个公开招投标项目。

1981年，中国三冶鞍山市广播电视塔项目建设了当时东北地区最高的电视塔。

1980年，中冶建研院深圳市工程质量监督检验站工程建设了全国第一个工程质量监督检验站。

20世纪80年代初，中冶华天江苏铜井耐火纤维卷毯及机械化连续生产线工程项目系国内最早耐火纤维卷毯机械化连续生产线。

1978年，中冶京诚舞阳4200毫米厚板工程自主开发设计制造了中国第一套厚板轧机。

1978年，中冶京诚舞阳4200毫米厚板工程项目打造中国第一套国内自主开发设计制造的厚板轧机。

1978年，中国二十冶宝钢初轧厂工程系当时中国最大、具有国际先进水平初轧厂。

1978年，上海宝冶宝钢一号高炉项目系当时国内最大的具有国际先进水平的特大型高炉。

1978—2008年，中冶赛迪宝钢工程项目系新中国成立以来总包设计、投资规模最大的钢铁项目、中国最现代化的钢铁联合企业。

1977年，中冶华天马钢第一烧结厂活性石灰回转窑车间工程项目系国内最早自行设计、自行制造设备的活性石灰回转窑。

1974年，上海宝冶武钢"一米七"热轧工程系国内首个全套引进的热轧工程。

1973年，中冶北方本钢歪头山铁矿选矿厂系中国第一座大型湿式自磨选矿厂。

1971年，中国十九冶攀钢朱家包包铁矿项目首次采用"分层秒差"起爆方法进行万吨级炸药大爆破。

1970年，中冶长天攀枝花铁矿一期采矿项目系第一家采用平硐采场内溜井开拓的特大型露天矿，获得国家级优秀工程设计奖。

1970年，中冶长天攀钢一期采矿工程系中国当时自行设计、利用国产大型设备、建设规模最大的矿山工程。

1970年，中冶长天攀钢（密地）选矿厂工程项目系我国冶金行业最大的选矿厂，获得首届国家级优秀工程设计奖。

1970年，中冶焦耐攀钢一期焦化工程项目建设了我国第一座5.5米大容积焦炉。

1970年，中国五冶自贡硬质合金厂工程建设了西南最大的硬质合金生产基地。

1970—2013年，中冶长天西昌太和铁矿采矿项目系中国最早采用陡帮开采工艺的大型露天矿。

20世纪70年代中期，中冶赛迪武钢"一米七"热轧带钢厂项目系我国引进的第一个具有70年代国际技术水平的热轧带钢厂。

20世纪70年代，中国一冶武钢"一米七"轧机工程采用了世界最先进轧钢技术。

1965年，中冶北方马鞍山钢铁公司烧结厂项目独立设计完成了我国首个冷矿烧结厂。

1965年，中冶北方包钢白云鄂博铁矿项目系中国最大的多金属露天矿。

1965—2007年，中冶赛迪攀钢工程项目系中国第一家独立自主设计、施工、制造设备建设的大型钢铁联合企业。

1964年，中冶京诚首钢第一炼钢厂30吨转炉工程建设了中国第一座工业规模氧气顶吹炼钢转炉。

1964年，中国五冶成都无缝钢管厂项目建设了我国首个大型无缝钢管生产基地。

1963年，中冶华天济钢铸铁机工程项目设计了当时国内最早铸铁机曲柱翻罐卷扬装置。

1960年，中冶北方Φ4米的干式无介质磨矿机项目研制了我国第一台无介质干式自磨机。

20世纪60年代中，中冶华天江苏船山矿工程项目设计了国内冶金行业最早、最长且运输能力最大的钢绳芯胶带机。

20世纪60年代至今，中国恩菲金堆城钼矿项目采用了中国有色矿山第一座高压辊生产工艺。

20世纪60年代至今，中国恩菲德兴铜矿项目建造了中国最大露天矿。

20世纪60年代初，中冶长天攀钢三台130平方米烧结机项目设计了当时中国最大、最先进的烧结机，获得了中国首届国家级优秀工程设计奖。

20世纪60年代，中冶赛迪成都无缝钢管厂项目自行设计了我国第一个大型专业化钢管厂。

20世纪60年代，中冶恩菲金川镍采选冶联合项目系中国第一座膏体充填法矿山、开采条件最复杂的地下矿。

20世纪60年代，中国一冶马鞍山车轮轮箍厂工程系中国第一座车轮轮箍厂。

1958年，中冶焦耐北京焦化厂项目建设了新中国第一座自主设计建设的焦炉。

1958年，中国十七冶马钢9号高炉项目系当时华东第一座200立方米高炉。

1957年，中冶北方鞍钢东鞍山选矿厂项目系我国首个独立设计完成的大型选矿厂。

1957年，上海宝冶武钢一号高炉项目系当时国内最大高炉。

1956年，中冶北方鞍钢东鞍山烧结厂项目系我国首个独立设计完成的大型烧结厂。

1953年，中国十七冶马钢2号高炉项目生产出当时华东地区第一炉铁水。

20世纪50年代，中国一冶武钢一期工程项目系新中国第一个大型钢铁工业基地。

1952—1953年，中冶集团（前身）建设的鞍钢"三大工程"系我国"一五"规划中最大规模钢铁建设项目。

1949年3月，中冶集团的前身鞍钢修造部成立，修复和建设当时解放区第一个也是最大规模钢铁基地——鞍山钢铁公司。